漯河印记·文史资料集萃

沧桑巨变

政协漯河市委员会 编
吕 岩 主编

中国文史出版社

《漯河印记·文史资料集萃》
编委会名单

序

漯河市政协主席　吕岩

沙河、颍河如两条闪亮的丝带，从漯河大地上穿境而过，亘古不息。她们忠实地记录了这块土地上演绎的故事。

远古时期，这里是先民们刀耕火种、开拓缔造的摇篮。一万年前，黎明时分，大岗之上响起“哼育！哼育！”的号子声，穿着兽皮、草裙的男女以打制石器、烧制陶器、狩猎采撷为生；八千年前，贾湖部落在悠扬的骨笛声中，走出地穴，走下干栏，把美酒洒向天空，祈愿稻粱早日成熟；越千年，郝家台上筑起了一座城，以黑陶的名义宣示着薪火相传、生生不息的文明；三代连绵交替，留下了动人的传说、英勇的故事、壮阔的城郭；两汉以降，汝水、颍水成为行政区划重要地标，流域之内渐趋繁盛，文化遗存星罗棋布；直至平汉铁路通车，河上街始现市镇雏形。

近现代以来，国家命运多舛，洪波涌起、激浊扬清，推翻“三座大山”成为主旋律。铁路工人在“二七”怒潮中率先觉醒，中国共产党的组织在三县生根发芽。北伐战争如火如荼，将士热血沃四岸；救亡图存浪潮席卷，民先春笋立百竿。抗日战争时期，先后走出了沈东平、赵伊坪、李曾志等著名英烈，也涌现出效信趁、蔡永令、支天雷等地方武装和孤胆英雄。三年横扫残章，中国人民解放军二野四兵团诞生在此，“打过长江去，解放全中国”唱出了浩荡绝响。

新中国成立七十年，社会主义在探索中前进，汝颍大地同样发生着翻天覆地的变化。特别是改革开放的东风唤醒了城市和乡村，创造出一个个历史性的奇迹。1986年区划调整，漯河向区域性中心城市迈开新生的步伐；1992年创办内陆特区展示了敢为人先的胆识与气魄；南街村一枝独秀率先实现了亿元梦想；双汇集团日益增长成为全球领先。

七届漯河市政协恰逢三十而立，一批地方文史学者提出整理建市以来前三十年《漯河文史资料》的设想，这无疑是顺应文化复兴潮流，彰显地方文化特色之良策。文史资料工作是人民政协重要的基础工作，具有不可替代的“存史资政，团结育人”作用，支持这个动议理所当然。整理工作专班历时三年多的时间，从浩繁的文史稿中精选出689篇，逐篇审读，删繁补简，纠正讹误，做必要的注解和附录，达到了“去伪存真，去粗取精”的目标，并几经研讨，提出了按目分类的出版方案。

抚摸案头的十二册书卷，不能不感佩历届政协委员和社会各界人士的辛勤耕耘，赞叹三十年来政协文史工作者的孜孜追求。其成果必将成为漯河记忆里弥足珍贵的见证。

今天，漯河已经进入新时代，正阔步走在建设社会主义现代化，实现中华民族伟大复兴的新征程上。许多时点熠熠闪光，许多人事灿若星辉，也期待更多的人秉笔记录，让后来者因我们而更加自豪，也因我们而更加发愤。

本丛书定稿恰逢中国共产党百年华诞，谨以初版献礼志庆。

2021年6月19日于许慎故里

卷首语

20世纪以来，无疑是中国社会变革最剧烈的历史时期。延续千年的封建制度土崩瓦解，代之以新兴的人民共和；积贫积弱的半殖民地半封建国家在坎坷中觉醒，代之以昂首于世界民族之林的独立自主；刀耕火种式的传统自然经济快速突变，代之以现代化的社会主义市场经济；深厚的传统文化冲破禁锢与现代文明相结合，代之以焕然一新的精神面貌；数亿人民不聊生的悲惨状况将一去不复返，代之以蒸蒸日上的全面小康。记录这一切，正是文史工作者义不容辞的责任。

本卷辑录漯河文史工作者的59篇文稿，真切地反映了发生在我们身边的点点滴滴变化。

40年代末，随着人民解放战争的节节胜利，漯河地区的国民党反动政权消亡，新生人民政权应运而生。但是，国民党残余势力、土匪、恶霸不甘心于失败，垂死挣扎，疯狂反扑，破坏基层政权，残杀革命干部和无辜群众，致使社会动荡不安。为了巩固新生政权，进一步肃清匪霸及封建残余势力，通过开展剿匪反霸运动，很快稳定了局势。新中国成立后，在巩固政权、安定社会方面，漯河地区和全国各地一样，相继开展了“镇反”、抗美援朝、禁烟禁毒、“肃反”等运动。在探索社会发展、提高人民生活方面，相继开展了人民公社化、农业学大寨、知识青年上山下乡等活动。这一系列活动中，曾经出现过“左”或“右”的偏差，付出了代价。但是，总体上来看，城乡经济快速发展，面貌变化翻天覆地。对于漯河地区的这段历史，从本卷所录资料中可窥一斑。

本卷所录资料，大部分是讲述人亲身经历，内容真实、准确、可信。在整理过程中，一是为了便于阅读和资料查找，按照“事以类从”的原则，进行了同类归并，分为政权建设、巩固政权、探索发展、城乡巨变、往事杂忆等；二是为了确保资料原汁原味，按照尊重原作的要求，仅对文中的错别字予以纠正，对个别不通顺的句子予以规范；三是为了资料的完整性，补充了一些照片，完善了作者简介。

资料整理的关键阶段，新冠肺炎疫情突发，影响了史料考证工作。卷中尚有不足不妥之处，恳请读者批评指正，也期盼后续的研究者勘误补充。

编　者

2021年12月

目 录
Contents

政权建设

剿匪反霸

社会变革

知青工作

城乡建设

史海忆述

政权建设

见证漯河人民民主政权初建的日子

郑敬福口述[①] 陆 青整理[②]

1948年4月24日，北平乐村党支部书记介绍我们参加了“南下干部大队”。吕忠文领我们到三区委换了介绍信，当天又赶到曲阳县委办了介绍信，住到县招待所。4月25日，我们到达行唐地委，地委介绍我们到平山西柏坡中央局，当天安排我们住到平山城党校内。南下干部大队共2000多人，在平山县晋察冀中央局党校集中，刘杰任总指挥，韩劲草任副总指挥，共分六个大队，另设一个总部。我们被分到四大队二班，陈月立任班长，齐文川、康国蕴担任大队负责人。

在平山，我们天天学习，在南下出发前几天，听刘少奇、董必武等中央领导人的报告。他们讲了全国形势、中原形势、党的新区政策等。5月下旬，这支南下干部队伍在刘杰的率领下从平山出发了。

根据当时的形势，我们行军的路线是从平山到石家庄、邢台、武安、邯郸、潞城、长治、晋城、沁阳、孟县。到达黄河边后，休息了一天，夜里过黄河，然后到达了刚刚解放的洛阳，并在洛阳休息了3天，之后前往临汝、宝丰县。中共中央中原局驻在宝丰，到达宝丰就算到达了目的地。我们住在宝丰张武庄，稍事休息后就开始学习，听取中原局领导邓小平、刘伯承、邓子恢关于全国、中原形势及新区政策的讲话。我们经过认真讨论后，还向当地老百姓学习了河南的方言、土语等。学习结束，以齐文川为首的29位同志被分配到漯河开展工作。

---

① 郑敬福，1929年2月出生，河北省曲阳县北平乐村人。1944年4月加入少年先锋队。1946年1月被接收为中共正式党员，任北平乐村民兵队长。1948年4月南下到漯河，曾任市服务公司、烟酒专卖公司党支部书记，市商业局、工业局副局长，柴油机厂党委书记，重工局党组书记，市经委调研员等，1990年离休。

② 陆青（缺）。

因漯河还没有解放，我们从宝丰路过叶县到方城独树镇豫西军分区学习。学习结束，等到1948年8月23日漯河第五次解放后，我们在齐文川的率领下于8月31日进入漯河，住进寨内福音堂。对外挂牌“豫西二分区漯河办事处”，主任齐文川。

当时，西平、驻马店还没有解放，我们天天打游击，白天进漯河，晚上到澧河西边的小宋庄、挂刀营、南关、吴庄等。1948年9月14日，吴占风在叶县城关区养病，领导派我和赵风林去叫他来漯河。那天正是农历八月十五，我和吴占风一起，从叶县县城步行到北舞渡区政府住下，因过中秋节，那天晚上每人发了两个月饼（半斤），这是我19年来第一次吃月饼，真是好吃，那种味道令我终生难忘。

9月15日，吴占风和我们吃过了早饭，从北舞渡往漯河走到大新店，找到齐文川带领的队伍时，立即让我们抓紧吃饭。当时，十五里店区小队的武装和西平过来的敌人打响了。听到枪声后，齐文川他们决定转移，走到路上就下起了大雨。当晚我们住在裴城，把一部分病号转移到拐子王（今莲花镇）。当时，天气很不好，那场雨一直下了半个月，我们都没穿上棉衣。一天，宇文华和我去找康国蕴要棉衣，没到十五里店就冻得走不成了，只好到老乡家里烤了烤火，稍好点就走，坚持到十五里店找到了康国蕴，给我们发了棉衣。后来情况有了好转，我们从福音堂迁到了三育学校（美国医院）办公。不久，听说西平的敌人增兵，当晚我们就转移到沙河北岸的小李庄。第二天上午8时，听说漯河的物价涨了十几倍，我们立即回到市区，这时，物价又正常了。为了占领漯河这个城市，领导派我和宇文华拿着领导写的信去独树镇豫西军分区找领导，要来一个连的兵力。自从要来这些武装力量以后，再加上我们公安人员朱干、张仁福等人的努力，抓捕、镇压一些土匪，情况才有了好转。

当时，漯河的经济形势比较好，坐商（有门面和摊位的固定商户）比较稳定，行商（流动商贩）比较活跃。我们刚到漯河时，上级决定，我们的一切经济开支都不再供给了，要自力更生。所以，我们每天在市区依靠“行商税”为生，每天收税款（银圆）多时130元，少时30至

40 元。每天收的税款由李维之和张介民收起来，交给我骑马送到郾城南关我们的临时驻地。当时，不收坐商税。所以，老百姓说:“中央军的税多，八路军的会多（新政策需要开会讲）”，老百姓很满意。

当时还值得一提的是对失业工人进行救济，主要方法是以工代赈，组织搬运工人车队，开办新工厂、新公司等，扩大就业、再就业。1948 年在马路街东头路南成立了“信托公司”，由左连德任经理（以做生意为主，兼到敌占区收集情报）。1949 年 5 月 1 日成立了“五一烟厂”，由周德盛、李尚林负责。同时，在马路街东头路北成立了贸易公司，由姚握立任经理。

成立市政府之前，行商税由王义珍、周德盛、刘淑琴等人把税款用专用袋子封好交给我，我骑马送到小宋庄、南关临时驻地交给李维之和张介民、尚坤。在全国形势迅速好起来、漯河革命力量逐渐壮大的境况下，成立漯河市人民政府的事已提到了议事日程。为了尽快成立漯河市人民政府，把人民政权建立并巩固起来，我们做了大量的工作。

一是大力宣传我党的方针、政策和建立人民民主政权的必要性。二是召集各界人士座谈，协商成立人民政府的时机是否成熟，了解群众有什么要求和建议，探讨各界人士如何参政等。当时，已经成立了寨内第一区政府，办公地点在福音堂，王健任书记，崔瑞云任区长；马路街西头路南王翠平家楼上成立第二区政府，陈月立任区长；后来又在和平街成立二区政府（马路街原二区撤销），康国蕴任书记兼区长；再后来在老街路南（与大新街对面）成立第三区政府，杨玉祥任区长；铁路东天桥街成立第四区政府，陈月立任区长。

在上述情况下，我和李恒伟一起找文教、卫生系统上层人士座谈，其中有大华学校李学辰等三四人，红十字会王帮杰、王乐天、白惠章等。座谈会以后，他们对我党的政策非常满意，纷纷表示，一定要积极宣传共产党的好政策。

经过大量的工作，在政治、经济、军事形势比较好的情况下，于 1948 年 11 月 7 日在三育学校院内成立了漯河市人民政府（挂牌是人民民主政府，后改为人民政府）。成立大会会场在中兴戏院，市长是梁仰云，市委书记是齐文川（当时称政委）。成立大会时没有礼炮，我和康天祥站在沙河河堤上往河里扔手榴弹，用手榴弹的响声代替礼炮。

市政府成立之初，由于缺乏城市管理经验，加之旧社会遗留下来的垃圾还没来得及清除，曾一度出现过社会秩序混乱现象。首先是物价不稳，其次是黄金、白银黑市交易。为此，市政府于 1949 年 2 月 28 日和 3 月 3 日先后两次发出平抑物价、压缩和取缔金银黑市的指示，并大力开展了宣传工作。很快有效地控制了物价上涨和金银黑市，增强了我党处于执政地位后管理城市工作的能力和人民群众对新政权的信任。

为了打击和镇压匪特活动，使城市居民生活井然有序，生产和经济得到迅速恢复和发展，市里成立了军事管制委员会，主任齐文川，副主任梁仰云。军管会接连发出了 3 个布告，有效地打击了敌人，稳定了社会秩序。

3 月，军管会又发布了一项通告，对城市的生活、卫生等进行了全面管理。6 月，召开了各界人民代表大会，选举产生了 29 人组成的代表会议协商委员会，广泛实施了人民民主专政的制度。

人民政权建立后，党领导人民彻底翻了身，开展了轰轰烈烈的社会主义建设，人民过上了好日子，中华民族真正自立于世界民族之林。漯河的变化和发展、中国的变化和发展，使我经常思考这样一个问题：是什么力量改变了中国？是中国共产党的正确方针和政策，是中国人民的艰苦奋斗、团结拼搏精神，是党和人民密不可分的紧密团结。作为执政党，一定要牢记宗旨，不忘党和人民的鱼水关系，坚定地依靠人民，紧密地和人民团结在一起，我们将永远无往而不胜。

选自 2014 年 12 月《漯河文史资料》第二十一辑

新中国成立前后漯河的行政建制

陈庭苕[1]

新中国成立前后，漯河市的行政建制曾经数次变动，也曾由镇直接变为市，而且主要领导干部的配备规格相当高。其间还经历了市、县合署，随后又逐步降了下来。兹将当时的演变情况及其原因探讨如下：

解放前，漯河原属郾城一镇，这是众人皆知的历史事实。但是，它是豫中南地区一个著名的商业重镇，是镶嵌在豫中大平原上的一颗灿烂明珠，是京汉铁路线上的主要车站（一级站）之一。沙澧二河在市区汇合后，自西向东入淮河，汇长江；公路东西南北交织，水陆交通十分便利。河面上船桅如林、百舸争流；河岸上商号鳞比、热闹非凡，真可谓“江淮百货萃，此处星辰罗”。优越的地理位置，使漯河连结豫中、豫东、豫南、豫西和皖西、鄂西北等50多个县，成为“商贾云集、日进斗金”的风水宝地。

除此之外，漯河还是一个政治、军事要地。抗日战争和解放战争时期，国民党的高级军政要人如蒋介石、李宗仁、胡宗南、汤恩伯、戴笠等多次往返漯河，中国人民解放军的高级将领如陈赓、陈士榘、秦基伟、王震等也都曾涉足漯河。

从1947年冬到1948年秋，漯河曾经国共五次拉锯战斗。1948年初，中国人民解放军华东野战军第六纵队攻占漯河后，曾建立了漯河警备司令部，司令员由时任六纵副司令员皮定均兼任。但不久，六纵奉命离漯，警备司令部随即撤离。警备司令部的建立，说明漯河不是一般规格的城镇。

---

① 陈庭苕，1933年出生，郾城县人。1950年参加工作，曾任漯河市党史办副主任、科长等。

1948 年夏秋之交，时任中原军区司令员刘伯承和副司令员陈毅，在豫西方城县的独树镇，听取豫西区党委和二地委的全面工作汇报：新区经济困难，干部连每月 2 元钱的津贴都发不了，战士连双雨鞋也穿不上等。陈毅同志当即批评说：“你们是端着金碗要饭吃！漯河是个好地方，你们为什么不去加强开发漯河的工作呢？”陈毅司令员多次听取华野参谋长陈士榘和六纵司令员王必成、副司令员（后为司令员）皮定均的介绍后，对漯河有很多的了解。陈毅司令员的指示，使豫西区党委受到很大启发。会后，迅即组建了以当时随大军南下的地方工作队队长、原晋察冀四地委副书记兼专员的齐文川同志为首的漯河工作委员会，抽调康国蕴（后为许昌、驻马店地委书记）、王健、李维之（二人后为许昌行署副专员）、朱干等 27 名得力干部，组成工作班子，前赴漯河开展工作。1948 年 8 月，刘邓大军四纵解放了漯河，齐文川遂带领工作委员会进入漯河。同时，二分区派警卫营进驻漯河，配合工委工作，担负警卫任务。随后，豫西区党委决定，将漯河由镇改为市，建立了中共漯河市工委和漯河市人民办事处，市工委书记兼办事处主任齐文川。全市暂划两大片，即两个区。第一区辖牛行街和寨内东大街、南大街、北大街和顺河街、戏楼后街、短工市街等大小街道，区长崔瑞云，区政委王健；第二区辖火车站附近的煤市街、马路街、老街、受降路、和平街、自由街、竹木街、勤俭街和铁路以东大小街道，区长兼政委康国蕴。

10 月，豫西区党委又派原第二行政公署第一副专员梁仰云来漯，上级又从山东南下干部中选派多名人员以充实漯河的干部队伍。11 月，将漯河市工委改为中共漯河市委，市委书记齐文川；将漯河人民办事处改为漯河市人民民主政府，市长梁仰云。全市划为 4 个区，区下仍暂时沿用保甲制。第一区，辖牛行街和寨内共 7 个保，区政委王健（建区委后为区委书记），区长崔瑞云；第二区，辖马路街以南共 6 个保，区政委兼区长康国蕴（建区委后为区委书记）；第三区，辖老街以北共 5 个保，区政委吴占峰（建区委后为区委书记），区长李铁民；第四区，辖铁路以东共 2 个保，区政委张东白（建区委后为区委书记，后为陈月立），区长陈月立。新中国成立前，由于全国大片土地未获解放，城市规格没有严格界定，地区管辖范围也经常变动，漯河市当时究竟属于哪个级别，无法核定。但从主要领导干部的配备上看，当时漯河市应为地级市。

漯河建市后，集中力量组织财政收入。当时漯河正处于解放区和国统区的交界点上，解放区和国统区的大批物资通过行商（有大量资金，无固定厂店）在这里进行交流。行商特别多，因而征收了大量的行商税。加上市内30多家卷烟厂的税收，财政收入甚为可观。根据时任漯河市财政科科长（后为许昌行政公署副专员）的李维之同志讲，税收收入成汽车运送豫西。当时的豫西二地委、五地委和一部分部队的供给都来源于漯河。

1948年12月，为了集中力量支援大军南下打过长江去，解放全中国，漯河市和郾城县合署办公，成立了中共漯河郾城市县委和市（县）人民政府，这是豫西区党委的临时举措。

1949年10月1日，中华人民共和国成立。16日，中共河南省委和河南省人民政府决定，撤销漯河郾城市（县）建制，漯河市和郾城县重新分设，原中共市（县）委书记齐文川调任中共洛阳市委书记，市县长梁仰云随大军南下。上级调副专员郑旭来漯河担任中共漯河市委书记兼市长。漯河市的城市规格，按时任市委组织部部长（后为市委副书记、书记、中共许昌地委书记）的康国蕴同志讲，当时已定为副地级市。这时，漯河的地方军事机关仍然是漯河警备司令部，司令员谭友林（工程兵副司令员），政治委员由市委书记兼市长的郑旭兼任，副司令员由副市长郭志兼任。1950年，漯河市经济战线上的粮食、石油、贸易、煤炭、百货、花纱布、盐业、信托等八大公司相继成立，据康国蕴同志讲，其规格都是县级单位（后为二级站）。

1951年3月，郑旭调离漯河，经中共河南省委报请中共中央中南局批准，同意王弼庭来漯，接任中共漯河市委书记；经漯河市各界人民代表大会选举，刘华生任漯河市人民政府市长，侯玉珊任副市长。这年，经上级批准，曾两度从郾城县划归漯河市郊区26个村。6月，根据河南省民政厅68号文件精神，漯河市拟建5个区，设立行政街（乡）。行政街由许多小街、小巷组成，街下设闾、邻和居民小组。第一区辖寨内10

个行政街，第二区辖马路街以南 8 个行政街，第三区辖老街以北 9 个行政街，第四区辖铁路东 5 个行政街，第五区（郊区）辖市郊 7 个乡 27 个行政村（村下也设闾、邻和村民小组）。每 45 户左右为一闾，每 15 户左右为一邻，每 5 户左右为一居民（村民）小组。基层人民政权的建立，彻底废除了保甲制度。

1952 年下半年，根据上级紧缩编制、精简机构、精兵简政的指示精神，考虑到本市区域较小、人口较少的实际情况，中共漯河市委和市政府根据新的编制，报经上级允许，撤销了市辖区建制，市的行政建制自然地退居到了县级市。

新中国成立初期，漯河市和全国各地一样，实行的是各级各界人民代表大会制。它既是各界人民代表政治协商会议制，又充分地代行了人民代表大会的职权。1949 年 12 月 2 日，中央人民政府委员会举行第四次会议，分别通过了省、市、县各界人民代表会议组织通则，以发扬民主、加强人民政权建设，使已经成立的各级人民政府更加密切地联系人民群众，并依靠各阶层人民推动各项工作。漯河市人民政府根据中央人民政府委员会通过的通则，建立了市和行政街（乡）两级各界人民代表大会制。从 1949 年 11 月 25 日漯河市第一届第一次各界人民代表大会召开，到 1951 年 5 月 15 日漯河市第三届第一次各界人民代表大会的召开，漯河市共召开了 3 届 6 次各界人民代表大会。但前两届除选举主席和副主席以外，一般都是协商议事，或进行全市重大事项的决策，没有进行市长的人选。市长和副市长均由上级指派或任命。三届一次各界人民代表大会，听取讨论和通过了政府工作报告等各项决议，并作出认真贯彻河南省城市工作会议和中央人民政府政务院颁布的三大法规（《工会法》《婚姻法》和《合作法》）、两个条例（《镇压反革命条例》和《劳动保险条例》）及《漯河市各界人民代表会议组织条例》和《漯河市人民政府组织条例》等决议案。此外，还选举了漯河市各界人民代表大会主席、副主席，选举了漯河市人民政府市长、副市长。王弼庭当选为主席，王健、靖安堂当选为副主席，刘华生当选为市长，侯玉珊当选为副市长。

各行政街（乡）的各界人民代表大会是街（乡）的最高权力机构。每15名左右的居民（村民）选代表1人，大的街道可选出50多名代表，小的街道可选出30多名代表。通过召开街（乡）各界人民代表大会，选举产生各界人民代表委员会，选举主席和副主席各1人。在人民代表委员会之中，又设生产、治安、文教、卫生和福利救济等5个委员会。这5个委员会，既是各界人民代表大会的常设办事机构，又是政权机构，负责办理日常行政事务。

基层人民政权的建立，人民当家作主的积极性空前高涨，从而保障了各项革命和建设事业的顺利进行。

选自2007年9月《漯河文史资料》第十五辑

解放初期舞阳人民政权建设纪实

周声远[①]

我于1940年被保留在舞阳，1945年去豫中军分区抗日根据地做政权建设等工作，1946年在鄂豫边区工作，中原突围后在川陕鄂边区大神农架地区参加创建革命根据地工作，1947年从鄂西撤退，秋天我北上找部队未达目的，在临颍停留数月，11月末解放大军自郑州南下，我离开临颍找到驻军和刚建立的舞阳县人民民主政府，从此参加了舞阳的政权建设工作。

从1947年12月起到1949年12月止，在这两年有余的岁月里，我当县府的情报员，开辟第十一区政权工作，办干部训练班培训政权建设人才，带领宣传队和农村工作队进行宣传教育，发动组织农会，从村到区自下而上打碎旧的统治制度，建立人民民主基层政权。1950年初，被调离地方政权工作岗位，到现在转眼已经过去了40个年头。

现在就回忆所及，将本人参加地方政权建设工作的有关实况写出，今后或可作为治史修志的参考。

找部队

1947年11月底，我终于盼到了解放大军过黄河的消息，便无比欢快地离开临颍县城，返回舞阳。走到平汉铁路，见到解放军先头部队的工兵正在拆除铁路，以阻止国民党军向南溃逃。走入舞阳境，在岔路

① 周声远，1914年出生，舞阳县姜店乡人，1937年参加革命。曾任新四军河南挺进兵团挺进十五团文工队队长、舞（阳）叶（县）方（城）泌（阳）民主政府秘书、舞阳县人民民主政府情报员、第十一区副区长、县政府教育科副科长、县一高副校长、县政协副主席等。

口发现了用石灰粉撒成的箭头和码号，原来是解放军先头部队留下的指示标记。我兴奋得忘掉了一切，顺着路标的指示前行，接连又发现好几种不同码号的标记，看来这次大军南下还是循着日军投降后豫西和嵩岳抗日根据地的八路军支队来豫中抗日根据地走的路线。这也足以说明从前中原军区、豫中军分区抗日根据地的工作，是为解放战争做了准备工作，创造了有利条件。

按照路标的指示方向，向着舞阳南部山区原抗日根据地走去，还没有走到山区，就在武功镇（姚沟）找到了解放军，并由驻军同志介绍，找到了刚建立起来的舞阳县人民政府。

我在武功镇内大街中部路西找到县人民政府走了进去，不过只是老百姓的一栋普通南屋，除了破木床上放着简单行李，还有两三条凳子和一张旧木桌，别的什么也没有。

我见到的负责同志共有 3 人：县长郑津是解放军大部队来到后被留下来做地方工作的，张松峰秘书是本县原地下共产党员，文一勋文教科长是遂平县的原地下共产党员，已有 70 多岁，须发全白了。我们首次见面，即感到十分亲热，先谈大局形势，后谈本地情况，几句自我介绍以后，就把隔阂打破，谈起工作来。

经过约个把钟头谈话，郑津同志根据解放大军正在进行大规模运动战，局势尚不稳定，政府工作还不能大开展的情况，提出让我做情报工作，负责掌握舞阳北部的大面积情况。我考虑到工作困难虽大，却很重要，就接受了。当时对任务的规定很简单：以敌、我军及地方上我方与反动势力的斗争情况为主，每七至十天向政府作一次报告，如有重要紧急情况，必须及时报告。彼此根本没有提什么有关待遇的事，张秘书只是说："你是咱本地人，好办，不过要注意避开敌人的耳目。"

我为了更好地掩护自己回到了老家隆周，我为又找到自己的队伍，还有了专职工作，感到十分高兴。

当情报员

我原来对舞阳的情况是熟悉的，不论是沦陷前、沦陷期间，还是日军投降以后，都较了解。自1945年底到1947年末，因离开此地，其间的情况就不清楚了。不过我在本地当过教师，被国民党捉拿过，后来去豫中军分区大家都知道。人们都认为我是个“复杂”人物，这倒给我提供了到处乱闯的有利条件。

从1947年12月到1948年6月初，国民党军来了我跑，解放军来了我也出来“跑”。我学习洛宁穷人的方法，晚上出去腰里别上斧子，后来还弄到了手枪，带上手枪到处跑。在人们的眼里，我成了胆小的或者胆大的奇怪人。

在所谓“拉锯状态”的军事混乱环境中，各种情况比较容易了解，只是因为隔着几十里路程，汇报情况不太容易。人们都怕招惹麻烦而不轻易和生人接触，因此，有时了解真情却也有难度。以后县人民政府迁到接官厅，相约把汇报时间减少至半月左右一次。

作为政府的耳目或者一根敏感的触须，我经常向县人民政府报告重要情况，这已是40年以前的事。记得较重要的情况有：孟寨的孟氏兄弟串通国民党军使我军在姜店西河湾战斗中失利情况、王玄亭的活动与表现、邵店“土八路”活动情况、郾城“土八路”入境抢劫情况、反动武装的活动、解放大军过境驻扎等情况。此外，我还给过境解放军带过路，保护过我部队测绘人员。

为了搜集情报，我曾多次和过境、驻境部队接头，附带也帮助了部队。我走南北、闯东西，曾到沙北县北舞渡区与政府联系，数次会见北舞渡区委政委林家瑞同志，从那里得到不少重要消息。

那一段时期，地方上的土匪、恶霸、土豪、劣绅原封不动，南阳13处“剿共”总头子陈清波和其助手陈剑影都是姜店乡田陈村人，经常在这一地区暗中活动。我在这里单人活动，也是不无危险的。

流动中的专、县人民政府

初解放时期的县人民政府没有固定地点，经常到处流动，被称为“游击政府”。在“拉锯”状态下，不这样就有被敌人袭击的可能性。

舞阳人民民主县政府起初驻在武功，腊月底迁到垭口南的接官厅，后来又迁到柏庄寨，还迁驻过皮狐沟。1948 年 4 月间，一个多月不知去向，后来知道是迁到方城和叶县境去了。到了 5 月，我才又在叶县境的关庄（后来划归舞阳）找到了县政府。在关庄，县人民民主政府已经同南阳中共二地委、第二专员公署驻在一起，原来南阳二地委、专署也同样在来回流动着。

在关庄我见到中共二地委副政委（副书记）王子伟同志和南阳第二专员公署副专员杨辛克同志。郑津同志仍担任舞阳人民县政府的县长，文一勋和张松峰已不在县政府，从部队下来的白同志担任文教科科长，其他已不记得。

二地委就是南阳地委。南阳是旧时的南阳府，直辖 13 县，称为“宛属十三处”①，这时由于战局不稳定，连最北的方城、舞阳、叶县也管不了。1948 年 5 月初，二地委为了使舞阳人民政府稳定下来，巩固自古即被视为“南阳门户”② 的舞阳人民民主政权，决定把专、县机关合并驻在一起。后来为了更好掌握舞阳全县局面，又决定共同迁到了叶舞交界处的舞阳四大镇之一 ③ 的卸甲店。

为什么南阳二地委、专署不迁回南阳？这和舞阳县委、县政府不迁回舞阳城里一样，如果迁回去，首先必须有一定的武装力量。在我军集中兵力解放全中国的形势下，哪能抽出兵力？如果贸然回去会发生不可预测的祸事，这有很多实例可以说明。既然必须提前及时抓政权建设工作，就必须暂时走这“流动性”的“游击政府”之路。

到卸甲店以后，上级马上就派下来一批力量，来了张思学、王兴之等同志，这就是当时所说的“南下干部”。可见党中央是非常重视地方

① “宛属十三处”又称南阳十三处，有歌：“南南唐，泌镇桐，登内新淅方舞叶。”即南阳、南昭、唐河、泌阳、镇平、桐柏、登县、内乡、新野、淅川、方城、舞阳、叶县等 13 个县（市）。

② 清代及其以前，黄牛首先集中舞阳，经漯河至界首、周口顺运河由南向北运，几处均有牛行市，故将舞阳称为“南阳门户”。

③ 舞阳四大镇：北舞渡、吴城、武功、卸甲店。民国及其以前，卸甲店西阁门外即归属叶县管辖，新中国成立后全划归舞阳。

政权建设工作的。

我仍担任着情报的通报工作，汇报情况的路程近得多了。

开创区级政权

中共地、县委领导，计划开创舞阳县各地的区级政权建设工作。决定以抗战时期的抗日根据地[①]为起点，依靠原有群众工作的基础条件建立起区人民政府，然后逐步向北开展，循序渐进，最后普及全县。人员的任用选择原来参加过党的工作人员，主要是以原地下共产党员为对象。首先要政治上无问题，在当地又必须相当熟悉，并必须带上一定的人员和武器。

当时区的命名，以建置先后为序，按序数命名。记得尹集为第三区，城关镇排第六，第八区孟寨，第九区吴城，第十区姜店。三区由原地下共产党员李云（文普）任区长，城关镇长由张宏宾[②]担任，八区区长张俊发抗战时期参加工作，九区区长何国贤（又名国前，字硕甫，1929年参加中共），十区由地下老共产党员郭静斋任区长。可见当时把人员的条件是视为决定性条件的。

我担任情报工作，消息较灵通，了解到开创区政权工作的困难实在太大太多。首先是反动武装势力大而多，活动猖狂；其次是下边群众条件差，除南部山区稍好之外，大部分地区群众未经发动过，无可依靠的力量；最后是旧统治势力牢固地把持着基层统治权，办事难。其中以反动武装的存在为最难对付，区政府随时有被袭击的可能性。

沙北县大张区人民政府，在反动军队与地方反动派的联合夹击下受了损失；尹集第三区政府被坏人混入，里应外合打死区干队员8名，据谈是反动匪首夏金才弟兄和任哑巴干的；吴城九区人民政府遭受了反动

① 抗日战争期间豫中军分区根据地，包括现在的舞钢区全部及西平、遂平、泌阳、方城、叶县5个县边区的一部分。

② 张宏宾，又名鸿泽，参加过第一次世界大战。1926年加入中国共产党，是中共舞阳县首任党委书记，搞过铁路工人运动，一生未断做革命工作，1987年逝世。

游击队的袭击。这些旧的反动势力进攻新的人民民主政权的事，已不是个别现象，带有普遍性。新制与旧制势不两立，绝难并存。

创建一个区的人民民主政权的事，谈何容易啊！是要付出很大很大代价的。

创建舞阳第十一区区政权

1948年6月中旬，地、县领导通知我回卸甲店，命令我去开辟建立舞阳县第十一区区政府。任务是王子伟副政委和杨辛克副专员亲口面授，可并没有什么写在红头文件上的字。指定的地点在舞阳城东北35里之外，东靠郾城，南隔澧河和十区为邻，西与第八区相依，北有北舞渡坡。这一片地方的基本情况我是了解的，到处有土匪、地霸横行，而且澧河南第十区地方众匪霸①已和反动游击队串通起来，禹升联、尚振华反动武装经常活动于方、舞、郾、临、襄几县之间，况且还是特务头子陈清坡的家乡所在地。

但我绝不能因为这些不利条件而退缩，我接受了开辟第十一区的任务。

当我问给我几个人？有没有武器的时候，说给我一个副手，一个通信员。我问要谁同我去？却说："让李云同志给你当副区长，再派个通信员。"我一听，心里犯了思索。

我问："李云同志为了第三区被袭击，区政府垮台的事受处分降职了？"王政委、杨专员齐声说："没有给降职处分"。我提出："李云原是正区长，无故降为副职，思想上定然不畅快，背着思想包袱在复杂环境中工作不利"的理由，建议由李云任区长，我担任副区长，得到领导的应允。通知李云和我见了面，又叫来通信员王进发，我们3人当天就出发了。

我们3人3支枪：李云的两把手枪缺扒子勾，我原有一支三把手枪，

① 魏木子、魏心正、李庆益、冻春轩、白秀碧、白谈、付善定、李铁兰等人，除冻外，余均已法办。

王进发有一杆汉阳造木托步枪。为安全计，有意远避开澧河南的复杂地区，出卸甲店往北，经过孟寨第八区所在地向前行。我们走着合计，认为没有一定的人力和武器，单单我们3个人，在这样形势复杂的地区是很难立足的，只有先联系人，找武器。可是，尚未觉悟起来的群众，肯定都不敢接近我们，找人是不容易的。商量的结果，只有到熟地方先找人扩大力量这条路可走。于是我们决定分头工作。

李云带着王进发到左沟、张黄庄去动员人，那里离北舞渡近，较安全。我单人回家，熟地方也好办事。经过几天的深入、细致工作，我动员了父母要饭供养上学的周庆国，几辈子当长工、要饭的周三连（后改名连三），给人当长工3年不见工钱的周来军出来工作。李云动员了几辈子当乞丐的周发田、周耕田弟兄，还有左德全、刘全堂都是农家穷孩子，还有左桂林，这样就有11个人了。

在筹划第十一区工作的时候，第十区政府虽已经成立，由于十区地方反动势力猖獗，难以立足，除白天出动在澧河南活动外，还在第十一区境内的殷庄寨内设下立足点武装起来一个民兵班。

我们先在董寨和殷庄寨各找了一处房子作为停留地点，宣布舞阳县第十一区人民民主区政府正式成立，到各村向群众宣传，安定民心，开始了工作。

虽然我们只不过是一个空名，但是十一区人民政权总算开始建立起来了，当然晚上绝不能安睡在一个固定点，必须到处游动，使敌人找不到我们的所在。否则，如果一旦被敌人摸透老底，就会向我们下毒手。

创建第十一区人民民主政权的工作，从零点出发了！

充实区政府机构

十一区人民政府宣布成立之后，反增加了我们的危机感。充实力量，特别是把武器抓到手，保证能在这一复杂地区站住脚，是迫切需要完成的任务。

论主观力量，上有地、县党委的直接领导，附近有八区、十区力量相援助，本区的同志除李云、我、孔炳欣 3 个共产党员外，其余都是受人压迫、剥削的下层劳动人民。我们本身是绝无政治问题的。

提到抓武器，我们分析，王玄亭正在积极地通过匪、绅两条线抓枪支。反动武装对有自己武器的人，只要抓住就不留情，因此，平头正脸与和平处世的人，手里的武器不但失去了自卫作用，反而成了招惹祸事的茬口。我们人民民主区政府，光明正大，名正言顺，而且当地人都知道我们这些人的平时所作所为，都是正直无私无邪的人，内心有些倾向我们。抓住这个有利条件，我们和当地有自卫武器的人取得联系，他们都高高兴兴地把武器交给了我们。有的人（如郭权宇、张中甫等）一听说消息，自动自愿地把防身护家武器送给了我们，这证明他们已经把自家的安全与整个身家性命交付给我们，和我们同命运、共安危互相依靠了，实在使人受感动。

区政府的各种武器渐多，逐步把所有的人完全装备起来而有余。但我仍需要神出鬼没使敌人摸不透底细。当然，表面上我们白天总照常在董寨办公。

这时候，国民党正规军已经逃光，不断有过境解放军过往和住下。出名匪霸们（如孟氏兄弟孟庆培、孟庆豪）已被铲除，人们的思想已经暂时趋于安定，还有中层人物贾仙逢、高子青等前来参加区政府工作。区政府所有的人，进行了组织分工，李云区长负责总的工作领导，抓大的决定权，我除了辅助李云以外，主抓军事方面的武装行动指挥。周庆国、包东申和高子青分管总务财会工作，不过高仍在自己家住。区干队由孔炳欣主管，王进发协助。大家分工合作，配合得非常好。

在这样的形势下，各村的原有旧统治势力并没有睡觉，他们纷纷自动地进行物色，用指派或公开选举的方式，找出所谓村长，用来应付我们区政府。实际上这些村长和原来旧社会的保长并无两样，仍然是原来统治阶级的代理人。各村先后都自动找到了村长，全十一区西从刘庄起，东到小赵共有 45 个自然村，30 多个行政村的村长之中有一个地下共产党员，一个能人，一个外来人，群众反映说："全区的村长里边只有一个半好人。"

我们总算组成了暂时的区人民政府。好像在缺砖瓦没栋梁条件下，用土坯泥巴枯草搭起一个茅庵一样，可以暂避风雨了。

1948 年的夏征工作

舞阳县第十一区人民政府建立起来，正好赶上 1948 年夏季征粮工作。李云区长留下主持工作，我遵照地、县通知，前往卸甲店参加夏征工作会议。

会议由王子伟副政委、杨辛克副专员亲自主持，通报了当前形势，布置了夏征工作任务，着重谈了这次夏征任务的紧迫性与难度，讨论的中心问题是：在各村群众尚未组织起来，政权尚未建立的情况下，既不能违背统战政策，又必须尽快地征收起公粮，究竟应该采取什么办法完成任务？

县里各位领导也到会参加了讨论，调来不久的王兴之同志参加了我们组，在讨论中想来想去谁也想不出妥善办法，十分为难。性情泼辣、直爽的王兴之想急了，忽然站起来说："有办法！"大家都集中注意力听他说了。他用手比画着说："就这样，手枪一掏，'给老子拿公粮来！'行吧？"大家都笑了。

总结大家的意见，经地委研究，由王子伟副政委发言说："革命工作不能凭主观意气用事，虽不是绣花，也不能莽撞。在新的基层政权基础没有建立起来，旧的一套政治机构和思想意识原封未动情况下，要迅速完成征粮任务以支援解放战争，任务的紧迫性决定，必须在原有情况不变动条件下进行夏征。就是说，不能等到农村基层政权进行改革组建之后再进行。现在大家可以针对农村现有实况考虑夏征工作的具体做法……"

最后决定采用的做法是：以稳定地方人心为主，依靠农村原有的统治势力，迅速把公粮征到手，以不刺激中层人物南逃为策略来进行夏征工作。

我是本地人，各村原有士绅、保甲长等大小头头，纵然我不知道他们，他们也知道我。回区后我亲自到几个村会见原有的头面人物，并用写信派人去说情的方式，提前向各村大户预借夏季公粮，很快就完成预征，征起大批麦子，由贾仙逢负责，运到沙河边，装船顺河东运前线，解决了部队的急需问题。随后，没有村长的行政村也推举出了村长，各村都按各户原有的地亩银两数目完成了夏粮派收工作。后来深入摸底检查，各村对公粮的派收，没有特别不公平合理的地方。

过渡时期的旧封建型乡村政权机构，竟然也会为解放战争服务，为革命事业贡献一些微力。

人员的来和去

通过夏征工作的影响，一般认为共产党、解放军大有必胜的可能，县、区、村政权先后建立，从此该安定起来了。

在这一情况下，原董寨乡公所的乡队副董子厚来找我，说要参加十一区政府的工作。我平素了解他，认为他与我们不同，但却不能确定按政策精神应该怎样对待，应付了他一番，便去卸甲店专程找到王子伟和杨辛克同志，说明有一个旧乡公所的乡队副本人有 1 挺土造轻机枪，还有一些步枪、手枪，而且他还亲手放出去四小股土匪，现在来区里要求参加工作，该咋办?

杨副专员一听，表现出很高兴的样子说:“给他工作！”我只当是一句笑话，不相信应该吸收他。王子伟同志解释道:“根据党中央的政策精神，在当前解放全中国的解放战争中，不论是什么人，尽管他有一定的罪恶，只要他前来投顺我们，都应该欢迎。因为起义投诚人员，不单他本人和所联系的人员成了人民解放阵营方面的力量，他们对社会面上的影响更有不可估量的作用。对于这些人，不要只看他的缺点。他们能提出为我们出面工作，可不是没有经过思考而轻易提出的。至于他们最后的结局，这你就不用考虑了。各人的结局，是依靠自己的行为决定的，别人决定不了。包括我们自己在内，同样是这个道理。应该欢迎董子厚，给他工作。”

我问："在眼前的情况下，能给他什么工作？"王政委说："给的工作应是名正言顺的真正区政府干部，又有一定的具体工作，但是对于我们的基本政策掌握权又不受影响。就这种工作。"

恰好这时候县政府分配下来了赶制铁道枕木的任务，要给各村一定数量的赶制枕木任务，要恢复京广铁路交通线了。区里请董子厚来到区政府，担任了催促、检验道木的工作任务。为帮助他完成任务，还给他做了一根与道木同长，标号着道木宽、厚尺码的杆子。从此，他拿着这一根杆子跑遍了全区所有的村庄。

在董子厚的影响下，当地许多历史复杂的人都没有外逃，已外逃的人（如陈莲舫）有不少又回到家中安居下来。

除了做道木外，那时还分配各村做了担架，组织了担架队。后来还依上级通知，分配各村派收了马料、棉花、布匹、军鞋等支前物资。在派收支前物资中，还出现过一件关系到我本人的事。

一天我回到家，家里的人说："区里来人向村长说了，把咱应出的马料免了。"我叫家里如数给村里交出了马料。回区以后，高子青说是他干的，我批评了他。我说共产党领导下的干部不应该特殊，要和群众一样为全国解放事业共同出力。可是他竟为此不辞而别，回家不干了。而我也没有再去接近他，从此和他绝交了。

十一区政府平时在董寨办公，还在殷庄寨内找了一栋楼，作为存放东西和停息的地点。不过我们每天晚上都不在董寨和殷庄住，除了董子厚住自己家，贾仙逢住殷庄外，其余同志每晚都出去游动，从本区的十三庄、湖东蔡一直游动到沙河南岸的韩寨、鹿店等地，从没有停在一个地点不动地安睡一夜的。这种游击生活，虽说艰苦一些，比较劳累，可是也锻炼了大家的身体和意志，特别是还增强了敌情观念，学得了一些军事常识。

准备支援淮海战役

1948 年 9 月，接到了让副区长到地、县开紧急会议的通知，我依规定日期到卸甲店。会议开了3天，中心是紧急支援淮海战役。会上领导报告并分析了目前形势，指出敌人兵力正在迅速向华东集结。一场大的战役即将爆发，至于在本地区只有一股反动游击武装，活动在临、襄、舞、郾、西、遂并和我县第十区东部一些反动地霸匪首结合，流窜在第十一区澧河南一带，应严加注意。其余已无较大问题。

支前任务，主要是动员各村的担架队抬上担架，前往平汉铁路东支援淮海战役。会议决定，当天回去就开始抓紧工作，晚上和次日早上即紧急通知动员，次日上午集合全区各村的担架队，到县府指定地点报到，同赴豫东支援即将打响的淮海战役。

会后，我和第十区副区长张复新同路，离开卸甲店没有向东走，为远避反动游击队活动地区，仍向北绕道孟寨，回到十一区。当日晌午在董寨召开区支前会议。全区所有人员，除董子厚、贾仙逢外，全都参加了会议。

对于支前工作，因上级早有任务分配下来，各村都做有担架，还成立了担架队。现在只需集合动员，让备好干粮，定出集合的时间和地点，确定带队的人员，到时候带着去集合就可以了。

问题在于澧河南岸这一股反动武装如何对付，因为区政府和他们相比，还处于劣势。论区政府的实力，现在每人都是一长一短，我在支前会议前还从北乡弄回来7条手枪、火枪，最顶用的手榴弹有十几枚。而且大家都经过了3个月左右的夜间游动训练，从未在一处连续住过，也确实有夜间行军、战斗的基本能力了。这是有利的一面。不过我了解到我出去开会这3天，同志们都住在殷庄寨，根本没有出去游动，殷庄固然有第十区武装起来的一个民兵班。但是，合起来不到20人，是抵抗不过几十人甚至100多人的反动游击队的。我估计，同志们很可能有麻痹思想，或者对于天天夜里出外游动，风餐露宿的生活有些怕苦与厌烦。

根据以上这些情况，我着重介绍了地县支前会议所介绍的情况，并用提建议方式提出了“提高警惕，严防敌人袭击”的意见，请大家讨论。在李云区长的主持与领导下，最后通过了动员担架和军事行动执行方案：

（一）迅速到各村召开群众会或担架队员会，进行动员，保证明天早上备好干粮，上午抬上担架到区政府集合，必须让村长提高认识，不得有误。

（二）全区人员划分为三个组，全区分为三个区域，各组分别负责三个区域的工作，各自按期完成本区域的动员担架任务。

第一组由李区长领导，负责中间地区的工作；

第二组由我领导，负责董寨以西各村的工作；

第三组由孔炳欣队长及包东申负责，做十三庄以东的工作。要多带武装，警惕河南岸的敌人。

（三）第一组和第三组，晚上回殷庄寨，做殷庄、连寺、付庄、牛庄、周张附近几个村的工作，开一个群众大会，会后一定要游动出去。夜里住宿点有二：东面十三庄，西面徐、孟庄，出东向西住，出西向东住，住下以后封锁消息，不可麻痹大意。

（四）第二组只用 3 个人，晚上随十区郭区长的活动而定，郭在姜店不动，则停住在姜店河北；如郭区长回殷庄，则一同回来，回来后一同转移出去。

散会后，我带着周来军、周三连，我们 3 人从董寨起，经过华马、大宋、田陈、童张、李庄、刘庄、朱庄和郭静斋区长联系，知道十区不回殷庄，晚上在干沟王、曹庄、隆周开会以后，我们 3 人住到我家中。

我们合计，只剩下湖东蔡和冯赵、余孟路几个密集在一起的小村，明天起早到湖东蔡开会，早饭后在冯赵召开 4 个村的会，会后留下三连带担架队，我和来军再由原路返回去，催促各村担架队迅速出发。这样，西片各村的担架队一定可以在上午集合到区里，完成任务是不成问题的。

我们约定："到明天中午，全区的担架队就可以集合齐，前去县里汇聚，然后同下铁路东赴解放战争前线，去支援淮海战役了。"想着这些我们各自入睡，进入梦乡。

意外陡变

1948年农历八月十一早上，鸡叫声把我从梦中惊醒，为了提前赶到湖东蔡通知担架队备干粮、整担架前往区里集合，我穿衣起床，走出屋子舀水洗脸。这时候东天边已经显出鱼肚的白色，忽然从东天边传来一阵机枪声，方向正是殷庄所在的地点，马上又响了一阵，糟糕！肯定是区政府出了问题。

急忙把来军和三连喊醒，紧接着又是一阵机枪声。我赶紧点着灯，在日记本上写了一句话，撕下来交给来军，让他俩跑步去孟寨向八区求援。又写了一页，喊出邻叔周发秀，求他快跑去姜店，通知十区郭区长火速到殷庄增援。这时候，耳听殷庄方向的枪声响得十分密集。我为防止意外，把长、短枪都上了顶膛火，扳上保险机，并准备好手榴弹，一个人摸索出去。

那时，我们还没有机枪，机枪声必然是敌人袭击我区政府无疑。不过我早知敌情，对敌人有所准备，如果依事前的决议方案行事或转移到十三庄或徐庄、孟庄后再反戈一击，或者因敌人包围，固守在寨里一栋坚固建筑物内，在有足够的枪、弹、手榴弹条件下，估计这些乌合之众的反动游击队一两个钟头也攻不下，到时救兵一到就可以解围了。

焦急中的郭区长很快就带着十区的人过河来，请他们先从南路进兵。接着西面第八区的同志们也急速从远处跑过来，我同他们一同向殷庄直冲过去。这时候枪声已经停止，等赶到殷庄寨前，敌人已经逃走，从北舞渡飞奔过来的骑兵听说敌兵逃去，转回头走了。从寨北见到了周发田，从他口中了解到敌人南逃过澧河去了。我们决定涉澧河南去，赶快追击。

我们兵分两路，一路从何口过河快追，一路向东从史渡口过河截击。经过一天追赶搜索，没有找到敌人下落，连消息也问不出来，晚上都住在何口寨内。次日，八区同志回孟寨，十区和我们一同回到殷庄寨。

从殷庄的水井里打捞出2支步枪，一支是李云区长拿的，一支是周庆国拿的。

敌人劫去我们十一区李云区长和王进发、孔炳欣、周庆国、左德全、刘全堂、包东申（用钱赎回）等 7 人，十区副区长张复新、王 ×× （从部队下来）2 人，十一区已征起的一部分支前物资全被抢去，损失惨重。

我赶回卸甲店向地、县领导报告了殷庄被敌人袭击的情况之后，王子伟副政委说："事故的发生，主要原因之一是李云同志有右的幻想。他误认为他的婶母舅尚振华不会动他，一定会给他留面子，所以他放松了防御，警惕性没有了。造成这样的后果除了敌人的阶级报复外，也是李云的错误造成的。"并决定不对李云同志表示悼念。

我以前在抗日战争中及日军投降后在豫中打游击，都和李云同志在同一部门工作，对他的遇难感到相当悲痛，特别是几辈子受压迫、受剥削，为闹翻身而参加革命的周庆国、孔炳欣、左德全、刘全堂、王进发等同志的遇害，使我心里难受万分。

领导让我们第十、第十一两区的同志都回孟寨，在中秋节暂时休息。

殷庄被袭实况及其教训

通过了解，在王桥村找到了被活埋牺牲诸同志的遗体，访问了当晚目睹的群众及后来从所捕获敌人的口供和南逃归来者的述说，现将殷庄被袭实况记述于下。

当召开区支前工作会议布置支前任务之后，下午和晚上各组都依计划做了工作。第三组做完东边地区的工作，晚上按计划回到殷庄。晚饭后，李云区长按计划负责召开了附近几个村共同参加的支前工作动员大会。

群众反映，当晚殷庄一个老婆和另外一个社会关系复杂的人家里都留住着来路不明的生人。有人说，当晚的群众大会，一些不明身份的生人也混在群众中听了会议。

群众大会一结束，几个人马上就前来拜访李云区长，谈话之中，就推推搡搡，拉拉扯扯地找地方去喝酒了，喝了很长很长时间，最后李区长喝得酩酊大醉，被人搀扶着，送回屋子里睡去了。

李云区长根本就没有提夜里集合，出去游动的事，没有对区里的人打什么招呼。

第二天早晨，鸡叫三遍，庄稼户都喂了牛，一个人赶着拖车下北坡去犁地，走出了北寨门，这时候已经东方发白了。拖车走到北门外，在大路口被匪兵扣住，接着机枪匪手宋某把机枪架在石磙上开始向寨内射击，打三梭子子弹，没有动静，他们也不敢前进。经过督促叫骂，他们才慢慢向寨门冲过去，寨门大开，没有遇到什么阻击。

李云被枪声惊醒，慌忙起身，先仓皇地说叫守寨，即时寨里发出枪声，他既没有集合人抵抗，又没有指挥撤退。这时候周发田、周庆国、孔炳欣从东寨墙跑下来，找李云指挥御敌，李云命令大家赶快插枪隐蔽。周庆国反抗说："我是来革命的，不是来投降的，不能插枪！"李云发起自己的威风说："把枪扔到井里！谁不听命令枪毙！"自己率先把枪投入井中，周庆国也只好把自己的步枪扔到井里去。

正在李云命令周庆国的时候，周发田、孔炳欣、王进发等几个同志拿起枪从西边过道向北迎着敌人冲上去，和敌人遭遇在小过道中，战斗中孔炳欣同志负了伤，周发田见到已是众寡不抵，转到一家大门里，翻了几道院墙，躲进一户人家，保住了性命。贾仙逢钻入干草垛里，敌人打了几枪没敢动弹，也没有被捉去。

殷庄由郭区长武装起来的民兵班因本村人地势熟悉，由班长殷花楼带着撤退出去，没有受到损失。

对于第十区副区长张复新的被捕牺牲，起初我很不理解。我原以为当从县里回来那天中午，他就该回十区住地姜店去传达支前紧急任务，怎么到了次日早上，他还会在殷庄呢？原来他走到孟寨的时候讨了一剂中药，还买了一条纸烟，晚上未回姜店却来殷庄煎药并住朋友家去了。他根本就没有把地、县分配的紧急支前任务放在心上。他在卸甲店开会的 3 天，吃喝活动都正常，纵然有点小病，如果能带病去姜店完成地、县布置的任务，也不会有此牺牲的惨痛结局了。

听王子伟政委说，匪徒尚振华是李云的婶母舅。李云被劫尚振华会不会照顾一下他这个侄外甥呢?

据殷庄人谈，土匪听见李云在一家屋梁上棚的箔签上发抖，命令他先把手枪扔下来，然后自己下来。他下来的时候，上身只穿着单衬衣，一下来，匪徒们抓住就打，当时就被打得头破血流，用绳捆紧，跟着区里的人一同带走了。区里的人一个个都是绑得结结实实的。

天刚明，这批匪徒就慌慌张张往南走。这100多人，有很多是跟着来抢东西的。听河南岸的人说，抢东西的人一过河南岸就分散开，背住东西各自回村了。带枪的几十个人把区里的人带到王桥。当晚，他们对区政府的人毒打审问，惨叫、怒骂声叫人不忍听闻，还见到用火一个个燎烧脸部。捉去的人，只有包东申同志托大面子，用金钱赎回来。当我们在王桥村西南角塘河南岸一个坑里扒出被活埋的同志遗体时，一个个都被用绳索背扎着手脚，有的牙被打掉，有的小便流出的有血饼，真是惨不忍睹。为了辨认每个尸体到底是谁，我都仔细看了。除李云、张复新不在内，还多出了一位无名烈士。我都在棺材上写出名字，埋到路西的坟地里。后来迁葬到县城东南烈士陵园里了。

后来从捕获的匪徒口供中得知，李云和张复新被带到新蔡县南，经尚振华亲自审问，亲口命令把二人枪杀在洪河边，尸身蹬进洪河里被水冲去，尸身无存。

重整旗鼓 继续努力

舞阳第十一区政府遭反动武装袭击后，元气大伤，士气低落，先是左桂林回家不干，只好去把武器要回，接着董子厚不再来区政府，贾仙逢也自动脱离，包东申虽然又回区政府接头，因人受打击，家庭经济损失大，积极性大减。加上敌人残横暴行，一时谣言四起，其余同志的情绪也大大降低。区政府只剩下我们五六个人了。

我去到冯赵我舅家，前去找我表弟赵宗华。他是我大舅父的次子，当过多年老兵，在国民党军队里当过班长。以前在中原突围战斗中，他们部队跟踪追击的正是我们新四军第五师第一纵队第二旅，我军转移到大神农架地区，他因为想家，开小差回来。后来我们见面谈起来，他还说那时候是“表弟追表哥”哩。我见了他，对他说非常需要他帮助，打算请他出来。他略一思忖，就慨然应允，并主动约合了他村的赵炳兰，一同参加了区政府的工作。

正在急于用人，日夜思考物色人，而从前已经请求来工作的人，也因被袭失利远远避开，都胆小了。这时，来了一个人，说要参加区里的工作，惊异之中我一看，来的是段铁丁。看见他使我立时回忆起了2个月以前一次不欢快的“邂逅”。

那一天，为了替换穿得太脏的衣服，我单人回家去，换了衣服出村回区，走过干沟王村向东走，抬头一看，迎面走过来一个大高个子，上衣解开着扣子，气势汹汹地走着。从形象和走势我断定他不是一般农民，连普通平头正脸的人也不是。连忙把步枪倒挂在左肩上，右手把手枪的机头扳起，紧握在手里背在背后，两人渐渐走近了。当和他走到相距约丈把远的时候，我猛地大喝一声：“站住！举起手来！”这个大个子果然乖乖地站住，举起双手来，可是他两眼却是直勾勾地瞪着，明显地述说着他不老实的心思。

“你老实一点！”我跨上两大步走上前去，把右手的枪往身上一贴，补上一句说：“敢有半点不老实，你可不要后悔！”在他真正老实了的情况下，我搜索他几处，知道他没有带武器，只从衣兜里搜出来一根买猪的条子。

把条子交给他，让他向后转，依照命令向前走，不得左顾右盼。就这样把他带到殷庄寨关押起来，晚上又带着他串村游动，当晚住在沙河南岸的鹿店村。次日，马村街东王庄王宪成大哥找到了我，说明段铁丁和他原是结拜弟兄，求我放了他。

后来我了解到，段铁丁是一个社会关系非常复杂的人，上面士绅权贵，四方江湖闯客、买卖客商他都广为交往，是所谓江湖上讲朋友重义气的人。那次和我相遇的事，他对别人说：“当时我远看有个带枪的人，心想可该得一杆枪玩了。他一掏手枪，我心里更欢喜万分，认为得两支枪是一定无疑了。谁知他把手枪往身上一贴，我傻眼啦，这人是行家里手，我只好老老实实了。”

现在十一区困难重重，正是急需要人而一般人都避而远之的时候，段铁丁这位侠勇汉子，竟然自愿主动的前来工作，我立即表示欢迎。

段铁丁来到区里以后，又介绍来了另一位江湖好汉华荣华，新增 4 人，区里已有 10 人，成员虽不及以前多，战斗力却棒得多了。我们重整旗鼓，再抖声威，继续努力，重新开始了秋征、拥军支前工作。

临时性政权的结束

1948 年 10 月，南阳二地委、专署和舞阳县委、县府从卸甲店迁回舞阳县城。不久，上级向十一区派来 3 位同志，这 3 位同志都是从地方上调出来随军而来的。徐寿基任政委，王蕊任区干队长，方令元任秘书，区政府的领导力量更充实了。以后大局一天好过一天，地方上反动势力暂时表现老实。可是十一区内部并不十分平静，出现了一些小矛盾。

首先一个情况是，新来的 3 位同志全是没有经过工作锻炼的青年新手，连手枪怎么使用也不懂。有一把带自动装置的二十响手枪，当然应该给王蕊队长用，让他带在身上，大概几个玩枪老手对王蕊同志内心不服气，不大看得起，认为二十响手枪给了他，是亏了枪的材料，心里不满意。

有一天，我从外面回区政府，听同志们说，华荣华说要看看王队长的手枪，拿到手里以后，推上快机一下子把梭子里的子弹搂完了，弄得王队长面红耳赤，泪都流出来了。

晚上，我特意点名，让老华、老段等几个同志同我到外边几个村去巡夜。一走出村我便命令道:“车子、长条、上红堂！”他们一听，是他们平时江湖会上常用的暗语，马上照办了。又觉得我既像真是江湖会上的人，又像是揪住老根子讥笑他们，因而一起笑了，说:“你咋还要掂这一壶哇！”我知道是用江湖矩供[①]使他们叹服了。路上我以“江湖义气

① 矩供就是江湖会中人必须说的暗语。

的最高要求是打尽不平事，解放全人类。现在共产党解放军正是要解放全中国”的道理对他们进行了说教。以后，他们对王队长的态度渐渐好了起来。

11月，二地委创办干部培训班，称为宛东公学，我介绍青年高景兆等前去受训。12月，又有王福荣等青年经我介绍去宛东公学第二期受训。这一时期形势大好，对人们影响很大。

一个傍晚，同志们报告说，老段去一个不规矩女人家了。我独自一人去到一看，他正和那个女人在包饺子。我把他叫出外面，劝他为了完成几辈子先人交给的民族解放大业，要看得远，立大志，改掉已往任何阻碍自己上进的恶习。他说让他最后住一次，我就走出来。

到深夜，又有同志来向我报告，说方秘书到一个“破鞋”那里去了。我带着区里的武装人员出去查夜，转到这一家门口喊开门，是老方一边穿衣，一边来开门的，他的步枪靠在门后的墙根处，那个破鞋女人还在床上睡着。我们和老方一同回区政府对他进行了教育。

我带着以上这些情况到县城，向王副政委、杨副专员作了汇报，他俩告诉我说：“不必顾虑了！这个临时性政权组织该结束了，要重新按长久之计打基础，筹建永久性的真正人民民主政权。咱们地委的干部培训第一期结业分配工作后，已办第二期，你不是都介绍了学员吗，这就是打基础的工作。县里也要这样办的，你下去做结束工作吧！”

回到区里，接到了动员区政府人员“升级到部队”的指示。第十一区的人员，除赵宗华离不开家，段铁丁不愿参军以外，其余全部升级到部队里参了军。与此同时，原来以序数命名的区政府取消，十、十一两区合并为九街，新调来尹振玉、任志春任九街区干部，我和郭静斋暂时调到九街，以便详细介绍当地的情况。

年底，我接到调回县委会的通知，回家做了衣被准备，过元旦节即到城里报到，接受新的工作。

选自1998年6月《漯河文史资料》第七辑

解放初期召陵区委、区政府的组建及其作用

程玉玺[①] 林大毛口述[②] 周跃海执笔[③]

1948 年 8 月 23 日，陈谢大军光复郾城、漯河。郾、漯地区经过敌我军队你来我往反复较量，终于获得彻底的解放，结束了国民党反动派的黑暗统治。整个郾漯大地欢呼同庆、载歌载舞，庆祝自己当家做了主人。此后不久建立了中共郾城县委员会和县人民政府，地委任命周刚代理县委书记兼县长。漯河从郾城县析出，单独划市，成立了中共漯河市工作委员会和漯河市人民政府，郾城广大农村相继建立了区、乡、村政权。

召陵区委、区政府是郾城县首批组建的新政权。由于社会环境恶劣等因素，新政权在组建过程中经历了由暗到明、由流动到固定、由隐蔽到公开的发展过程。1948 年秋，中共郾城县委派丁铁重、杨玉祥、康天祥、赵文田、王化成等同志进入归村，在归村东地下党员吕坤五同志协助下，研究召陵区委、区政府的筹建工作。当时，反动军队刚刚溃逃，潜伏下的敌特人员、残留的散兵游勇及地方上的土匪恶霸，互相勾结，狼狈为奸，打家劫舍，拦路抢劫，对前来召陵开辟新区工作的同志威胁很大。为了预防不测，筹建的同志们采取游动办公的办法开展工作，白天在福音堂东临或东街小学，夜晚到后油李或芝麻陈，有时还去东北大坡地露宿或去凸凹不平的隐身之处打盹休息。随着大好形势的发展，社会渐趋稳定。双节之前，丁铁重带领筹备组成员冒着小雪，经齐庄村进入召陵，选择普照寺作为区政府办公地点。1949 年 1 月 1 日，召陵区委、

---

① 程玉玺，解放初期曾任中共召陵区委书记。

② 林大毛，解放初期曾任中共召陵区委通讯员。

③ 周跃海，郾城县人，1931 年出生。曾在召陵镇政府和银行系统工作。离休。

区政府在普照寺正式挂牌办公。

一、区委、区政府组成人员

中共召陵区委书记（又称政委）丁铁重1951年调县人武部任部长，陈纪夫接任；陈1952年调县委组织部任副部长，程玉玺接任；组织委员高现文，1952年调走，冯秀兰接任；宣传委员王化成；区长杨玉祥，副区长吕坤五；秘书邵天云；民政助理员王保扬；财粮助理员朱铁山；区农会主席康天祥，副主席赵文田；共青团区委书记程玉玺；区妇女联合会主任李桂花同年4月调走，高梅枝接任；武委会主任闫天成；工作员王中仁，通讯员林大毛、闫玉修，炊事员老张。

当时实行供给制，官兵一致，一律穿灰军装，吃大锅饭，供啥吃啥。1951年实行小包干，每月中州票120元伙食费，实用87元，每人每月发给38元零花钱，通讯员每月自行车修理费0.5元，往县里送一次文件补助2角误餐费。待遇不高，但领导与被领导、同志与同志之间关系很融洽，互相关心，互相爱护，互相帮助，一心扑在工作上。学习理论和文件如饥似渴，干起工作雷厉风行，工作就是生活的全部内容。生活会上不虚伪不外套，开门见山开展批评与自我批评，与人为善，坦诚相见，有时也会争得脸红脖子粗，短兵相接地干起来，但散会后一切正常，绝没有什么隔阂。

二、区管辖范围

东至小徐、归村、久寨徐；西至翟庄、龙塘、宋寨、大闫等；南至白坡、牛赵、东坡李、拐张、西皋、合村等；北至范寨、胡桥、宿寨、沟李、占庄。

全区划分为18个行政村，辖80多个自然村。其中有李付吴、范寨、胡桥、宿寨、姬石、大闫、宋寨、龙塘、大河、梨园周、张庄、铁炉、牛赵、席郭、刘庄、拐张、合村、归村、大徐、黄庄、召陵、沟李、呼雷张、常村等。

1951年，漯河市区扩大，首先划走翟庄、英张、龙塘、范庄、柳庄；同年又划牛赵席郭、白坡、朱庄、辛庄、吕庄、大河、梨园、周洼张、张庄、庙李、王裴等13个村归郊襄。

1952年，大周、姬石、康凹等30多个自然村划归黑龙潭乡；1953年，合村所辖6个自然村划归万金乡，小徐划归砖桥乡，宿寨划归老窝乡。

经过区划调整后，召陵保留40个行政村，54个自然村，沿袭至今，也就是当今召陵镇的规模。东至张烈庄、茨张、归村、久寨徐；北至常村、呼雷张、沟李、油李、詹庄、朱园；南至东坡李、扁担张、小康庄、拐张、西皋；西至部庄、李付吴、林庄、李村、找子谢。

三、新政权的两大任务

新的区委、区政府建立后，面临着支援前线和剿匪反霸两大任务。这两项工作虽具体内容各不相同，但其根本目的都是推翻压在人民头上的三座大山，拯救劳苦大众于水深火热之中。区委、区政府采用两手抓：一手抓支援前线，一手抓剿匪反霸。

1. 支援前线

1949年3月上旬，毛主席、党中央领导的中国人民解放军在取得辽沈、平津、淮海三大战役决定性胜利之后，发动了渡江战役。各野战军、各兵种官兵响应毛主席党中央的号召，争先恐后地向长江沿岸进发，这给各级地方政府带来责无旁贷的支前任务。

召陵区委、区政府按照上级要求，主动与过路部队取得联系，全力投入支前工作中。首先在区委东院学校的大操场里召开了万人军民联欢大会，发动群众支援前线。会场周围的墙上张贴着醒目的“打过长江去，解放全中国”“打到南京去，活捉蒋介石”等标语口号。整个会场布置得庄重严肃，军民士气高昂。

大会由区长杨玉祥主持。当杨区长宣布鸣炮奏乐时，部队的大炮响了 24 响，还甩了一阵子手榴弹。爆炸声连成一片、响彻云霄，万民欢腾。在热烈的掌声中部队首长讲话："感谢召陵区政府对人民子弟兵的欢迎与支持。我们一定要打过长江去，解放全中国，为全国人民再立新功。"区政委丁铁重接着讲话："全区人民期盼着你们早日打过长江去。你们在前线打仗，我们在后方一定搞好生产，支援前线，给你们送粮，送草、送烧柴，照护好家属。"晚上，部队放映了电影，文艺宣传队表演了节目。

部队开路的先遣队在当地群众的协助下，撒路引，定标志，确保大部队顺利通行。部队从北往南，过了两天两夜。沿途群众，日夜护送，广大干群有组织、有秩序地抬着猪肉、羊肉等慰问解放军。

2. 剿匪反霸

新生政权刚刚建立，反动势力不甘心自己的失败，企图东山再起。有的造谣言，蛊惑人心；有的疯狂报复，残害干部群众；有的组织反革命集团，围攻新生政权；有的夜集明散、神出鬼没、拦路抢劫。为此，召陵区委在中共郾城县委的统一领导下，有领导、有步骤地开展了剿匪反霸运动。

运动中，区委、区政府不断召开各种类型的会议，讲剿匪反霸的重要性、必要性，讲我军必胜、敌军必败的形势，讲共产党剿匪反霸的决心，讲"首恶必办、胁从不问、立功受奖"和"坦白从宽、抗拒从严"的政策，讲共产党、人民政府给人民群众撑腰做主。

在整个运动过程中，贯彻执行"依靠贫雇农、团结中农、孤立富农，打击反动地主、土匪恶霸和横扫国民党反动派残渣余孽"的方针。依靠苦大仇深的贫下中农，揭发、控诉匪霸的罪行。剿匪反霸中强调说理斗争，不准乱打乱杀，对罪大恶极者要依法惩处。在发动群众的基础上对恶霸开展面对面的斗争。召开群众大会，让被斗对象站着或跪在群众面前，由受害者控诉其罪行。由于土匪恶霸作恶多端，会场上常常出现诉苦者声泪俱下、泣不成声的现象。"你还我丈夫""你还我儿子""你害得我家妻离子散、家破人亡"等，真是字字血泪，致使全会场失声痛哭，从而激起群众对匪霸的愤怒。会场不断出现"打倒大恶霸

×××”“向 ×× 讨还血债”“血债要用血来还”的口号声。被斗的匪霸丧胆落魄，跪在人民面前发抖。

经过充分发动，挖出一个钻进区政府内部的土匪王保扬。王保扬，男，王裴村人，伪造历史，当上区文教助理员。他白天在区政府工作，夜间带着区政府发给的两把盒子枪，会同本村王捞、王宽在周漯公路抢劫商人。被民兵抓获后，区政府收缴了他的手枪，清除出革命队伍，并依法查办。

挖出一个暗杀团，头目是国民党旧军官。敌军溃败后，他潜入归村东街，人称老罗，在归村组织暗杀团，几个月发展匪徒 80 余人，其目的是夺取区民兵队枪支后围攻归村、油李等 3 个乡公所，然后上山打游击。结果在围攻区民兵队时，区政府组织人员逮捕了骨干分子 13 名。

揭露出杀害两名穷人的罪魁祸首赵芳、赵青山。1947 年秋，解放军进驻召陵，贫苦大众万般高兴，贫农赵付胜领着几个穷人去赵芳家，把他的大猪杀了，抬着肉到刘庄慰问解放军。同年冬天，赵派其贴身护卫破门而入，将赵付胜打死在床底下，还不准家属哭叫。

运动中先后处决了 70 多名血债累累的大土匪、大恶霸。每次处决都召开万人大会，由区领导主持，由县法院宣判，由县大队执行。

对中小匪霸，有的依法判刑，有的劳动教养，有的交农会和民兵监督改造。

通过剿匪反霸，召陵大地发生了翻天覆地的变化。骑在人民头上作威作福、横行霸道的恶霸被农民打倒了，土匪彻底肃清了，一向受压迫、受剥削的农民翻了身，广大人民扬眉吐气，由衷地感谢共产党和伟大领袖毛主席！

选自 2008 年 9 月《漯河文史资料》第十六辑

舞阳解放后地方武装的发展与壮大

胡德周[①]

大力发展地方武装、支援前线、配合野战军作战是豫西解放区建设的一个重要方面，中共豫西二地委十分重视地方武装的建设工作。该地区内当时有陈谢部队的两个团活动，配合主力部队打击敌人，清剿土匪，各县都相继组织建立了武装大队。

1947年12月17日，舞阳县城解放后，为保证政府工作在地方的开展，打击反动势力，建立自己的武装力量，陈（赓）谢（富治）部队决定从十一旅各连抽调94名干部战士计一个连的兵力组成县武装大队，由常东法任大队长，袁增茂为教导员，随后增加到百余人，编为12个班。县大队成立后，根据豫陕鄂边区工委、军区坚持确保党的领导，在发动群众的基础上积极发展地方武装的精神，在县委、县人民民主政府的具体领导下，大力吸收新战士，扩大力量。

随着1948年秋季攻势的开展，中原局、中原军区1948年10月28日发出《关于增建与发展军区武装的指示》，要求各地抓住时机，加紧增建和发展武装。县委、县政府在抓好其他工作的同时，狠抓武装建设。到同年12月中旬，舞阳县地方武装大队由原来的一个连壮大到两个连，大队、区队共841人，第一连144人，第二连137人，大队干部及侦察排共55人，其余505人分布在12个区中队。

根据上级要求，12月20日成立了县武装大队机关，克服了过去在游击状态中无机关的状态，各区队也相继建立了机关，健全了组织系统。大队武装在配合部队开辟工作中，到12月30日，共作战54次，

① 胡德周，汉族，舞钢市人，大专文化，中共党员。1980—1984年在北京军区某部服役，转业后曾任舞阳县史志档案办副科级干部，县政协文化和文史委主任。

俘获土匪及国民党军政人员224名，打死、打伤80人，缴获骡马5头，各种枪支353支（挺）、子弹8655发。

在扩大力量、招收新战士的过程中，县委要求继续广泛地开展这项工作，提出要完成扩大980人的任务，加上原有的要达到1800人左右。十三个区要完成780人，大队要完成200人。到1949年1月15日，各区已完成284人，大队完成90人，共扩大了374人。仅武功地区就为三十三团送去一个连的战士。

地方武装的壮大与发展，为狠狠打击反动势力提供了坚定而又可靠的保障。

选自1998年6月《漯河文史资料》第七辑

舞阳解放后的城市管理与恢复发展工商业

胡德周

自1948年11月12日，舞阳县委、县人民民主政府机关进驻县城以后，成立了城市管理委员会，加强城市管理。同时，大力恢复工商业，使工商户发展到820户。到1949年9月，共发放贷款617640045元。城市面貌有了根本性的转变。

1948年9月29日，中原局下发的《中原局关于进一步恢复工商业的指示》(以下简称《指示》)中曾明确指出:“从现在起，必须把城市、大集镇工作置于适当位置上，纠正那种只管农村不管城市的观点。”“要将恢复与发展工商业与安定商业者的生活作为城市工作的一个中心环节。”舞阳县委、县政府机关进驻县城后，认真执行《指示》精神，严格遵守1948年10月10日《中原军区入城守则》的9条规定，城市的管理与各项工作开始走向正规化、秩序化。

11月22日，县委、县政府在城内举行庆祝秋季攻势胜利群众大会，二地委书记李陶庭讲了话，群众受到很大鼓舞。西大街路南摊贩孟××说:“现在的舞阳是老百姓的舞阳了，和过去不一样了。”1949年元月7日，成立了城市工作管理委员会，着重加强对城市工作的管理，全城商户开始有了组织，各行业选出了代表，选举了商联会的负责人，城市贫民有400多人组织起来。烟厂、铁厂有89人得到组织，选民代表38人，并准备成立工会和贫民委员会。

公安局首先登记了解各类商业服务场所，如戏院旅店、学校、教堂等。全城户口抽查已普遍进行一次，计有3876户，17000余人，旅店86个。到1月下旬已进入钉门牌工作，各机关保卫工作开始着手。全县建立了城关、北舞渡、吴城镇3个派出所。

全县在解放前共有工商户2531户，其中坐商2042户，摊贩489户。刚解放时是1730户，坐商1432户，摊贩298户。1948年5月16日，为开辟财源，加强城市及工商管理，县决定在城内设立事务所，配一个班的武装加以保护，但因匪军不时骚扰，并没形成正规的工作秩序，商户则逐渐减少。

11月12日入城时，城内绝大部分商户未开业，只有几家药铺和一些杂货摊贩。街上空房多，房主自己不敢做生意，找了别人闲住，其原因就是怕政府住。16日开始，一些商户开门营业，部分摊贩变为商户。原是下午很早就关起门来，经过一段时间后，他们对政府工作有了了解，夜里11点后才关门，很多商户开始修理房屋开张营业。但市场物价极度上涨，粮食价格上涨尤为严重，城内麦子每斗760元。银圆流通仍很严重，300元中州币兑1元，黑市320元中州币兑1元，漯河380元兑1元。商人的思想还存在很多顾虑，担心没收错了的工商业是否给予赔偿。对于工商业中存在的实际问题及工作的不足，县委、县政府及工商局做了大量的工作。1948年10月间，全城商户只有482户，其中大都还不经常营业。到11月底统计，当月就增加74户，摊贩由原来的90多户增加到100户，商户由原来的426户增加到534户，饭馆原只有几家，发展到20多家。

征税方面到1949年元月上旬共收入税款1473543元，政府已掌握了油房12座，粮行6家，花行17家。全城商户发展到820户，比原来净增338户，其中负担有税收任务的，全征的672户，半征的31户，免征的117户。

1月底以前，全县经济工作的主要任务就是依据商人仍有顾虑、银圆暗中流通物价上升、出入口管理不严、漏税严重等现象，遵照二地委工商分局（行）关于今冬明春经济工作要求，巩固币值稳定物价，发展生产，开展税源的工作重点，着重发展贸易，在不使物价上升的情况下，肃清银圆，投放中州币，壮大国营经济，打下稳定物价的基础。

从1949年1月起，为鼓励发展工商业，县工商局（行）拨出大量贷款扶植各行各业。除当月对错误没收的3户商户加以赔偿外（总额为

28万元），在生产上扶植42家毛巾机，16个油坊，使其全部开工。政府吸收15000余双鞋，2万多斤布。同时，为推动生产向64户贫民贷款22.29万元，运输方面贷款112户13万元，工业贷款10户41.5万元，加上其他方面的贷款1月贷款总额为105.79万元，其中工业贷款占49%，商贩作坊占14%，贫民运输占37%。

为了正确贯彻党的保护工商业政策，解决赔偿及借款现象，城市工作委员会组织商户座谈，将乱没收、乱借款的单据交出来，根据不同情况作补偿或免征冬季营业税。1月底以前又补偿了3户，共5.7万元，免征冬季营业税6户，共51885元。1月23—28日，正是商户交冬季营业税时期，在党的政策鼓动下，城市商民自动捐款3万元大洋慰问前方战士。

1949年4月中旬，县工商贸易银行为着重做好稳定市场金融，顺利发行人民币，帮助群众生产度荒等工作，同时着重做好生产贷款工作。在这一过程中，县行一面发行，一面宣传教育，解除群众的顾虑。首先对干部进行思想教育，明确认识，全面开展反谣言斗争。在巩固中州钞的基础上发行人民币，打破那种说人民币发行后中州钞废止的谣言。为支援大军南下开支，4月5日开始发行，到中旬共发行人民币133.4万元，其中机关占32万元，贸易占100万元，兑出1.4万元，以中州钞3元兑人民币1元。为解决生产度荒，共贷给一、五、六、八、九区360万元。

当月，全县工商业统计表明，共有19个行业，其中坐商1859户，摊贩492户，共2351户，比解放前减少了180户。烟厂21个，分布于城关、北舞渡、吴城、辛集等，职工288人，月产量为18858条；酒厂18个，分布于以上四地，职工82人。

6月初，县城召开了1000余人参加的工商业界人士大会，进一步宣传党的政策，明确思想，鼓励私人资本家大胆经营，克服负担重、怕斗争、怕组织工会等思想顾虑。确定以城关、北舞渡两处为重点，逐渐影响全县。

8月，为更好地做好剿匪反霸、限制坏人的工作，县局行在城关、北舞渡商户中实行发放营业证工作，同时进行五户连结，宣传“八不五要”。还准备在9月做好武功、吴城、八台、卸甲店的营业证发放工作，争取9月底以前把城内的各种工会成立起来。在配合剿匪反霸工作中，发放贷款617.64万元，其中工矿业68.16万元，农业42.86万元，私人商业104.8万元，合作运输371.82万元，公营商业30万元。

选自1998年6月《漯河文史资料》第七辑

剿匪反霸

解放初期临颍剿匪梗概

杨海泉[1]

1947年秋至1948年春，解放战争拉锯时期，临颍县土匪蜂起，杀人放火、奸淫掳掠，无所不为。尤其在县城东部，勾结串联了大杆土匪。以王群成、杨敬齐为首更为猖狂。在老百姓痛苦万状的恶劣环境下，刚刚解放了的临颍县、西华县，成立了县、区大队，为保护地方治安，配合人民解放军留下来的二五八团，同心协力，开始了临颍、鄢陵、西华三县打击土匪战斗。

当时，匪区占领范围很广。势力最大的一股杆匪头目为王群成、杨敬齐，二人勾结了潘老六、田子封、贺玉振、吴廷甫等小股头目汇集在一起，拥有匪徒3000余人，声势很大，气焰嚣张，在临颍东部、西华县西部不断进行骚扰，闹得农民惊恐不安，无法生活。

开始组织起来的区大队，因有个别坏人参加，出现过一些问题。1947年10月，王岗区大队夜间住到大地主王冠斗家，王表面喜脸相迎，热情接待，却在夜静更深之时，下了毒手，围攻了区大队，并杀害数人。另外，湖里曹村小学校长曹林虎和岳治妮本是土匪，也混进王岗区大队里边，暗地杀害了区大队1人，这是一个严重而深刻的教训。因此，接受教训，清理队伍，纯洁大队人员，深入进行阶级教育，经此一番整顿，县、区大队素质提高了。1947年冬，临颍县县长张仁甫和政委冯明皋、黄连城区队武装助理邵玉亭等率部进军匪窝下城，脚步未停，枪声连起，匪徒扬言："捉活的。"县长张仁甫沉着应战，霎时我军主力部队从后面包抄过来，匪军大败。接着黄连城区长黎思铭和区政委黄家宣带领区队100多人，暗暗地在夜间清剿了陈庄乡公所，大部分匪军闻

① 杨海泉，1921年出生，临颍县人。曾任乡长。

风而逃。可是，匪军继续到处烧杀、抢劫。1947 年底，匪军在黄连城一带先放火点房子，抢劫财物，霎时变成一片火海，男女老少大哭小叫，东奔西逃。王岗北谢庄一带，人称“土匪窝”。一次，王岗区队成员吴建伦，单身闯进了匪区湖里曹村，时值大雨，吴黑夜摸进一所破庙内，暂时避雨，忽听枪声四起，幸亏找了一把菜刀，砍伤了两名匪兵，闯出了土匪圈。临颍县委组织部部长王锐锋和张洪儒夫妇两人，仅带领五六人深入匪区，不畏匪军人多势众，闯进匪窝，打得敌人措手不及。临颍县委宣传干事孔繁炎、任子纯和王岗区政委王纯才 3 位同志深入沙北县（今襄城县），以游击战让匪徒难于应付。

1948 年春，黄连城区长李寿卿（原任西、临、郾、鄢边区区长）和匪军作战，身先士卒，英勇战斗，屡立奇功，不幸在鄢陵县境的张亮桥战斗中光荣牺牲。在与小股匪徒战斗的同时，人民解放军二五八团和地方县、区大队三次包围了王群成、杨敬齐的顽匪 1000 余人，人民解放军浴血奋战，英勇战斗，终于在鄢陵县境的张亮桥歼灭了土匪大部，余下顽匪向西逃窜，我军紧紧追赶，最后在临颍县境的黄连城一带全歼了这一股危害乡里的匪徒。

选自 1998 年 6 月《漯河文史资料》第七辑

回忆舞阳县剿匪反霸运动

田全德[①]

1949 年从夏至冬，我先后在第九区（北舞渡）的智王、坡杨、韩庄搞剿匪反霸运动，在半年多如火如荼的剿匪反霸斗争中，使我受到了一次深刻的阶级教育。对这次全县人民的翻身解放运动，至今还历历在目，记忆犹新。现就亲身见闻，作些片段回忆。

为什么要剿匪反霸？

解放前，我县恶霸、土匪、国民党反动政府三位一体欺压人民，弄得民不聊生，怨声载道，广大人民处于水深火热之中，恶霸是地主阶级当权派，是地主阶级中最凶恶者；土匪是恶霸豢养的帮凶和爪牙，许多恶霸就是匪首；国民党县、区、乡政府则与匪霸相勾结，是匪霸的支持者和庇护者，他们中许多人就是匪霸。如以北舞渡为巢穴的关震亚、尚振华，拥有一个师的反动武装，舞阳沦陷时他们是日伪皇协军，日本投降后他们摇身一变，又成为国民党军，他们明为兵暗为匪，抓丁拉夫，派粮派款、敲诈勒索、奸淫烧杀、抢劫财物，无所不为，无恶不作。群众中流传着“杀不杀，问问尚振华；穷不穷，问问董茂亭（尚振华部下的团长）”。我们村的几个实例，就足以说明剿匪反霸十分必要。土匪夜入牛经纪田书旺家抢劫，枪杀了田书旺，抢走了他的孙子做人质。1946 年夏，贫农青年田书宾在光天化日之下被枪杀，据说是本村恶霸怕田书

① 田全德，1931 年出生，舞阳县北舞渡人。1948 年 11 月参加工作，曾任舞阳县第九区团委副书记、孟寨区委书记、县农村工作部副部长、拐子王公社党委第一书记、县委办公室主任、县委政法委书记、县人大常委会主任等。

宾争当保长，而买通土匪将其杀害的。不知什么原因，小学教师田上农和他妻子及70多岁的老母，一天夜里全部被杀，并用秫秸火烧尸。1948年夏一天夜里，农民李武士被匪霸砍去双臂，开膛而死，惨不忍睹。据说是因一个恶霸要用他的木材盖房子，他未答应，故遭此祸。事实说明，不打倒恶霸、消灭土匪，广大人民就不能翻身解放。

消灭土匪武装

我县于1947年12月解放后还残存许多土匪武装，他们不甘心于自己的失败，企图负隅顽抗，疯狂地报复和残害我干部群众，袭击我基层政权。夏金才匪部在南山一带就杀害干部群众500多人。1948年全县就有5个区民主政府遭匪袭击，我工作人员20多人被害，我们的县、区政府都不能固定驻地而流动办公。所以，解放后当务之急是剿匪，否则，人民政权就不能巩固，社会就不能安定，各项工作都无法进行。参加剿匪的有中原野战军四纵十一旅三十三团、县大队和区中队。剿匪中采取“政治争取和军事剿灭相结合”的方针，贯彻执行“首恶必办，胁从不问，立功者受奖”和“坦白从宽，抗拒从严”的政策，凡愿悔悟，放下武器，向政府自首登记者，一律从宽处理；凡顽固抵抗，继续祸害人民者坚决消灭。部队和地方政府开展强大的政治攻势，对土匪及其家属宣传政策，动员父劝子、兄劝弟、妻劝夫改恶从善，弃暗投明。1949年上半年，统计向政府登记自首的土匪就有316名。在开展政治攻势的同时，展开军事围剿。仅县大队1948年就打仗54次，瓦解匪众457人，活捉土匪176人，打伤34人，打死46人；缴获步枪1294支，手枪235支，冲锋枪2支，轻机枪11挺，重机枪1挺，迫击炮1门，手榴弹162枚，子弹13000多发，牲畜30多头。到1979年夏，土匪武装基本被消灭，对罪大恶极的匪首，通过公审大会处以死刑，群众无不拍手称快。

广泛深入发动群众

1949 年春，在武装剿匪的同时，县委以六区（梁八台）为重点，九区（北舞渡）为副点，开始了剿匪反霸群众运动。1949 年夏由点到面分期分批全面展开，到 1950 年 1 月全县基本上结束了剿匪反霸运动。

剿匪反霸运动的方法步骤是“十步三关”。第一步说明来意，表明态度；第二步，讲形势，讲政策，揭破谣言，解除群众顾虑；第三步，广泛接近群众，和群众建立感情；第四步，了解情况，访贫问苦；第五步，开展诉苦，进行阶级教育；第六步，发现与培养积极分子，扎正根子；第七步，进行串联，组织队伍，建立农会；第八步，确定斗争对象，研究斗争方法；第九步，进行清算，分配果实；第十步，总结经验，巩固提高。这十步中的三个关键是：解除群众顾虑，扎正根子，开展斗争。当然，这十个步骤不是机械分开而是交错进行的。

剿匪反霸运动中，最艰巨的任务是发动群众，打倒恶霸、消灭土匪，是广大群众的迫切要求，但是群众的顾虑很大，主要是怕“变天”、怕国民党再过来，怕我们不能给他们撑腰做主，所以，入村后群众持观望态度，不敢接近我们。针对这种情况，我们入村后召开各种会议，讲我必胜敌必败的形势，讲我们不打倒恶霸、消灭土匪决不罢休的决心，讲共产党、人民政府坚决给群众撑腰做主，揭露敌人谣言。同时深入群众之中，帮他们干活，和他们拉家常，进一步建立感情，耐心宣传教育。通过了解情况，访贫问苦，重点发动苦大仇深的贫苦农民，这些人往往顾虑较大，看不到阶级力量，对翻身解放缺乏信心，需要做艰苦耐心的发动工作，才能提高其阶级觉悟，把个人仇恨提高到阶级仇恨，把报个人仇提高到推翻整个统治阶级的高度来认识，使他们懂得“天下农民是一家，团结起来力量大”的道理。发动起来一个或数个之后，再让他们去串联发动其他人，串联一小批后，即可以由秘密到公开召集会议，进行形势教育，发动他们诉苦，诉苦是提高阶级觉悟的有效方法，每串联一批都要进行诉苦，提高阶级觉悟。在一次次串联中，不断发现积极分子，对积极分子看准了，也就是根子扎正了，就可以组织农民协会（简称农会）挂起牌子，公开活动。

农会虽是群众组织，但为了斗争需要，对会员要求是很严的，开始入会的是“四面净，八面光”的人，不仅土匪、恶霸地主、富农不能入会，小偷小摸，历史复杂、社会关系不好和匪霸关系密切或其他行为不端的人都不能入会。吸收会员要经会员大会讨论通过，并要求新会员对着枪口发誓，发现会员立场不稳、与匪霸通风报信者要开除出会。人们认为参加农会无上光荣，男女青年找对象也要打听对方是否入会。各乡村农会都制定有规约，用以约束会员行动，现将一个村的农会誓词和规约抄录如下，由此可见一斑。

农会誓词

全村穷苦农民，农会现已建成。
大家联合起来要与恶霸斗争。
挖出穷苦老根，彻底把账算清。
搜刮剥削还物，强暴杀人偿命。
不把恶霸打倒，大家不得安生。
彻底消灭匪霸，齐心坚决斗争。
铲除反动势力，人人一律平等。
今天全村会员，共有三百余名。
谁有三心二意，骂他八辈祖宗。
谁要袒护恶霸，叫他全家雷轰。

农会公约

1. 要团结一致；
2. 要互助三爱；
3. 要广泛发扬民主；
4. 要服从领导；
5. 要积极勇敢向恶霸作斗争；
6. 要有彻底翻身的革命精神；

7. 要遵守政府一切政策法令；
8. 要防止坏蛋、特务造谣破坏；
9. 要保守秘密；
10. 要守时间；
11. 不要“狗腿”“长舌头”；
12. 不要地痞流氓；
13. 不要特务、坏蛋；
14. 不要不能改造的土匪和蒋党人员；
15. 不准自私自利；
16. 不准包庇地主恶霸；
17. 不准受地主恶霸拉拢收买；
18. 不准消极怠工；
19. 不准闹小集团挑拨离间，破坏团结；
20. 不准阳奉阴违。

到1949年底，全县农会会员发展到118295人，占总人口的32%，农会具有很高的权威，真正是“一切权力归农会”。它不仅领导农民斗匪霸、闹翻身，而且也代替了乡村政权的工作，那些一贯欺压农民的土豪劣绅见了农会的人也毕恭毕敬。昔日的奴隶，今天变成了主人，真是开天辟地以来没有过的事情，那些小偷小摸、封建迷信、虐待妇女、好逸恶劳、打架斗殴等不良现象，也被农会的浩然正气所压倒，群众把农会视为最公道、最正派、最讲理的组织。

斗争恶霸、土匪

农会建立后，就学习政策，研究斗争对象和斗争方法。反霸斗争的总政策是：依靠贫农，团结中农，联合和中立一切可以联合和中立的社会力量，集中力量打倒地主阶级当权派。在反霸斗争中并不打击一般地主、富农。这和后来进行土地改革的政策是不同的，剿匪反霸运动中强调说理斗争，不准乱打乱杀，对罪大恶极的分子则依法惩处，在充分发动群众的基础上，对恶霸、土匪开展面对面的斗争。斗争方法是召开群众大会，让被斗对象站在或跪在群众面前由受害者控诉其罪行。由于恶霸、土匪作恶多端，会场上常常出现诉苦者声泪俱下，泣不成声，甚至有气昏休克的。“你还我丈夫”“你还我儿子”“你害得我妻离子散、家破人亡”……真是字字血声声泪，不时引起群众流出同情的眼泪，甚至全场失声痛哭，从而激起群众对恶霸的愤怒，“打倒恶霸某某”“向某某讨还血债”“血要用血来还”等愤怒的口号声接连不断，使被斗的恶霸、土匪丧胆落魄，跪在地上发抖。

对匪霸斗争之后，即对其进行经济清算，因为他们掠夺、霸占群众的财物是无法偿还的。所以，除给他们留下可以维持生活的土地和其他生产、生活资料外，其余没收，分配给贫雇农。

剿匪反霸运动中，全县共开斗争会 31000 多次，斗争恶霸 1025 人，土匪 195 人，处决了 37 人，没收恶霸、土匪土地 13632 亩，房屋 2591 间，牲畜 362 头，农具、家具 32829 件及粮食、衣服等物一部分。

农民翻身了

通过剿匪反霸，舞阳大地发生了翻天覆地的变化，骑在人民头上作威作福、横行霸道的恶霸被农民打倒了，土匪彻底肃清了，一向受压迫、剥削的农民翻了身，变成了主人。他们当上了县、区、乡各级干部，全县各级政权掌握在人民手里，并有一支 53000 多人、1600 多支枪的民兵队伍，保卫着人民翻身的胜利果实。广大人民扬眉吐气，从来没有这么高兴，他们由衷地感谢中国共产党和伟大领袖毛主席。“中国共产党万岁！”“毛主席万岁”成为广大农民发自肺腑的口号，家家户户恭恭敬敬地把毛主席像贴在屋正中，“吃水不忘掏井人，翻身不忘共产党”“共产党恩深似海，毛主席功高如山”成为广大农民最喜欢贴的对联。

选自 1998 年 6 月《漯河文史资料》第七辑

回忆我在舞阳北部地区的剿匪活动

张俊发口述[①] 胡德周整理

我是1945年11月间在新四军豫中游击兵团司令员黄林的带领下，随部队转移到桐柏的，中原突围期间，按照老首长李庆柳的命令疏散回到家乡——舞阳保和乡的袁集村。回家后，就马上找老关系、找新四军叶舞支队回到家里的老战友。先去找董仲衡，听说他被国民党舞阳县政府抓起来了，又找胡赞扬、周声远等，没有结果。在此情况下，我就到叶县找到了原叶舞支队的警卫连长彭彦士，他给我联系了潘寨、寨子王学校，在那里当教员。1947年11月4日陈赓兵团解放叶县后，我和弟弟张俊宝参加新区建设工作，在叶县连村一带活动，当了区干部。1948年2、3月间，奉上级命令，回舞阳北部的孟寨当区长，组建区政权，当时为第九区。1949年2月调整为八区，我带了一个连的武装，连长是彭彦士，指导员是部队下来的叫周绍旺，我兼任区武装中队长。迫切任务就是：用各种有力手段歼灭匪霸，建立民主政权，扩大武装。

当时的社会情况相当复杂，舞阳刚解放几个月，县政府被迫不断转移，敌我双方处在拉锯状态，土匪遍地，活动猖狂，小股土匪有几十至一二百人，中股四五百人，还有上千人的。舞阳西部、北部的匪霸很多，如八台一带的贾文轩、贾茂德几百人，上澧河店的匪霸苗旺一个中队，潘寨、寨子王住有周成文的暗杀团100多人，效集、孟王村、黑龙庙村有匪首陈桔斋100多人，下澧河店街有王灿宇一二百人，姜店的大恶霸夏炳炎，马村的大恶霸王轩亭，孟寨的孟老六（孟书芝）、孟庆培、孟庆浩，华店的庞龙，北舞渡地区是尚振华的匪队等。

在这种形势下，我担任一个新建区的区长，肩负重任，但为革命为

① 张俊发，舞阳县人。解放初期曾任舞阳第八区区长。

人民我信心百倍，遵照毛主席的军事方针，化整为零，声东击西，虚虚实实，打击少数，团结多数，利用矛盾，各个击破，大力开展政治攻势和武装打击，瓦解分化敌人，发动群众建立政权。现将我在舞阳北部地区经历的几次战斗和一些工作情况概略回忆一下。

歼灭上澧河店顽匪

为了打通叶县与舞阳的通道，便于建立和发展民主政权，就得消灭舞阳西大门上澧河店村的土匪、恶霸武装，当时这里盘踞着匪霸头目苗旺，有百余人的匪众，无恶不作，长期压榨、抢劫群众，是建立民主政权的一大障碍。1948 年 2 月的一个夜晚，经过详细的侦察后，我和连长彭彦士带领武装，悄悄捉了几个土匪设在澧河堤上的流动哨兵，然后由他们带路，首先解决了西门的一个分队，匪首苗旺带 2 个特务班在寨中心的瓦房内竭力抵抗，我部轻机枪猛烈扫射，苗旺看势头不对，跳墙到西院，被打死，经过几十分钟的战斗，将敌人全部歼灭，俘虏 60 多名，缴长短枪 90 余支。第二天召开群众大会，选村长，建立民主政权，将苗旺的衣被、粮食等分给群众，苗旺被消灭了。不久，舞阳县委、县政府就驻在了上澧河店。

担任孟寨区长时的战斗

上澧河店苗旺被歼灭后，在潘寨一带有原日军在舞阳时的维持会长周成文组织的武装势力，陈桔斋是队长，有 38 个磕头弟兄的敢死队，控制关庄、沟李、寨子王等村，武器装备都是一长一短；在这一带控制极严，潘寨村的群众不准随便出入，外人更不能入村。

1948 年 3 月中旬，我们侦察了解情况后，采取速战速决的战术，很快解决了潘寨周围几个村的几个小队，大部敌人跑到潘寨内。在周成文的指挥下拼命抵抗，我们组织了强攻，连长彭彦士率领焦班长和战士周光汉等组织云梯队，靠寨墙攀登，几次均告失败，我看强攻是不行的，要出现伤亡，便改变战术，围而不攻。晚饭后开始强攻，战斗持续了几个小时，攻入寨内，展开了巷战，敌人四处溃散，周成文等从寨北角逃窜，战斗结束，缴获枪 53 支，子弹 2000 发，望远镜 1 架，群众面貌焕然一新。

剿匪建立政权的战斗

在下澧河店西边 3 华里左右的张庄村有个匪霸叫张明志，有一帮匪众，张明志还勾结陈桔斋和王村的一贯道头目孟金商、黑龙庙村的匪首王金亭，欺压群众，暗杀革命干部和家属。1948 年 9 月间，我们夜袭张庄村，将其包围，我部副连长石东彦带尖刀班直攻张明志家，在地洞里抓住了张明志和几个匪徒，全村各巷被我全部封锁，但就是找不到陈桔斋。天亮时张庄村东边响起了枪声，发现陈桔斋在那里，我们火速追击。陈桔斋双手拿枪，向下澧河店逃去，我们追到下澧河店，正遇群众赶集，无法开枪，陈桔斋双手射击，打伤我战士杨合，群众哭叫一片，陈趁机逃掉。被活捉的张明志、孟金商、王金亭经请示上级后被枪决，人心大快，从此下澧河店一带建立了村政权，广大群众喜笑颜开。

建立孟寨区政权中的战斗

下澧河店河南岸张集、胡庄、段庄、王黑马、杨天池、左庄等村当时没有建立村政权，敌人活动十分猖狂，这一带主要活动着匪霸王灿宇部，王灿宇曾干过关震亚、尚振华部的团长，有几百匪众，我们 2 名侦察员在这一带失踪，大邢王村邢克（区干部）的家属曾遭暗杀。这些匪徒时聚时散，少则十人八人，多则百余人。1949 年 4 月的一天上午，区干部组织在张集村召开群众大会，区武装连队一同前去，周绍旺指导员在群众大会上讲话，主要是宣传党的政策，让土匪弃暗投明。正讲话时，会场上响起了枪声，周指导员应声倒下，英勇牺牲，坏分子在会场中又连开数枪，会场大乱，我区武装怕伤着群众无法开枪，枪杀周指导员的坏分子趁机溜掉。

为了引敌人出来，我们决定第二天还在张集召开群众会，我亲去参加，周密布置会场纪律。群众就地而坐，大小便报告，区干部在台上讲话，我带几人在会场内外观察动静。不多时我发现有 3 人可疑，当即扣起来审讯，3 人叫陈木、丁快利、张奎，他们是奉陈桔斋命带枪到会场的，昨天事件就是他们所为。张奎交代暗杀队就住在唐河村唐斌家的地洞里，20 多人，陈桔斋也在。当天夜里我武装由张奎带路，包围了唐河，在村里与敌人展开了激战，除陈桔斋外，匪众大部分被俘，缴获了一些枪支、弹药，随后下澧河店一带村庄建立了村政权，组织了翻身队（民兵）。

巧捉匪首孟庆浩

孟庆浩、孟庆培兄弟俩是孟寨有名的土匪头子，他们的靠山是大地主孟老六、孟老八，孟庆浩、孟庆培很早就投靠北舞渡的关震亚、尚振华，充当他们的大队长，率匪众在舞阳北部对抗解放军，多次与解放军作战。1948 年 3 月 14 日晨，率众偷袭我征粮队，打死解放军战士 10 名，还曾追杀我工作人员 3 人。他们霸占一方，抢夺民财，欺压百姓，强奸妇女，无恶不作，群众恨之入骨。1948 年 8 月初，孟庆浩纠集黑龙庙的王金亭，孟王村的孟金商，冻庄的效黑在效集集合匪众，企图偷袭我孟寨区政府，被我侦察员李秀松、周光汉发现，二人火速向我报告。当夜由石东彦率武装分三路包袭，一路由孟王向西，一路由孙庄向东，一路从小王庄向南渡澧河堵住渡口，孟庆浩毫无准备，没料到区武装会突然包围，经过几十分钟的战斗，被击溃，大部被歼，少部凫水逃往杨王箭村。

1949 年 2 月间，孟庆浩身穿蓝大衫，头戴礼帽，脚穿皮鞋，进入孟寨街打探消息，被我父亲张仁甫发现，怀疑此人并不一般，忙问村民孟五川，才知是孟庆浩，我父随即告诉我及彭彦士连长，我们马上组织追捕，到东寨门附近一农户家将孟庆浩包围活捉，严格审讯。为了防止敌人劫牢，就把孟庆浩送到了县公安局，不久又捉住了孟庆培。3 月 25 日，召开万人群众大会公审后执行枪决，群众喜笑颜开，拍手称快。

家犬被毒害救了我家五口人

1948 年春，专署副专员杨辛克在上澧河店召开会议时，安排我父母、妻、儿、弟跟我一同住到区政府享受供给制，保护安全。开始我觉得全家到豫西更安全，杨专员说到外地都是陌生人，不如跟你在一起更方便。于是我家五口人住到了孟寨孟庆浩被没收充公的大瓦房内，与区政府相毗邻，为了安全，我父亲还养了一条黄犬看家护院。就在这年夏季，黄犬被人毒害，吐白沫而死，我和区政委贾宗喜及石东彦观察后，知道这是坏分子所为，当夜周密布置，进行查寻，发现孟宪俄可疑，捕讯后他供出是孟庆浩让他干的，要杀光我全家。孟宪俄还交代了孟庆浩在寨墙北槐树下的碾盘底下的一个洞里藏有枪支，我们根据他的交代，起获枪 20 多支，还有 1 挺轻机枪和一部分手榴弹、子弹等，孟宪俄因交代定功，被宽大处理。黄犬死了，但救了我家五口人性命，还因此而起获了土匪隐藏的枪支，壮大了区武装。

选自 1998 年 6 月《漯河文史资料》第七辑

对舞阳剿匪反霸的回顾

启　公[①]　吴丰奎[②]

舞阳县（含现舞钢市，下同）于1947年12月17日解放，1948年夏开始剿匪反霸，1949年底基本结束，历时年余，至今已半个世纪。提及此事，知者甚多，但若问为什么要进行剿匪反霸，怎样进行，取得哪些成果及其深远的历史意义是什么，当代青少年知者甚微，即是年已半百的人，也难述其详。为教育当代，启迪后人，在今纪念舞阳解放50周年之际忆书于后，以示庆贺。

匪霸猖獗民不聊生

舞阳解放前，恶霸多在国民党机构中任职，有的身兼数职，是封建地主阶级中的当权派；土匪是其豢养的，用以镇压人民的爪牙。霸匪勾结，贿通官府，横行乡里，残酷剥削、压榨、掠夺群众，以维持其反动统治。霸匪猖獗，历来为广大人民所痛恨。舞阳地主阶级中所形成的孟、悦两派恶霸势力（孟派原为苗氏派，后因孟氏掌握，称孟派；悦来派后由孙孟山掌握，称孙派，故变有孙、孟两派之称），使全县人民长期处于贫困苦难之中。政治上，孟派掌握着以王仿禹为书记的国民党县党部；悦派掌握着以刘馨吾为干事长的国民党三青团干事会。经济上，除霸占大量土地，利用地租、高利贷和名目繁多的苛捐杂税对群众进行剥削外，还利用其经营的粮店、盐店、饭庄、卷烟厂等有关民生的商业

① 启公，原名胡德周，汉族，舞钢市人，大专文化，中共党员，曾在北京军区某部服役。1985年转业在舞阳县史志档案办从事地方党史研究工作，副科级干部。

② 吴丰奎，舞阳县人。曾任舞阳县政协文史委主任。

网络，通过囤积居奇、买空卖空、抬高物价、缺斤少两等办法，进行盘剥。军事上，孟派掌握着由县长兼团长、孟宪升为副团长的县国民兵团；悦派掌握着以卢宏宇为团长的由1300余人组成的县保安团和盘踞在北舞渡一带的刚由皇协军改编的关震亚、尚振华的七十五师。全县23名县参议员和18名乡镇长中，孟派占19人，悦派占21人。县内大小官吏职位均被他们所把持。他们为维护本派系统治集团的利益，不惜采取抓丁拉夫、互相拆台、收买拉拢、封官许愿等各种卑鄙手段庇匪、养匪、窝匪、放匪、纵匪，肆无忌惮地发展匪徒，扩大武装势力，成立名目繁多的“自卫队”“机动大队”“联防队“游击队”等武装集团。把全县18个乡镇缩编为12个，每乡均建加强中队，总计数千人。这些团队中，有很多人是昼为兵，夜为匪，敲诈勒索，抢劫财物，奸淫妇女，杀人放火，无恶不作，使城乡居民居无宁日。全县有罪恶极大、独霸一方的恶霸匪首如孙孟山、刘馨吾、卢宏宇、王海楼、孟庆浩、关震亚、尚振华、董茂亭、吴锡九、夏金才之流人，达百余人之多。听听群众中流传的“杀不杀问问尚振华，穷不穷问问董茂亭”，就知这些匪霸罪恶之深重。

舞阳解放后，国民党各级政权被摧垮，人民政权没收了官僚资本，匪霸失去了赖以生存和活动的政治与经济基础，但他们并不甘心于自己的失败。匪首吴锡九潜踞城东吴城一带；冻春轩、孟庆浩、孟庆培、魏焕亭等潜踞在城东北九街一带；尚振华等潜踞在城西北一带；夏金才、赵祥卿等潜踞在南部山区。他们遥相呼应，纠集大量匪徒，进行疯狂反扑，垂死挣扎，企图夺回他们已失去的统治地位。从解放后的第五天起，就大肆破坏新生的人民政权，残杀革命干部和革命群众，抢劫掠夺，滥杀无辜，开始了新的犯罪活动。

1947年12月22日晚，匪首尚振华率部窜入北舞渡镇清查户口，尚匪中队长张简斋抓到11名解放军战士交尚杀害，并对抓到在镇做买卖和所疑群众百余人，逐个审问，除个别人被保释外，大部分被枪杀或活埋。尚匪中队长刘玉山在河北街枪杀被疑群众20余人。24日，尚匪特务中队抓捕4名生意人，说是解放军密探，严刑拷打，清和乡队副王庆一在九街一带俘获解放军战士 7 人交尚，尚命卫士队将他们一并活埋于沙河滩内。

1948 年 1 月 11 日晨，张简斋派李子林和特务排长将被俘的 7 名解放军战士装入麻袋抛入沙河内杀害。2 月 18 日，吴锡九、吴肖卿、王文卿纠合匪徒 50 余人，袭击吴城区政府，区队长李均全、村长李生等 5 人及李钧全全家被杀。3 月 22 日，吴锡九等勾结国民党十一师驻西平部吕建坤突击团包围驻吴城的解放军征粮队，吴肖卿抓走解放军战士 1 人，谷粮被抢。3 月 24 日，孟庆浩勾结国民党十一师某部加强连在丁湾村骂子河伏击解放军驻段窑村征粮队，解放军排长以下 10 余人牺牲。4 月 1 日拂晓，大张区政府遭袭，中队长卜庆祥、指导员李顺，战士张丙申、张庆华、郭金榜、李迎春、张黑子、张玉坤、李小毛，区干张子长被害。5 月中下旬，尚振华指挥冻春轩率史市礼等匪众 200 余人，两次袭击北舞渡区政府，杀害村干 10 人、群众 50 余人，抓走百余人，抢走

国民党反动武装偷袭的沙北县大张区民主政府旧址

牲畜百余头。5 月 22 日，尚匪特务连长、号称“杀人阎王”的刘玉山率魏木子、赵光耀等数十人回火烧刘村，烧房数十间，枪杀 3 人，致残 1 人。24 日又到康庄，捕区干康同步等 3 人、井庄村干 1 人、北舞渡街干 3 人、宁庄村 12 人，全部杀害。刘匪先后杀害过 41 人。尚还指挥陈青坡、冻春轩袭击沙北县政府，但扑空，他还向各部下令：“凡为八路军干事的，东西抢光。”在他们路过井庄、康庄、宁庄、鹿拐、新庄时，拉牛抢东西，抓走村干 3 人，3 人被刘玉山杀害于北舞渡。

活动在南部山区的夏金才匪部，于 1948 年 2 月 18 日袭击接官厅村公所，杀害武装队长张全。后袭击尹集村政府，劫走枪 10 余支，王双印被杀。5 月 3 日夜，以尹永安等人为内应偷袭尹集区政府，区分队长谢全，队员白发清、王坤荣、徐心发、乔田和工作队员李全正、毛孩等 8 人惨遭杀害。夏自 1947 年开始剿匪到 1949 年农历八月十六被抓捕，仅在尹集地区便杀害区乡村干部、解放军战士 31 人，积极分子 17 人，群众 13 人，夏亲手杀害 42 人。抢劫牲畜 160 多头，抢劫、敲诈现金 91850 元，抢劫财物价值 150 余万元，奸污妇女无法计算。其弟夏金玉

1949 年 10 月 14 日，舞阳县人民政府处决大匪首夏金才

杀害政府工作人员和解放军战士16人，乡村干部和群众8人，抢拉牲畜134头，抢粮数万斤。仅刘庄一次抢拉小麦20车，抢牛14头，强奸妇女10多人。匪首贾茂德杀害20余人，袁恒德杀害10余人，奸污妇女16人。其手段之毒辣，惨绝人寰。除枪杀之外，还有斧砍、石头压砸、活埋、解尸、剖腹等。他们强迫杨庄乡长岭头村刀岭2户崔姓为其服务，嫌侍候不顺心，将上至70岁老妇，下至8岁孩童计6口人，全部杀害，截断四肢，割去乳房，砸烂头颅，惨不忍睹，令人发指。

东北部匪首冻春轩、石书礼、魏木子在伪县长禹升联的指使下，率匪众数十人于1948年9月12日晚袭击驻殷庄十一区区政府，区文书周庆国、区干队长孔炳欣和王进发、左法全、左金查等人被匪活埋于王桥。区长李文普和十区副区长张福新被押至西平师灵交尚振华，后被活埋。殷庄财物被抢劫一空。10月，匪首赵祥卿勾结国民党十一师突击团，袭击尚店区政府和瓦房沟仓库，将存粮抢劫一空，后窜到尚店附近，抢耕畜100余头。匪霸猖獗，危害一方，城乡居民，人心惶惶，清除匪患，刻不容缓。

军民协同武装围歼

为巩固新生的各级人民政权，安定社会秩序，稳定民心，促进工农业生产的恢复和发展，我人民政权发动群众，协助部队，在全县范围内开展了大规模武装剿匪运动。

1948年夏，中共舞阳县委、县人民政府根据上级党和政府提出的“政治争取和军事剿灭相结合”的剿匪方针和“坦白从宽，抗拒从严，立功赎罪，立大功受奖”的政策，一方面会同剿匪部队，按照立场坚定，思想端正，作风正派的条件，推选部分干部和战士骨干，组成工作队，分别由毛孩和杜俊德带领，分赴尹集和武功镇各村，深入群众，广泛宣传我军胜利形势，揭露匪霸罪行，调查社情，济贫问苦，树立剿匪必胜信心。不少群众主动协助军队侦察匪情，宣传政策，瓦解土匪，并建立了30多个情报网点。根据群众举报，揪出了匪首夏金才的小老婆，起获了土匪的仓库，缴步枪150支，轻机枪3挺，六〇炮3门和大量子弹及军需物资。端了敌人的巢穴，动摇了匪心，迫使匪众解体。另一方面，县大队、区中队配合中原解放军四纵十一旅三十三团，在群众协同下，采取奔袭、“围剿”、清剿等战术寻歼敌人。发现匪情，日夜兼程，猛打穷追，不给匪徒以喘息和隐蔽的机会。经过3个多月的“围剿”，与匪进行大小战斗54次，争取登记自首匪徒316人，瓦解匪众457人，捕捉匪众178人，打伤土匪34人，打死土匪46人，缴获步枪1249支，手枪253支，冲锋枪2支，轻、重机枪12挺，迫击炮1门，六〇炮3门，手榴弹162枚，各种子弹1.3万余发。到1948年冬，舞阳县境内大股武装土匪基本被消灭，社会秩序趋于稳定，基层政权得以恢复和建立。不少青少年要求参军，仅武功镇一带参军百余人，组成一个新兵连补入剿匪部队。

依靠群众肃清散匪

由于恶霸尚未打倒，地主阶级普遍存在，谣言四起，群众迷惑不解，忧心忡忡，疑虑重重，这就给匪霸的生存与活动以可乘之机。尚未被歼的小股土匪和被击溃的残匪，除部分逃出县境外，大部分都潜入农村，混入农民，分散隐蔽，化整为零，伺机而动，继续作恶。据1948年12月14日的不完全统计，全县除一股较大的残匪夏金玉部百余人分散于南部山区继续作恶外，其余残匪的分布是：以彭绍宇、李彦彬为首的10余人，活动在安寨、红春铺、草坡、辛集地区；以李光宇、李搔虎为首的13人，活动在辛集以北和八里河沿岸；以陈忠村盛老虎为首的14人，活动在安寨以北地区；高辛安、王木、陈狗、李江等活动在武功镇附近，共有枪30余支；八台东南和西南有17人，枪15支；保和东北有25人，枪21支；孟寨西北部有61人，枪60支；北舞渡沙河以南，东部有66人，西部4个乡有195人，黄林村有20人，任桥村有16人，岭谢村有7人，李吉村有21人，总计有枪近200支。

1948年11月12日，县委、县政府由城西卸甲店迁入县城，年底召开由各区主要领导干部参加的县委扩大会议。结合贯彻 1948 年 11 月 9 日二地委召开的关于新收复区、过去的边沿区和蒋管区工作会议精神，认真回顾总结了过去一年各项工作取得的成就、经验、教训和存在的问题。一致认为：1948 年武装剿匪、征集粮秣、支援前线等各项工作，进展快，成绩显著，但农村工作基础仍很薄弱。部分基层政权直接或间接被封建反动分子所掌握，残存匪徒和恶霸继续作恶；一些反动帮、教、道、会门被匪霸利用，制造谣言，蛊惑人心，书写反动标语，诬蔑党的领导，煽动群众抗征粮秣，破坏支前等；大部分群众“怕”字当头，思想不安。因此，当前重中之重的工作是广泛深入发动群众，团结最大多数人，开展大规模的宣传活动，反复讲清宽大与镇压相结合的清匪方针，政策攻心，以政治瓦解为主，武装清剿为辅，发动群众，依靠群众，肃清残匪，进一步安定社会秩序，稳定民心，为建立健全基层政权和反霸斗争扫除障碍。结合讨论，制订了 1949 年上半年工作计划。

1949 年 1 月初，县委开始布置在全县范围内全面开展发动群众清匪反霸运动。县委号召，要深入发动群众，培养组织积极分子，自下而上建立农会，依靠群众代表联系群众，组织运用一切可以运用的宣传力量，通过各种会议，针对不同对象进行不同内容的宣传，启发群众，迅速掀起查匪、揭匪、劝匪、送匪、捉匪的清匪高潮。为使运动深入有效开展，2 月县委对各区委、区政府建制和部分干部进行了调整：一区（尚店）调为五区，区委书记杜俊林，区长李进云；二区（柏庄）撤销；三区（尹集）调为四区，区长刘庆荣；四区（梁八台）调为六区；五区（武功）调为三区；六区（保和）调为七区；七区（城关）调为一区；八区（吴城）调为二区；九区（孟寨）调为八区；建立十区（九街）区委、区政府，副书记任志春主持区委工作，区长杨发三；十一区并入十区；十二区（北舞渡）调为九区，区委书记霍宫壹，区长胡芳；十三区（大张村）并入九区。并于 3 月 15 日决定：六、九区为县委重点区，二区为重点的附点区，一、五、七、八区为县委附点区，三、四、十区为一般区。各区均设重、附点乡村，抓住重点，总结经验，由点到面，互为促进，点面结合，全面发展。要求麦收前重点区完成清匪反霸运动。附点区突破重点，向面发展；一般区深入重点，摸索经验。在干部配备上，六区以何林为主，王政、梁步云、申昆山、李锦藻、彭贵和、李桂芳、史旺生、张绍良、李一屏等10人负责，张金木、刘超臣、王明臣等10人协助；九区以霍宫壹为主，胡方、汤峰、辛秀、周子云、刘肃欣、杨风池、黄桂忠等10人负责，农民积极分子10余人协助；二区以田保安为主，梁延海、陈先亮、谢永信、钟耀武、童凤格、李传贤、孙守德、谭宗武、孙世和、齐安德、李孝、良德昌等负责。附点区：一区以马致富为主，雷东初、陈连英、张素清、张书芳、董玉岐、申玉秀、张兆文负责；五区以杜俊林为主，张少先等负责；七区以李杰为主，刘乃杰等负责；八区以贾宗喜为主，王瑞等负责。一般区：三区以郭均为主，孙星彩等负责；四区魏文负责；十区任志春、房继光负责。

调整后的各区都迅即确定了开展清匪反霸的重点乡、村，组织干部入点开展工作。普遍召开了区、乡、村干部大会，群众大会和各种类型的座谈会，利用戏曲、小品、讲演、墙报、黑板报、漫画、标语、传单、秧歌、腰鼓等各种形式，反复宣传宽大与镇压相结合的剿匪方针和“首恶必办，胁从不问，立功受奖”的政策及剿匪反霸的重要意义。启发诱导群众提高阶级觉悟，划清界限，并发动群众建立联保组、清管组、儿童团盘查匪徒。如一区利用先后召开的庆祝济南解放、庆祝新年及纪念“一二·九”运动等群众大会，发动文工团演出“血泪仇”，明德、文昌学校演出“全家福”“早晨”“改造王老婆”等戏曲。各机关、部队、剧社、乡村的高跷、花轿、旱船、秧歌、曲艺等文艺社团到会宣传演出。结合宣传活动，建立了联保组455个、除奸组14个和工人纠察队，对清匪反霸运动的开展起到了很大的促进作用。到4月底，全县已有33个村成立了农会，有43个村开展了清匪反霸斗争，除七区外，其他九区均已开始发动群众。为发动广大青年积极参加清匪反霸运动，县委于5月决定成立中国新民主主义青年团舞阳县工作委员会，发展团员，建立基层团组织，加强对青年工作的领导。到6月底，清匪工作初战告捷。全县破案33起，捉匪首匪徒85人，登记自首匪众445人，登记自首的其他犯罪分子289人。缴获长短枪401支，小炮1门，重机枪

1挺，各种子弹9701发，手榴弹253枚。

打倒恶霸清除匪源

1949年6月16—26日，省委召开第二次党代表大会决定：全省下半年的中心工作是充分发动群众，集中力量，集中时间，城乡结合，军民协同，在全省范围内开展剿匪反霸运动。为贯彻省党代大会精神，7月16日县委副书记孙联主持召开了由各区主要负责人参加的县委扩大会议，在学习贯彻省委二次党代大会精神的基础上，针对上半年全县清匪反霸工作，进行了认真的回顾和总结。通过讨论，一致认为：上半年剿匪反霸工作，成绩不小。全县有119个村开展了斗争，117个村成立了农会，准备开展斗争。发展会员24038人，发展民兵966人。斗争匪首恶霸186人，处决8人。但工作中确实存在着一些不容忽视的严重问题：部分干部和群众存有急躁情绪和极“左”倾向，不请示、不报告，乱抓乱斗，乱捕乱打，把少数犯有罪行尚未构成匪霸的人也当作匪霸进行斗争，扩大打击面，吓跑了少数有劣迹而不愿逃跑的人；少数农会组织不纯，甚至组织假农会；有些乡、村只注意武装清剿，忽视发动群众；少数匪徒借宽大之机，登记自首后，搞里应外合，继续作恶；有的拿着自首登记证，冒充有功匪徒或装扮公务人员，派粮要款，讹诈群众等。会议强调，要始终坚持以党的领导为核心，广泛发动群众，组成反匪霸统一战线，大张旗鼓地宣传贯彻党的各项政策。坚持以政策攻心、政治瓦解为主，武装清剿为辅的原则，穷追不舍。按照“首恶必办，胁从不问，立功受奖”的政策，分清首与从、宽与严的界限，正确执行宽大与镇压相结合的政策。对作恶多端，民愤极大的匪霸坚决依法惩办，对胁从分子不予追究。严禁乱捕乱打，乱斗乱杀，坚决克服忽视组织纪律、不请示、不报告的错误现象。7月19日，地委委员兼县委书记吴春雨在讲话中强调指出：“匪霸是阶级社会的产物，其罪恶行径给人民造成的危害极为惨重。”过去由于历史的种种原因，长期得不到消灭，但共产党是一定有能力消灭他们的。要肃清匪患必须打倒恶霸，要打倒恶霸必须肃清土匪，要清除匪霸必须发动群众、依靠群众，三者不可分割，这是贯穿于清匪反霸运动全过程的总方针。剿匪反霸，不是把匪霸打散、打退、打跑、打垮，而是要消灭股匪、肃清散匪、清除潜匪、收尽匪枪、捕尽匪首、打倒恶霸、清除匪源。因此，要广泛深入发动群众，依靠群众，团结一切可以团结的力量，中立一切能够中立的人，孤立匪霸，分而歼之。结合反霸清算，开展减租减息，一查到底，满足现状，等于半途而废，群众是不满意的。

为使群众运动有条不紊，步步深入，顺利发展，县委副书记孙联根据重点乡村开展运动的情况和经验，代表县委提出了开展群众性清匪反霸运动“十步三关”的意见：第一步表明态度，说明来意，解除群众疑虑；第二步反复讲明当前形势和具体政策，揭露匪霸谣言；第三步深入群众，利用吃饭、干活、访谈、攀亲道故等形式，了解情况（一关）；第四步启发诱导，提高认识；第五步以苦引苦，诉苦串联；第六步发现培养积极分子，扎正根子，保证队伍纯洁（二关）；第七步组织队伍，由少到多，由秘密到公开；第八步发动群众讨论，先斗谁、后斗谁，争取谁、瓦解谁，确定斗争纲领和方法；第九步，组织斗争（三关）；第十步，总结经验，巩固提高，扩大力量，建立健全各种组织。会议要求：凡参加剿匪反霸的干部，一律吃住在户，工作在村，与群众同吃、同住、同劳动，非因公、因事、因病不得回机关休住，不准随意回家或探亲访友，不准吃吃喝喝，不准收受礼物。事前请示，事后报告，克服无政府主义现象，坚决执行“三大纪律八项注意”。工作在乡，学习在乡，不学习不能工作。

为加强剿匪反霸工作的领导，县委组织部根据县委指示，制订了选拔培训新干部和建党计划。以培训农民干部为主，不放松对知识分子干部的培养为原则，计划从 9 月开始，培训家庭出身比较贫困的知识分子干部 42 人。10 月下旬，培训农会、妇女、青年团等乡、村基层干部 100 人。11 月中旬，培训乡、村政权干部 150 ~ 200 人。

为发挥广大妇女剿匪反霸的积极作用，县委决定成立舞阳县民主妇女联合会筹备委员会，加强对妇女工作的领导。

根据县委扩大会议精神，各区普遍召开了区、乡、村干部动员大会，用批评与自我批评的精神，对过去半年的工作进行了全面认真的回顾与总结。要求广大干部，要深入群众，反复讲清目前形势和剿匪反霸的方针、政策、目的和意义。组织一切能组织的宣传力量，大张旗鼓地进行宣传，掀起群众性大规模剿匪反霸高潮。仅8月，全县召开各种类型会议1200余次，参加群众25万多人次，演剧13次，书写墙报标语16450条，建立黑板报281处，有力地推动了剿匪反霸运动的全面发展。结合大规模宣传活动，通过各种会议，针对具体情况，进行了七查：以历史清楚，出身贫困，立场坚定，敢于斗争为条件，查根子正不正；查思想有无疑虑；查力量强弱；查组织纯不纯；查翻身是否彻底；查苦根是啥；查匪霸罪恶和活动情况。经查找，大部分群众解除了思想顾虑，提高了阶级觉悟，划清了敌我界限，整顿了农会、乡、村政权和民兵组织，清除了不纯分子，明确了斗争对象，坚定了胜利信心。经过广泛讨论，制定了《村民反霸公约》。如要报匪情匪枪；要给解放军带路送信；要保护革命工作人员；要保护公粮和交通；不藏匪；不窝匪枪；不给匪霸通风报信；不造谣、传谣；不破坏仓库和交通；不伤害革命人员；不破坏解放军和人民政府等。与此同时，按照利用矛盾，分化瓦解，争取多数，打击少数，各个击破的原则，分别先后在一、三、五、八、九、十区召开了全区群众公审大会，公审了匪首、恶霸陈郎轩、董伯亭、董聚、夏金玉、王小有、刘庆、任哑巴、闫西九、孟宪卿、王轩亭、孟庆浩、孟庆培、李铁芝等48人。总计参加群众10余万人次，上台诉苦者数百人。很多苦大仇深的群众诉到悲惨处，失声痛哭，泣不成声。如十区8月20日斗争匪首李铁芝时，原十区副区长张福新之妻殷俊英带着小女上台诉苦，当诉到丈夫被匪首活埋的惨境时，母女的哭声感动在场群众痛哭流涕，义愤填膺，摩拳擦掌，振臂高呼："天下穷人是一家，团结起来斗恶霸！有冤诉冤，有苦诉苦，打不倒恶霸誓不罢休。"会后，将不杀不足以平民愤的罪大恶极分子39人，分别押赴刑场，依法处决，对匪霸震慑很大。广大群众喜笑颜开，无不拍手称快。对清匪反霸运动的深入发展，起了很大的推动作用。如十区有些群众自备盘费自动到漯河等地捕捉匪霸。据8月不完全统计，仅三、七、八、九区，整顿乡、村农会71个，解散农会29个，清除不合格会员461人。全县登记自首匪首25人，匪众301人，捉匪首18人，匪众57人。缴步枪221支，手枪101支，洋枪114支，子弹1607发，手榴弹268枚。交政府司法科（代行法院职能）立案处理210人，结案162人，处死刑39人，徒刑29人，送区交群众批斗管制监督劳动21人，立功转变15人，释放30人。

各区由于地理环境有异，群众基础优劣不等，匪霸为患程度有轻有重，开展运动的时间迟早不一，运动不平衡，甚至有反复。特别是匪霸为患严重地区，为避免运动夹生，匪霸漏网，逍遥法外，必须严格执行党的政策，对群众做广泛深入、艰苦细致的思想发动工作。

如八区孟寨村，是全县封建统治遗毒最深重的村庄之一。自民国以来，封建统治更加突出，是舞阳两大反动派系之一的孟派发源地和老巢。全村235户，除11户外姓，其余均姓孟。其中地主、富农31户，占全村户数的13.2%。有国民党省财政厅厅长孟昭瓒以下的省、专、县和地方的党、政、军、民团等大小官吏92人，占全村人口的8.4%，平均2.55户一人。对内是宗族一家，按辈排列，实行封建统治，对外排斥，乡、村政权长期被孟氏家族所掌握。1948年秋开展政攻宣传时，就开始深入群众，访贫问苦，了解情况。曾夜访贫苦农民孟昭丰、孟宪绍，谈过几次话。开始面带惊恐，低头不语，继之虽面有喜色，但顾虑重重，时笑时想，不吐实情。经过攀亲道故，以苦引苦，思想认识有所转变和提高，开始反映村内匪霸罪行和活动情况，但不敢在有人的地方和干部说话，不敢到区公所找干部，怕匪霸发现打黑枪，怕解放军走了国民党再来受二茬苦。为了保证群众安全，仍同其保持秘密交往。到1948年12月下旬，通过秘密串联，已发展10余人。组织孟昭丰等开小组会，经过讲形势、讲政策，运用以苦引苦、诉苦串联、互相启发的方法，逐步发展到40人。1949年1月下旬，秘密选举几名小组长。2月底发展到百余人，由区干部组织召开会议，公开选举农会领导，成立农会，选举孟昭丰为主席，孟宪绍为副主席，孟宪海、孟庆云、孟宪法为委员。但农会在群众中威信不高，加之敌人造谣诽谤，不少人看不起农会，一些中农户说："就他们几个，能日出啥雾。"经过不断济贫，帮助群众解决实际困难，农会威信渐高。匪霸地主由公开造谣诬蔑变为拉拢收买。地主孟新波要求农会把地分给贫农，并给粮 10 石。孟老六把 30 多亩地分给佃户。恶霸地主也去农会，口口声声说要跟着共产党走。对此，经会员讨论制定了"七要七不要"公约，即要服从农会领导，执行各项决议；要发扬民主，团结友爱，互相帮助；要执行民主政府的各项政策和法令；要在会员中一律平等；吸收新会员要有两个会员介绍；要宣传民主政府的政策和规定；要坚决联合中农。农会不要坏人；不要新近返乡的匪霸和国民党公职人员：不要地痞流氓；不要狗腿子；不包庇匪霸地主；不给匪霸地主送信；不要匪霸地主送的一切东西。

由于长期封建压迫，群众对恶霸存有恐惧心，担心孟庆浩、孟庆培等匪霸逍遥法外，进行反扑，不敢公开面对面地进行诉苦斗争。农会组织会员，用相互装扮匪霸和苦主进行试斗。并烧香赌咒，发誓：一个会员被害，大家都为其报仇等。但当匪首、恶霸集于一身的孟庆浩被押上批斗台时，除个别骨干上台诉苦外，多数苦主仍不敢上台进行斗争。针对此况，区政府召开了农代会，结合检查工作，反复讲清剿匪反霸的目的、意义和政策，进一步解除群众顾虑，提高阶级觉悟，增强反霸决心。孟留柱说："只要把苦诉出来，就是解放军走了我也要干到底。"孟全一说："不管怎样，这一辈子的苦处，能对着欺压咱的人当面讲，就是死了，心里也痛快。"由于群众提高了觉悟，不仅敢于面对面地进行说理斗争，而且还高呼口号"有苦诉苦，有冤诉冤，恶霸不低头，斗争不罢休"等。

在反霸斗争中，该村匪霸曾几次企图用武装暴动的办法，劫持、保护被斗匪霸。1949 年 2 月，发动群众斗争孟老六，当开第二次斗争会时，孟宪明、孟庆芬、孟庆安、孟宪末、孟宪增等 10 余人，带着手榴弹混入会场，企图与外面持枪潜伏的坏人里应外合，杀害区、村干部，把孟老六劫走。当孟庆安、孟宪增、孟海忠混进会场时，被农会小组长孟庆兰发现。报告后，当即将孟庆安等3人抓获。3月，将孟庆浩、孟庆培扣押起来后，孟庆芬等人进行活动，企图同区干队中少数不坚定分子里应外合，劫走二犯，并将部分队员拉走，杀害区长、区委书记。副区长朱长增在区干队审问案犯潘海光时，得知此情。随即将孟庆浩、孟庆培押送县公安局，把同孟庆芬等勾结的区队员杨林、杨金山等交县大队处理，抓获了孟庆秃等人。3月9日，在县大队2个排的配合下，由公安局的何录珍将“两孟犯”押回孟寨，经全区群众大会公审后，依法处决于该村南门外。9月18日，孟宪明、孟宪增等21人，要为“两孟犯”报仇，打算杀害农会干部、会员和区干部。在斗争孟海忠的群众大会上，孟为了立功，坦白出当晚有暴动，民兵迅即行动，将正在密谋策划暴动的分子全部抓获送交县公安局。

为使反霸运动有条不紊地顺利进行，区委根据孟寨村的反霸经验，决定以孟寨、段窑、华店、黑龙庙、下澧河店等作为重点，普遍召开各种会议，组织各种宣传力量，利用各种形式，广泛开展大规模的宣传活动。建立清剿指挥部和五户联保组，贴标语12400条，建黑板报37处。8月底突破重点，9月向面上发展，点面结合，将全区群众联成一片。9月15日召开了原国民党乡、保人员、军官和土匪会，有265人参加。19日又召开了匪游击队员家属会，有229人参加。接着又先后召开了斗争匪首恶霸闫西九、梅更心、高俊山、孟宪卿等群众大会。在3月2日斗争恶霸王轩亭大会上，有1.4万余人参加，近70人上台诉苦，会后依法处决了该犯。通过剿匪反霸，匪霸基本上都被打倒。全区成立农会34个，乡公所3个，发展农会员7445人，其中贫农5018人，中农2427人，组织民兵280人。发展党员6人，培养积极分子152人，整顿农会组织16个，村政权10个，清洗不合格农会会员262个。有2535人分得了反霸清算物资。有24个村开斗争会39次，斗争恶霸41人，地主当权派9人，土匪43人。清出匪首、匪众199人，登记自首匪众160人，捉匪48人。缴获各种枪113支，手榴弹76枚，枪头102个，刺刀、战刀57把。

舞阳县第八区（孟寨）邵店村斗争匪霸大会会场

再如五区尚店，地处舞阳、泌阳、方城三县交界处，山多人少，全区南北长近50华里，东西宽近40华里，有8857户，38966人，分布于282个自然村，除尚店、王店两大集镇外，多数村只有十余户，甚至几户人家，群众多以放牧或卖柴为生。由于夏金玉、邱松波等匪徒的长期骚扰，给群众造成极大危害。这股土匪虽在武装剿匪中大部被歼，其残部以赵祥卿、谢来和、李培如、张金吾、邓宗有、任哑巴、邱春波、李义忠、邢春吉、陈志成等11个匪首，带领百余名散匪分散于山区边沿地带继续活动。特别是李义忠、赵祥卿等在尚店、王店、李楼、王老庄一带活动十分猖狂，扬言要捣毁区政府。他们乘原一、二区合并，人员调动，干部不熟悉情况之机，和当时只注意号召匪徒登记自首，忽视收缴武器的偏差，利用登记自首的合法身份混入村中，昼为民，夜当匪，夜聚昼散，三五成群，沿途抢劫，进行罪恶活动。姜宫壹、马庚池、刘金来在王店东门外抢劫棉商，使界牌河、小史店、李楼、尖山一带行商来往受阻，并杀害革命军属李长喜等。有的匪徒还拿着自首登记证，充当有功之匪或装扮公务人员勒派粮款，索要财物，并暗自侦察区、村政府活动情况。全区有3/5以上的村被土匪贴过条子，要过银洋，仅7个小村8个农户的统计，共索要现金1300元，仅胡庄一小油房就索要款200元。王九林向高庄一户要款未成，用刀将一老太太脖子割破。匪徒的罪恶行径，严重扰乱了社会秩序，致使村政权不得不来回搬迁，各项工作陷于停顿，谣言四起，群众恐慌，见村干部不敢抬头说话，对党的剿匪政策产生疑惑。

鉴于此，区委决定，除以尚店、吴庄两个较大村庄为清匪反霸重点，摸索经验，以便于指挥全区群众运动的顺利开展外，一方面组织力量，通过各种会议，反复宣传党的剿匪反霸政策，解除群众疑虑，安定民心；一方面结合宣传活动，选派得力干部和积极分子，组成工作队，深入各村，了解情况。工作组入村后，召开各种会议，发动群众，经讨论制定了村民《剿匪反霸公约》（如不庇匪、窝匪、藏匪，不给匪派粮要款，违者受罚，土匪来村要的款，要如数归还，并按月付息等），建立自卫队，联保结合清管会。全区有586名群众参加了清管小组。经逐户审查，把混入农民中的匪霸挤出来，使其罪恶面貌暴露于众，澄清敌我阵线，增加了剿匪决心。根据群众的反映和要求，结合清查，采取由内到外的办法，对农会和乡、村政权进行了整顿。在清理不纯分子的基础上，发动群众开展了清匪反霸斗争。根据匪徒夜聚昼散，三五成群的活动规律和特点，集中力量，以分散对分散，以集中对集中，进行清剿。由于群众逐步了解了匪情和剿匪政策，提高了阶级觉悟和斗争信心，思想转变很大。不少群众由密报匪情转为主动送信带路。发现匪情，群众就主动带领剿匪武装和工作队员逢山就上，遇沟就钻，见村就进，不怕苦，不怕累，不怕死，不怕扑空，日夜兼程，穷追不舍，直至歼灭。不少群众还用其他方法捉拿匪霸。如王店村清管组员闫文庆，利用亲戚关系在大私沟捉住匪首邱松波。王皮岗村群众韩昌明，在家中动员由泌阳逃回还准备逃跑的恶霸邢赖五自首。从2月到6月30日，有142个自然村开展了群运工作，打开了南半部工作局面，还撤换了37个村不合格的村干部。追回棉花210斤，粮2640斤，衣服90件，中州币

2.6万元，银洋30块。捉匪45人，缴枪52支。8月25日，召开了有1.2万余人参加的全区群众公审大会，公审了大匪首夏金玉（4月由漯河捕回）和王小有、付结实、刘庆等，有数十人上台诉苦。28日，又召开全区群众大会，公审匪首任哑巴，会后，依法将夏、任两犯处决。9月，全区在重点尚店、吴庄推动下，有49个自然村建立了农会，发展会员1027人。开斗争会32次，斗争匪霸和乡保长21人。回乡登记自首匪霸27人，查出外来及还乡匪霸62人。水田、竹园、杨庄3村清出窝匪、通匪分子17人，缴出长短枪11支，捣毁1个反动福音堂组织和2个反动道会门（公议社、太阳公道）组织。

清除匪霸意义深远

剿匪反霸于1949年底基本结束。1950年3月10日，舞阳县农民协会所作的《一年来群运报告》中指出：全县共10个区，180个小乡，494855人。剿匪反霸、减租减息（简称“双减”）结束的乡89个，占有人口为全县总人口的57%；反霸结束正在“双减”的乡53个，开展反霸斗争的乡13个，准备开展斗争的乡7个，正在发动群众的乡1个。建立区农会10个，乡农会173个，会员110899人，其中贫雇农占72%，中农占27%。发展民兵2447人，配枪1501支。发展党员188人，建立党支部13个。建立团区工委会10个，发展团员519人，建立团支部19个。培养村、乡、区工作积极分子202人，参加群运的新老干部268人。召开大小斗争会1205次，斗争匪首195名，斗争恶霸1025人，其他犯罪分子31人。按照宽大与镇压相结合的原则和“首恶必办，胁从不问，立功受奖”的政策，对少数罪大恶极分子交政府司法机关分别判处死刑和徒刑，绝大部分交群众管制。清算出匪霸强占土地13632亩，耕畜382头，粮食38209石（每石500斤），房屋2591间，家具23829件，衣服12668件，棉花254斤。全县被“双减”的地主、富农2008户，“双减”佃户3367户，减出租粮10751石，土地138亩，家具553件，衣服111件，柴草24125斤。

通过深入发动群众，反复宣传教育，展开同匪霸面对面的说理斗争，提高了阶级觉悟，划清了敌我界限，发现和培养了大批积极分子，为废除保甲制度、建立乡村政权培养了干部。通过反复宣传党的政策，确立了依靠贫雇农，团结中农和开明士绅，中立中小地主，孤立和打倒恶霸地主的斗争策略，澄清了农村阶级阵线，打倒了控制一方、直接助匪的恶霸，清除了匪源，收缴了匪枪，彻底清除了长期危害人民的匪患，安定了社会秩序。通过反霸清算和“双减”，群众分得了胜利果实，调动了生产积极性，促进了农业生产的恢复和发展；通过发展党、团员，农会会员和民兵队伍，建立、健全和完善了党在农村的基层组织和群团组织，安定了民心。广大群众对农村社会面貌发生的翻天覆地的变化心潮澎湃，感慨万千，喜悦之情溢于言表，为以后进行土改等各项工作打下了良好基础。

选自1998年6月《漯河文史资料》第七辑

大闫村的剿匪反霸运动

闫春标[①]

我家在郾城区商桥镇南大闫村。我村的剿匪反霸、土改运动，我还是可以回忆起来的。那时全村有120多户480多口人。当时由于国民党县长闫炳若是我村的人，所以跟随他当“游击队”的就有10多个人。他们仗势欺人，奸淫妇女，杀害八路军和穷苦百姓。那时我已经是15岁的小伙子了，特别清楚地能记住工作组长教我的两句口号：“只有剿匪反霸的胜利，才有土改运动的成功！”“土匪打不倒，土改运动搞不好！”这些口号我今天想起来还是很有力的。

1948年春，天还很冷，当时村上白天是共产党的八路军，不见国民党的“游击队”；夜间是国民党的“游击队”，不见共产党的八路军，形成你走他来的拉锯局面。夜间由国民党县长的“游击队”控制，他们入村就问谁是穷人头，谁是贫代会主席。问得穷人害怕，穷人头、积极分子不敢工作。一到白天，他们由明转暗，也有的逃到外村藏起来。这时共产党派的工作组就找到穷人头、积极分子，讲国民党“游击队”的罪恶，讲受压迫、受贫穷的日子难过，讲共产党的前途等。在发动培养穷人积极性的同时，工作组和八路军动手向国民党县长闫炳若的大门上写出了“开仓济贫”四个大字，穷人带头抢他的粮食、衣服、用具。开始本村人去抢，后来外村的也去抢。这样穷人的劲头大了，有粮食吃也有衣穿了。可是到夜间国民党的“游击队”又来了，他们调查都谁抢县长家的东西，谁是带头人。弄得人人害怕，结果胆小的穷人把白天抢来的东西夜间又给他送回去了，偷偷地找到藏到别人家的县长娘去道歉了。可有几户比较坚强，听共产党八路军的话，就是现在的闫长喜的母亲和

① 闫春标，郾城区人，郾城区人大退休干部。

另外几户。这个老太婆在街上说："谁给他的东西送回去，谁就是胆小鬼！谁就是不相信八路军！"她还给大家说，"抢他的东西应该，因为那是剥削我们的；抢东西是小事，八路军说要给他划地主，还要把县长抓回来斗争杀头哩……"这一说让暗藏的国民党"游击队"、县长的狗腿子知道了，恼怒在心，夜间在当时的保长家开会，密谋要杀绝几户。在1948年农历二月十二前半夜，一起4人，手持二把盒进入这一家。那时我正在家睡觉，东北风刮得很大，被害这户是在我家东南方向，大约离我家有300米远，听见"嗵、嗵"响了几枪，当时我娘也醒了，心中有点怕。到天明我到门外去看，听说是闫长喜家的人被"游击队"用枪打死了。我到他家去，亲眼看到一家六口人，打死了闫凤午、闫凤泉、闫凤鸣、闫凤午的娘和闫凤午不满1岁的小女孩共5人。闫长喜因外出没被打死。国民党县长闫炳若的"游击队"打死穷人头一家五口人的事，很快惊动了上级。商桥区委向县委汇报，县上派工作组一行3人进驻大闫村，组长为董书云；区委派区委委员、区武装部部长郭群昌等人也来到大闫村，我们村成了全区剿匪反霸的重点村。工作组抓住国民党县长的"游击队"打死穷人头一家五口人的案例，召开贫农大会。这时穷人头的身份也已公开了，我记得有贾文领、闫永敬、闫海钦，分别担任贫农协会主席、副主席。在每次大会上呼的口号都是："剿匪反霸搞不好，穷人果实就难保！""只有剿匪反霸的胜利，才有土改运动的成功！"还提出"团结紧向前进""天下穷人一条心""坚决给闫凤午等五口报仇"。这样一来大长了穷人的威风，大鼓了穷人的志气，大灭了国民党"游击队"的气焰。他们原计划杀绝几户，也不敢了。穷人的劲头越来越大，"游击队"成员有的向穷人头检讨，有的交出了长枪。发现这些典型，工作组进一步向他们讲镇压反革命政策："坦白从宽，抗拒从严，立功受奖"等。

这时贫农协会和民兵们深入调查整理土匪、"游击队"的报批材料，报上级批准。有一户4口人，男的年轻时有历史问题，民兵问过他几次。结果他害怕了，夜间把他的两个小孩弄到棚子上勒死，而后夫妻二人上吊自杀了。之后工作组经过调查了解认定，该人是和贫农协会作对，是威胁贫农协会，属畏罪自杀。

1950年农历二月二十九，一切准备好后，由区农会主席主持召开了全区万人大会，在商桥东门外老戏楼上进行公审公判，处决了经上级批准的5名“游击队”骨干分子。后来国民党县长闫炳若也从外地被抓回来，枪杀在漯河老医院北的沙河滩上。主持开会杀绝几户穷人的国民党保长，也随后经批准杀死在大李村后大路上。

这时村上要求参加贫农协会的人越来越多了。工作组在贫农协会中发展了党员、团员，成为骨干。继续发动有历史问题的人悔过自首、立功赎罪，结果全村共交出长枪10支，手枪8支。

在这种情况下，贫农协会主席组织农会骨干党团员、民兵学习土改政策，划定地主成分4户，富农成分7户，判刑和交给群众管制的15人（此数字包括二次复查在内）。按照政策，穷人平分了他们的土地、房子，分得了耧、犁、车、耙四大件农具。全村的贫下中农，人人扬眉吐气，到处欢声笑语。原来无地种的穷人哼起了小曲：“八路军，待我亲，吃饭穿衣都关心，使俺分得地，又分上了牛。过去单身汉，现在有了剪发头！”

选自2008年9月《漯河文史资料》第十六辑

舞阳县剿匪反霸运动回顾

陈留安[①]　胡德周

舞阳（含舞钢市，下同）开展大规模群众性剿匪反霸运动，是从1949年2月开始，年底基本结束。提及此事，知者甚多，但若问为啥要深入发动群众开展大规模的剿匪反霸运动，怎样进行，并取得哪些重大成果，其深远的历史意义是什么？恐怕年轻人知者甚少，即使是年过半百的人也难述其详。为启迪后人，特忆书于后。由于岁月久远和笔者见识所限，疏漏讹误，在所难免，恳乞知情故旧、耳闻目睹的同志，提出更正、补充意见，以便去伪存真，去粗取精，供治史修志参考。

舞阳解放（1947年12月17日）前，恶霸地主多在国民党机关任职，有的身兼数职，他们是封建地主阶级中的当权派，土匪是他们豢养的镇压群众反抗的爪牙。匪霸联结，贿通官府，横行乡里，残酷剥削、压榨、掠夺群众，以巩固其封建统治。舞阳地主阶级中结成的苗氏、悦来两派封建统治恶霸势力，竭力欺压群众，给舞阳人民带来巨大痛苦。政治上，他们把持着县内大小官吏职位；经济上，他们除利用霸占的大量土地，对群众进行地租、高利贷和苛捐杂税的剥削外，还利用其经营的粮店、盐店、饭店、卷烟厂等有关国计民生的商业网络，进行高利盘剥；军事上，悦来派掌握着以县长兼团长的县国民兵团，还有以卢宏宇为团长的县保安团和盘踞在北舞渡一带的刚由皇协军改编的关震亚、尚振华的七十五师。他们为维护本派系统治阶级的利益，采取抓丁拉夫、收罗拉拢、封官许愿等各种手段，庇匪、养匪、窝匪、放匪、纵匪、造匪，大量发展匪徒，扩大武装势力，成立名目繁多的“自卫队”“加强中队”“联防队”“游击队”等武装团体，总计千余人。这些人中，多数

① 陈留安，舞阳县人，曾任中共舞阳县委党校校长。

是昼为兵，夜为匪，敲诈勒索，抢劫掠夺，奸污妇女，杀人放火，无恶不作。全县类似孙孟山、刘馨吾、卢宏宇、孟宪升、关震亚、尚振华、董茂亭、吴锡九、夏金才等独霸一方罪恶深重的恶霸、匪首有百余人之多。群众中流传的“杀不杀问问尚振华，穷不穷问问董茂亭”，就是对匪霸罪恶的真实揭露。

1949 年 8 月 26 日，舞阳县人民公审匪首夏金玉，清算复仇大会

舞阳解放后，彻底摧垮了国民党县、区政权，没收了官僚资本，匪霸失去了赖以生存的政治、经济基础。但他们并不死心，为夺回他们已经失去的统治地位和经济利益，负隅顽抗，进行疯狂的垂死挣扎。他们纠结匪徒，破坏新生的人民政权，残酷杀害革命干部和革命群众。1948 年 2 月和 4 月，匪首吴锡九、吴肖卿纠集匪徒 50 余人，两次偷袭吴城区政府，枪杀区武装中队长李钧全和 5 名革命群众，抢走公粮数万斤。是年 2 月 18、28、29 日，匪首夏金才、夏金玉率匪众三次夜袭接官厅、竹园村公所和尹集区政府，村长张全及王双印、张书怀、炊事员韦先等被杀害。3 月初，夏匪夜袭驻梁岗村的八台区政府，区队班长被杀，抢去部分枪支。自 5 月 3 日，夏匪再次袭击尹集区政府，区队长谢全，队

员王坤荣、徐心发、乔田、白发清和3名县工作队员被杀，抢走长、短枪10支。据不完全统计，夏匪在数月内共杀害区、村干部和战士48人，抢枪50余支，枪杀无辜群众18人，奸污妇女20余人，抢去耕牛160余头，粮食数万斤。4月1日拂晓，大张区政府被袭击，区中队长卜庆祥、指导员李顺和10余名战士被害。5月7日，匪首孟庆浩勾结国民党十一师加强连，伏击解放军征粮队，打死排长1人，战士10多人。5月，尚振华袭击北舞渡镇，枪杀干部3人。5月14日拂晓，又指挥匪徒130余人，偷袭十一区（驻殷庄）区政府，区文书周庆国、区队长孔炳欣和王进发、左清全、左金堂等人被活埋；将区长李文普、十区副区长张福新带至西平县境内枪杀。5月23日，匪首刘玉山、刘盘江、魏木子带“还乡团”百余人，袭击并火烧刘村，烧毁房屋30余间，枪杀2人，致残1人，抓走31人，抢走大牲畜30多头。匪患猖獗导致社会秩序一度混乱，城乡居民惊恐万状。消灭土匪，打倒恶霸，刻不容缓。

为巩固新生的人民政权，安定社会秩序，稳定民心，尽快恢复和发展工农业生产，县委、县人民民主政府遵照上级党和政府制定的“政治争取、军事剿灭相结合”的剿匪方针，和“坦白从宽，抗拒从严，立功赎罪，立大功受奖”的政策，领导县大队、区中队，配合中原解放军四纵十一旅三十三团，展开了声势浩大的武装剿匪斗争。4个多月，经过大小战斗54次，瓦解匪众457人，活捉匪徒178人，打伤匪徒34人，打死46人，向政府坦白自首的316人。缴获步枪1294支，手枪245支，冲锋枪2支，重机枪12挺，迫击炮1门，手榴弹162枚，各种子弹1.3万多发。但由于恶霸地主没有打倒，部分匪首尚未缉拿归案，封建势力依然存在。部分尚未来得及剿歼的残余小股土匪，化整为零，潜入农村，分散隐蔽，伺机而动，夜聚昼散，继续作恶。

1948年8月初，为彻底肃清土匪，打倒恶霸，保障广大人民真正当家做主人，县委召开全县干部扩大会议，布置和号召广大干群，迅速掀起查匪、揭匪、劝匪、捉匪高潮。会后，以遭受匪患最为严重的三、五、七、九区为政治攻势阵地，由内向外逐步发展。接着一、四、六、十、十一等区，普遍召开群众大会、知识分子座谈会、地富会，宣传贯彻剿匪的方针、政策和意义，通过讨论建立五户联结，清查户口。城内召开600余人参加的商人、学生和群众大会，发动学生广贴标语，建立街道治安委员会和治安小组，组织10户联保。在强大的政治攻势下，到11月，争取自首匪徒43人，俘匪109人，拒俘被毙匪徒8人，返乡地主34户，缴获各种枪支234支，子弹2020发，恢复了三、八、十、十一区的工作。到12月14日，全县除夏金才部残余匪徒七八十人分散在南部山区进行活动外，潜藏在十二区西部的有42人，枪32支；九区西北部61人，枪60支；六区东北部25人，枪21支；五区南部和东北部35人，枪30支；七区东北部15人，枪15支；四区东南部、西南部17人，枪15支。对此，县委决定，在上述区除驻县大队、区队武装外，建立民兵组织，发展民兵291人，配枪265支，加强地方武装，打击匪徒。

鉴于上述情况，县委于1948年12月下旬召开各区主要干部会议，结合贯彻地委1948年11月9日召开的关于新收复区、过去的边沿区和蒋管区工作会议精神，经过讨论，明确了目前任务：团结一切可以团结的人，广泛宣传剿匪政策，安定社会秩序，争取外逃匪霸、地富和其他人员返乡登记，参加生产。强调以政治瓦解为主，结合做好反霸准备，开展合理负担，壮大民兵组织，培养提拔新干部等工作。并结合全县实际，制订了半年工作计划。1949年1月初，县委开始布置：要广泛充分地发动群众，在全县范围内开展大规模、有计划、有目的、有步骤地剿匪反霸运动。并提醒号召广大干部，充分认识去年武装剿匪工作虽然取得明显成绩，但基础仍相当薄弱；大部分基层政权还被部分反动分子直接或间接掌握；群众思想受各种反动宣传的迷惑，仍不稳定；匪霸地富和其他反动分子利用反动帮、教、会、道、门，书写反动标语，制造谣言，滋生事端，蛊惑人心，抗拒征粮，破坏支前。因此，一方面要通过各种会议，利用戏剧、广播、墙报、黑板报、漫画、标语、传单、秧歌队、腰鼓队等各种宣传形式，组织一切可以组织的宣传力量，针对不同对象，进行不同内容的宣传；另一方面要深入发动群众，培养组织积极分子，自下而上建立农会和民兵组织，联系群众，依靠群众，同匪霸展开面对面的说理斗争，彻底消灭匪霸，为建立、健全、巩固党的各级组织和各级人民政权排除障碍，让广大劳动人民当家做主人。

1949 年 2 月，为便于反匪反霸工作深入有效地开展，县委决定对全县各区委、区政府和部分干部进行调整：一区（尚店）调为五区，区委书记杜俊林，区长李进云；二区（柏庄）撤销；三区（尹集）调为四区，区长刘庆荣；四区（梁八台）调为六区；五区（武功）调为三区；六区（保和）调为七区；七区（城关）调为一区；八区（吴城）调为二区；九区（孟寨）调为八区；建立十区（九街），区委副书记任志春主持工作，区长杨发三；十一区并入十区；十二区（北舞渡）调为九区，区委书记霍富堂，区长胡芳；十三区（大张村）并入九区，全县共 10 个区。各区调整后，普遍采取以重点村为突破口，分别召开区、乡、村干部大会和各种类型座谈会，反复讲明反匪反霸的路线、方针、政策和意义，提高群众的阶级觉悟和斗争勇气。利用先后召开的庆祝济南解放、庆祝秋季攻势胜利、庆祝新年和纪念“一二·九”运动等群众大会，文工团演出“血泪仇”，明德、文昌学校演出“全家福”“早晨”“改造王老婆”等戏剧。各机关、部队、青年剧社、乡村高跷、旱船、秧歌、花轿等文艺社团都参加了演出宣传，对广大群众参加剿匪反霸的积极性起到了很大的促进作用。

为使运动有条不紊、深入顺利发展，1949 年 3 月 15 日决定，以匪霸势力严重的九、六区为县委重点，二区为重点的附点；一、八、七、五区为县附点区，四、三、十区为一般区。各区都设重点乡、重点村。在发动群众中，采取突破重点，总结经验，由点带面，点面结合，步步深入，全面发展。要求麦收前反霸重点结束，向面上发展；附点区突破重点，向面上延伸；一般区抓住重点，取得经验。在干部配备上，九区以霍宫堂为主，胡芳、汤峰、辛秀、周子云、刘肃欣、梅凤池、黄桂忠等 10 人负责。配农民积极分子 10 余人协助；六区以何林为主，王政、梁步云、申昆山、李锦藻、彭贵和、李桂芳、史旺生、张绍良、李一屏等 10 人负责，张金木、刘超臣、王明臣等 10 人协助；二区以田保安为主，梁延海、陈先亮、谢永信、钟耀武、童风格、李传贤、孙守德、谭宗武、孙世和、齐安德、李孝、良志昌等13人负责。附点区：一区以马致富为主，雷东初、陈连英、孙素清、张书芳、董玉岐、申玉秀、张兆文等8人负责；八区贾宗喜、王瑞负责；七区李杰、刘乃杰负责；五区杜俊林、张少先负责。一般区：四区魏文，三区郭均、孙星彩，十区任志春、房继光。要求九区迅速在沙北地区召开农代会，筹建2个乡农协。中旬，召开北半部乡农代会，吸收南半部乡农协积极分子参加，以推动全区群众运动的开展；六区2月已在重点乡王楼召开了农代会，建立了农会组织，3月初已在庙街、营街乡生根，继续向面上扩大；二区已确定以石桥乡为重点，大沟李为附点，迅速组织干部入点工作。到4月底，全县已有43个村开展斗争，33个村成立了农会，除七区外，其他各区都突破了重点开始向面上发展。为发动全县妇女参加反匪反霸运动，5月成立了舞阳民主妇女联合会筹备委员会，加强对妇女工作的领导。1949年6月16—26日，省委召开二次党代会，大会决定：全省下半年的中心任务是，动员全党全民，集中力量，集中时间，城乡结合，军民协同，胜利完成全省剿匪反霸工作。县委为进一步做好全县剿匪反霸工作，配合全省剿匪反霸运动顺利进行，7月16日召开县委扩大会议，根据省党代会精神，结合全县实际，对剿匪反霸工作进行了认真总结。经讨论，一致认为：上半年剿匪反霸成绩显著，全县已有119个村开展斗争，有117个村建立农会准备开展斗争。发展农协会员24038人，发展民兵966人。斗争匪霸186人，镇压8人。但工作中存在着急躁情绪和极“左”思潮，个别区、乡、村把少数有劣迹行为而尚未成为匪霸的人当成匪霸进行斗争，出现强迫自首，乱捕乱抓，乱打乱杀现象，扩大了打击面；部分村农会组织不纯或组织假农会。对此，会议强调，要始终坚持以党的领导为核心，充分发动群众，组成广泛的反匪反霸统一战线，在强大政治攻势下，用政策攻心，武装辅助，对匪霸猛打穷追。按照“首恶必办，胁从不问，立功受奖”的政策，分清严、宽和首、从界限，对罪恶多端、罪大恶极者，坚决惩处；对胁从者不加追究，正确执行宽大与镇压相结合的政策，严禁忽视组织纪律不请示报告，乱抓、乱打、乱杀的错误现象发生。19日，地委委员兼县委书记吴春雨在讲话中强调指出：匪霸是封建统治阶级的产物，其罪恶行径给广大人民造成的危害实属难以形容。过去由于种种历史原因，长期未能消灭，但共产党是一定能够消灭他们的。要肃清匪患，必须打倒恶霸，要打倒恶霸，必须肃清土匪，要清除土匪，必须充分发动群众，依靠群众，三者不能分割，这是始终贯穿于剿匪反霸运动全过程的总方针。剿匪反霸不是将其打退、打跑、打散、打垮，而是消灭股匪，肃清散匪，捕尽匪首，收尽匪枪，打倒恶霸，清除匪源。因此，要深入发动群众，充分依靠群众，团结一切可以团结的力量，中立一切可以中立的人，广泛宣传政策，孤立匪霸，一查再查，直至匪霸彻底消除。为使全县反匪反霸运动广泛深入、全面顺利发展，县委副书记孙联根据县、区、乡重点工作情况和经验，代表县委总结提出开展群众性反匪反霸斗争“十步三关”的意见：第一步，表明态度，说明来意，解除群众疑虑；第二步，具体讲解政策，揭破敌人各种谣言；第三步利用吃饭、干活、走访、拉家常、攀亲道故等形式，接近群众，了解情况（第一关）；第四步，针对不同对象，进行启发诱导；第五步，深入群众，访贫问苦，以苦引苦，诉苦串联；第六步，发现培养积极分子，扎正根子，保证队伍纯洁（第二关）；第七步，由少到多，由秘密到公开组织队伍；第八步，发动群众讨论对敌斗争方法和策略，决定先斗谁后斗谁，争取谁瓦解谁；第九步，组织群众，开展斗争（第三关）；第十步，总结经验，巩固提高，建立健全各级组织，巩固基层政权。为加强对青年工作的领导，县委决定，1949 年 7 月建立中国新民主主义青年团舞阳工作委员会。到 8 月底，全县各区分别召开各种大小宣传会议 1200 余次，参加群众 25 万余人次，演剧 13 次，书写标语 16450 条，建立黑板报 281 块。破案 33 起，捉匪首、匪众 85 人，登记自首匪众、匪首 445 人，其他反动人员 289 人。司法机关共关押案犯 210 人，结案 162 件，判处死刑 37 人，徒刑 29 人，释放 30 人，转变 15 人，和解 39 人，交区政府处理 21 人。收缴长短枪 401 支，小炮、重机枪各 1 挺，各种子弹 9701 发，手榴弹 253 枚。

由于各区开展运动的时间有先后，匪霸多少、活动特点和对群众危害程度不同，乡、村政权强弱不一，群众思想认识和阶级觉悟高低有别，地理环境优劣不同等，因此，各区对反匪霸运动所采取的具体步骤、工作方式和方法及取得的成果也各不相同。例如：

一区：城内外各乡、村普遍展开了各种宣传活动。城关以五户为一组，编居民小组 455 个，组织除奸小组 14 个。成立工人干校，培养骨干，组织工人纠察队。4 月，召开由 2000 多人参加的斗争恶霸地主陈朗轩大会，30 多人上台诉苦。仅上半年城内就发展农会会员 1243 人，工作开展得有条有理。

三区：原有三股土匪活动，以彭绍宇、李彦彬为首十几人，活动在安寨、红春铺、草坡、辛集北部等地区；以李光宇、李搔虎为首的 13 人在辛集以北，八里河沿岸活动；以陈忠村、盛老虎为首的 14 人，也在安寨、辛集以北地区活动。另有高新安、王本、陈狗、李江等散匪活动于武功附近。因此，从 1949 年 1 月召开全区群众大会开始，就展开了强大的政治攻势，瓦解土匪，发动启发群众诉苦，开展说理斗争。在 1 月 20 日斗争恶霸地主董伯亭、董聚堂的群众大会上，有 26 人上台诉苦。根据本区实际情况，把群众运动工作划为两种不同地区，分 8 个乡。王五麻庄、武功镇、曹集村、安寨为重点，分别于 2、4、8 月依次展开。其他地区，采取以宣传剿匪政策为主，结合改造村政权、整理财经制度、征收夏征尾欠等。在已有农会地区，把剿匪和整顿农会结合起来，同时开展诉苦活动，建立学习制度，加强区村干部方针、政策教育。普遍组织五户联结，划清界限，促使土匪自首入组。发动学校师生刷写标语及剿匪公约，建立黑板报，搞好宣传。到 9 月初，全区已普遍展开诉苦活动。有农会的村利用农会到别村去扎根，揭露匪霸罪恶，提高群众觉悟，使党的政策同群众见面。无农会的村子开好群众大会，发展会员，建立农会。全区先后发展会员 2323 人，儿童团员 369 名，参加妇女识字班的妇女 125 名，改造村级政权 9 个。共斗争匪霸 317 人，缴获长短枪 9 支，子弹 68 发，争取返家匪徒 6 名，捉匪 9 名。捣毁 4 个反动福音堂组织和 1 个反动组织“公议社”，整顿了 6 个农会组织，清理会员 47 人。

五区：地处于舞钢、泌阳、方城三县交界处，山多人少，全区 8857

户，38966人，分布于282个自然村。群众多以畜牧和砍柴为生。但由于夏金才、夏金玉、赵祥卿、邱松波等土匪长期骚扰活动，给广大群众造成深重的灾难。经过武装剿匪，大部被歼灭，其残部以赵祥卿、谢来和、李培如、张金五、邓宗有、任哑巴、邱春波、李义恩、邢春吉、陈志成等11个匪首，带领120余名匪徒分散于山区边沿地带继续活动。李义恩、赵祥卿等在王店、尚店、李楼、王老庄等地十分猖狂，扬言要捣毁民主区政府。他们乘原一、二区合并，人员调整，干部不熟悉情况之机，与当时只注意号召匪徒登记自首，忽视收缴武器的偏差，利用登记后的合法身份混入群众中，昼为民，夜为匪，夜聚昼散，三五成群，沿途抢劫，搞破坏活动。如姜宫唐、马庚池、刘金来在王店东门外抢劫棉商，使界牌河、小史店、李楼、尖山一带行商来往受阻，并杀害革命军属李长喜等。有的还拿着自首登记证，充当公办人员，勒派粮款，索要钱财，并暗自侦察当地区村政府的情况。全区2/5以上的村都被土匪贴过条子，要过银洋。仅7个小村，8个农户统计共被勒派银洋1300元，胡庄一座油房被派银洋200元。土匪王九林在高庄要款，竟用刀子割破一个老太太的脖子。这些破坏活动严重扰乱了社会秩序，致使村政权不得不来回搬迁。各项工作陷于停顿，谣言四起，群众恐惧，见村干部不敢抬头说话，对党的剿匪政策产生怀疑。

随着全县宣传工作的开展，区委、区政府选拔有知识的得力干部，深入群众，了解匪情，根据群众要求开展从内到外的进攻。对不纯干部，进行清理，并确定剿匪重点，采取以集中对集中，分散对分散。剿匪部队和工作队员，深入每个村庄发动群众，通过讨论，决定“谁给土匪派款受罚，谁当土匪回来收款，照数退还，按月付息”。发动群众把匪徒挤出来加以围歼。经过去冬今春三次围剿，群众逐步了解了剿匪政策，提高了认识，思想开始转变，不少人由密报匪情，转为自动送信带路，并动员群众组成自卫队、联保站，增强剿匪信心。根据匪徒夜聚昼散的特点，群众协助剿匪部队和工作队员，逢山就上，见村就进，遇沟就钻，不怕苦，不怕累，不怕扑空，日夜兼程，积极追歼。从2月开始发动群众到6月30日，全区有142个村开展了群运工作，打开了南半区的工作局面，建立了群众基础，撤换了7个行政村干部，追回棉花212斤，粮食2640斤，衣服90件，中州钞2.6万元，银圆30元。捉匪54人，缴枪52支。

1949年8月25日，全区召开了有1.2万余人参加的公审匪首夏金玉（4月由漯河捕回）、王小有、付结实、刘庆等群众大会，有数十人在台上诉苦时痛哭流涕，泣不成声。28日又召开全区群众大会，公审匪首任哑巴，会后将夏、任两犯处决，群众无不拍手称快。9月，全区在重点村吴庄、尚店的带动下，有49个自然村建立了农会组织，在1575户7105人中，发展男女会员1027人，开斗争会32次，斗倒恶霸乡保长21人。区成立清管委员会，有586名群众参加清管小组，查匪查霸，逐户审查，在清管会的领导下，清管组群众利用各种方法捉拿匪霸。如王店清管组闫文庆利用亲戚关系在大私沟捉住匪首邱松波；王皮岗群众韩昌明在家中动员由泌阳逃回还准备逃跑的恶霸邢赖五自首。

在群众的动员下，全区1个月内自动回乡登记的匪霸27名，清查出外来及还乡的匪霸62名，仅水田、竹园吴、杨庄等村就清出通匪、窝匪分子9人，藏匪8人，共缴出长短枪11支，八二炮弹10箱，子弹190余发。

六区：1949年1月15日，确定王楼乡为六区群运重点，庙街为附点，在重、附乡的推动下，全区群运工作得以开展。到2月底，王楼、营街、八台、田座、庙街5个乡的32个行政村，267个自然村中有8个自然村组织了农会，发展会员325名。王楼初步清算出粮食5100斤；庙街清算出麦子4石3斗，杂粮3石5斗，芝麻3斗。到3月下旬，王楼等乡33个自然村的12个村开展了反霸斗争。4月22日发展到八台乡。5月21—27日召开了全区农民代表会，参会代表203人。通过诉苦、挖苦根、查匪霸、查组织、查力量，进行了栽甜根、推荐党员及选举农协委员，共选出委员39人，当时全区已有105个村展开了反霸斗争。7月中旬，全区有21个村成立了农会，15个村扎下根子，农会会员发展到8710人，其中中农2064人，贫农5662人，雇农984人，培养出积极分子337人，发展民兵240人。

8月，全区掀起了清匪霸高潮，写标语2000多条，宣传“八不五要”，即不藏匪，不窝匪枪，不给匪通风报信，不破坏解放军和人民政府，不伤害革命人员，不造谣，不参加暴动，不破坏仓库和交通；要报匪情，要报告匪枪，要给解放军带路送信，要保护革命人员，要保护公粮和交通。通过宣传，缴出长短枪 25 支，地雷 19 枚，手榴弹 68 枚，子弹 800 多发，长短刀子 40 把。同时，进行整顿农会工作。9 月，又新发展会员 1165 人，民兵 293 人，经过整顿，现有会员 9585 人，民兵 507 人，有枪 258 支。分配果实的村 20 个。自动回乡 53 人，登记自首 55 人，受管制者 256 人，查出有恶迹的 697 人。

七区：剿匪反霸始于 1949 年 2 月 28 日，以发动群众为基础，团结一切可以团结的力量，组成反霸民主统一战线，掀起群众性的反匪霸运动。全区以保和寨、楼宋、黄庄为重点，陡沟陈、宗堂、小宋庄为附点，以重带附，以点带面，点面结合，全面发展。在宣传方法上，全区划分四个工作小区，由各小区区长召集各乡村群众、学校师生和各阶层会议进行思想动员，组织写标语，出黑板报，组织儿童团盘查放哨。到 7 月底，全区 27 个行政村，114 个自然村，已发动群众的 12 个自然村，8 月 5 日召开了农代会，中旬掀起反霸高潮。到 10 月，全区建立农会 14 个，会员 3295 人，发展民兵 91 人，有枪 41 支，33 个村开展了斗争，共斗争匪霸 46 人。通过整顿农会，清理会员 151 人，培养积极分子 37 人，全区有 2540 人分得了果实，其中粮食 104 石，衣服 272 件，牛、驴 5 头。争取回乡匪首、匪众 48 人，地主恶霸 11 人，缴获各种枪支 46 支，大刀 27 把，刺刀 14 把，子弹 419 发，手榴弹 145 枚，查出匪众 18 人，保长及特务 9 人。

八区：孟寨是全县封建遗毒深重的村庄之一，是舞阳两大封建派系之一的孟派（即苗派）发源地和老巢。全村 236 户，除 11 户外姓，其余都姓孟。其中地、富 31 户，占全村总户数的 13.1%，有国民党省财政厅厅长孟昭瓒以下的省、专、县和地方的党、政、军、民团大小官吏与恶霸 92 人，占全村总人口的 8.4%。对内是宗族一家，按辈排列，实行封建统治，对外排斥。乡村政权长期被孟氏家族所掌握。

全区从 1948 年秋展开政治攻势后，就开始以访贫问苦的方式深入群众，了解情况，为开展群众性的反匪反霸运动做准备。当时走访孟寨村孟兆丰、孟宪绍谈了几次话，但他们不敢到区部反映情况，不敢在有人的地方和区干部说话，怕匪霸发现，怕解放军不能久住，怕匪霸打黑枪。为保存积极分子实力，只好进行秘密活动。1948 年 12 月下旬，组织孟兆丰等开小会，运用以苦引苦、诉苦串联的方式，相互启发，由 16 人发展到 40 余人。半月后秘密选出了组长。1949 年 2 月发展到百余人，由区干部组织召开会议，公开选举农会领导，选出主席孟兆丰，副主席孟宪绍，委员孟宪海、孟庆云、孟宪德。起初，农会在一般群众中威信不高，加之坏人造谣破坏，群众看不起农会。经过农会不断努力，为群众解决实际问题，威信逐渐提高。通过诉苦、挖苦根、查匪霸、查组织、查力量，进行了栽甜根、推荐党员及选举农协委员，共选出委员 39 人。当时，全区已有 105 个村展开了反霸斗争，结合夏征和挤黑地工作，到 7 月中旬，全区有 21 个村成立了农会，15 个村扎下根子，农会会员发展到 8710 人，其中中农 2064 人，贫农 5662 人，雇农 984 人，各乡农会委员 61 人，培养出积极分子 337 人，发展民兵 240 人。

8 月，全区掀起了清匪霸高潮，写标语 2120 条，宣传“八不五要”（见本文六区的描述）。通过宣传，缴出了不少隐藏的枪支、弹药。9 月，又新发展农会会员和民兵。同时，农会在区政府的领导下，规定了“七不要七要”，即农会不要坏人，不要给地主送信，不要包庇地主，不要吃地主的东西，不要地痞流氓，不要狗腿子，不要最近返乡的土匪及国民党公职人员；要服从农会领导执行各项决议，要发扬民主和团结友爱、相互帮助，要执行民主政府的各项政策和法令，农会会员要一律平等，吸收会员要有两个会员介绍，会员有宣传民主政府政策的义务，要坚决联合中农。

由于长期封建压制，对恶霸存有恐惧心理，担心匪首孟庆浩、孟庆培等逍遥法外，怕反扑，大多数人打不破情面不敢公开诉苦。农会组织会员用互相装扮恶霸的方式练习诉苦斗争，并烧香表赌咒，提出一个会员死，大家都为他报仇等。但当孟庆浩被押上台后大多数人仍不敢上场诉苦。区政府针对此情况召开代表会检查工作，反复讲解反匪霸政策，进一步解除群众顾虑，提高阶级觉悟，增强反霸决心。孟留柱说：“只要把苦诉出来，就是解放军走了我可以随他们去。”孟全一说：“不管怎样，这一辈子的苦处能对着欺压咱们的人当面讲，就是死了心里也痛快。”由于群众提高了阶级觉悟，在诉苦会上，不仅敢于面对面进行诉苦斗争，还高呼口号：“工农一家，有苦诉苦，有冤诉冤”“抬起头，挺起腰，斗不倒恶霸不罢休”，口号声此起彼伏。

为使反霸斗争有条不紊地顺利发展，县委于7月决定以孟寨、段窑、华店、黑龙庙、下澧河店为重点，普遍召开群众大会，组织各种宣传力量，采取各种形式，开展了大规模宣传活动，建立清剿指挥部，组织5户联保。捉土匪44名，清出匪众、匪首199名，登记自首160名。

8月底突破重点，9月向面上发展，点面结合，使代表和群众联成一片。9月15日召开了原国民党乡保人员、军官、土匪会议，265人参加。19日又召开了匪“游击队员”及家属会，229人参加，斗争了匪首闫西九、梅更心、高俊山、孟宪卿，在斗争马村恶霸王轩亭大会上，有1.4万人参加，近70人上台诉苦，会后处决了该犯。

通过有力的反匪反霸运动，匪霸基本上被打垮。全区成立了34个农会，3个乡公所，会员发展到7445人，其中贫雇农5018人，发展民兵280人。有24个村开斗争会39次，斗争恶霸41人，地主9人，土匪43人，爪牙10人。缴获各种枪支113支，手榴弹76枚，枪头102个，刺刀、大刀57把。发展党员6人，培养积极分子152人，整顿10个农会组织，清洗会员262人，有2535人分得了反霸清算果实。

在剿匪反霸运动中，孟寨村的匪霸势力曾几次企图用武装暴动的方法保护其被斗匪霸，但均告失败。第一次是1949年2月发动群众斗争孟老六，当开第二次斗争会时，以孟宪明、孟庆芬、孟庆安、孟宪来、孟宪增为首10来人，带着手榴弹混进会场，企图与外面暗藏持枪人里应外合，当场杀害区村干部。当孟海中、孟庆安、孟宪增混进会场时，被农会小组长孟庆兰发现并报告后，随即将孟庆安等3人抓获。第二次是3月间，将孟庆浩、孟庆培扣押起来以后，孟庆芬、孟庆秃进行活动，企图同区干队中的一些不坚定分子里应外合，劫走孟庆浩、孟庆培，并将区干队带走，把区委书记、区长杀死。区长朱长增在区干队审问案犯潘海光时得知此情况，随即将孟庆浩、孟庆培押送公安局，把区干队中的不坚定分子送到县大队。3月25日在县大队2个排的看护下，由县公安局何录珍手牵绳子，将孟庆浩、孟庆培押回孟寨经群众大会公审后枪决。第三次是9月18日，孟宪明、孟宪增等21人，要为孟庆浩、孟庆培报仇，打算杀害农会干部、会员及区干部。但在斗争孟海忠的群众大会上，坦白出了当晚有暴动。民兵迅速行动，将正在开会商讨暴动的分子全部抓起来，送交县公安局。

九区：原是十二、十三区合并而成，面积大，东西长60余里，南北宽30余里，10万余人，220个自然村，是全县最大的一个区。由于关震亚、尚振华长期的武装统治及封建地主势力众多，土匪流氓到处可见，虽经解放军数次追剿，大部被歼，但仍有不少潜逃在外或暗藏乡里，与封建地主阶级进行秘密联系。群众也因长期受欺压，在思想上存在着惧怕心理，对剿匪反霸运动的开展带来了直接困难。仅沙河以南7个乡不完全统计，北舞渡以东有土匪66人，以西4个乡有195人，黄林村有20人，任桥16人，岭谢村17人，李吉村21人，其他村也有不少。这些匪霸相互勾结，仍明目张胆地欺压群众，制造谣言，抢劫财物，霸占妇女，残杀无辜。

针对上述情况，区委提出以武装为主，广泛开展政治攻势、政策攻心、武装捕捉。全区除北舞渡镇有机动武装百余人外，发展民兵400余人。并确定：全区划分为东、西、北3个工作小区，以李吉、闫刘、田吕为反霸剿匪重点。李国义、胡芳、梁英负责西小区10个乡；李言忠、陈连英负责北小区13个乡；梁步云等负责东小区9个乡。经过工作组深入各点摸底了解情况，深入发动群众，发展会员，开展诉苦斗争等一系列艰苦努力，到4月，3个重点乡除李吉较差外，闫刘、田吕已基本结束，开始建立健全党、团、民兵等各种组织。在重点乡的推动影响下，有16个乡整顿队伍已基本结束，3个小区普遍召开了联合乡贫代会，依靠贫雇农整顿队伍，在展开批评与自我批评的基础上进行民主选举，建立健全了农协组织。

到7月中旬，全区有95个自然村开展了群运工作，农会会员发展到6463人，开展斗争的村26个，开斗争会28次。在思想上进一步明确了广大干部群众剿匪反霸的工作方针和重要意义，把各乡村剿匪反霸工作提高到了一个新阶段。

8—10月，全区成立了60个农会，会员9305人，发展民兵486人，有枪426支，枪决匪首34人，捉回11人，有360人登记自首，打倒恶霸地富213人。收缴长短枪85支，子弹2164发。

十区：以老樊、何口为重点，了解村中社会关系与经济关系，摸清实情，发展力量。成立农会，召开村民大会，明确政策，开展诉苦斗争。

7月28日召开区干、区队员、乡积极分子和县宣传工作队队员会议，50余人参加，传达贯彻县委7月中旬召开的关于进一步开展剿匪反霸运动的会议精神。结合本区实际，进行了认真讨论，强调在剿匪之前明确立场、态度，查清假革命。对于一些同匪霸有社会关系的人，鼓励其主动立功。全区确定以田陈、胡岗小区为重点，王庄、殷庄为附点。田陈15个行政村由徐寿基、周声远负责县宣传队（此时已转为农村工作队）6人及区干2人；胡岗小区18个行政村由任志春等负责；王庄小区10个行政村由杨发三等负责，同殷庄18个行政村相互促进。依靠群众召开各种类型会议，宣传党的政策，运用多种方式开展剿匪反霸的宣传，并派3个排的武装力量到胡岗、殷庄一带驻防，协助剿匪。建立情报网，了解情况，控制村政权。对匪霸团伙，采取思想上控制，组织上分化，利用矛盾，打击少数，争取多数，加以瓦解。同时，深入村户同群众打成一片，使人人都有控诉匪霸的权利和提供匪情的义务，迫使匪霸自首投降。

区委要求各小区工作组下去后，防止犯急性病，单凭热情大搞运动，注意点面结合，着重发现培养积极分子。不要随便组织农会，对有关作风纪律和学习问题，强调除工作外一律不准回家，不准吃吃喝喝和收受大小礼物，要求执行《三大纪律、八项注意》，做到工作下乡、学习下乡，不学习就不能工作。

7月31日，区委、区政府召开各村长会议，9月12日召开区干扩大会，传达贯彻县委剿匪反霸会议精神。要求在原来了解情况的基础上，更进一步广泛开展宣传工作。20日在井李村召开了斗争匪首李铁芝大会，2000余人参加，30多人诉苦。被尚振华杀害的原十区副区长张福新的妻子殷俊英带着小女儿上台诉苦，母女俩的哭诉感动了在场的所有群众，全区群众性的剿匪捉匪积极性随之高涨起来。有的群众主动去漯河等外地捉匪霸，殷庄小区 9 月依靠群众建立了清管小组，缴获了 50 多支枪及部分弹药。

老樊、河口 2 个村建立了农会，但尚未向外发展。胡岗、田陈已发展农会小组，近 50 人参加，即将正式成立农会。

到 1949 年底，全县剿匪反霸工作基本结束。1950 年 3 月 10 日，召开县农协代表大会。《一年来群运报告》中记载：全县共 10 个区、180 个小乡，494855 人。剿匪反霸、减租减息结束的乡 89 个，反霸结束正在双减的乡 53 个，正开展反霸的 13 个，组织农会开展斗争的乡 37 个，尚未开展运动的乡 1 个。全县已建立区农会 6 个，乡农会 137 个，其余正在组建农会，共发展会员 110899 人，其中贫雇农占 72%，中农占 27%。发展民兵 2447 人，有枪 1500 支。培养出区、乡、村工作积极分子 202 人，参加运动的新老干部 268 人。共斗争匪首 195 人，恶霸 1025 人，犯罪分子 31 人。召开斗争会 1205 次。被双减的地富 2008 户，减租的佃户 3367 户。减出土地 138 亩，粮食 10751 石，家具 553 件，衣服 111 件，柴 24125 斤。加上清算恶霸匪首的财产，给群众分地 13632 亩、房屋 2591 间、粮食 38209 石、牲畜 382 头、家具 23829 件、衣服 12668 件、棉花 254 斤。

通过剿匪反霸和“双减”运动，充分发动了群众，提高了阶级觉悟，划清了敌我界限，发现和培养了大批积极分子，为废除旧保甲，建立乡村人民政权培养了干部。通过宣传贯彻党的政策，确立了依靠贫雇农，团结中农，中立中小地主，团结开明士绅，孤立和打击最反动的恶霸地主的斗争策略，打倒了控制一方直接助匪的恶霸，清除了匪源，肃清了匪患，安定了社会秩序。通过反匪霸清算和“双减”与合理负担，群众初步获得了经济利益，调动了群众的生产积极性，促进了工农业生产的发展。发展了党、团员和民兵，建立健全了党在农村的基础组织、群团组织和基层政权，农村社会面貌发生了翻天覆地的变化，为新中国成立后开展各项工作打下了良好基础。

选自 2013 年 12 月《漯河文史资料》第二十辑

社会变革

1949年舞阳县的合作社工作略述

胡德周

舞阳解放后，随着各级政权组织的建立健全和社会秩序的稳定，为发展贸易事业，促进经济发展，平抑市场物价，稳定市场秩序，打击投机钻营的高利贷活动。中共舞阳县委、县人民民主政府决定大力发展商业贸易，通过商业贸易的发展，促进生产的发展，搞活了城乡内外交流，帮助群众解决了生产、生活上的困难。

1948年12月1日，县里决定成立新舞商店，崔光为负责人。当时全县社会秩序还未切实稳定下来，因“走马点火”错误没收了部分工商业，致使工商业者还未放下心来，市面还较为萧条，中州币尚未深入农村，银圆、法币还在乡村明暗流通，投机商人趁火打劫，浑水摸鱼，物价动荡不稳。

由于军事上的胜利和支前供应任务的繁重，为适应新的局面，决定成立新舞商店，主要是完成上级征购任务，并通过征购发行货币，控制物资，稳定金融，巩固经济阵地。通过创办新舞商店，保证了支前任务的完成，收购与输出了土产，组织物资交流换回群众必需品及工业成品和半成品，调和了供求矛盾，在平抑物价上起了一定的主导作用。通过业务往来，并让出了适当的利润，团结了花行35家，粮行14家，烟行4家。

商店一是通过工商贸易团结殷实的商人，一面在门市收购，一面去南阳、洛阳等地采购；二是成立门市收购组，收购布、棉花、油、粮、鞋、毛巾等物品。3—6月，由于有计划地抛售大量物资，使严重的春荒得以度过，对稳定物价起到了作用，帮助扶持了毛巾机、粮行、花行、油坊、纺织，组织了人力运输，大车运输，还扶持了6个合作社。

根据发展生产的需要，按照自愿两利的原则，由农民入股建立起来的集体经济组织是打破经济封锁的群众性互助合作组织。1949 年 3 月上旬到 4 月上旬，县委、县政府决定分别在城内西大街、南大街、东大街、北大街、中新街成立了劳动人民推销合作社。5 月 12 日，又在北大街成立了舞阳县生产推进合作社，共计 6 个合作社。这些合作社既开展信贷，解决群众生产资金，又沟通生产和消费，满足了群众生产、生活的需要。群众集资 74366300 元，后 3 个合作社共贷款 9.941 万元。大部分入股资金为支前征收的尾欠粮归农会后投入的，如中新街合作社农会投入小米 1000 斤，作为借粮，其次自动入股者 149 户（均为贫民）。西大街合作社农会预借给黑豆 1500 斤。另外，贷新舞商店 8 万元。这些合作社的买卖主要是依靠资本购来的货物，卖时低于市场价。依靠新舞商店代卖物品，依靠推进合作社的供给，不同程度地解决了广大贫苦农民的困难。5 个街道推销合作社每日平均出售额为 5 万元以上，到 5 月下旬得利 21000 元，但在建社初期，由于缺乏做合作社的经验，也出现了这样那样的问题。

接着，合作社的建设开始向农村推广，在已发动群众的地方，努力扶持与组织，大力宣传，使群众了解合作的作用与意义，达到自愿、自觉入股。马村和孟寨先后建立了 2 个合作社。合作社的建立，群众反映良好，有的说，“要不参加贫民会、组织合作社，非饿死不可”。

选自 1998 年 6 月《漯河文史资料》第七辑

忆土地改革

陈留安

舞阳县土地改革（含土地改革复查，简称土改），始于 1949 年 12 月，1951 年 4 月底结束，至今（1997 年）已将近半个世纪。笔者曾参加过鲁山、舞阳两县的石佛寺、梁八台、保和、吴城等 4 个区 6 个乡（石佛寺、梁八台、二郎庙、卸店、寨子李、石桥）32 个自然村的土改工作。许多往事，记忆犹新，现就舞阳土改情况，简书于后，供作参考。

解放前，舞阳县（含舞钢市，下同）农业生产资料私人占有制的主要形式是土地的私有制。据 1949 年土改前统计，全县共 103260 户，475025 人，1385679 亩耕地，户均 13.42 亩，人均 2.91 亩。其中，地主 3651 户，16434 人，占全县总户数、总人口的 3.5% 和 3.47%；富农 2708 户，13540 人，占全县总户数、总人口的 2.6% 和 2.8%。两者合计，共 6359 户，29943 人，占全县总户数、总人口的 6.1% 和 6.3%。占有耕地 360855 亩，占全县耕地近 30%，户均耕地 56.2 亩，超过全县户均耕地数三倍半。户占耕地百亩以上的地主千余户，少数地主户占耕地千余亩甚至数千亩。如吴城区谷老庄地主谷聚盈、大张区章化（简城）村地主孙冠军等占有耕地多达 4000 余亩。大部分地主、富农还放高利贷（贷 1 还 2，到期不还，息变本，连用连翻）对农民进行残酷盘剥。部分地主、富农在城镇和集市贸易场还设行、开店、办作坊，兼营资本主义工商业。采用囤积居奇、买空卖空、偷工减料、拌杂掺假、短尺缺两等恶劣手段牟取暴利。部分地主阶级中的当权派——恶霸地主，如北舞渡区关振亚、尚振华，吴城区吴锡九，尚店区杨梦圃，尹集区史聘侯，姜店区董茂亭等，都和官府、匪徒勾结在一起，组织私人武装，独霸一方，抢劫财物，坐地分赃，抓丁拉夫，派款要粮，敲诈勒索，滥杀无辜。他们依靠压迫剥削劳动人民过着不劳而食的寄生生活。

全县贫、雇农 70033 户，316370 人，占全县总户数、总人口的 77.5% 和 66.7%。共有耕地 710894 亩，占全县耕地面积的 52.7%，人均耕地 1.15 亩，仅占地主、富农阶级人均耕地数的 1/10。其中有相当一部分是无地、无房、无农具的赤贫农民。他们的生活主要来源是依靠租地主、富农的土地和给他们做长工、打短工，出卖劳动力。他们当牛做马的苦劳一年，扣除地租和苛捐杂税，所剩无几，以糠菜半年粮度日，终年不得一饱，年复一年地挣扎在饥饿之中。遇到天灾人祸，典当无物、借贷无门、背井离乡、乞讨为生、卖儿卖女者村村都有、到处可见，长期过着饥寒交迫的生活。群众中流传着这样的民谣："乌云盖天没日头，劳动农民不自由，地主有地他不种，穷人种地不安生；地主穿的绸缎装，穷人衣服补补丁；地主吃的鱼和肉，穷人糠菜来糊口；地主住的楼上楼，穷人草棚滴滴漏；地主出游车轿行，穷人外出乞讨生；地主吃喝又嫖赌，穷人借贷无门路。世上人儿都一样，为啥这样不公平。"这说明彻底消灭封建土地剥削制度，进行土地改革，实现耕者有其田，是广大劳动农民渴望已久的迫切要求。

1947 年 12 月舞阳解放，推翻了国民党政权，建立了各级人民政府。经过抄家点火、急性土地（1948 年秋，在县城东南梁八台区所在地梁岗、余庄一带进行过不分阶级、阶层平均分配土地）、剿匪反霸、减息等群众运动，劳动农民政治上翻了身，生活有所好转，但由于封建土地剥削制度没有消除，阻碍着农业生产力的发展，农民生产、生活仍处于困苦之中。当务之急，是尽快进行土地改革，满足农民对土地的要求。否则，不但生产得不到恢复和发展，生活不能改善，劳动人民不满，新生的人民政权也难以巩固。

1949 年 9 月中旬，中共许昌地委和许昌地区行政专员公署，在许昌市召开了由 17 个县、市的县、市委书记、组织部长、宣传部长、区委书记和若干土改工作队员参加的近千人的大型土地会议，历时 22 天，省委有关领导也参加了会议。会议由地委书记齐文俭主持，并作了开展土改运动的动员报告和全地区进行土改工作方案的报告。学习讨论了土改总路线和方针、政策及怎样划分农村阶级等文件，为提高到会人员的阶级觉悟和对土改的目的、意义、重要性、紧迫性的认识。会议期间，还组织与会人员到许昌市南关大仓观看了话剧《李闯王起义》《白毛女》《赤夜河》《小二黑结婚》和电影（无声）《一江春水向东流》。10月1日在原专署前院地委召开的中华人共和国成立庆典大会上，听了地委宣传部部长纪登奎庆祝中华人民共和国成立的长篇演讲。会议结束时，专员马秀山作了总结报告。

10月10日前后回县，10月下旬以县委书记吴春雨、县长王彬为主，吸收县农协、妇筹会、青工委等有关单位和有关人员成立了“舞阳县土地改革委员会”。11月上旬制定出舞阳县分期分批进行土地改革工作方案，决定以梁八台区（六区）的梁八台乡为土改重点、井刘乡为土改辅点，抽调各区有关领导和党员骨干46人，组成2个土改工作队，由县委委员、组织部副部长、纪检书记闫书旺带领，于12月26日进驻这两乡，进行土改，探索土改工作经验，以便于由点到面全面顺利地开展群众性的大规模土改运动。

梁八台乡是以梁八台街为中心，由段庄、王道行、赵案庄、虎狼凹、头山梁、河西杨、小和庄等7个自然村组成。全乡500余户，2000多人，5000余亩地。梁八台街是区、乡政府所在地，距县城18华里，是全县最大的集贸市场之一，为县城西南山区农、副、土、特产品集散地。隔日集，每集一天。街内200余户，不足千人，分东南、西南、西北、东北4个闾（亦叫一、二、三、四闾，相当于4个自然村建制）。工、农、商、学各阶级、阶层的人都有，人际关系和思想认识都比较复杂。对土改的态度，有喜、有忧、有怕、有观望，忧多于喜，怕少于忧，观望居中。井刘乡位于梁八台街东，相距4华里，是以井刘村为中心，由时庄、汪庄、殷庄、蔡胡洞、张宽庄等6个自然村组成，全乡400余户，近2000人，4000多亩耕地。95%以上的人从事农业生产，是典型的农业经济乡。绝大部分群众因循守旧思想严重，受宿命论支配。对土改，贫雇农想分地，但怕不牢靠。中农以上的户，怕分自己的土地和财产，忧心忡忡，恐慌不安。

这2个乡剿匪反霸工作开展得早，搞得比较扎实，群众运动基础较好，组织机构比较健全。乡设农民协会委员会和乡人民政府。乡农协委员会由各村农会主席和乡政府有关人员组成，委员7至11人，内设主席、副主席和组织、宣传、青年、妇女、武装等委员。主席由乡党支部书记担任。梁八台乡是杨法林，井刘乡的记不清了。乡政府设乡长、财粮员、武装队长（亦叫民兵连长）。乡长由区政府（时称区公所）任命，财粮员由乡选拔，报区政府批准。梁八台乡长李留记，井刘乡长袁同兴（均为党员）。每乡民兵人数不等，一般为50人左右。其中有20人左右为持枪民兵，负责全乡社会治安，日夜巡逻于各村，监视敌人的破坏活动，保障群众生命、财产安全。农协主席、乡长、财粮员，月薪小米70斤，时称半脱产干部，受区政府相互调配。

工作队入村后，根据1948年4月1日毛主席提出的“依靠贫农，团结中农，有步骤、有分别地消灭封建剥削制度，发展农业生产”的土地改革总路线的要求，首先召开党支部和农协委员会，讲解土改的目的、方针、政策、方法、重要性和如何划分农村阶级等，提高思想认识，武装骨干力量。通过学习讨论，了解党员、干部和各阶级、阶层思想状况及对土改的认识。针对了解的情况，由农会分别召开各阶级、阶层群众大会，说明来意，安定情绪，宣传贯彻《土地法大纲》和有关土改的政策与规定。并利用广播、黑板报、街头演唱、书写标语等形式，进行大张旗鼓的逐条宣传，务使土改政策家喻户晓、老幼皆知，解除各种思想疑虑，积极参加土改运动。在广泛深入反复宣传土改政策，充分发动群众的基础上，深入贫雇农户，与其同吃、同住、同劳动、同开会、同讨论、访贫问苦。通过叙述家庭苦、个人恨，用以苦引苦的方法，展开诉苦串联，提高其阶级觉悟，划清阶级界限，培养土改积极分子。随着贫雇农阶级觉悟的提高，召开声势浩大的群众大会，敲锣打鼓，张贴标语，向群众公开党组织，公布党员名单（土改前党员系个别秘密发展，党组织没公开），逐人登台同群众见面。会后，发动农民群众给党员提意见，用批评与自我批评的方法，进行组织整顿。党的威信在群众中得到空前提高。群众反映说：“怪不得他们不分昼夜地积极工作，谁知，原来都是共产党员。”“杨主席（法林）吃化二妮家 25 根甜秫秸，当众检讨了 3 次。共产党有这样的好干部，群众赌过好日子了。”以党员为骨干，对农会也进行了整顿，纯洁了农会组织，增强了土改力量。

组织整顿后，召开由各阶层人员参加的群众大会，自报成分，农会公议，三榜定案。对有意降低剥削行为，隐瞒地主或富农成分的户，召开农会会员或群众大会，用诉苦、算剥削账的方法，展开面对面的说理斗争，直至低头认罪，承认自己是地主或富农成分为止。对不明政策、有较多顾虑，或被人报复而提高成分的户，进行思想教育，讲清政策，解除疑虑，给以实事求是的评定。

划分阶级成分的标准是：从县城解放之日起，倒数三年内，无地或少地，靠出卖劳力或租地为生，常年受剥削者为雇农或贫农；占有一定土地、牲畜和农具，自种自吃，或有少量出租，或雇有长、短工，但剥削量不超过 25% 的为中农或富裕中农：占有小量土地，人均不超过当地人均土地数的 150%（后改为 200%）的鳏、寡、孤、独、残疾人和革命军人、烈士家属、工人、职员、自由职业者、小贩和从事其他职业缺乏劳动力而出租少量土地者为小土地出租者；占有相当土地、牲畜、农具，自己参加劳动，雇有长、短工或出租部分土地，剥削量超过年总收入 25% 者为富农；占有大量土地，不参加劳动或只参加辅助性劳动，全靠剥削他人为生者为地主。

经过自报会议，三榜定案后，对小土地出租者人均土地超过当地人的土地数 200% 的部分，动员其让出来；对富农的土地、房屋、粮食、牲畜、农具、家具和其他财产，超过当地平均分配数的部分，给予征收；对地主的土地、房屋（不含市房）、粮食、牲畜、农具、家具和其他一切财产，给予没收。征收、没收开始前，召开地主、富农大会，动员将其所有土地、房屋、粮食、牲畜、农具、家具、衣物和其他一切财产，列单向群众公布。经农会审议，认为无隐瞒，态度好的定为开明地主、开明富农，给予表扬鼓励，分配东西时给予适当照顾；对于态度恶劣，隐瞒不报或少报，公开对抗，发动群众进行批斗，由农会征收、没收小组依法进行征收和没收。征收、没收的一切财产注册登记，由农会评议分配委员会清查后，按“中间不动两头平”（中农不动，地主、富农和贫农、雇农平均分配）的原则，经群众讨论自报、农会评议、张榜公布、三榜定案，进行合理分配。

中国河南省舞阳县第八区黑龙庙农民分胜利果实

1950年1月底，重点、辅点乡土改将近结束，《河南日报》驻梁八台区记者江皓在《河南日报》二版发表文章，介绍了梁八台乡土改经验。2月中旬，中共舞阳县委和县人民政府，在县城西大街路北城隍庙（俗称西大会），召开由县、区、乡三级干部800余人参加的群众工作（简称群工）会议，历时7天。与会人员学习、讨论了1947年10月10日中共中央公布的《中国土地法大纲》、土地改革总路线、怎样划分农村阶级、土地改革重点乡工作经验介绍和全县土地改革工作方案。会后，县委、县政府抽调县直属机关干部300余人，组成10个土改工作队，分赴各区搞试点，由点带面，点面结合，有计划、有步骤地在全县开展了大规模的土地改革运动。5月底，土改基本结束。全县共划地主3576户，富农2487户，征收、没收土地265742亩，房屋37236间，粮食420105斤，牲畜3076头，农具113642件和其他一些家具、衣物、财产等，进行了合理分配。

由于即将麦收，贫雇农民急于得到土地和夏粮，部分乡、村土改有“夹生”现象。为巩固土改成果，彻底消灭封建土地剥削制度，保障广大劳动农民从经济上得到彻底翻身，于 1950 年 11 月，县委、县政府抽调 20 余名干部，组成 2 个土改复查工作组，分赴吴城、北舞渡两区搞土改复查工作试点，探索经验。

1951 年 1 月，由点到面、全县土改复查工作相继展开。按照 1950 年 6 月 30 日政务院公布的《中华人民共和国土地改革法》，以“纠偏查漏”为原则进行复查。根据群众揭发材料，经农会查证落实，对土改后少数地主、富农反攻倒算、制造谣言，拉宗派、打击报复、挑拨干群关系、不服改造等破坏活动，发动群众，进行批斗，给予严厉打击。对漏划的地主、富农，经过农会审议，重新确定成分；对隐瞒土地、财产、征收、没收不彻底的地主、富农，再行依法征收、没收；对错划的地主、富农，坚决给予纠正，退回征收、没收的生产、生活资料。1951 年 3 月底，土改复查结束。全县共查出漏划地主 112 户，富农改划地主的 4 户，中农改划富农的 233 户，地主改划富农的 11 户，富农改划中农的 20 户，地主改划贫农的 1 户。共征收、没收地 15271 亩，房屋 3910 间，粮食 150000 斤，牲畜 1578 头，农具 16164 件，家具 45410 件，衣物 22055 件。根据土改分配中的遗留问题，按“填平补齐”原则，进行了适当分配。

全县共计征收、没收土地 271013 亩，房屋 41146 间，粮食 570105 斤，牲畜 4654 头，家具 109806 件。4 月县人民政府颁发了土地证，确定了农民的土地所有权，农民成为土地的主人。土地私有制度彻底地消灭了，解放了生产力，推动了农业生产的恢复和发展，巩固了新生的人民政权。

选自 1998 年 6 月《漯河文史资料》第七辑

参加土地改革的片段回忆

王守业[①]

土地改革，是中华人民共和国成立初期开展的“三大”运动（即土地改革、抗美援朝、镇压反革命）之一，是彻底废除在中国沿袭了几千年的封建地主阶级的土地所有制，改变为耕者有其田的农民所有制的重大改革，是广大贫苦农民在政治上翻身后实现经济翻身的主要举措。

作为这场社会变革的基层亲历者，我在这里回忆的是河南郾城县一个普通乡村的土地改革经过情况，希望对人们了解那段历史有所裨益。

1950年土地改革时，我才19岁，是居住在郾城县大刘区大刘乡南王村的一个青年农民。土地改革开始后，我积极参与到土改中，担任了农会评议委员、农会小组组长，在土改中能熟练掌握和运用各种分地、分财物的方法。

郾城县大刘区大刘乡的土地改革是1949年夏秋乡村农会建立后，经过发动群众，在开展剿匪反霸斗争的基础上开展的。当时的大刘乡下辖大刘店街、南王、潘庄、武庄、边庄5个自然村，共550户2750人，耕地6800亩。

新中国成立后的第一个春节刚过，中共大刘区区委书记王喜旺，副区长布振杰就带工作组深入大刘乡搞土改试点，历时3个月。

① 王守业，漯河市人，1931年11月出生。曾任商桥公社党委副书记、郾城团县委副书记、郾城县委宣传部副部长、郾城团县委组织部部长、县委办公室副主任、许昌地委招待所党支部书记、地委办公室行政科科长、郾城县政协副主席兼统战部部长等。1992年退休。

武装骨干提高觉悟

1950年正月初，我同南王村农会主席李现曾、村长刘忠石等人去大刘乡政府开会。与会者是各村农会主席、村长、农会委员、闾长（后改组长）、党团员，有近百人，都是土改骨干分子。乡农会主席陈六合主持会议说："经区委研究，在大刘乡搞土地改革试点，王（喜旺）政委和布（振杰）副区长带工作组8位同志，今天都来了，会议开2天，议程有三：今天上午，听王政委作土改工作的动员报告，下午学习《中国土地法大纲》《河南省土地改革方案》和毛主席关于《怎样划分农村阶级》3个文件；晚上和明天讨论。"他要求与会人员要集中精力开好会，不准迟到、早退，会议讨论情况不准外传他人。接着他请区委书记王喜旺作报告。

王喜旺书记说，"按照（许昌）地委指示和（郾城）县委土地改革培训班精神，经大刘区委研究，在大刘、曹店两个群众基础好、农会建立早、剿匪反霸搞得好的乡搞土改试点。今天工作组来参加会议，和大家一起学习文件，讨论问题，研究下一步如何开展工作。我先来讲一讲为什么要实行土地制度改革。这是因为，中国封建地主阶级的土地所有制是极其不合理的，约占农村人口总数不到10%的地主、富农却占有农村耕地的60%，而占农村人口总数90%的广大农民只占有农村耕地的40%，他们常年辛勤劳动，却连温饱生活也无法达到。这种情况如不彻底改变，新中国的工业化就没有实现的可能，广大贫苦农民的生产、生活就没有着落。县委布置开展土地改革，就是为了全县在政治上翻身的穷苦人民，再从经济上获得翻身，实现耕者有其田，劳动所得归自己，不再向地主交租，能够有饭吃、有衣穿，过上好生活。今天在共产党、人民政府的领导下，人民才能把地主剥削穷人的土地、财产没收了，分给穷苦人，让土地回老家，回到广大人民群众手中。我想大家肯定拥护吧！"（会场里响起雷鸣般的掌声）这就是为啥要开展土地改革。

接着，王喜旺着重讲了在大刘乡怎样进行土改。他说，"首先要坚决贯彻执行中共中央依靠贫农、团结中农，有步骤地、分别地消灭封建剥削制度，发展生产的土改总路线。其次要认真贯彻执行《中国土地法大纲》《河南省土地改革方案》和《怎样划分农村阶级》的各项规定，用党的政策和法规把积极分子武装起来。再次要把广大群众特别是那些深受地主剥削的贫雇农民充分发动起来，使其认识到地主剥削穷人的阶级本性，认识到土地改革的必要性及其重大意义，从而树立信心，积极投身到从未有过的土地改革运动中，彻底揭露和坚决打击国民党反动派和地主阶级对土改运动的破坏活动。他最后说，今天这个会，是大刘乡土改积极分子骨干会，与会同志要集中精力开会，领会文件精神，搞清楚各村地主都用哪些手法对穷人进行剥削，要同地主算剥削账，进行诉苦申冤，向其讨还血债。”

下午，由副区长布振杰和区干部牛培法、于连生分别领读学习土改3个文件。为便于领会政策精神，对文件中的重点规定作了重读和解释，如《土改法》规定的“废除地主剥削阶级的土地所有制实行农民耕者有其田的土地所有制，借以解放农村生产力，发展农业生产，为新中国的工业化开辟道路”“由各级人民法院保证《土改法》的实施”；《河南省土地改革方案》规定的“划分农村阶级成分，按当地解放前三年的时间计算剥削量，超过50%者为地主成分，不足50%、超过25%者为富农成分，有剥削但不足25%者为富裕中农成分”等。

晚上和次日，与会人员按照王喜旺讲话精神学习文件，结合各村地主剥削穷人的实际，认真讨论为什么要实行土地改革及其重大意义；讨论在土改过程中，如何贯彻执行依靠贫雇农、团结中农、中立富农、孤立地主的阶级路线；讨论地主都用哪些手法剥削了穷苦农民，剥削量及严重后果是什么；我们如何同地主算剥削账，向其讨还血债。

参会人员经过听报告、学习文件，结合本村地主剥削穷人的实际进行讨论，理清了各村地主剥削穷人的基本情况，为深入发动贫雇农民、开展诉苦活动、向地主申冤算剥削账、讨还血汗债打下基础。

次日晚，大刘乡土改积极分子骨干会议结束。副区长布振杰总结说，“各村召开的群众大会要讲目前形势和为什么要实行土地改革，讲土改的基本政策，讲土改的阶级路线是坚决依靠贫雇农、团结中农、中立富农、孤立地主阶级，并对国民党反动派的残余势力约法三章。各村农会要负责组织群众学习土改法、土改方案和怎样划分农村阶级，用党的政策把群众发动起来。同时做好扎根串联的工作，扩大积极分子队伍，培养向地主诉苦申冤、算剥削账的典型，在此基础上划分阶级成分。”

学习政策发动群众

根据《河南省土地改革方案》中“土地改革可以乡、村或几个村为单位进行”的规定，工作组商定，南王、潘庄（无地主、富农）、武庄、边庄为一个单位，大刘店街为一个单位，分别实施土改工作。

南、潘、武、边 4 个村群众会在南王村十字街举行，与会者七八百人。会议由乡长王明雨主持，副区长布振杰作目前形势的讲话。他说，“全国政治形势很好，发展很快。自 1949 年春，中国人民解放军遵照毛泽东主席‘将革命进行到底’的命令，百万雄师渡江作战，在全国人民大力支援下，迅速地向华南、华东、西南、西北各地进军。经过艰苦作战，以秋风扫落叶之势，在不到一年的时间里，消灭国民党正规军 150 余万，解放了除台湾、海南岛、西藏外的全部中国领土。目前，长江以南各地人民政权已经建立，正在发动群众清剿国民党军队溃败时遗留的军政人员及其特务、土匪、恶霸等反革命分子。长江以北各地去年秋冬，经过发动群众，成立农会，开展剿匪反霸斗争，巩固人民政权，已开始进行土地改革，恢复发展国民经济，正在为尽快医治战争创伤、争取财政状况好转而奋斗。”

布振杰接着说，根据许昌地委指示精神，郾城县委研究决定，从现在起到麦收前，在全县农村迅速开展史无前例的土地改革运动。按土改法规定，‘由农会把地主（扣除每人一份自留地）的土地没收了，把富农多余的土地征收了，分给无地、少地的农民’。这就是土改法的基本精神，各村要认真地组织群众学习，按照土改法进行土地改革。广大贫雇农民要站在土改运动的前面，要敢于同地主作斗争，算剥削账。同时，要警惕不法地主拒不执行土改法，对干扰破坏土改运动者，要彻底揭露，坚决打击，实行判罪。对国民党残余势力要约法三章：要服从人民政府领导，遵守国家法令，老实守法，做自食其力的劳动者；要改恶从善，悔过自新，向人民坦白交代过去剥削压迫劳苦大众的罪行；要彻底揭露其同伙的反革命罪行，主动交出存放的枪支、弹药、武器、个人证件等，争取立功赎罪，从宽处理。”最后布振杰说，“今天讲了为什么要实行土地改革，讲了土改政策法规的基本精神，各村要认真组织群众学习文件，发动村民积极参加土改运动，恢复发展农业生产。

南、潘、武、边 4 个村群众大会后，大刘乡、南王村分别召开贫雇农代表会及青年团、妇女、民兵、中农和可能被划为地主、富农人员的会议，层层讲解土改的重要性、必要性，学习宣传土改政策的基本精神，讨论如何发动群众进行土地改革。对地主、富农们分别讲明党的政策，使其自觉接受党的土改政策，认识到土地改革的正义性、必要性和土改政策的正确性。他们大都表示愿意按照政策规定，接受人民的批判，把土地财产交给农会处理，做自食其力的劳动者。

接着，工作组组织群众学习土改法和怎样分析农村阶级，就布振杰副区长的讲话进行讨论，结合自身实际，讲土改的重大意义、土改政策的基本精神、土改的阶级路线，讲土改使穷苦人民有地种、有饭吃、有衣穿、有房住，过上好生活。在群众学习文件的同时，工作组和乡村主要干部对各村中大部分土地出租坐收地租者、雇丁种田自己不劳动或有附带劳动者、放高利贷剥削穷人发了横财的地主、富农进行摸底登记。实行分工包干，深入受剥削的贫雇农家庭，宣传土改的重大意义、土改的政策精神，进一步激发他们的阶级觉悟，让他们主动站起来，对地主开展说理斗争，算剥削账。

在学习文件发动群众告一段落后，大刘乡又召开土改积极分子骨干会议，并吸收部分受地主剥削量大、时间长，造成妻离子散、卖儿卖女、逃荒要饭、苦大仇深的老贫雇农参加。会上总结前段工作，表扬勇于揭露地主剥削压迫穷人的典型，进一步激发骨干积极分子深入揭发地主剥削劳苦大众的罪行。让大家进一步弄明白剥削者是何人；被剥削者是课种地主的土地或是分种地主的土地；借地主高利贷是棵子或是清麦钱，使多少本，借多长时间，还多少息；给地主当长工，起早贪黑，吃不饱，不给钱，或少给钱等。在会上实行背靠背，回村实行面对面，向地主诉苦申冤，算剥削账。要把地主剥削压迫穷人的罪行揭露得深，揭露得透，令其检讨剥削穷苦农民的罪行，直到表示偿还血债为止。

指导思想明确，抓住学习土改法的关键，深入发动贫雇农民，及时发现培养苦大仇深、对敌斗争坚决的骨干积极分子，在其学习提高觉悟后，带头揭发地主剥削劳苦大众的罪行，带头同地主开展说理斗争，带头控诉旧社会恶霸地主和国民党反动派勾结起来，对穷人逼粮逼债、征丁拉夫，穷人被逼逃荒要饭、卖儿卖女、家破人亡的悲惨遭遇。他们说，是共产党领导的八路军打倒了国民党反动派，推翻了压在中国人民头上的“三座大山”，建立了中华人民共和国和县、区、乡、村人民政权，成立农会，人民当家作主，才能进行剿匪反霸，实行土地改革，使穷人有地种、有饭吃。他们郑重表示，要永远跟着共产党干革命。与会者争先恐后发言，10 多位与会者揭发地主剥削劳苦大众的罪行，为各村组织群众同地主进行说理说法、讲政策的斗争和划分阶级成分打下了基础。

依靠贫雇农民划分阶级成分

划分阶级成分，是贯彻“依靠贫雇农、团结中农、中立富农，消灭封建地主阶级”总路线、总政策的重要环节。在发动群众、学习土改法和怎样分析农村阶级的基础上，先划分贫雇农、中农，后划地主、富农的成分。划分阶级成分是一项很严肃的政治工作，政策性强，涉及面广，思想斗争激烈，特别是少数富裕农民怕被划上地主或富农，便利用宗族关系，拉拢收买种地户、长短工和农会干部，疏散土地，转移财产，企图逃避群众斗争，破坏土改运动。鉴于上述情况，工作组在调查的基础上，乡、村连续召开扩大的干部会、农会会员会和团员、民兵、妇女会，反复讲明土改政策，区分劳动与非劳动、剥削与被剥削的界限，并以剥削量为依据，以土改法为准绳，坚持依靠贫雇农，团结中农，实事求是地计算剥削量，客观公正地划定阶级成分。对地主分子王振的破坏活动，在群众大会上，经教育提高觉悟的翻身农民，彻底揭露他疏散耕地、拉拢农会干部和长工、企图破坏土改的罪行，令其当众坦白，悔过自新，重新做人。犯错误的干部，经谈话教育，都表示坚决改正，站稳立场，努力工作。在进一步宣传政策、发动群众揭露，打击不法地主的基础上，广大干群坚持不扩大、不缩小，实事求是地划分阶级成分，其方法是：首先，各组开会，按照政策，农户自报人口、土地，自划成分。所有参加者都可以说明情况，找出根据，表达自己的意见。然后是乡、村农会干部和工作人员参加，各组农户互相评划本组农户的成分。地主、富农自报成分大都与农会意见不一致，经过发动群众对其进行说理、讲政策、算剥削账的斗争，达到一致。同时，没收富农、地主土地财产等。最后，乡、村农会评议委员会逐户评定本乡本村农户成分，并列榜公布，造册报区政府审批。

土改划阶级成分是很复杂、很细致、斗争又很激烈的政治工作。对贫雇农、中农的成分比较好划，但划分地主、富农的成分，是按当地解放前 3 年的时间计算剥削量，需要被剥削者提供被何人在何时以何种手段剥削的翔实材料，计算清楚，并同地主、富农见面，使其认账。为此，工作组和乡、村农会干部，深入贫雇农家庭访贫问苦，了解情况，宣传政策，激发被剥削者同地主开展说理斗争。经过深入细致的思想发动，先小会背靠背，后大会面对面，同地主说理斗争，算剥削账。南王村村长王建林，全家 7 口人，只有 1 亩 2 分地，在旧社会给地主当长工为生，苦大仇深，他带头同地主王金华算剥削账。他的两个儿子被保长抓去当兵，他和妻子去泌阳县逃荒要饭，含泪把两个小孩子卖给地主放牛、喂猪。他控诉在旧社会吃的苦时声泪俱下，向地主申冤讨还血汗债，义正词严。与会者深有同感，会场上一片哭泣声，起到了很好的教育效果。在他的带动下，多位与会者争先恐后和地主讲理斗争，算剥削账，彻底揭露了地主剥削穷人的罪行，都表示坚决拥护消灭封建剥削制度，同地主划清界限，跟着共产党干革命。

土改结束，南王、潘庄、武庄、边庄村划分出地主3户，富农8户，富裕中农和中农88户，贫雇农170户。

把没收征收的土地财产分给农民。《中国土地法大纲》规定："所有乡村农会没收征收地主富农的土地，由乡村农会接收，按人口平均分给农民并归个人所有。牲畜、农具、粮食、财产等首先保证贫雇农民的需要。"在土改中，没收征收地主富农的土地财产分给贫雇农民，是土地改革的出发点和落脚点，是彻底砸烂封建地主阶级剥削制度、解放生产力、调动广大农民生产积极性的重大举措，也是广大贫雇农民生产生活的基本需求。为此，区委领导反复强调坚决依靠贫雇农民、团结中农、分配好斗争果实的重要性，反复讲解"填坑补缺"的原则和"中间不动两头平"的政策，以消灭封建剥削制度为主，从有利于生产出发，优先贫雇农、适当照顾中农和其他劳动人民。

按照土改的要求，明确分配斗争果实的政策界限和指导思想，照顾佃户分给原租种土地，预留机动地以备逃荒归来的人用，把土地分给无地、少地的人，把房屋分给无住处的人，把粮食分给仍饥饿的人，把牲畜农具分给无劳动能力的人。由群众民主选出不讲情面、大公无私的农会干部主持分配工作，在没收、征收委员会的基础上，村成立了斗争果实保管小组和分配评议委员会，具体负责斗争果实的分配工作。

在具体工作中，评委先把全村贫雇农的人口、自有耕地和农会没收征收的土地，按土地好坏，划分为三等六级，评出各等级土地的分值，计算出人均面积和人均分值，实行好坏地搭配，按分值计地分给农民。村农会依靠贫雇农，团结中农，分配斗争果实。把应分配的斗争果实公布于众，在农户自报的基础上，南村果实分配评议委员会逐户评议，制定分配方案，交村贫雇农代表会议讨论通过，由农会干部参加，组织计算记录人员逐户逐块计算丈量应分土地，划界立标，分给广大农民。

颁发土地证废除旧地契

颁发土地使用证，明确土地产权归属，让农民放心，在自己分得的土地上，努力搞好农业生产。为做好此项工作，工作组先后分别召开扩大干部会、农会会员会、村民群众会，总结土改成绩，表扬工作积极、敢于斗争、密切联系群众的积极分子，揭露不法地主破坏土改运动的罪行，深入宣传土改政策，侧重讲废除旧地契、颁发土地使用证的重要性及其意义。由各组组长把本组农户所有旧地契限期交农会，登记换发新的土地使用证。对土改所分土地，按丈量记录填写，在宣传收缴旧地契、颁发新土地证同时，南王农会组织 8 位思想进步、毛笔字写得好、愿为人民服务的誊写者集中在农会办公室，分组包户，责任到人，填写土地使用证。经过 10 多天的日夜填写、校对，于 5 月底装订成册，一式二份报大刘乡人民政府。

土改结束，大刘区派人带着证件去郾城县人民政府逐一盖上“郾城县人民政府印”。当年 7 月，《土地使用证》发给农户，使南王、潘庄、武庄、边庄的 160 多户无地、少地的农民无偿获得耕地 760 余亩和部分生产资料等斗争果实，免除了过去每年向地主交租纳粮的盘剥。

新中国成立初期的土地改革运动，是郾城县历史上规模最大、进行得最顺利、效果最好、最彻底的一次土地制度改革。土改实现了人们向往已久的“耕者有其田”的愿望，极大地调动了农民的生产积极性。广大农民已组织起来，建立了强有力的农民协会和青年团、妇女、民兵等组织，农民成为土地的主人，在政治上、经济上翻了身，生产积极性空前高涨，并积极学文化、办冬学、办夜校，开展扫除文盲工作。土改解放了生产力，促进了农业生产的迅速发展，巩固了工农联盟，为开展对农业、手工业和资本主义工商业的社会主义改造和社会主义建设创造了条件，极大地调动了广大农民的生产积极性，在广大农村呈现出一派从未有过的生产繁忙景象。

注：在我个人回忆的基础上，又找当时的大刘乡乡长王明雨，南王村农会主席李现曾，农会委员李国祥、武自忠等同志回忆、座谈，对此文加以充实和完善。因笔者水平有限，加之时间已久，难免有误，敬请各位知情者指正。

作者注：

1. 在剿匪反霸、镇压反革命的基础上，中共河南省委认真贯彻中共中央关于土地改革的指示，于1949年9月10日制定了《河南省土地改革方案》，要求坚决贯彻执行中央“依靠贫农、团结中农，有步骤地、分别地消灭封建剥削制度，发展生产”的土改总路线，规定了河南实行土改的具体方针、政策与方法步骤。同时，省委又发出了《对许昌地委（并各地委）实行重点土改的指示》，全省土改运动由点到面逐步展开。

2. 当时郾城县划分的几个区中，大刘区是比较大的一个区，管辖包括大刘乡在内的十几个乡。

3. 当时区委书记兼区武装中队政治委员，因此习惯上称区委书记为政委。

4. 课种地、分种地：当地的一种习惯用语。课种地主土地者，麦收时每亩地需要向地主缴纳一定数量的麦子（一般是2斗麦子、2斗秋粮，或者3斗麦子）；分种地主土地者，麦收后留下一定数量种子后，收获与地主平分。

5. 棵子、清麦钱：当地的一种习惯用语。棵子是指借贷者麦收前借粮，麦收后偿还40%的高息。例如，麦收前借1石麦，麦收后需要还1石4斗麦子。清麦钱是指借贷者借一定数量的现金，麦收后以远大于所借现金的小麦偿还。例如，借贷者所借现金，在当时只能购买5升小麦，但麦收后却要归还1斗小麦。

6. 1946年9月，中国共产党领导的八路军、新四军改称中国人民解放军。此处的八路军是当地老百姓的习惯称呼。

选自2014年12月《漯河文史资料》第二十一辑

清除毒瘤　改造陋习

——写在漯河市建市 60 周年

段永兴[①]

今年是漯河建市 60 周年（1948 年 11 月建立县级漯河市），值得纪念。建市初期，漯河是四方豪绅、地痞流氓、官僚政客、匪特恶霸杂居之地。市委、市政府成立后，把清除毒瘤、改造陋习、净化市面作为主要任务，为发展经济创造一个良好的稳定的政治局势。

本文从镇压反革命、取缔反动会道门、禁烟禁毒、改造妓女四个方面加以记述，回顾市委、市政府带领全市人民所取得的重大胜利。

镇压反革命

1927 年 5 月下旬，北伐战争期间，北伐军在漯河寨内组建国民党郾城县党部，有国民党员 1600 多人（因国共合作期间内含有少部分中共党员），直接受河南 CC 特务头子的控制。在此后的 10 多年时间，国民党党、政、军相继在漯河组建近 20 个反革命组织，主要有警察局、军统局河南站漯河调查组、军统平汉路特别党部武汉调查室漯河调查站、华中总部漯河工作组、国防部漯河工作组、国防部 2450 突击队、军统三十一集团军调查室、郑州绥靖区参六组、陆军总部郑州指挥部漯河潜九组、军统局鲁豫皖边区调查室漯河调查组、临泉调查室漯河调查组、省党部调查统计室郾漯组、河南开封站漯河组、军统局河南站漯河情报组、国防部二厅漯河潜伏组、平汉破坏大队漯河组、第五战区长官司令

① 段永兴，1963 年出生，河南温县人。1980 年参加工作，大专文化，中共党员，系漯河市源汇区史志档案局干部，多年从事地方志工作。

部调查室等。日伪特务组织主要有万祥公馆、招抚使署、盟明便衣队、西山公馆、大信公司、小岛茂公馆、宪兵队、便衣队、警察局、青年会、维持会等。

这些国民党和日伪特务机关，在漯河暗中破坏共产党地下工作机关，盯梢、暗杀、逮捕共产党地下工作人员，杀害、摧残无辜群众。特务头子经常训示他们："我们每个人要存有至死不屈、百折不挠的大无畏精神，不可失掉革命志向。如被捕不可承认，暴露组织为不忠，说出同志为不义，累及别人为不仁，出卖组织本想活而不能活，丢下妻子没人管为不爱，违训示自寻死亡。"这些反革命分子在特务头子的训示下，死心塌地从事反革命活动。

现就掌握的材料，仅介绍国民党警察局和日伪军、汉奸特务、宪警横行霸道、无恶不作，对漯河人民所犯下的滔天罪行。

国民党警察局局长贺子达、保警队长李洪道等均系国民党军统骨干分子，督察长赵东明系警察局国民党区分部书记。他们在镇压革命群众、对付共产党地下组织中，与国民党郾城县党部及军统局漯河组狼狈为奸，勾结甚密。1947 年 6 月，在贺子达等人的率领下全体官警参加戡乱宣誓大会，以鼓舞士气，表示"剿共"决心。之后，多名无辜群众以莫须有的罪名惨遭杀害或摧残。7 月，以八路军的密探为名把 2 个 13 岁的小孩抓去，后被李洪道亲自指挥杀掉。10 月，以共产党嫌疑分子为名把王 ××、张 ×× 抓捕拷打，后王在关押室挖洞逃走，张被送交国民党军六十六旅，下落不明。又以共产党嫌疑分子为名把许 ×× 抓捕，严刑拷打后送交国民党郾城警察队扣押 50 天，从中敲诈伪币 300 万元，方被释放。1948 年农历正月，李洪道带领部下在漯河大肆搜查，以共产党嫌疑分子为名抓捕群众 30 多人，枪杀 8 人。以卖给解放军东西为名，将菜市场杨 ×× 扣押，从中敲诈香油 800 斤。同时，以莫须有的罪名将商人扣押，从中敲诈 2 万元。2 月，又把清香池经理郭 ×× 和 2 名工人抓捕，郭被严刑拷打后不久死亡。据不完全统计，以共产党嫌疑等罪名抓捕的所谓的政治犯 54 人，其中杀害 19 人，判刑 35 人。警察局头子除"办案"中敲诈勒索外，还以维护社会治安为名，贪污诈骗。李洪道利用职权，一次贪污金条80根。以办公经费不足为名，每月要妓女院供奉国币30万元。是年，警察局全体出动，在黄岗、牛行街翟庄、沙河两岸等多处设卡征税，把搜刮的钱都装进他们的腰包，仅贺子达就得黄金10多两。此外，这伙人还是一群好色之徒。贺子达被共产党镇压时供认，奸污妇女数十人；李洪道自认奸淫妇女达200多人。是年，警察局受命把电台、武器疏散，隐藏到郊区企图长期潜伏，以搜集共产党军政情报为主要任务，并直接给蒋介石通报。6月，国民党新五军军长邱清泉奉蒋介石之命，选拔谋杀毛泽东、刘少奇、周恩来等中央领导的刺客，李洪道受到器重。李接受任务后，到商丘接受军统特务头子的面示："打入共产党内部，长期潜伏，五年不动，争当劳模，出席北京，执行刺杀任务。"李表示："为效忠党国，视死如归，不成功，便成仁。"

除此之外，漯河的其他特务机关、国民党军和漯河警察局一样，欺压、惨杀共产党和人民群众。当时，地方上流传着一首民谣："汤（系指国民党将领汤恩伯）水狼，黑心肠，既要钱，又要粮；先卖地，后扒房，逼死爹，饿死娘，卖了儿女逃外乡；到处穷，遍地荒，死尸遍地谁埋葬。"

新中国成立后，国民党反动派残余势力仍不甘心失败，潜伏下来，继续从事反革命破坏活动。1950年，朝鲜战争爆发后，潜伏在漯河的豫皖绥靖区敌后工作委员会暂编第一路第一纵队等，猖狂地组织暴乱，暗设电台，联络敌机轰炸，企图抢银行、夺枪支炸铁路、火烧市政府司法科。有4名解放军战士正在街上吃饭，特务组长杨子臣、郭春华带着几个便衣特务掏枪就打，当场打死3人，1人翻墙逃离，后被追上打死。

1944年5月5日，日军攻破市郊干河陈一带防线，在闫庄村杀死群众17人，烧毁房屋100多间。一次，在一个坑内就活埋群众10多人。陈××的父亲，年老体弱，来不及躲藏，被日军用刺刀捅死在家里。李盘庄村的李××、陈××等16个村民被杀害，还有多名妇女被奸污。进入市区后，在大新街把一个12岁男孩的头割下挂在树上。12日，侵漯日军一名士兵闯进郾城老应村，奸污妇女未逞，被村民用乱棍打死。次日出动日伪汉奸100多人，包围老应村，并把全村男女老少200

多人赶到麦场上，严刑拷打，追问日军士兵下落，但毫无结果。日军放火烧了老应村，烧毁房屋1300多间，麦秧2400多亩。6月中旬，漯河镇盛恒百货商店无辜被日军士兵烧光，2名徒工被烧死。

除国民党、日伪军等特务组织欺压人民外，社会上的土匪，恶霸同样横行乡里。1935年初的一天夜里，突然有10多个持枪匪徒闯进坊子街义庆德陆陈行，将该行全体人员及客商驱至一室，肆行搜掠，劫取钱物，临行前绑走3人，并开枪打伤1名客商。漯河解放初期，有10多股土匪武装数百人，在市区、郊区明火执仗，拦路抢劫。1949年，市区共发生抢劫案件10多起，伤亡6人。1950年，发生抢劫35起，抢劫人民币5839万元，牲畜12头，伤亡3人。更甚者在光天化日之下，开枪拦截税款，市政府税务人员当场开枪还击，打死土匪2人。

1948年漯河市人民政府成立后，面临的最大危险是以郾城县国民党书记长闫炳若和张孝武为首的郾城县团队残部和旧警察局1000多人的反动武装。他们化整为零，白天隐蔽，夜间活动，袭击党、政、军机关，抢劫民财，杀人放火，刺探军政情报。溃散的国民党第十四军军官总队1000多人及潜伏下来的特务和社会流氓集团猖狂活动，一时间漯河市区群魔乱舞，广大群众深恶痛绝，纷纷要求政府尽快消灭各种匪特组织，保卫人民政权，安定社会秩序，恢复发展生产。

市政府根据中共中央指示精神，认真分析漯河的敌情，多次召开动员大会，组织工作队下街下乡，深入发动群众，积极行动起来，协助驻漯人民解放军和漯河公安机关彻底消灭各种匪特组织。

1948年12月至次年元月初，市委、市政府2次召开大会，号召全市人民行动起来，深入进行剿匪反霸斗争。号召日伪旧政人员、国民党、团、政、宪、特人员登记自首。在剿匪反霸斗争的震慑下，上述对象到市政府指定地点办理登记手续。截至1949年元月中旬，登记自新的国民党员290名、三青团员58名、旧政人员298名，上缴枪支40支、子弹1200多发、反动文件30份、电话1部。

1948年12月12日，市公安机关和驻漯人民解放军，在人民群众的积极参与支持下，对匪特组织进行侦破和清剿。至1950年初，在1年的时间内，先后消灭国民党郾城县书记长闫炳若为首的郾城县团队和警察局残余势力、土匪司令潘子茂残部、国民党第五专署第五支队残部、国民党第五绥靖区少将司令王英华残部等，剿灭军、警、特、匪1500多人，缴获电台3部、枪支397支、子弹8000多发、汽车1部。至此，剿匪反霸斗争基本结束。

1950年10月，漯河开始镇反运动。这次打击的主要对象是社会上残余的土匪、恶霸、特务、反动党团骨干、反动会道门头子等反革命组织和反革命分子。这次运动大体分为4个阶段。

第一阶段：宣传发动。主要宣传镇反的重要意义，揭露反革命的残暴丑恶面孔，教育团结广大人民群众，孤立反动分子。在市委领导下，组成规模庞大的宣传队，利用广播、墙报、电影、戏曲、图片展览等形式，深入工厂街道、农村广泛宣传，同时召开公审大会，处决一批罪大恶极的反动分子，以解除群众的顾虑。

第二阶段：进一步开展反动党团和匪特人员自新登记。市委专门成立登记委员会，抽调专职干部，从事登记和核查工作。反复贯彻“坦白从宽、抗拒从严、立功受奖”的政策。对拒不登记者，组织群众检查揭发。

第三阶段：以农村集镇和水上船民为重点打击反动“圣母军”和反动会道门头子。

第四阶段：组织群众处理积案。专门成立以市长为主任委员的案犯审理委员会，并吸收民主人士参加，对116名案犯进行审理。7月中旬，分别召开市政治协商会议和各界人民代表大会，专题讨论案犯等问题。

在这次运动中，破获潜伏的国民党中统特务组织5个，即郑州绥靖区参六组、临泉调查室漯河调查组、平汉线特别党部武汉调查室漯河调查站、国民党河南省党部调查统计室郾漯组、河南开封站漯河组；军统特务组织6个，即陆军总部郑州指挥部漯河潜九组、军统局河南站漯河情报组、军统三十一集团军调查室、豫鄂绥靖区敌后工作委员会暂编第一路军第一纵队、军统局鲁豫皖边区调查室漯河调查组、国防部2450突击队；日伪特务组织11个，即万祥公馆、招抚使署、盟明便衣队、西杉公馆、大信公司、小岛茂公馆、宪兵队、便衣队、警察局、青年会、维持会。同时，还破获“革命青年挺进大队”反革命组织1个。镇反中，共打击各类反革命分子539人，其中处决101人，判刑324人，交社会管制14人；缴获枪支40支、子弹1200发。

1955年10月，漯河开展肃清暗藏在党、政、群、团、工、农、商、教等系统中的反革命分子运动，简称肃反。

肃反运动历时3年，到1958年10月结束。共挖出各种反革命分子和坏分子400人，其中，沙河管理系统228人，财贸系统109人，文教、卫生系统39人，机关团体中24人；还有反革命政治集团31起，对这些人都进行了严肃处理。在被查出的反革命分子中，有些是反共反人民的急先锋，有些是残暴成性、十恶不赦的刽子手。如市人委的邢××，民国时期曾任国民党区分部委员和特务组长。1948年9月，到武汉、驻马店等地与国民党特务头子策划组织游击队，发展特务10多人，准备伺机反扑。如潜伏在人民医院的姜××，曾任国民党少校军官。1947年10月，在山西省介休县抓捕。该犯打死中共游击队员1人，伙同其他3人残杀解放军和无辜群众24人。如躲避在交通部门的张××。1946年6月，将解放区农会主席聂××全家12口人勒死，并将聂妻剖腹取胎，用刀将胎儿捅死，把聂的10岁女儿双手剁掉，再用绳子勒死投入河内。

经过镇反、肃反，基本清除了反革命组织和反革命分子，稳定了社会秩序，纯洁了革命队伍。为防止死灰复燃和新生反革命分子的萌芽，市委、市政府从教育入手，广泛宣传。同时，组织各基层单位建立治保会63个，治保小组138个，治安员1164人，负责经常性的保卫工作。

取缔反动会道门

民国时期，盘踞在漯河的反动会道门多达19个，主要有一贯道、天仙庙道、西华堂、东震道、跪香道、磕头道等。以漯河为中心，统领附近各县。到1949年7月，漯河有大、中、小道首448人，道徒

6745 人。

一贯道是漯河第一大道，仅市内就有道徒 2231 人，该道系全国性道会组织。首创者是山东的路 ××，道名取自论语“吾道以一贯之”一语。该道在各省、市设总坛，下设分坛、公共坛和家庭坛。职务依次是师尊、师母、道长、老前人、前人、点传师、坛主、乩手。一贯道分支无、支性理和义字 3 个派系。传道会期为每年的四月初八。1942 年夏，天津总坛道长胡 ×× 等 3 人从汝南来漯开坛布道，总坛设在马路街。先后在市区建立忠诚、忠能、忠韶、忠廉、忠辉、忠圣、忠杰、忠孝 8 个公共坛和 80 多个家庭坛，还在舞阳、西平、郾城、临颍、上蔡、周口、新野、界首、西安等地建立分坛。民国 32 年（1943）春，支性理系中兴总坛前人何 ×× 等从河北来漯布道，总坛设在马路街。先后在市内发展分坛 7 个、公共坛 5 个、家庭坛 12 个，附近各县也有分坛。民国 36 年（1947）春，义字系前人王 ×× 来漯设立五常总坛，总坛在戏楼后街。在市内发展家庭坛 15 个，在附近各县建立公共坛 9 个。

西华堂自称是达摩从印度到中国河南少林寺传道后开始的，延续至清光绪二十六年（1900）左右传入漯河。佛堂设在牛行街，1920 年迁到崇德街。到 1953 年发展建立 4 个佛堂。道内设家长、十地、顶航、保恩、引恩、证恩、天恩、众生 8 个职级。每年二月、六月和九月的十九做“观音会”；三月、五月和九月的十五做“龙华会”；四月初八、十月初一、十二月初八也聚会念经。

东震道，1943 年由上蔡县传入。道内职务分两种：“圣世”和“凡世”，男女各有不同。“凡世”职务男道依次为弥勒佛、如勒佛、卦王、南极、文座、红笔师爷、尧数、支干、全士、殿士、法士和秋士；女道依次为一次太君、二次太君、三次太君，一次诰命、二次诰命、三次诰命，一次金冠、二次金冠和三次金冠。“圣世”职务男道依次为十三太保、十二像文佛、十三元角、三十六天罡、三十五诸佛、二十八宿、四十二诸席、十二祖师、四十八祖、十八罗汉、八大金刚、四大捷弟和四大贤；女道依次为十二老母、三二普萨和十二朵金花。

以上各反动会道门均宣传“神灵”效应，愚弄坑害人民。入道则神灵保佑、躲劫避难，且能超度灵性、得道成仙，死后不受阎王辖；不入道者则大祸临门，死了到阴曹地府受刑受罪，转生则为牛、马、羊。因此，宁可入道千日，不可失道一时。有病神可治，无须求医，不少群众上当受骗。东震道道首刘 ×× 自命帝王，封臣纳妃，凡被他点为正宫或西宫娘娘者，统统裸身入室任其玩弄。为掩盖恶劣行径，规定道内秘密不准泄露，否则，给嘴封上，跪佛堂，交圣帝老爷发落。他们除利用封建迷信以成仙成佛、驱鬼治病等手段愚弄人民、诈骗钱财、骗奸妇女之外，还与国民党、日伪特务组织勾结，反共反人民。

抗日战争时期，一贯道在日本特务头子山满提出“万教合一”的口号下，叛国附逆。道首张 ×× 充当伪汪政府的外交顾问，吸收多名汉奸入道，接受日伪特务机关指示，收集中共和抗日爱国组织活动情报，屠杀抗日军民。日本投降后，又投靠国民党，并将一贯道改名为“中华道德慈善会”，公开进行反共反人民活动。跪香道从起源开始就被反动阶级所利用。解放前，为敌特机关收集共产党、八路军政治、经济、军事情报，充当敌特机关的别动队。解放后，在敌特的授意下，制造谣言，蛊惑人心，组织暴乱，扰乱社会秩序，破坏土改和抗美援朝运动。磕头道则辱骂中共领导人是 12 层天上的大妖魔、大杀星，其执事就是杀杀砍砍，只有十二三年的天下，现在是五鬼靡神正闹他，不久就完了，将由白玉真人掌天下等。“九一八”事变后，西华堂头子追随蒋介石叫喊“先安内，后攘外”，反对抗日，并勾结日伪叫喊“中日提携”，当日本顺民，并于 1941 年、1948 年两次组织暴乱，与新四军、人民解放军对抗。天仙庙道头子于 1939 年前后，勾结日本侵略者，为日伪培养军事情报人员，在开封举办青年训练班；1943 年，漯河天仙庙道改为“天仙庙道反共救国仁义社”，为日军募献军用物资，秘密收集传递中共和抗日爱国组织活动情报。

1949 年 7 月，市委、市政府下令取缔一切反动会道门组织并令第一、第四公安派出所负责会道门人员的登记。这次登记人员寥寥无几，家庭以上道首 28 人，道徒 250 人。1950 年，逮捕一贯道道首陈 ××、戴 ×× 等 5 人。此后，各会道门仍暗中继续活动，反动气焰丝毫未减。1952 年 12 月 14 日，市委、市政府开展全市性大规模取缔反动会道门运动。抽调 200 多名干部组成宣传、侦察、审讯、集训 4 个组，在市委的统一领导下开展取缔工作。这次运动中，先后召开大、中、小规模的干部会 122 次。此外，还利用黑板报、广播，用真人真事揭露会道门的反动腐朽性。各派出所组织 30 多名坦白较好的一贯道道首巡回在群众会上表演他们用来欺骗人民的“扶乩”“点道”“传授三宝”“飞刀斩妖”等法术的虚假性，从而使人民群众和一般道众擦亮眼睛、明辨是非。1953 年 1 月 27 日、29 日夜，组织公安干警 68 人分 16 个小组一齐行动，逮捕大、中、小道首 36 人。1 月 30 日至 2 月 5 日，对中、小道首 66 人进行集训，对首恶分子予以严惩。经过这次打击，绝大部分道众登记退道，取缔了反动会道门组织。其中，在一贯道 2231 名道众中，就有 2211 名登记退道。在以后的几年中，仍有少数顽固分子不思悔过，多次进行复道活动。如 1953 年破获以一贯道闫 ×× 为首的复道案，查破职业点 3 处。1954 年 11 月 19 日和 1955 年 1 月 20 日两次查获以何 ××、马 ×× 等为首的复道活动，逮捕大、中、小道首 44 人，集训 26 人。1955—1956 年 8 月，西华堂道首刘 ××、赵 ×× 等奔走武汉、北京等地搞复道活动。破获后，刘被判刑 15 年，赵被判刑 5 年。到 20 世纪 60 年代初期，一贯道东震道磕头道仍有复道活动，均被严厉打击取缔。

禁烟禁毒

清道光二十年（1840），鸦片战争后，鸦片逐渐流入漯河。1942 年广为泛滥，高峰期漯河年经营量达到 1 万两之多，吸食者达到 4868 人，占全市人口的 7%。漯河人民深受其害，为其倾家荡产、卖儿卖女、铤而走险者大有人在，严重影响了社会安定。

民国时期，国民政府表面禁烟，实则放纵。1937 年，漯河禁烟总监竟然批准经营烟膏。当时，在漯河设立烟膏门面的有 10 家左右。吸食者需要到禁烟总监处登记注册并领取“烟民证”，持证者方可向烟膏局购买。加之抗日战争时期，漯河沦陷，郊区也被迫大量种植罂粟，购买吸食者迅速泛滥。

漯河贩卖毒品中，最著名的主要有吴 ××、穆 ××、巴 ××、王 ××、郭 ××、杜 ××、李 ××、姚 ××8 人，被称为“八大怪”，其中，吴、穆、巴、王又称“四大金刚”，他们的妻妾 12 人被称为“十二姐妹”。大毒犯吴 ×× 从 1950—1952 年贩毒品千两之多，其中零销在市内 300 多两。其贩运包装方法极为隐蔽，常用的有双层木盒、双层油桶、茶叶桶、礼帽盒、自行车内胎、空心架子车把等，更甚者把毒品藏在妇女、骡马阴道和男子肛门内。初期，货源主要从界首、周口、淮阳等地购进，后又从广西的柳州、金城江，贵州的贵阳、遵义，安徽的亳州、六安及武汉、兰州、天津等地购进。日伪时期，漯河西华农民也多有种植自制。除就地销售外，还销售到陕西、甘肃、青海等地。凡在市内销售者，多冠以理发、茶馆等名义作掩护，私下买卖。1933 年第三卷第三期《河南政治月刊》刊载：“漯河日可消耗千金。过去政府屡申禁令，一般贩毒家，似稍敛迹，近则又大肆活动矣，日来显形而起者，以有五十余家，大批贩运者，则有求昌隆和隆畅等。惟其营业方式异常技巧，表面伪作茶馆酒肆，或售纸烟茶叶，而实在袖里乾坤，私相授受。……以掩人耳目。”据对 160 名毒犯统计，共获利 46653 万元（旧币）。1942 年，市区内吸食鸦片者 4868 人。博爱街有居民 1102 人，吸食者就有 113 人，其中，女性占 1/3；马路街东段路南一大院有居民 30 户，吸食者或贩运者则有 28 户。

鸦片危害极大，长期吸食，易于成瘾，从而发生慢性中毒，有性格变化、精神萎靡和营养不良等现象。瘾发时打哈欠、流鼻涕，坐立不安，身体每况愈下，直至死亡。当时，社会上流行的顺口溜：“染上大烟瘾，天天挥金银。一天不吸不舒坦，流鼻子打哈欠，时间渐久把命贴”，形象地描述这些人的丑态。由于烟膏价格昂贵，一般平民家庭的收入远远不能满足一个烟鬼的吸食消耗，因此有不少家庭为此倾家荡产。社会上也给这种现象编了个顺口溜：“炽炽南北畛（指卖地），呼呼南北屋（指卖房子），大闺女、小媳妇都来进我的烟葫芦（指卖女、卖妻）。”据统计，有 80% 的吸食鸦片者倾家荡产。吸食鸦片而沦为盗匪、小偷、流氓者大有人在，有的甚至充当汉奸，其犯罪占当时社会上犯罪率的65%，给家庭和社会带来极大危害。

1949年10月14日，河南省人民政府颁布《河南省禁烟、禁毒暂行办法》，漯河召开第三届人民代表大会，会上作出禁烟、禁毒决议。1950年2月24日，中央人民政府政务院又发布了严格禁令，漯河市政府立即宣传贯彻。1951年6月20日成立戒烟所，先后收容3批近500名烟民进行戒烟。8月23日，在寨内山西会馆操场召开诉苦大会，到会的大都是烟民家属和吸食者，会上检举揭发贩毒、制毒、吸食者220余人。1952年9—11月，进一步在全市范围内开展禁烟运动。发布《漯河市种毒、制毒、贩毒分子登记办法》，成立市禁毒委员会，组织117名干警专案队伍，各派出所负责登记事宜，还抽调2000余名干部、群众组成29个规劝小组，大规模开展禁烟运动。运动分为三个阶段：

第一阶段：广泛深入发动。着重宣传贩卖、吸食鸦片的危害及党的“坦白从宽抗拒从严、小犯从宽大犯从严、偶犯从宽惯犯从严”的政策和登记、收容办法。公安专案队伍、规劝小组和工商联合会互相配合，深入到户，使家喻户晓，人人皆知，力争当事人一个不漏。截至1952年11月，共有650名毒犯参加登记，其中商人占45.5%、自由职业和流氓占31.7%、资本家和旧军政人员占16.6%、其他占6.2%。

第二阶段：收容改造阶段。分期分批对吸食鸦片者、贩毒者进行集训，强制戒烟。3个月中，共集训烟民1034人，收缴烟土612两，老海582两。在收容期间，烟民与外界隔离，杜绝探视。组织他们学习，以自身经历谈吸食鸦片的危害，开展文体活动，加强身心锻炼，自编自演《改造二流子》戏剧，在收容所院内演出并到社会上公演，扩大戒烟影响。对烟瘾特别大、戒烟痛苦的请医生给予治疗。

第三阶段：刑事惩办。对惯犯、大犯、顽固不化、屡教不改者给予刑事惩办。在禁烟中，共捕获毒犯1026人，其中处以极刑3人、判处有期徒刑807人、教育释放100人、受罚款的116人。个别不思悔改的，在“三反”“五反”运动中再次受到强制改造。

改造妓女

漯河地处中原之中，交通便利，商业发达，来漯进货、中转经商的人较多。战略地位重要，各派军阀长期在漯河驻防或争战。为满足军阀、商贾和本地达官贵人的欲望，于是市面上出现了妓院。抗日战争爆发后，漯河妓业更是“百花争艳”。扬州、西安、汉口、界首、周口、淮阳等地妓女相继迁漯，租房开业，加上本地妓女，一时娼妓业空前兴旺。有妓院百余家，妓女千余人，暗娼数百户数百人。主要分布在牛行街、自由街、煤市街、和平街、马路街、华平街、友爱街、平康里、仁寿街、仁德里、中华路、太平里等街巷。妓女有特等、甲等、三等、等外之分，最著名的妓院有“八大班”，即“陈家班”（老板陈 ××、女老鸨陈麻子，妓院设在和平街）、“蒋家班”（老板蒋 ××，妓院设在和平街）、“张家班”（老鸨张 ××，妓院设在原人民会场附近）、“吕家班”（老板吕 ××，妓院设在原东旭小学）、“武家班”（老鸨武 ××，妓院设在仁德里）、“许家班”（老鸨许 ××，妓院设在马家胡同）、“罗家班”（老鸨罗 ××，妓院设在平康里）、“扬州班”（老鸨胡 ××，妓院设在原人民医院门诊部附近）。这八大班子中，妓女年轻漂亮、穿着入时，有吹、拉、弹、唱之技，院落清雅，房间考究，人称特等。有三不接客之规：没有钱不接，没有权势名望不接，年龄相貌不相当者不接。嫖客多系官僚政客、富商巨贾、纨绔子弟。华平街的各个妓院，主要以坐门等客或外出陪客为主，属甲等。自由街、三角巷等处妓女年龄较大，姿色平平，设备简陋，以坐门拉客招揽生意，属三等。散落在各角落的暗娼，以“打野鸡”的方式卖淫，属等外。

妓女生活是悲惨的。她们有的是被买来的，有的是被抵押来的，有的是被骗来的。一落入老鸨手里，便失去了人身自由和人格尊严，任人凌辱。老鸨管束极严，妓女如厕必须请假，外出被人监视。老鸨残暴狠毒，专门备有白蜡条、皮鞭、绳索、木棍等用来对付妓女。13 岁以下的幼女服役老鸨，打水扫地，抹桌端饭，铺床叠被，端屎端尿，拆拆洗洗等。到十三四岁，被迫接客。年纪大失去风华的，从头等降为二等，二等降为三等。三等者不论严寒酷暑、刮风下雨都要站在门外接客。接不来客，不是挨骂，就是受罚，甚至遭打。妓女有病不但不给看，而且还要继续接客。妓女中 2/3 患有梅毒、花柳病。死了不埋葬，用席一卷抛到荒郊野外。许家班老鸨许 ×× 夫妇，四代以开妓院为业，仅经他手先后买回的女孩有 36 个。他家更是豺狼成性，灭绝人性、奸污幼女、强迫病女接客，稍有违抗就毒打，残伤后投入暗室或赶出家门。对新来的妓女，父子必先强行奸污。更甚者，在儿子奸污新来的姑娘时，他在一旁用灯照着，真是禽兽不如。平时姑娘接客之余，他想和谁过夜就和谁过夜。后来许某夫妇分别被判处死刑和有期徒刑 15 年。大多数妓女，在她们浓妆艳抹、笑脸迎客的背后，过的却是以泪洗面的非人生活。

妓院也是土匪、特务、流氓盘踞之地。1949 年，在尚未正式取缔妓院之前，公安机关对妓院曾约法三章：一是不准窝藏匪特，二是不准接待军政人员，三是不准贩卖、制造毒品。解放初期，由于政府对社会治安管理较严，加之剿匪反霸、农村土改等，社会正气上升，嫖客减少，妓院有的迁出，有的由明转暗，也有的散伙另谋生计，妓女迅速减少。

1951 年 12 月 12 日，市政府出示布告封闭妓院，禁止各种形式的卖淫活动，并且组成妓女改造委员会，从事改造筹备工作。以公安系统为主，对全市妓业进行详细调查，并制定对罪大恶极老鸨的处理办法。逮捕作恶多端的老鸨 16 人，收容妓女 41 人。市长、团市委书记、妇联主任等领导亲自到收容所作报告、讲政策、指出路。妓女们对市领导的关怀感激涕零。有的说：“政府比爹娘还亲，把我们从火坑里给拉出来，让我们重新做人，就是到阴曹地府也忘不了共产党、人民政府的大恩大德。”有的说：“从前谁看得起我们这些社会最底层的人，现在市长都称咱为姐妹。”收容期间，数次组织工商界妇女进行慰问，赠送毛巾 150 条、肥皂 150 块，并组织体检，有病治病。还组织剧团演出“姐姐妹妹站起来”“妇女翻身”，放映电影《白毛女》《天寒地冻》等。召开诉苦大会，到会群众数千人，会场庄严肃静，斗争 9 个罪大恶极的老鸨。妓女们一个个走上讲台，诉说悲惨身世，会场中一片哭泣唏嘘声。“姐姐妹妹站起来”“砸碎镣铐，走向新生”“感谢共产党，感谢毛主席”的口号此起彼伏。收容学习结束后，她们的出路自己选择，愿意回家与父母团聚的，政府资助路费；愿意成家的，政府做“红娘”；愿意参加社会服务的，政府给予安排。

选自2008年9月《漯河文史资料》第十六辑

新中国成立初期漯河市的镇压反革命运动

陈庭苕

新中国成立初期漯河市的镇压反革命运动同全国各地一样，是在党中央和政务院的统一部署和领导下，开展的一次大规模的群众运动，旨在保卫新生的人民民主政权，为大规模开展社会主义革命和社会主义建设扫清障碍，铺平道路。这次运动的重点是集中打击国民党反动派和美帝国主义派遣潜伏在大陆的特务分子及反革命残渣余孽——土匪、恶霸等，中共漯河市委领导了这场运动的开展。运动从1950年下半年开始，到1953年9月结束，历时2年多，取得了辉煌的胜利。

（一）

漯河是水旱码头，解放前就是一个人口繁杂的藏污纳垢之地，国民党特务机构名目繁多，暗中跟踪破坏我地下工作机关，盯梢、暗害、逮捕我地下工作人员，无故摧残、杀害劳动人民。我党曾在漯河建立之中共豫中特委和中共漯河中心县委屡遭军统和中统的破坏。到1947年，情况更加复杂，国民党河南省党部的魔爪直接伸向漯河，在这里设立了直属区党部，党部书记长王元之（兆麟）曾是省党部调查室的要员，党部主要人员都是中统特务分子。此外，平汉铁路特别党部也在漯河设立了直属区党部，亦是中统所把持。这里的特务组织有中统、军统、党政分会调查室、稽查处、宪兵队、警察局、警备司令部等。漯河解放前夕，这些特务组织大都安排了潜伏人员，国民党郑州绥靖公署前进指挥部也在这里安排潜伏了谍报参谋组一个。在我大军渡江之前武汉解放之后，敌军南窜，敌特北上，潜入漯河的国民党特务名目更为繁多。计有：国防部2662突击队一组6人，负责人王文一；2450突击队一组；

国防部二厅华中剿匪总部一组 7 人，负责人鲍庭献；军统潜伏组 1 个，负责人沈蔚西；中统潜伏组一组 6 人，负责人齐光汉。另外，军统保密局还从重庆派往漯河一组特务，负责人汤益三、阎西庆。他们以漯河为基地，活动于武汉、郑州、许昌、淯川等地，联络建立特务组织，寻找原有特务人员，进行破坏活动。国民党郾城县党部书记、特务头子闫炳若，解放前夕南逃，又于 1949 年底从桂林潜入武汉，派人返回漯河。找到他的旧部，在一家商行里计议，计划长期在漯河设立职业化的特务机关，筹集资金 4500 万元以做生意为掩护，进行特务活动。根据当时掌握的情况，全市区共潜伏特务 100 余人。

解放初期漯河周围的土匪活动也相当猖獗，郭荣轩、吴化甫、李茂林、邢子林、杨杰、赵新安、陈斌武等十多股土匪武装数百人，在市郊和市区明火执仗进行拦路抢劫，使人民群众生命、财产遭受严重损失。解放前夕，国民党第二十四军军官总队 500 余人在漯河市区和周围农村驻扎，他们之中有不少人霸占民宅民女，与特务土匪相勾结，贩卖吸食毒品，敲诈勒索人民，无恶不作，群众十分痛恨。此外，还有附近各县剿匪反霸中潜逃至漯河的匪霸分子。如匪特分子徐向臣，原是国民党汝南县政府机要室特务组长，曾在汝南县八区和孝店一带，以沟通新四军为罪名，杀害无辜农民 8 人。1944 年，他带领汝南县保安团 3 个中队，参与“围剿”我新四军五师，掳去我人民政府税务局长张祥轩及其妻子，并将其杀害，还杀害我工作人员 4 名。1947 年解放军进入中原后，他亲率匪徒顽抗，被击溃之后四处逃窜，于 1949 年潜逃到漯河继续进行反革命活动。类似这种匪特分子，解放初期潜逃漯河的有几百人。

（二）

上述匪特活动甚为猖獗，他们千方百计网罗旧部和反动党团骨干分子，旧军官、恶霸及反动道会首领等，组织地下军，妄图进行暴动，抢我银行、仓库，组织暗杀、断路、造谣中伤。解放初期，这些特务分子在漯河组织了所谓“党团联合办事处”“地下武装委员会”“中美联络情报处”“革命青年挺进大队”等反革命组织。特务头子训示他们的成员说："我们每个人要存有宁死不屈，百折不挠的大无畏精神，不可失掉革命志向，如被捕不可承认。暴露组织为不忠，说出同志为不义，累及别人为不仁，出卖组织本想活而不能活，丢下妻子没人管为不爱。违训示自寻死亡"。并说什么他们的"紧急任务是戡平内乱，中兴革命事业，恢复革命，要亲爱精诚，血可失志不可屈，要有一分精神做一分事业，不入虎穴焉得虎子"等。

这些反革命分子在特务头子的训示下，死心塌地从事反革命活动。其事实如下：

1. 散布政治谣言，书写反革命标语，煽动群众，蛊惑人心。他们写的《告白》说："英美意德法日中（指台湾国民党）七国大会议，出大兵发到中国地，……八路军、解放军，万人坑中火焚身；大机关、小机关，税务局人员一个一个都杀完……"他们散布的谣言说："世界大战已经打起来了，解放军就要垮台了，美国向苏联丢了三颗原子弹，苏联投降了……"在我大军南下时，他们狠毒地诅咒说："江边布了地雷阵，葡萄掉缸里，八路死江里。"还说："共产党真可恨，挑拨穷人去翻身，挑拨女子去离婚，挑拨儿女不认亲"等。

2. 拦路抢劫，暗害人命。在市郊公路上不断发生杀人掠货案件，土匪常结伙数十人出动，拦路劫走客商货物和车辆，打死商人、车夫和医生。潜藏市内之匪特，夜间进行抢劫和暗杀。据 1949 年统计，匪特在市内共进行大的抢劫案件 10 余次，打死 5 人，打伤 1 人，抢劫群众财产价值 209 万元。1950 年市内抢劫案件有增无减，全年发生匪特抢劫案件 35 次，抢劫人民币 58395000 元（1 万元为现人民币 1 元，下同），在牛行街抢走牲畜 12 头，打死客商 3 人，打伤 1 人。更有甚者，匪首王天祥率领 10 多个匪徒竟于光天化日之下，在闹市区马路街西段开枪打伤卖牲畜的商人。匪首张洪恩打死煤炭技师刘 ××，劫走现金 1000 万元。国民党下野军官陈根（陈斌武）组织土匪武装，解放初期以漯河为基地，活动于驻马店，杀人掠货，在本市牛行街打死商人，抢劫人民财产及现金合人民币 4000 多万元。曾有匪特明目张胆于白天在铁路东大街上开枪拦截我税务人员，欲抢收缴之税款，我税务人员当场开枪还击，打死匪徒 2 人。

3. 组织地下军，妄图暴动，如匪特潘银河为首的所谓“中央政府剿匪司令部”；以特务分子李鹏飞、叶文秀为首的“冀鲁豫晋陕民族正义军总司令部”；以国民党军官吴立华为首的“豫鄂绥靖区敌后工作委员会暂编第一路第一纵队”等。这些特务组织以漯河为基地，领导并指挥临颍、西平、舞阳、西华等地，大量发展地下军。匪特分子吴立华解放后隐蔽在船工中，与境外特务机关取得联系，组织地下军，仅营长以上特务骨干就发展 17 名，准备暴动，计划抢我银行、仓库，行动前被我一网打尽。当时，漯河市治安情况之复杂，匪徒抢劫破坏案件之频繁，在河南省各城市中较为突出。

（三）

在匪特肆无忌惮地抢劫破坏情况下，我公安机关一直进行大力地侦破和清剿，仅 1948 年 9 月至年底就清剿击溃土匪五股，其中有国民党郾城县党部书记闫炳若残部 300 余人；自称郾、临、西三县剿匪司令的潘子茂部；国民党第五专署第五支部司令金斌部；国民党第五绥靖区少将司令王国平、副司令徐海亭（住漯河大新街）部 500 余人等。共捕获特务分子 42 人，匪霸分子 160 余人，缴获电台 3 部，长短枪 397 支，子弹 8000 余发，汽车 1 部。1949 年五六月间，先后处理罪大恶极的匪徒分子 6 个。但是，当时总的指导思想上存在着过宽的偏差，对案犯的处理政策上存在着现行罪恶以改造为主，历史罪恶以从宽处理为当等右倾思想。因此，不少匪特恶霸分子逍遥法外，重新作恶，他们说：“逮住了不过在里面（狱中）吃几天不掏钱饭，学习几天就回来了。”广大人民群众虽有血海深仇，不少人怕匪特恶霸行凶报复，不敢起来开展斗争。由于打击不力，反革命分子气焰甚嚣尘上，仅 1949 年下半年到 1950 年上半年发生在市内的匪特抢劫案件就有 12 起之多。匪首王天祥于 1950 年 6 月白天在大街上行凶抢劫致伤人命一案，逮捕后只判了几年徒刑。群众对此十分不满，迫切要求惩治这些坏人。

1950 年 3 月，中共中央发出了《关于严厉镇压反革命分子活动的指示》，强调指出：许多地区反革命分子的活动仍然十分猖獗，必须给予严厉地、及时地镇压。同年6月6日，毛泽东主席在中共中央七届三中全会上作了书面报告，指出："必须坚决地肃清一切危害人民的土匪、特务、恶霸及其他反革命分子。"并把镇压反革命分子工作列入当时的八大任务之一。7月23日，政务院和最高人民法院联合发布了《关于镇压反革命的指示》；10月10日，中共中央发出了《关于纠正镇压反革命活动的右倾偏向的指示》。按照中央一系列的指示精神，中共漯河市委认真回顾和清理批判了右倾保守思想，大力发动全市人民，迅速掀起了一场大规模的群众性镇压反革命运动。到年底，全市共破获匪特案件49起，其中地下军案7起，匪特抢劫案10起，逮捕案犯958名（特务组长以上的13名），缴获长短枪支11支，子弹760发和一些关防、派令、假公章等，追回群众被劫财物、牛马等折合人民币3184万元。在这场运动中实行党委领导，全党行动，全民动员，吸收各民主党派及各界爱国民主人士参加，统一计划，统一行动，广泛发动和依靠群众，打破关门主义和神秘主义，反对草率从事，做到既轰轰烈烈，又严肃认真、扎扎实实。运动大体进行了以下几个方面的工作：

1. 宣传发动群众

运动一开始，在市委的统一领导下，组织了规模庞大的宣传队伍，采用广播、壁报、电影、戏曲等宣传工具，组织文艺队、秧歌队、宣传队，深入工厂、农村、街道，结合抗美援朝大力宣传美蒋罪行，宣传匪特从事反革命活动的事实，号召人民动员起来，积极投入镇压反革命运动。当时群众存在着害怕匪特恶霸行凶报复的顾虑，不敢检举揭发，观望着政府对这些坏人的态度。为了解除群众顾虑，政府首先将血债累累已捕在案的匪特头子报请上级批准，召开群众公审大会，分期分批地进行了处决。如处决匪特分子吴立华组织地下军一案，召开了1000多人的公审大会，会上展览了地下军的图章和委派令，群众看了后，对他们的罪行十分痛恨。在处决土匪陈根时，召开了3000人的公审大会，群众说："政府这样做真对，给人民做了主，出了气，除了害。"在处决市郊金盆赵村恶霸李永安时，召开市郊农民2500人参加的公审大会。农民说：“李永安不除，我们就无出头之日，镇压了李永安，我们才能得到彻底的翻身。”经过采取严厉地镇压措施，人民群众扬眉吐气，觉悟大提高，情绪大高涨。尤其商人和市民拍手称快。他们说：“镇压了这些坏人，漯河市的社会秩序安定了，生意好做了，我们的后顾之忧解除了，这都是共产党、毛主席的英明领导。”

在宣传口径上，市委作了统一部署，把镇压反革命和抗美援朝、控诉美蒋罪行、反对美帝武装日本等紧密地结合起来，号召人民群众以抗美援朝的实际行动检举匪特，斗争恶霸，并把已掌握的反革命组织和反革命分子的罪恶事实材料编成快板书和演唱材料，组织演出，广为传唱，很快发动了群众，武装了群众思想。到1951年4月下旬，基本上形成了全市性的群众检举、揭发、控诉美蒋和各种反革命分子罪行的运动。到9月初，全市群众共检举反革命分子180名，写检举信300余封。这时在某些领导干部中产生了盲目乐观和右倾思想，认为反革命分子已经基本肃清了，如果再搞下去，可能冤枉好人等，不愿再做艰苦细致的发动群众工作。因而群众情绪一度又处低潮，反革命分子破坏活动又很猖獗。8月，土匪持枪截路案件又发生2起，土匪冒充我公安人员，抢走客商人民币220万元。同时反革命谣言四起，说什么“美国武器真厉害，抗美援朝战争已告失败”，等等。

2. 举办公安展览会

为了更好地发动群众，漯河市公安局会同许昌专员公署公安处于1951年4月共同在漯河举办了公安展览会，系统地收集整理了历次破案的照片，缴获匪特的枪支、弹药、证件、密电、密信、关防、钤记、电台、信号弹、凶器、毒药、暴动计划和匪特编制表等，并把匪特从事破坏活动的事实画成连环画进行展出。展览会共进行10天，当时正值物交大会，观众蜂拥而至，有工人、干部、学生、工商界、市民和附近各县的农民，观众最多时一天达9300余人。

通过这次展览，使群众受到一次深刻的阶级教育，观众目睹匪特活动和进行破坏的事实，情绪激愤，有七八十岁的老人拄着拐杖从很远的地方赶来观看展览，他们看到特务使用的钢笔枪、拐杖枪时愤怒地问：

“这些坏东西捉住没有？可不能轻饶他们！”市民们看到匪首陈斌武的罪恶画展后痛恨地说：“像这样的坏家伙去年还在闹市区公开杀人抢劫，枪毙他太便宜了，应当用零刀割他的肉才解恨！”有个妇女看到军统特务阎西庆强奸妇女那一段解说词时，气愤地用手指把画面上的特务头面戳了个洞，并咬牙切齿地说：“我如果见到他本人非咬他几口不可！”有个村干部看了展览后说：“我回去要开个村民大会，把在这里看到的展览内容告诉群众，叫村里人都操心防止和揭露坏人，不能马马虎虎，吃亏上当。”展览期间，市里正在召开各界人民代表大会，代表们集体参观了展览，观后普遍赞扬说：“政府办得好，保卫了漯河人民生命、财产的安全，应当向战斗在对敌斗争第一线的公安战士学习、致敬！”

展览期间，共接待观众3万多人次，收到意见和建议350条，大部分是要求政府再接再厉彻底镇压反革命。一位观众在留言簿上写道：“我听说这里有公安展览会，领着一家四口人都来参观，看了反革命分子作恶多端的滔天罪行，心中十分气愤，政府办得真好，把许多匪特都捉住了，希望进一步把那些凶犯连根铲除！”这次展览，通过活生生的教材，用事实教育了群众，启发了广大群众对敌斗争的觉悟，说服力很强，比开几次万人大会收效还大。

3. 开展反动党团和匪特人员登记自新工作

要求反动党团骨干分子和匪特及有严重罪恶的其他反革命分子主动悔过自新，坦白自首，强调贯彻镇压与宽大相结合的方针，主动坦白登记，有悔过自新表现并能主动检举别人者，可根据情节轻重免于处理或从轻处理，立功者受奖，对在限期内拒不坦白登记的首恶分子坚决实行镇压。这次登记自新工作是在1948年12月上旬和1949年1月两次登记的基础上进行的。当场就有国民党第五路军游击司令赵××和国民党漯河镇镇长春××，国民党军队少将李××，三青团漯河区队长赵××等登记自新。这两次共登记646人，交出长枪34支，短枪6支，子弹1200发，各种证件、委派令、特务行动计划等30余件，印章1枚。这些主动登记自新的人员大都得到了从宽处理。但是不少隐蔽更深、死心塌地的顽固分子，暗中制造谣言，百般阻挠登记自新，说什么登记是共产党设的圈套，一登记就上了黑名册，就要被分批杀掉等”。由于朝鲜战争爆发，美帝重新武装日本，蒋介石叫嚣反攻大陆，不少本来已经登记的反革命分子又重新走上与人民为敌的道路。

1951年3月25日至5月底，经过2个月的时间，漯河市又进行了一次大规模的登记自新工作。登记前市政府于3月中旬发了布告，并制定出十五条《反动党团、特务人员登记办法》公布于众。在党委的统一领导下，成立了登记委员会，组织专政机关统一协作，抽调专职干部从事登记和核查工作。为了广泛地发动群众协助党和政府做好这一工作，市委还统一印发了《河南日报》关于开展登记自新的社论和宣传要点及部分反革命分子罪行材料进行了广泛的宣传，召开了市直机关全体干部大会进行动员，市政府召开了各界人民代表大会，市委书记、市长和公安局长分别在会上作了报告，讲明登记的意义和范围，说明登记是镇反运动中摧垮一切反革命组织的措施，也是给予一切反革命分子立功赎罪的机会，号召全市人民支持这一工作。大会以后，全市工厂、学校、机关、团体、街道各行各业广泛进行了发动。随后又召开全市性的群众大会13次，每次5000人左右，各种小型会议480余次，各单位还组织了秧歌队、腰鼓队等走上大街、车站、码头进行宣传。经过广泛深入地宣传发动，广大人民群众积极响应党和政府的号召，形成了积极检举、规劝反革命分子登记自新的热潮。不少群众说：“政府这次登记是给这些人找出路，不叫他们再办坏事，这样咱们老百姓才能过安生日子。检举坏人有功，包庇坏人有罪。”

由于这次开展登记是在轰轰烈烈的群众镇反运动已经展开、反革命组织系统被政府基本掌握、群众已被充分发动的情况下进行的，因而对敌特阵营震动很大，起到了分化、瓦解的作用。他们中产生以下几种情况：（1）坚决与人民为敌的死硬顽固分子，千方百计巩固反革命营垒，威胁同伙，抗拒登记。如军统特务头子程××威胁同伙说：“共产党善于诈术，登记是共产党的诡诈手腕，去登记是送死！”特务赵××说：“你去登记交不出证件杀你的头！这次登记罢政府就会大抓一批。”又威胁说：“美国出兵正在朝鲜打仗，日本正在加紧武装进攻东北三省，美国准备在济南、长春等大城市投原子弹，国军正在准备反攻大陆，局势一变，登记的人全部杀完。”因而有的匪特在其头子的威胁下迟迟不敢登记。（2）有的匪特在我强大政治攻势下愿意登记自新，但顾虑重重，怕政府政策会变，怕登记后是自投罗网，自我暴露，自取灭亡。家住马路街的一名历史反革命分子几次想登记自新，走到公安局门口都不敢进去，最后还是下了决心进行了登记，心想是死是活让政府处理吧！登记后政府对他进行了宽大处理，他十分感激地说：“政府真是说到做到。”（3）大胆冲破反革命罗网，真心实意悔过自新。一个特务分子登记后对公安人员说：“我的问题要给政府全盘端出来，过去错了，欠了人民的债，今后要立功赎罪。”后来他在检举匪特反革命活动中，所反映的问题经查证一般都真实可靠。

党和政府根据以上情况，发动群众，采取不同对策，对敢于登记自新和检举立功人员公开进行了宽大处理和奖励，重点打击阻挠和破坏登记自新的顽抗分子，争取动摇分子。在群情高昂、法网恢恢、反革命分子走投无路的情况下，纷纷弃暗投明，登记自新。一名混进教师队伍里的特务分子张 ××，登记前思想斗争激烈，夜里几次起身坐在床上暗中哭泣，被群众发现，学校领导多次向他交代政策，并组织群众对其规劝教育，终于使其进行了登记，并进行了检举揭发。这次登记收获很大，全市共登记反革命分子 314 名，登记备查人员 416 人，共 730 人。收缴委任令 12 件，任职令 10 件，派令 9 件，八音枪 2 支，手枪子弹 20 发，步枪子弹 68 发。

4. 掀起群众性大张旗鼓的镇压反革命高潮

通过大宣传、大发动，举办公安展览和开展对反动党团、匪特的登记，并通过行政手段逮捕和镇压了一批反革命分子，广大群众对此次镇反意义的认识大大提高，他们看到政府给人民出了气，报了仇，惧怕反革命行凶报复的心理大大消除。由于吸收群众代表审理案件，广大群众主人翁责任感大大增强，纷纷起来积极投入镇反运动。但在侦破和办案中仍存在着神秘主义和关门办案的倾向。一些反革命分子也乘机对群众进行威胁，怕群众起来后他们失去藏身之地。寨内发现反革命分子夜间向开会的群众砸黑砖。隐蔽在沙河船工中的反革命分子贴出标语，上写“领导革命无双美（指美国），镇压天下反霸人（指群众）。”马路街民主改革委员会门口，发现7封威胁街干部的匿名信。一些反动会道门头子散发传单，号召反革命分子“要内心修炼，总有一天会脱离那掌握死权的人。”

针对上述情况，市委按照党中央和毛泽东主席提出的“大张旗鼓地镇压反革命”指示精神，决定放手发动群众，迅速掀起一场大张旗鼓的、轰轰烈烈的群众镇反运动。为此，市委于1951年4月28日召开了全市5000人的群众大会，结合抗美援朝，控诉蒋、美、日罪行，号召广大群众全民总动员，“围剿”匪特、恶霸，彻底铲除反动势力的根基，当场宣判处决了万留传等9名匪特恶霸分子。大会之后，市委又派出数十名干部，深入基层领导群众学习《中华人民共和国惩治反革命条例》，召开大小控诉会、诉苦会数百次，把抗美援朝和镇压反革命作为“五一”节前后压倒一切的中心任务。通过大张旗鼓地组织、宣传、发动群众，全市广大人民群众的政治觉悟、革命积极性和爱国热情空前高涨，由赞成和拥护镇反到积极参加，由秘密检举到公开揭发，由不署名告密到公开扭送，直接协助公安机关缉拿反革命分子。有的反革命分子越狱逃跑，被工人捉住送到公安机关。如搬运工人韩金喜等3人，捕获了越狱逃跑的反革命分子何光华，直接扭送到法院，并说：“俺们工人当家作主了，就不能再让特务跑掉继续办坏事。”

万祥街40多名群众自动组织诉苦会，要求派出所干警参加，控诉了在押的恶霸、帮会头子、杀人凶手、大流氓于子华。于犯曾于1944年强奸阎××之妹，该女不从，于要烧阎的房屋，后经邻居出面百般说情劝阻，阎家赔情道歉才了事。1947年10月，于犯又强奸阎××之嫂，阎见其残暴行为挺身阻止，于犯恼恨在心，月余后指使爪牙趁黑夜将阎杀害于万祥街附近。于犯在当地强奸妇女、讹诈钱财不计其数，解放后他勾结国民党退役军官40多人结为帮会师徒关系，继续危害人民，群众恨之入骨。诉苦会结束后，有5个老太太到法院询问：“为什么不杀掉于子华？”并乞求地说：“可不敢再把他放出去，再出去他就会行凶报复！”在群众的一致要求下，由原定死缓改为死刑立即执行。群众普遍行动起来以后，公安局差不多每天都要接到检举信。

到1951年7月中旬，群众共检举反革命分子350余人。在群众检举、揭发下，共破获和逮捕各种反革命案犯908名，其中特务分子198名，土匪223名，反动党团骨干分子9名，恶霸279名，工厂里的封建霸头39名，其他反革命罪犯160名。按照群众的要求，根据《惩治反革命条例》和有关法律量刑定罪，分别进行了处理，其中对罪大恶极的反革命分子处决一批，判处死缓一批，余下有的判有期徒刑，有的交群众管制，对一部分有悔过自新积极检举立功者免刑释放。对外县在土改、剿匪反霸时逃窜漯河继续作恶的外来匪霸分子，捕送原籍。每次处决罪犯之前，都要召开各种类型的会议，把反革命分子的罪行向人民群众公布，征得社会各界一致的意见和要求，然后进行处决，群众非常拥护。工友烟厂的工人在讨论他们的厂长、特务分子赵明合该不该处决时说："掌柜的赵明合，过去公开压迫咱们工人，尽干坏事，解放后仍不思悔改，偷着办坏事，把咱们用血汗换来的钱送给特务们作经费，枪毙他一点都不亏。"市郊区金盆赵村农民在讨论该村恶霸李永安该不该杀时说："李永安作恶多端，不杀他民愤难平，杀了他咱们再也不用担惊害怕了。"工商界人士讨论时说："杀了这些匪特分子，漯河的市面就平静了，我们就放心经营啦！"特别是处决从外地捕回的原国民党郾城县党委书记、特务头子闫炳若时群众更是拍手称快。1951年，全市共缴获长短枪29支，子弹1790发，冒开假图章55枚，追回土匪抢劫人民钱财135万元，追回牲畜12头，衣物385件，大大稳定了社会秩序。

5. 组织群众处理积案

人民群众参加积案的处理是镇反运动的继续和深入，是人民民主专政的具体体现，也是向人民群众进行一次党的宽严政策的教育，做到对反革命分子处理得适度，合情、合理、合法。特别是对判处死刑的罪犯，必须按照党中央和毛泽东主席的指示，即："一般需经过群众，并使民主人士与闻。"为此，1951年7月7日，市委、市政府召开全市干部大会，贯彻了全国第三次公安工作会议精神，打破关门主义和神秘主义，坚决地反对草率从事的偏向。8 日，在市委的领导下成立了党、政、工、青、妇、工、农、商、学、宗教等各界有广泛代表性的 25 人的案犯审理委员会，主任委员由市长刘华生担任，市委书记王弼庭亲自参加。这个委员会以政协为基础，吸收民主人士参加，立即着手对 116 名案犯进行审理，广大人民群众高兴地说："政府为咱申了冤，人民作主当法官。罪犯的卷宗还叫咱老百姓审理，这是党和政府对人民群众极大的信任，只有人民政府才能这样做。"直接参加审理积案的群众代表说："咱们参加审理，一定要做到对政府、对人民、对罪犯三方负责，做到审理认真，判定谨慎。"在审理前，委员和代表们首先学习了《惩治反革命条例》和有关法律条文，以此为量刑依据，量刑比罪。通过审理，共提出 10 名罪犯的改判意见（6 名加刑，4 名减刑），其他都维持原判。为此，7 月 11 日召开了政治协商会议，13—14 日召开了各界人民代表大会，对审理积案进行了专题讨论。在讨论量刑时，代表发言热烈，各抒己见。如在审理枪杀解放军战士一案首犯郭春华时，代表们争先发言，民主人士王乐天等人说："这事我知道，解放初期有 4 个解放军正在街上吃饭，郭春华领着几个便衣特务掏枪就打，当场打死 3 人，1 人翻墙逃跑，被他们追上又打死了，你看这些坏货多么残忍！非给咱们的同志报仇不可！"司法部门原对郭春华判处有期徒刑 10 年，经过群众代表讨论，一致确定改判为死刑立即执行。

在干群思想普遍高涨的情况下，市委保持了清醒的头脑，在杀人、捕人的问题上，采取了极端谨慎和严肃认真的态度，做到既不放过一个反革命分子，又不冤枉一个好人。为此，市委领导全市干部和群众，认真学习贯彻了毛泽东主席的指示："对于有血债或其他最严重罪行非杀不足以平民愤者和最严重损害国家利益者，必须坚决地判处死刑，并迅即执行。对于没有血债、民愤不大和虽然严重地损害国家利益但尚未达到最严重的程度，而又罪该处死者，应当采取判处死刑，缓期二年执行，强迫劳动，以观后效的政策……凡介在可捕可不捕之间的人一定不要捕，如果捕了就是犯错误；凡介在可杀可不杀之间的人一定不要杀，如果杀了就是犯错误"。以防止在运动的高潮中发生"左"的偏向，着重了对人的改造。这样做，赢得了人民群众的好评和高度赞扬。他们说："现在的政府办事真是实事求是，丁是丁，卯是卯"。对反革命分子也起到了分化瓦解和争取悔过自新的作用。在群众公判大会上，反革命分子张福成哀求说："请政府宽大我吧！哪怕判我死缓也行，若叫活着，我一天立一个功也干。"反革命分子张凤魁的母亲看到她儿子被判处死缓，十分感动地说："政府真是有一线希望也愿改造一个人，这回可得好好改造改造他！"

6. 取缔反动会道门，夺取镇反运动的全面胜利

各种类型的反革命分子，除采取暴力手段对我进行破坏外，还采取控制和利用封建迷信组织，欺骗劳动人民，笼络人心进行隐蔽的反革命破坏活动。有些会道门是暗藏反革命分子的巢穴。为了彻底干净地肃清一切反革命，1953 年，中共漯河市委领导全市人民对反动道会组织进行一次大规模的清查和取缔。此项工作，历时 2 个月，到 2 月底结束，取得了很大成绩。

当时，漯河市共有会道门 17 种，一部分被特务、恶霸、反动军官和土匪头子所把持和利用。其中最反动的是"一贯道"。这个道上层人物的一切活动都是极其秘密的特务活动，旨在夺取政权，恢复帝制。1950 年，一个身份不明的外地人曹 ××，带电台 1 部来到漯河，在一贯道里进行秘密活动，进行单线联系，全市共发展一贯道徒 2231 人，并采取以漯河为基地，活动于周口、明港、信阳、郾城、舞阳、临颍等地发展组织，妄图颠覆人民政权，计划一旦成功，便封"一般坛主为乡长，领袖坛主为区长，点传师为县长，新前人为专员，老前人为省长，道长以上为大行政区主席，师尊张天然下凡当朝廷"。

按照中共中央中南局和省、地委的指示精神，中共漯河市委于 1953 年元月 16 日召开市委会议，确定当时以取缔反动会道门为中心任务。在事先进行大力侦察的基础上，召开了全市 112 人的中层领导干部会议，公安部门具体介绍了本市反动会道门活动情况，研究了取缔的方针、政策、方法。会后抽调 700 多名干部、教员，组成宣传大军，市委书记康国蕴带领，深入街道、农村、工厂，大张旗鼓地宣传和揭露反动会道门的反动罪行，分片召开群众大会，贯彻了“坚决惩办反动道会首中的首恶分子，争取教育改造中小会道首，团结教育挽救广大被骗会道众”和“坦白从宽，抗拒从严，过去从宽，今后从严”的政策。广大群众和道徒纷纷起来揭露和控诉反动道会首造谣破坏、敲诈勒索、强奸女道徒等罪行。根据群众的揭发和侦破，共逮捕有严重罪行的会道首 37 名。经审理，对罪大恶极、不杀不足以平民愤的反动道首杀掉 × 名，判死缓 × 名，其余反动道会首大部分交群众管制劳动。对 95 名中小道会首，分别举办 2 期悔过改造训练班。这些中小道会首一般都属忠实信徒和受害者。如点传师于芳卿，在道 5 年，捐入道内粮食 30 余石，自己穷得冬天连棉裤都穿不上，没饭吃、没衣穿。经过悔过改造后，政府对他进行了救济，他感动得逢人就说：“一贯道害了我，人民政府救了我。”

7. 建立群众性的治安保卫组织

按照全国第三次公安会议决议和毛泽东主席“必须在此次镇压反革命的伟大斗争中普遍地组织群众的治安保卫委员会……城市以机关、学校、工厂、街道为单位经过人民选举组织之”。经过镇反和民主改革运动以后，在市委的统一部署下，全市各基层单位先后建立治保委员会 63 个，治保小组 138 个，经群众选举出治保委员和治安员 1164 人。这支群众性的治安保卫队伍，在治安保卫工作中发挥了巨大的作用。仅 1954 年春就协助专政机关调查社会基础情况，查出敌对分子 1262 人，违害治安分子 145 人，社会游离分子 126 人，被管制改造已守法者 1256 个，澄清了社会人员的政治面貌，充分发挥了群众治安的威力。1954 年 7 月 12 日，许昌专员公署公安处向全地区转发了漯河市群众性治保工作的经验。

8. 回顾与检查

镇反运动后期，为了做到准确无误和充分体现党的政策，做到不冤枉一个好人，也不放过一个反革命分子，中共漯河市委遵照上级的指示精神，从 1953 年 4 月起，集中精力在 11 条行政街发动群众，进行镇反运动中政策执行情况的检查和判定工作。整个工作大体分为三步：第一步训练基层干部，进一步学习镇反运动中党的各项方针、政策，检查执行的情况，比照对案犯的处理，看量刑是否适当，找问题，查情况，提出合理的意见和建议。第二步，宣传政策，发动群众，召开不同类型的群众会议。对照政策划界线，区分两类不同性质的矛盾，同时召开被管制人员会议，讲政策，讲前途，令其彻底改造自新，服从群众和政府的监督与管制。第三步，整顿管制工作和治保委员会，评选镇反模范，全市共评出 57 名模范人物。

通过群众判定，提出大量合理化建议，新发现和补充敌情材料 90 余份。按照五种敌人含义的解释，反复落实，分别处理，从镇反运动开始到结束，漯河市共清理出五个方面的反革命分子 687 名，除判处死刑和死缓者外，经群众判定，应判刑的 218 名，交群众管制的 114 名，协助外地捕走 106 名，释放和解除管制的 43 名。1953 年 9 月 7 日，市委、市政府提出判定意见，宣布此次镇反运动胜利结束。

（四）

漯河市的镇压反革命运动，由于正确执行了党的各项方针、政策，取得了巨大的成绩和明显的效果。

其一，彻底摧垮了国民党反动派长期在漯河经营、培植的反革命力量和反革命组织。从破获的案件来看，国民党反动派的特务机构在漯河下了大本钱。特务组织名目之繁多在我省为显著者，有的特务分子潜伏很深，甚至打入我内部，如特务唐金声窃居我工商联合会主委之职，在工商界中发展反革命势力，经常破坏我中心工作，对抗美援朝、发行公债等进行百般阻挠和破坏，成为对社会治安、经济的恢复和建设危害最大的因素。其他反革命分子与美帝国主义侵朝战争和蒋介石反攻大陆遥相呼应，成为颠覆我人民政权的内应和工具。在这次镇反中还挖掘出一批新生的反革命组织地下军和以反动会道门为基地的反革命组织，他们妄图推翻人民政权，复辟封建专治，梦想黄袍加身。运动中还清理出一批游离匪霸和杂特，所有这些反革命残渣余孽在这次镇反中被我一网打尽，彻底摧垮，惩处了首恶分子，分化瓦解了敌人。这无疑巩固了新生的人民政权，为大规模开展社会主义革命和经济建设铺平了道路。这也是于国民党反动派及帝国主义长期斗争中取得的又一次重大的胜利。

其二，这次镇反运动，极大地提高了广大人民群众的觉悟。解放初期，广大群众还处在被特务、土匪、恶霸残害和威胁之中，有些血债累累的反革命分子，是长期压迫、蹂躏和残害人民群众的“南霸天”“北霸天”，人民群众纵然对他们有着血海深仇，痕恨在心，但敢怒而不敢言，欲报仇而不能，欲雪恨而不得。特务唐金声看到哪个女艺人长得好，晚上必定叫去由他任意蹂躏。群众看在眼里，恨在心上。在这次镇反中，一些长期骑在人民头上作威作福的反革命分子被镇压后，人民群众拍手称快，他们把这次镇反看作是“二次翻身”“二次解放”，极大地调动了人民群众革命和生产的积极性。这正如毛泽东主席在《关于正确处理人民内部矛盾的问题》一文中所指出的那样：“解放以后，我们肃清了一批反革命分子，一些有严重罪行的反革命分子被处了死刑，这是完全必要的，这是广大群众的要求，这是为了解放长期被反革命分子和各种恶霸分子压迫的广大群众，也就是为了解放生产力。我们如果不这样做，人民群众就会抬不起头来。”

其三，这次镇压反革命运动同城市民主改革运动和农村土地革命运动相结合，比较彻底地完成了民主革命的遗留问题，为大规模地开展社会主义革命和社会主义建设打下了坚实的基础，创造了极其有利的条件。运动中极大地启发和调动了人民群众的政治觉悟，在对敌斗争中形成了铜墙铁壁，人民组织起来对那些残余反革命分子实行强迫管制劳动，只准老老实实，不准乱说乱动。在群众镇反的威力下，不但一些残余反革命分子置于人民群众众目睽睽的监督之下，就是一些派遣特务也难以隐身，如军统局从重庆派来之特务汤益三、闫西庆等，很快被人民群众揭露出来，这就使党和政府在很大程度上消除了后顾之忧。

（五）

漯河市在这场持续 2 年多的镇反运动中，积累了丰富的经验，其基本的经验是：

1. 必须实行党的领导和群众路线相结合

也就是实行党委领导，全党动员，群众动员，吸收各民主党派及各界人士参加，统一计划，统一行动，打破关门主义和神秘主义，相信群众，依靠群众。克服单独依靠专门机关办案的倾向，才能张下天罗地网，使反革命分子没有存身之地，只有实行党的领导，才能引起社会各界重视，形成广泛的群众运动，才能统一意志、统一步调、统一计划、统一行动。实践证明，在办案和审理过程中，吸收各民主党派和有一定社会影响的民主人士参加，才会广泛地引起社会各界的同情和支持，使工作得以顺利开展。如在审理积案中，不少民主人士认为是党和政府对他们的极大信任，从而积极投入审理工作，并在工作中认真负责，谈情况，提建议，使专政机关根据他们的意见对案犯得到正确的处理。

2. 宣传工作是开路先锋

运动一开始就必须利用各种宣传工具和宣传形式或召开不同形式的会议，大力宣传群众，发动群众，并开展始终使党的各项方针、政策等达到家喻户晓，人人皆知。这次运动一开始，在党委的统一领导下，组织数百人的宣传大军，深入街道、农村、工厂开展声势浩大的宣传活动，在电影院、剧院、曲艺厅内，利用幻灯、字幕或开展小演唱，大力宣传党的方针、政策和反革命分子的罪行，有关宣传部门把《惩治反革命条例》和报纸社论等宣传材料印成小册子和传单广为散发，召开大小不同的控诉会、声讨会、诉苦会、公审会、斗争会、座谈会，举办训练班数百次，还举办了大型展览等，总之采用一切宣传手段，利用一切宣传场合，占领一切宣传阵地，大造声势。这样既广泛地宣传发动了群众，也威慑了敌人，使广大人民群众斗志昂扬，扬眉吐气，使反革命分子丢魂落魄，闻风丧胆，这是运动得以胜利进行的决定性一环。

3. 镇压反革命分子要稳、准、狠

突出一个“准”字。因为只有准确地打击敌人才能体现出稳妥，不至于搞乱，才不会冤枉好人，才能赢得群众的广泛同情和支持。运动中应防止两种情绪和倾向，一是右倾情绪，优柔寡断，姑息养奸。这样势必遗祸人民，脱离群众。漯河市在镇压反革命运动初期，曾一度存在着优柔寡断的倾向，致使一些匪特分子竟敢在光天化日之下，在闹市区杀人掠货，使人民群众的生命、财产蒙受了损失。二是当群众发动起来后，又要防止只想多捕多杀的“左”倾思想。因为群众检举告发的事件，并不一定都是百分之百的真实情况，应该深入调查研究，认真分析，去伪存真。还应提防坏人诬陷好人，绝不能草率从事，错捕错杀。为了防止“左”倾情绪，漯河市在1951年9月中旬对镇反运动开展以来的政策执行情况认真地进行一次检查，结果发现错捕了11人。究其原因，主要是在运动高潮中对来自群众的检举材料研究、分析、判断不够，有的是揭发人搞的鬼，经过调查研究，与事实完全不符，就立即进行了释放和平反。

总之，漯河市这次镇压反革命运动的成绩是巨大的。运动中始终坚持党的领导同群众路线相结合，不断总结经验和教训，因此运动的发展也是健康的。

选自1998年6月《漯河文史资料》第七辑

20世纪50年代初的镇反运动

孟新安①

20世纪50年代初期，鄄城县各种反动势力不甘心失败，对刚刚建立的新生政权虎视眈眈，恨之入骨。但是，他们慑于人民政权的威力，又不敢明目张胆地反抗。于是，其组织和活动均由明转暗，采用隐蔽手法进行破坏捣乱。以杨大震为首的“地下军”和一贯道多次图谋暴动；大地主、国民党保长胡三森纠合反动武装，组织土匪游击队、暗杀团；还有些恶霸地主秘密组织假农会，进行反攻倒算；社会上也谣言四起。同时，在国际上，帝国主义的气焰日益嚣张。1950年6月27日，美国总统杜鲁门宣布武装干涉朝鲜内政，把战火引向我国东北边境，同时派兵侵占我国领土台湾。新中国面临着严峻考验。

鄄城人民在县委、县政府的领导下，根据中共中央1950年3月18日发出的《严厉镇压反革命分子的指示》精神，迅速在全县范围内展开了轰轰烈烈的镇压反革命分子的群众运动。

运动于1950年10月开始，1952年1月结束，历时1年之久。运动分三个阶段进行，第一阶段（1950年10月到次年2月），向社会上反革命势力发起全面进攻；第二阶段（1951年2—5月），侧重国家机关，清查隐蔽和漏网的反革命分子；第三阶段（1951年6月到次年1月），结合民主运动深挖反革命分子。三个阶段共破获重大反革命案件12起，逮捕反革命分子2017人，收缴机枪3挺，步枪1050支，短枪2022支，手榴弹1364枚，炮弹173发，子弹3万余发，还有特务反动会道门证件等。按照《中华人民共和国惩治反革命条例》，进行了杀、关、管对口处理。

① 孟新安，鄄城县人，曾任鄄城县志总编室主编。

一、宣传群众，发动群众，充分激发群众对敌斗争的积极性

1950 年 10 月，中共郾城县委成立镇压反革命分子委员会，县委书记周刚任主任委员。镇反委员会一成立即开始了声势浩大的宣传发动工作。首先是一乡或几乡联合召开数千人参加的诉苦大会。当时，不少群众对“镇反”有思想顾虑，不敢同恶霸地主进行面对面地斗争，怕他们东山再起。通过深入细致地宣传教育，提高了贫苦农民的阶级觉悟，数以千计苦大仇深的穷人主动站出来，以本人的血泪家史和悲惨遭遇控诉敌人的反革命罪行。据资料记载，1950 年 12 月 3 日到次年 2 月 20 日，全县共召开控诉大会 187 次，登台诉苦的群众 3000 余人次，与会群众达 364000 人次，占全县总人口的 80% 以上。同时，各乡镇、街道居民和中小学师生建立宣传组，利用黑板报、土广播和各种文艺节目，在街头巷尾、场边地头宣传镇反的重大意义，宣传镇反的方针、政策，揭露反革命分子不甘心失败，妄图颠覆新生政权的罪恶阴谋，动员广大贫苦群众积极投身到镇反运动中来。由于宣传发动工作做得深入细致，解除了群众的后顾之忧，对敌斗争的勇气大大提高。不少人积极向政府提供对敌斗争的线索，揭发阶级敌人的累累罪行。运动中涌现出了一大批对敌斗争坚决的积极分子。如七区（商桥区）李集乡农民张玉环（女），带领本村农民先后抓获 6 个罪大恶极的恶霸，破获特务案件 26 起，缴获枪支 47 支，子弹 1487 发。张玉环因表现突出，被吸收为中共党员，并被提升为村妇联会主席。还有六区（孟庙区）老应村村妇周大妮、杨慧芳等，都为镇反运动作出了积极贡献。

其次是召开公审会。这是震慑敌人，发动群众的一种好办法。2 个多月的时间，共召开万人以上的公审大会 18 次。九区（叶岗区）召开 6 次公审大会，与会群众 30500 人，参加诉苦的 85 人。群众争先上台控诉敌人的罪行。“讨还血债”“坚决镇压反革命”“巩固人民政权”的口号声此起彼伏。五区（召陵区）黄庄村恶霸黄俊岭杀害无辜群众 4 人，强奸妇女 74 人；柿园王村恶霸地主楚摧留有 7 条人命，40 名妇女被他

奸污。黄、楚二人均为不杀不足以平民愤的家伙，遂押赴刑场，执行枪决。公审大会大长了贫苦农民的志气，大灭了敌人的威风。铁的事实说明，人民政府是为人民撑腰的，人民当家做主，扬眉吐气的时代已经到来，广大群众更加信赖人民政府，积极投身到对敌斗争中去。

二、正确贯彻执行镇反的方针、政策

运动中始终坚持了如下方针，即明确运动依靠的对象，坚决贯彻执行“依靠贫雇农，团结中农，争取一切可以争取的社会力量”的方针。

工作队一入村，即扎根串联，找贫下中农谈心、开会，培养武装骨干，摸清敌情。在斗争中，依据实际表现，及时吸收中农参加农会，团结他们一道开展对敌斗争。依靠谁团结谁是运动成败的关键问题。实践证明，凡这个问题解决得好的地方，运动就有声有色，成效显著。通过1年多的镇反运动，以农会组织为依托，以贫下中农为主体的阶级队伍逐渐发展壮大起来，使各种反革命势力无藏身之处。

三、明确运动的打击对象

主要打击对象是恶霸、土匪、特务、反动会道门、反动党团骨干。对这5种人，也要视其罪恶轻重、民愤大小，区别对待。随着运动的不断深入，不少干部产生了这样或那样的糊涂认识或错误想法，归纳起来有3种：（1）认为反革命分子镇压得差不多了，该喘喘气歇歇脚了；（2）“左”的倾向，认为镇反就是“杀”，一说是5种人即主张杀掉，动辄打人、绑人、抓人；（3）有些基层干部认为镇反政策变了。他们说，老百姓诉几次苦，政府不给镇压，俺怎么向群众交代？针对上述模糊认识，中共郾城县委于1951年6月5日召开了有350人参加的农民代表大会。会议中心议题是澄清各种糊涂观念，全面贯彻执行“镇压与宽大相结合”的镇反政策。县委书记、镇反委员会主任委员周刚，在会上作了关于镇反问题的专题报告。以活生生的事实，说明运动不是差不多了，而是需要继续深入，隐藏的反革命分子需要我们发动群众去深挖。接着，他谈了打击面过宽的问题。对那些罪大恶极、不杀不足以平民愤的反革命分子，要坚决贯彻镇压的方针；对于做过坏事，但罪恶不大，且认罪态度较好者，应予以从宽处理。根据其具体情况，或判刑，或交群众管制，或以一般公民对待。通过宽严政策的实施，分化瓦解敌人。至于认为“政策变了”，这是一种误解，党的镇反政策没有变，也不会变，只是某些同志没有真正全面理解，正确掌握。会上，与会代表就周刚同志的报告，结合前段运动情况，展开深入讨论。通过分析各种案例，把握了杀、关、管的分寸，从而使运动健康地向前发展。

最后，特别值得提及的一点是，县委书记周刚同志于 1951 年 5 月 31 日，代表郾城人民致函毛泽东主席，就全县开展镇反运动（前期）的情况作了详细汇报。

选自 1998 年 6 月《漯河文史资料》第七辑

20 世纪 50 年代郾城县“肃反”运动

闫梅云[①]　闫春标

解放后，一些残余的暗藏在党、国家机关、军队、人民团体及各民主党派内部的反革命分子，采取各种手段进行破坏和捣乱。为了保证我国社会主义改造和社会主义建设事业的顺利进行，1955 年 7 月，根据中央《关于开展肃清暗藏的反革命分子的指示》，一场包括郾城在内的全国范围的“肃反”运动开始了。

肃反运动的方针是：坚决、彻底、干净、全部地消灭一切反革命分子。党中央指示各级党委要正确领导、全党动员、全民动员、严格区分敌我和人民内部两类不同性质的矛盾，坚持有反必肃、有错必纠、调查研究、实事求是的原则，坚持坦白从宽、抗拒从严、立功折罪、立大功受奖的政策。严禁刑讯逼供，遵守革命法制。

为了全面贯彻执行中央及省委的指示，郾城县委组织人员对中央指示进行了认真学习讨论，认为：现在阶级斗争仍然存在，中央的指示是符合郾城实际的，在全县开展这一运动是非常必要的、适时的，必须以最大决心在一定时期内集中力量做好此项中心工作，把一切暗藏的反革命分子清除出去，保证社会主义建设和社会主义改造的胜利进行。同时，要教育干部、教育群众，提高政治觉悟和革命警惕性。

郾城县肃反工作从 1955 年 10 月开始，到 1960 年 4 月结束。开展肃反运动的单位有机关、文教、商业（含公私合营）、县营厂矿、社办企业、交通财贸、手工业合作社，共 436 个单位，14352 人。其中中等学校 154 人，完全小学 789 人，初级小学及民办中小学 640 人，机关干部 958 人，商业及卫生系统 2601 人，县营厂矿 3994 人，社办工厂

① 闫梅云，女，河南郾城人，1955 年出生。曾在郾城区史志档案局工作。

5216人。

为了搞好肃反运动，根据上级指示精神，中共鄄城县委成立了肃反5人领导小组和甄别定案小组，下设办公室。5人领导小组组长由县委书记担任，甄别定案小组组长由县公安局局长担任。另外，各单位、各公社亦成立了相应组织，由一把手担任组长。同时，县委又抽出了3个专职干部分别担任办公室主任、副主任。县委要求各级党委必须切实将肃反工作重视起来，列入议事日程，定期汇报，定期检查，及时解决问题。办公室每旬向地委5人领导小组办公室写一次工作简报，下属各单位领导小组每旬向县委5人领导小组办公室写一次简报。

这次运动，共分4个阶段，6个批次（全国分7个批次）进行。

1. 建立组织、培训干部、发动群众阶段，也叫准备阶段。这一阶段主要有两方面的工作：一方面，建立肃反领导机构，抽调专职干部学习政策，积极收集重点人物的历史及现行表现材料；另一方面，大力宣传群众，提高政治觉悟，克服右倾情绪，擦亮眼睛，检举坏人，积极斗争。同时，号召有历史和现行问题的人，放下包袱，坦白交代，大胆揭发，争取从宽处理。

2. 宣传政策揭发罪行、澄清事实阶段，也叫小组斗争阶段。主要任务是以小组斗争为主要形式，检举揭发重点对象的反革命言行和破坏事实，追查其历史和社会根源。对重点人物主动交代的问题，理清事实，建立案宗。

3. 深挖问题、调查研究、确立对象阶段，也叫专案小组斗争阶段。通过专案小组斗争，进一步追查其历史和现行的反革命破坏活动，运用调查研究和谈话方法，确定犯罪事实，并根据犯罪情节轻重，作出结论，提出处理意见。

4. 核准事实、对照政策、甄别处理阶段，也叫甄别定案阶段。这是保证整个运动“既不漏掉一个反革命分子，也不冤枉一个好人”的最终阶段。每个反革命分子和其他坏分子都要经过甄别小组研究，报地委定案后进行处理。

第一批是中等学校；第二批是机关公办完全小学；第三批是公办初

级小学、民办中小学，公私合营企业，医院和联合诊所，搬运站剧团，信贷社，铁木业社等；第四批是新扩建单位；第五批是钢铁厂、机械厂等；第六批是社办工厂、文化、卫生、邮电和手工业性质的固定职业人员及上述单位因故未参加运动的人员。

上述六批分别经过四个阶段后，共清查出反革命分子和其他坏分子358名。其中，特务37名，反动党团骨干分子42名，汉奸11名，土匪73名，蒋匪军政警宪人员中的反革命分子142名，现行反革命14名，反动道会门头子13名，坏分子27名，占参加运动总人数的2.49%。对这些人的处理是：依法逮捕36名，开除管制24名，劳动教养13名，开除232名，开除留用8名，管制留用2名，免于处分3名，判刑2名，依法管制1名，留用3名，开除交农村监督劳动34名。另外，还有1654名交代了长期隐瞒的政治历史问题。

5年来，郾城县的肃反运动认真贯彻执行了党中央、毛主席的指示，坚持一手抓生产，一手抓肃反，取得了以下成绩：挖出了隐藏的敌人，巩固了无产阶级专政；挖出了属于反革命性质的刑事犯罪分子和流氓集团；查处了一大批隐瞒重大历史问题的人，也查清了一批长期被怀疑有历史问题又长期未被弄清的人的问题；查清并缴获了反、坏分子长期以来存放的杀人武器和反动物资，其中短枪14支，子弹1155发，道具及其他反动证件128份。锻炼培养了一批革命干部。从各条战线抽调的专干152人，通过运动不仅提高了政治觉悟与政治水平，也丰富了对敌的斗争经验，提高了识别敌人的能力；纯洁了革命队伍，加强了团结，推动了技术革命。在生产、肃反两不误的口号下，先后共提出合理化建议6300余条，创造、改制新工具58件。全县共建立616个治保组织，参加人员4620人，保证了社会安定，促进了生产发展。

选自2005年7月《漯河文史资料》第十三辑

漯河的禁烟禁毒

邢富功[①] 刘国钧[②]

地处中原陆陈集散地的漯河，从1840年鸦片战争开始的禁烟禁毒，经历了一个曲折漫长的过程，尽管清政府、北洋和民国政府也都提出禁烟禁毒，由于自身软弱腐败，特别是各级政府中的一些官员和民间的不法鸦片烟商，相互勾结、相互利用、相互包庇，使种、制、贩卖和吸食鸦片的罪恶活动愈演愈烈，给漯河市民带来极大的灾难，给一些家庭带来了极大的痛苦和悲剧，给吸食鸦片者带来了终身疾恨。

鸦片流入漯河市是1842年春天开始。当时少数不法贩毒商，从上海经安徽界首进入河南，再从淮阳、周口贩入漯河市内。以后逐渐行经广西省的柳州、金城江，贵州省的贵阳、遵义，安徽省的亳州、六安，上海、武汉、本省的淮阳、周口及本市农民和西华县农民种植、制作的鸦片烟等多种渠道流入漯河。据当时商会统计，猖獗时流入漯河销往各地的鸦片烟每年在1万两左右，主要销散在郾城、舞阳、叶县、襄城、临颍、许昌、郑州、西安、安康、甘肃和青海等地。可见，漯河是当时中原地区最大的鸦片烟集散地。

据1952年禁烟禁毒运动时登记，漯河有贩烟毒者140人，其中大贩毒者93人，中小贩毒者47人，每年贩卖鸦片烟近万两，获利达46653万元（旧币）。

在这伙贩毒者中，主要有“四大金刚”“八大怪”和“十二姐妹”。在漯河显赫有名的有“吴、穆、巴、王、邵、杜、李和宝吴”等八人，

① 邢富功，1930年出生，漯河市人。原漯河市源汇区政协副主席。

② 刘国钧，1939年出生，湖南省新宁县人。曾任漯河市源汇区政府地方志办公室副主任。

群众称之为“八大怪”。在这八人中，“吴、穆、巴、王”四人人称“四大金刚”。这八人的妻、妾十二人，被称为“十二姐妹”。

这伙贩毒者，在携带方法上，经常采用的是双底木盒、双底油桶、茶叶桶、礼帽盒、汽车电瓶、自行车空架、自行车内胎、盘纸、牙膏、空心架子车把等物品携带，更有甚者还利用妇女阴道、骡马阴道和男人的肛门。据 1950 年 2 月调查，“四大金刚”之首的吴 ××，从广西省金城江一次带回大烟批子 86 两，可制作老海 129 两，“八大怪”之一宝吴，1950—1952 年这三年中贩卖鸦片烟达千两以上，仅在漯河零售老海就达 300 余两。1951 年 2 月，伙同李 × 去广西柳州购买老海 15.5 两装入茶叶盒内，在漯河被查获。

贩毒者孙 ××，从 1948 年开始以理发和摆小摊为名搞贩卖鸦片烟活动，到 1952 年禁烟禁毒时止，除供全家六口人生活费用和吃喝招待外，还获黄金 6.5 两，存老海 5 两，现钞 570 万元（旧币）。

鸦片烟流入漯河后，起初只在富商、大户和军政要员中开始吸食鸦片，随后蔓延到中小商人，农村中的富裕户，名演员，中、下级军政人员，城镇居民和名娼妓等各阶层人士中，之后在广大农村和城市居民中全面散开，成为缠绕全市人民的一条大毒蛇。据 1952 年统计，全市吸食鸦片烟者达 4868 人，占全市人口的 7%。马路街东段马家大院，居住 30 户居民，28 户吸大烟，自博街吸食鸦片烟的 113 人（其中女性占 1/2），占全街 1102 人的 12%，可见漯河吸食鸦片烟者人数之多、范围之广。

鸦片像一条毒蛇，一旦染上大烟瘾，好比被毒蛇咬伤一样。当时社会上流传着这样两个顺口溜：

（一）

染上大烟瘾，天天挥金银。
一天不吸不舒坦，流鼻子打哈欠，
时间渐久把命缠。

（二）

炽炽南北畛（指卖地），
呼呼南北屋（指卖房子）。
大闺女、小媳妇（指卖儿、女和老婆），
都来进我的烟葫芦。

其恶果是：一则倾家荡产，卖儿卖女，妻离子散；二则残害自身，早早丧命；三则危害社会，男盗女娼，耗尽民族斗志，危害国家前程。统计资料证明，80% 的吸食鸦片者倾家荡产，其中成为各种犯罪的占整个社会犯罪率的 65% 以上，是社会的一大公害。

中华人民共和国成立后，漯河市人民政府为了彻底根治旧社会遗留下来的恶根，1949 年召开的漯河市第三届各界人民代表会议上，根据代表们的提议，作出了明确的禁烟禁毒的决议。

1950 年 2 月 24 日，漯河市人民政府公布禁烟禁毒令。1952 年 9 月，漯河市市长刘华生又发布了漯河市人民政府布告:《漯河市种毒、制毒、贩毒分子登记办法》，成立了漯河禁毒委员会。指定市内各派出所负责办理登记事宜，明令上开："凡居住本市的种毒、制毒、贩毒者及其窝主，自即日起，依照规定向各级登记机关申请登记，对登记真实确知悔改者，予以宽大处理，有显著贡献者酌情予以奖励，其胆敢隐匿、违抗、进行破坏或登记不彻底者，一经查明坚决严惩不贷"。

1952 年 9 月初，经过充分准备，漯河市开展了大规模的以禁烟禁毒为中心的社会改造运动，在市禁毒委员会领导下，全市统一组织 117 名干警专案队伍，2000 多名干群组成 29 个规劝小组，依照"坦白从宽、抗拒从严，小犯从宽、大犯从严，偶犯从宽、惯犯从严"的政策和市政府布告，深入发动群众，大张旗鼓地开展禁毒运动。

（一）深入发动群众，把政策登记办法宣传到各家各户，做到家喻户晓，人人皆知，当事者一人不漏，检举揭发种毒、制毒、贩毒、吸毒和知情者，公安机关逐户检查登记，工商联合会反复对商民进行政策和有关规定教育，少数顽固不改者，由司法机关依法处理。

（二）分期、分批集中吸食鸦片烟者，组成劳改队，学习政府的政策，相互现身说法，谈吸鸦片的危害；凡参加集训的吸毒者，不歧视、不体罚、不打骂，强制性地参加体力劳动，毒瘾很大者，代为治疗，开展一些小型文艺活动，规劝吸毒者广泛地开展谈心活动，生活上给予必要的关怀，以减轻戒烟者的痛苦。

（三）建立治安委员会，由工会、工商联合会协同市政府建设委员会共同建立了制度，在戒烟期间不能与外界接触，亲属也不能接见，以免影响戒烟者的决心和毅力。

以思想教育为主，强制性劳动为辅，加之关怀与引导，用精神疗法戒烟，获得了比较好的效果。从 1952 年 9 月初开始，到 11 月底结束，在 3 个月的群众禁毒运动中，共集中训练吸食鸦片烟者 1034 人，依法逮捕、判处不同刑期的 708 人，其中，处以极刑的 3 人，教育释放的 210 人，处以罚款的 116 人，金额达 505620050 元（旧币），收缴烟土 612 两，老海 585 两。

通过教育改造，90% 以上的人彻底戒了烟，成为新型的劳动者，但还有少数不法分子继续从事对鸦片烟的制造贩卖和吸食活动，经群众继续揭发和监督，通过民主改革，“三反”“五反”运动，都洗手不干了，至此漯河市的禁烟禁毒运动圆满结束。这是 100 多年来漯河市最彻底、最干净、最深入的禁烟禁毒，是漯河市人民和政府一件伟大的历史功绩。

选自 1993 年 6 月《漯河文史资料》第五辑

漯河市抗美援朝运动始末

陈庭苕

1950年6月25日朝鲜战争爆发。美帝国主义为了扶植其走狗——南朝鲜李承晚集团于27日派出海军和空军公然干涉朝鲜内政，同时侵占了我国领土台湾。9月15日，美帝集中7万兵力在仁川登陆，妄图一举消灭我国友好邻邦朝鲜民主主义人民共和国，并派遣飞机不断侵入我国领空进行侦察、轰炸和扫射，一直把战火燃烧到中朝边境的鸭绿江和图们江边，其罪恶目的是妄图以朝鲜为跳板，扼杀年轻的中华人民共和国，实现其主宰亚洲、称霸世界之野心。在此情况下，我国政府总理周恩来于9月30日发表国庆讲话，郑重警告美帝国主义："中国人民决不能容忍外国的侵略，也不能听任帝国主义者对自己的邻人肆行侵略而置之不理。"

为了捍卫祖国领土不受侵犯和朝鲜民主主义人民共和国的独立与安全，党中央高举国际主义和爱国主义的旗帜，应朝鲜民主主义人民共和国的请求，毅然作出了"抗美援朝保家卫国"的战略决策，迅速组成以彭德怀为司令员兼政治委员的中国人民志愿军，遵照中国人民革命军事委员会主席毛泽东10月18日发布的命令，于10月19日雄赳赳、气昂昂，跨过鸭绿江，奔赴朝鲜战场，一鼓作气把美国侵略者和南朝鲜傀儡军赶回"三八线"以南，迫使美帝国主义者不得不坐下来进行谈判，并于1953年7月27日在停战书上签字。在中国人民志愿军赴朝英勇作战的同时，我国人民热烈响应党中央的号召，掀起了一场轰轰烈烈的抗美援朝运动。中共漯河市委遵照上级的指示，立即成立了抗美援朝分会，会长由宣传部部长张林担任，各行各业也都成立了抗美援朝支会，全市人民积极投入了这场运动，为打败美国侵略者作出了应有的贡献。在这场运动的推动下，全市各项工作也得到了迅速发展。漯河市的抗美援朝运动大体经历了以下几个阶段。

一、广泛深入地开展宣传活动，提高广大人民群众的国际主义和爱国主义觉悟

朝鲜战争爆发时，漯河市解放还不足2年，国民党反动派遗留下的战争创伤才刚刚着手医治，百废待兴，百业待举。美蒋特务、土匪、恶霸等反革命分子，看到朝鲜战争爆发，便沉渣泛起，蠢蠢欲动，大造谣言，蛊惑人心，散布什么“朝鲜战争美军必胜”“美国的科学发达，武器先进，不见面就能杀伤人”。有的特务分子公然造谣说：“朝鲜战争引起了世界大战，美国向苏联丢了三颗原子弹，苏联投降了。”并说：“美国打算也在我国沈阳、济南等大城市丢原子弹，共产党、八路军就要垮台了。”一时间谣言四起，妖风骤作，尤以蒋介石窜犯大陆，卷土重来之谣言传得最多。一些成股的匪特，趁火打劫，杀人掠货，扬言要炸毁沙河铁路大桥，抢劫银行、仓库等，以配合美帝的侵略战争。

1950年10月，美军仁川登陆把战火烧到鸭绿江边以后，部分干部和群众思想混乱，态度各异。一些久经沙场的老革命，思想坚定，摩拳擦掌，准备第二次打游击战争；个别青年职工和干部，产生恐慌和悲观情绪。社会上议论纷纷，有的商人说：“美国出兵朝鲜主要是争市场、做生意，对中国没野心，咱们不如把自己的事做好，管别国的事合不来。”并说：“美国科学发达，武器先进，经济实力强，咱何必老虎头上抓虱子。”有的群众联想到日军侵华之惨暴行为，怕中国出兵会引火烧身，怕在我们国里丢原子弹，怕引起第三次世界大战等。所有这些，反映了存在于群众中的盲目崇美、恐美情绪。

为了提高广大人民群众对抗美援朝重大意义的认识，揭穿美帝外强中干的本质和匪特散布的谣言，中共漯河市委组织一切宣传力量，利用一切宣传工具，采取一切宣传形式，大张旗鼓地对广大人民群众进行爱国主义和国际主义教育。

1. 大员上阵，形成攻势，建立宣传网络

1950年10月，漯河市组织了第一个声势浩大的宣传攻势，市委书记王弼庭、副书记康国蕴、市长刘华生、副市长侯玉珊等亲自出阵，连续向社会各界报告抗美援朝的重大意义，进行反美斗争的时事教育。1个月之内召开各种代表会议14次，举办各种学习班4次，全市干部大会5次，全市性的群众大会2次，分行业的群众大会65次，共计大小会议90次之多，受教育人数达91700多人。大张旗鼓的宣传攻势，使美帝国主义的侵略罪行和致命弱点成为全市人民的议论中心，使部分群众的亲美、崇美、恐美情绪变成了全社会的仇美、恨美、藐美情绪。

1951年1月1日，中共中央发布《关于在全党建立对人民群众的宣传网的决定》。为把抗美援朝的重大意义宣传得家喻户晓，人人皆知，按照中共中央的决定精神，在市委宣传部的具体领导和组织下，全市建立了一个规模庞大的宣传网。宣传网由点到面，由小到大，普及到工厂、农村街道、学校和机关团体。到1951年底，全市已发展报告员43名，宣传员301名，义务宣传力量5666人。报告员由市委、市政府和市直机关的主要领导担任，按工作性质分片包干，分日负责，即按报告员分管的工业、农业、财经、贸易、文教卫生和五个行政区，划分9个报告员小组和1个核心小组。市委书记、副书记、部长和市长等为核心小组成员，规定报告员每月报告2次以上。2月18日，中共中央政治局扩大会议作出决议，对抗美援朝的宣传“必须在全国范围内继续推行，已推行者深入之，未推行者普及之，务使全国每处每人都受到教育。”为此，漯河市委进一步加强了抗美援朝的宣传，市委副书记康国蕴、宣传部部长张林等深入基层，半年之内每人报告15次之多，每次听众达700多人。

为了保证宣传队伍的质量，市委首先选择了人民银行、公安局、五一烟厂、光华电厂、市立中学等5个单位，作为建网试点，挑选政治思想好、讲解能力强的优秀干部和党员为宣传员，并于1951年4月召开了第一次宣传员命名大会，首批命名96人。

报告员和宣传员是开展宣传抗美援朝的先行者和排头兵，通过他们生动活泼的宣传和深入浅出的讲解，解除了群众很多模糊认识，大大鼓舞了人民群众的斗志。

2. 全民动员，形式多样，开展群众性宣传活动

在抗美援朝的宣传活动中，市委组织动员了全市所有的宣传力量和宣传工具，采取生动活泼、群众喜闻乐见的宣传形式，广泛深入地开展群众性的宣传活动。文化教育部门组织全市所有的剧院、电影院、说书棚、游艺厅的艺人和艺术工作者编演短小精悍的以抗美援朝为内容的文艺节目，宣传抗美援朝的内容和口号。文化馆在主要街道和闹市区布置了 24 块板报和壁报，不定期地更换抗美援朝和时事宣传内容。全市还成立读报组、时事学习组 4000 多个。工商联合会组织工商界人士成立了 71 个学习组，市妇联组织街道妇女成立了 13 个广播收听组，市总工会号召全市 58 个基层工会，8600 多名职工大力投入抗美援朝的业余宣传活动，在工厂里、行业里组织 3 个业余剧团，8 个经常性的秧歌队和腰鼓队，开办业余政治文化学校 7 处 38 班，参加职工 1850 余人，组织 3 个职工和家属联合娱乐晚会厅，参加职工和家属 5800 余人。总工会提出：利用一切宣传工具，占领一切宣传阵地，消灭一切空白死角，使每个职工和家属都必须受到抗美援朝的教育。

3. 抓住时机，组织群众，听取“两团”报告

1951 年 8 月上旬，中国人民赴朝慰问团河南代表团一行数人来到漯河，向漯河人民传达了志愿军和朝鲜人民抗美援朝保家卫国的战斗业绩。中共漯河市委特为代表团组织 6 场报告会，听众达 8859 人，市广播站还将代表团的报告提纲向全市人民进行了多次广播。

8 月 13 日，志愿军归国代表李维英来到漯河，市委组织了热烈隆重的大型欢迎会，到会数万人之众。李维英向全市人民报告了美帝侵朝罪行和志愿军在朝鲜进行的五次战役中不怕牺牲、顽强战斗所取得的辉煌战绩及在战斗中与朝鲜人民军和朝鲜广大人民建立的鱼水之情。中国人民志愿军于 1950 年 10 月 19 日入朝，协同朝鲜人民军以泰山压顶之势，用不足 1 个月的时间，歼敌 15000 余人，挫败了敌人在“感恩节”（10 月 23 日）前占领全朝鲜的狂妄野心，12 月 5 日收复了平壤并继续向

“三八线”追击，缴获与击毁敌人汽车2000余辆、大炮500余门、坦克100余辆，歼敌36000余人，收复了“三八线”以北的广大失地，一举扭转了朝鲜战局。这些胜利赢得听众阵阵掌声。特别是讲到志愿军突破“三八线”，解放了汉城及“三八线”以北广大地区时，听众掌声经久不息，大大振奋了漯河人民的革命斗志，增强了广大人民抗美援朝胜利的决心和信心。

舞阳县抗美援朝爱国模范大会

4. 和平签名，游行示威，显示群众威力

为了显示中国人民的伟大力量，有效地制止侵略战争，在党的领导下，漯河市于1950年下半年到1951年上半年，发起了响应世界和平大会和中国保卫和平大会的号召、拥护《世界和平理事会关于缔结和平公约的宣言》的签名运动。为了充分发动群众，漯河市抗美援朝分会还特意印发了关于美帝国主义重新武装日本的宣传材料，各机关团体、各行各业纷纷举行大小不同的报告会、座谈会、控诉会，1951年3月25日和“五一”节漯河市还有组织地举行了2次大规模的反对战争拥护和平的群众游行示威活动，参加示威的群众达2万多人。铁路工人、产业工人、运输工人、商业、文教机关团体、农民、市民等八路大军，高举

“拥护和平，反对侵略战争”的标语牌，高呼“反对美帝重新武装日本”等口号，浩浩荡荡穿过各条大街，充分显示了漯河市广大人民群众热爱和平、反对战争的威力。之后，各行各业的群众又采取多种形式利用各种机会，举行聚会，开展和平签名运动，到5月中旬，全市签名人数已达5万多人。

5. 揭穿阴谋、控诉罪行、激发群众反战情绪

中国人民志愿军同朝鲜人民军并肩战斗，挫败了美帝国主义妄图在“感恩节”前全部占领朝鲜的美梦，侵略者恼羞成怒，妄图网罗国际上的一切反动势力，一举消灭年轻的中华人民共和国。因此，美帝于1950年11月下旬，向苏联提出所谓“关于对日和约备忘录”，公然显露其利用日本作为侵略亚洲的阴谋，准备重新武装日本侵略中国，称霸世界。同时，美帝出兵占领台湾以后，否认台湾和澎湖列岛是中国的领土。为了使广大人民群众认识美帝这一罪恶阴谋，进一步激发广大群众的爱国热情，中共漯河市委领导全市人民开展广泛地控诉美、日、蒋罪行的活动。市委在1951年工作任务中指出：“应广泛发动群众诉苦，发动不够的应重新发动，把愤恨变为实际行动。”随后，各机关、团体、工厂学校、企业、街道、农村纷纷举行大会、小会，广泛地开展控诉美、日帝国主义在中国土地上犯下的滔天罪行和国民党反动派及其走狗特务、恶霸的罪恶行径。卫生界控诉美帝披着慈善和人道主义的外衣，在漯河开办的美国医院里拿健康的中国人当作试验品，致死、致伤、致残很多妇女儿童和健康男人的罪行；农民控诉日本兵侵占漯河后，有500多名被国民党抓丁拉夫集中起来的穷苦百姓，被日军集体枪杀于沙河坡里，尸骨成堆，血流成河的罪行；市民们控诉日本兵于光天化日之下在大街上强奸妇女，连13岁的女童和60多岁的老妪都不放过的罪行，等等。一个时期，在全市各个角落，到处都可听到群众控诉的愤怒声、哭泣声和口号声。据市工会统计，仅在工厂、企业中就有5000多人参加了诉苦活动。

二、组织发动社会各阶层，有人出人有钱出钱，以实际行动投入抗美援朝运动

1. 掀起参军热潮

群众性的控诉活动大大激发了漯河市广大人民的爱国主义和国际主义觉悟，特别是青年人，他们怀着对帝国主义的满腔仇恨，纷纷请求参军参战，杀敌立功。1950 年冬，军事干部学校在漯河招生，全市青年踊跃报名。机关干部、厂矿工人，报名者占总人数的 70% 以上，出现了很多光荣的母亲、光荣的父亲、光荣的师长、光荣的经理。大华艺校学生张维被检查合格后，父亲从舞阳赶来，特意给他定了一班唢呐，吹打着在大街上走了 2 趟。市中学生安世渲的母亲听说儿子上了军校，先把儿媳送到当地区政府参加工作，接着急忙从几十里以外的乡里赶到漯河，送儿子参军。学生陈玉峰的父亲在送儿子参军时说："我把儿子贡献给国家，让他到前方杀敌立功，全家在后方努力生产，支援前线，这就是我对国家的一份心意！"华光电厂经理胥丕烈专为该厂检查合格参军的工人陈福林、陈盘根敲锣打鼓送到集中点。"五一"烟厂经理葛玉甫和其他 6 个厂的经理都给批准参军的工人每人买一套新衣服。这些动人的场面，使广大市民十分感动，前来欢送的人群达 15000 人。

1951 年 5 月，市委号召全市青年积极报名参加抗美援朝志愿军，仅市区职工报名者就达 543 人，其中女工 219 人。其他各界青年踊跃报名者不计其数，经筛选批准职工学校教师易剑英、烟厂工人赵坤全、李明洲等 8 人参军，直接开赴朝鲜战场。

2. 捐物捐款购买飞机大炮

1951 年 6 月，漯河市人民群众看到报纸上登载中国人民抗美援朝总会发出的"三大"号召（捐献武器、订立爱国公约、拥军优属）以后，纷纷议论以实际行动努力生产，积极捐钱捐物，购买飞机大炮。他们有人出人，有钱出钱，有物出物，万众一心。市委为了加强对捐献运动的领导，于 6 月 8 日和 12 日先后召开 2 次抗美援朝分会和支会常务委员

联席会议，专题研究和具体部署。6月17日，又召开了各界人民协商委员会会议，研究决定，号召全市人民努力生产，厉行节约，半年内捐献“漯河号”战斗机1架。19日又召开了全市各界人民代表大会，讨论捐献意义，商定捐献办法。会上，各界人民代表，根据捐献1架战斗机的目标，自愿报出认捐数字，仅工商界就自报认捐11亿元。通过汇总，认捐数额超过了1架战斗机的价款。

为了积极完成和超额完成捐献任务，各单位和个人纷纷制订措施和计划。“五一”烟厂的工人和职员为了完成捐献计划，提出了“时间就是金钱”的口号，每天主动增加1个钟头的劳动。戏剧界组织义演，一次捐出382万元。宗教界原计划捐献200万元，实捐300万元。一位生活贫寒的教徒高毛，以卖水为生，没有节余，他听了志原军代表报告以后，计划每天多担3担水，挣钱捐给国家。他说：“这点钱虽少，可这是我的一片爱国心！”市郊干河陈村村民林大根，一听说捐献，就每天割青草担到牛行街卖，把积攒的17000元全部捐献出来。他说：“这是我翻身后对党的一份报答。”捐献飞机大炮的号召也深深打动了小学生的心，他们利用课余时间纷纷走上街头和田野，用自己力所能及的力量，割青草、拾砖头、捡烟头，挣钱攒钱，仅第二小学就捐出76万元。截至12月31日，全市实交捐款18亿多元，超额完成了原定捐献计划。

三、拥军优属，慰劳归国伤员

为了使志愿军在朝鲜前线多打胜仗，漯河市广大人民在党和政府的领导下，积极开展拥军优属活动。当时全市共有军属345户，烈属5户，市政府为了解决他们生产和生活中的困难，1951年麦收季节，组织400多名市直机关干部帮助烈军属收麦。6月30日，市政府特意举行了一次志愿军立功军人家属庆功大会。“八一”建军节前，全市召开了数千人的拥军优属大会，会后分5个地区召开了军烈属座谈会。医务界对军烈属看病八折收费，商店、粮店等对军烈属优先供应。全市形成了人人拥护军烈属，人人尊敬军烈属的良好社会风尚。

1951年5月，上级决定将984名（实到1200名）志愿军伤员安置在漯河市郊和郾城城内疗养。广大群众得知这一消息后，立即行动起来，组织了担架队、秧歌队，热烈欢迎伤员的到来。市政府为此专门成立了接待委员会，5月2日召开了抗美援朝分、支会委员会议，具体研究接待事宜。

伤员分四批来到漯河，每次列车到站前，市委领导及各界代表都带着秧歌队、腰鼓队到车站欢迎。各机关、团体、工厂、学校、街道等组织的担架队争先恐后抬送伤员。大家认为能亲自抬上从朝鲜立功负伤的伤员无上光荣。伤员一下火车，市妇女联合会组织的慰问队就给每个伤员献上一束鲜花、一个慰问袋、一封慰问信。煤市街有位吕老太太，把拾柴积攒的1万元钱买了糖果，站在路旁，散给刚下车的伤员吃，不少伤员感动得流下了热泪。市长刘华生亲自带领市直机关干部到医院慰问，全市各界群众捐款捐物慰劳伤员更是争先恐后。3个月内，全市共捐款8500多万元，写慰问信2500封。另外，9个街的妇女组织了100多人的洗衣组，先后到病房拆洗衣服12次，32791件，被子458条，做慰问袋1894个。

四、订立爱国公约，开展劳动竞赛，为抗美援朝多作贡献

为了充分表达“抗美援朝、保家卫国”的心情，漯河市各行各业的人民群众纷纷订立爱国公约，互相挑战，决心共同以实际行动为抗美援朝作出更大贡献。中共漯河市委为把人民群众的思想情绪引导到实际行动上来，变精神为物质，1951年5月27日召开了400余人的全市各界人民抗美援朝代表会议，会上总结了抗美援朝工作，表彰了先进人物，具体研究了制定爱国公约的方法，大大促进了全市各项工作的进展。

在制定爱国公约的基础上，全市普遍开展了为抗美援朝多作贡献的劳动竞赛。工人们提出“变工厂为战场，变机器为刀枪，多生产，多贡献，早日打败美国狼”等口号。豫兴昌铁工厂自开展竞赛以后，日产铸件由1950斤提高到2950斤，并节约焦炭758斤。邮政工人在竞赛中提

出废物利用节约包装纸以后，由每天打包用纸100张减少到10张。天元烟厂工人刘连升改卷烟齿滚为布袋滚，为国家增加财富达3650万元。“五一”烟厂小机每台日产由4箱提高到7箱半，大机每台日产由7箱提高到9箱。“七铁工厂”通过大搞群众性的技术革新，改进了20多种工具，提高工效2 ~ 14倍。通过卓有成效的增产节约劳动竞赛，到1952年底，全市国营和公私合营工厂总产值比1951年增长19.87%。

五、抗美援朝运动推动各项工作进展

在广大人民政治觉悟普遍提高的情况下，纷纷起来检举揭发和协助政府缉拿破坏抗美援朝、破坏社会主义革命和建设的反革命分子。仅1950年下半年，在人民群众的协助下，漯河市就破获7起与美帝侵朝相呼应的反革命地下组织和10起匪特抢劫案件，捕获匪特100多名。有的工人奋不顾身，将越狱逃跑的特务捕获后亲自送回法院。军属刘同德检举了曾逼死7条人命的反革命分子刘 × ×，并说：“政府对我照顾这么好，我不能再叫这些坏蛋压迫人民，只要是我知道的坏家伙，我都要把他们检举出来！”

广大人民群众政治觉悟的提高，推动了工农业生产和社会主义三大改造迅速发展。据统计，漯河市工业、手工业总产值以1949年为基数，1950年上升38.69%，1951年上升47%，1952年上升111.37%，1953年上升101.17%；商业购销总额也有很大上升，1950年上升15.4%，1951年上升11.24%，1952年上升7442%，1953年上升114.78%。同时，促进了漯河农业初级合作社的发展，城市手工业已组织了8个生产合作社，占手工业总人数的13%，公私合营也有一定的发展。

选自2004年7月《漯河文史资料》第十二辑

抗美援朝　保家卫国

——临颍县抗美援运动纪实

谷水林[①]

1950年6月25日朝鲜战争爆发，27日美国总统杜鲁门宣布武装干涉朝鲜内政，同时派兵侵占我国领土台湾。美帝国主义竟然不顾世界人民的谴责及中国政府多次声明和警告，把战火烧到我国东北鸭绿江，祖国的安全受到严重威胁。为了保卫祖国，应朝鲜民主主义人民共和国的请求，党和政府经过慎重考虑，果断作出“抗美援朝，保家卫国”的战略决策。伟大领袖毛主席在中央政府委员会第八次会议上发出号召：“全国人民团结起来，进行充分准备，打败美帝国主义的任何挑衅。”河南省于6月30日召开各界人民代表协商委员会会议，号召全省人民参加“反对美帝国主义侵略战争，保卫世界持久和平”的签名运动。临颍县广大人民在党和政府的领导下，热烈响应中央和省委、省政府的号召，从1950年7月至1953年7月开展了一场轰轰烈烈的抗美援朝运动。

一、广泛深入地进行爱国主义和国际主义教育

1951年4月14日，县委宣传部、政府文教科发起，成立了“临颍县抗美援朝分会”，主任魏振保（县委宣传部部长）、副主任陈吉亭（文教科长）、邢仲宇（民主人士），聘任各界人士25人为委员。各区也相应成立了区分会。6月9日，县分会召开了委员会及各区分会正副主任联席会议，积极响应全国抗美援朝总会发出的“三大”号召：捐献武器、制定爱国公约、拥军优属。7月28—31日，县召开了2160人的抗美援

① 谷水林，临颍县人，1928年出生。曾在临颍史志档案局工作。

朝代表大会，作出决定，动员全县人民捐献“临颍号”战斗机 1 架，要求各界订出捐献计划，开展增产节约劳动竞赛活动。会后组织 1900 余人的宣传大军，利用各种形式，大张旗鼓地向全县人民进行爱国主义、国际主义宣传教育。通过召开干部会、党委会、代表会，对抗美援朝运动作了具体布置。县委把抗美援朝、保家卫国运动作为当前中心任务，充分发动群众诉美帝苦、挖蒋祸根，大力揭露敌人阴谋罪行。克服干群土匪已剿灭，恶霸被打倒，田地分到手的自满麻痹思想，保卫翻身果实。通过教育，群众认识到中朝两国是血肉关系，是友好邻邦，唇齿相依；美帝国主义侵略朝鲜，直接威胁着祖国的安全；美帝国主义是个“纸老虎”，外强中干。克服了“恐美”“崇美”思想，树立了民族自尊心，坚定了抗美援朝必胜的信心。

二、动员青壮年踊跃参军参战

经过爱国主义和国际主义教育，在提高政治觉悟的基础上，全县各界人民以实际行动投入了抗美援朝运动。1951 年元月 19 日和当年 9 月 9 日 2 次“动参”，全县广大青壮年 2518 人报名参战，1600 余人参加志愿军。高举保卫和平、反对侵略的正义旗帜，唱着“雄赳赳、气昂昂，跨过鸭绿江，保和平、卫祖国，就是保家乡”的雄壮歌曲，开赴前线，参加了抗美援朝的正义战争。在“两参”运动中，全县涌现出很多父母送儿子、妻子送丈夫的爱国模范人物。固厢区下坡乡曹保山、曹宪彬兄弟齐参军，孙大娘欢天喜地送儿行；台陈区商桥乡青年团员邢改花、邢献花互相挑战，动员未婚夫参加志愿军；四区巨陵乡党员娄秀云送未婚夫段德山参军，在区代会上作了典型发言，和未婚夫互相挑战说：“你在前方杀敌立功，争当战斗英雄；我在后方劳动学习，争作爱国模范，胜利回国后再结婚。”她们的爱国行动，深受广大群众的称赞。

三、组织大游行，把抗美援朝运动引向深入

中国人民志愿军入朝4个多月来，和朝鲜人民军并肩作战，一举歼灭美国兵和南朝鲜李承晚军队59000余人，打击了侵略者，收复了朝北部广大地区，扭转了战局。胜利喜讯传来，大大鼓舞了临颍人民，坚定了抗美援朝必胜的信心。中共临颍县委为使抗美援朝运动进一步深入开展，号召各机关团体和各学校师生，组织宣传大军，利用各种形式和所有宣传工具，向广大群众进行宣传，更进一步提高全县人民的爱国主义觉悟。在庆祝“五一”国际劳动节这天，全县各界人民举行了抗美援朝游行大示威。全县7个区64个乡按区域分成9个游行点，全县32万人，参加游行的达23万人，占总人口的70%以上。各路游行队伍队容严整，干部、工人、农民、学生依次排列，队前高举领袖画像，工人手持铁锤，民兵肩扛矛枪，农民拿镰荷锄，学生挥舞小旗，横幅标语夹在队伍中间，腰鼓队、秧歌队，敲锣鼓、舞彩带。“打倒美帝国主义！保卫和平，保卫祖国”的口号声此起彼伏，“雄赳赳、气昂昂，跨过鸭绿江，保和平、卫祖国，就是保家乡……”的歌声，响遍临颍大地上空，游行大示威把临颍县抗美援朝运动推向了高潮。声势之浩大，人数之众多，气氛之热烈，群情之激昂，堪称史无前例。之后从县城到乡村，各界人民都以极大的热情投入了和平签名运动，签名总数达224000人，占全县总人口的70%。

四、落实“三大”号召，大力支援抗美援朝

1951年6月1日，抗美援朝总会发出“三大”号召，临颍分会积极响应，相继发起了制定爱国公约、开展增产节约劳动竞赛和捐献飞机大炮，拥军优属活动。从“六一”至“十一”，在短短的4个月中，全县捐献金额就达23.6646万元，超额完成了“临颍号”战斗机1架的捐献任务。

在庆祝“八一”“十一”和春节期间，县、区抗美援朝分会开展了群众性的拥军优属工作，对缺乏劳力的烈、军属，荣退军人，实行代耕、助耕、大包干、小包干等，解决军、烈属生产、生活中的困难，并不断进行慰问。由于拥军优属工作做得认真扎实，解除了战士们的后顾之虑，有力地支援了抗美援朝战争。在朝鲜战场上，临颍籍的战士英勇杀敌，涌现出了董存瑞、黄继光式的英雄人物。台陈乡王曲村志愿军战士葛洪臣，1952 年 10 月在上甘岭战役中带领 14 名战士，英勇杀敌，打死、打伤敌军 20 余人，夺回北山四号阵地，因中弹腹部炸破，肠流腹外，他忍痛包扎之后，继续投入战斗，最后只剩他一人，敌人围上来想活捉他时，他咬紧牙关拉响了仅有的一颗手雷和敌人同归于尽。战役结束后，志愿军司令部、政治部为葛洪臣记了特等功，授予“二级英雄”光荣称号。他的爱国主义、国际主义、英雄主义，为国献身精神，一直鼓舞着临颍人民。如今，一块镌刻着“祖国英雄”的镶金大匾仍端端正正地悬挂在葛家大门。

五、组织赴朝医疗队，为中朝伤病员救死扶伤

临颍县抗美援朝分会按照中央抗美援朝总会的指示，组织赴朝医疗队。召集全县中西医 150 余人的会议，进行思想动员和政治教育，提高医务人员的思想觉悟和政治觉悟，讲明赴朝医疗队的重大国际意义，号召大家以实际行动支援抗美援朝。会上有 61 名医生踊跃报名参加。对此，县分会作了认真研究，将医术高、思想好、政治过硬的医生名单上报总会，经总会批准，由刘西环、高楷林、任丙午、李国玺、周海木、李谦、佟万春 7 名医生组成医疗队，刘西环为医疗队负责人。1951 年 9 月 15 号，正值中秋节，县分会组织了数千人的欢送队伍，敲锣打鼓，隆重欢送医疗队登程。

1989 年 10 月上旬，笔者骑着自行车到临颍县火车站西磷肥厂街，对赴朝医疗队负责人刘西环老医生进行专题采访，在他私人开设的诊所内座谈。他说:“我们 7 人的医疗队由我负责。出发那天乘火车先到天津

报到集中，学习半个月之后，编入国际红十字会第七医疗大队，由英国医学博士王昌来任大队长，给我们配发了军人服装和医疗器械。后到丹东市住有50多天，上级派志愿军向医疗队讲防空知识，介绍朝鲜的风俗民情、常用语言等，然后乘汽车跨过鸭绿江到达平壤东北居仁里金日成总部附近驻扎。1952年元旦，金日成亲临慰问，并和医疗队人员一一握手，还给每人发了一封慰问信，我们感到无上光荣。

医疗队员们在敌机日夜空袭，散炮轰鸣，随时都有可能牺牲在恶劣环境中，以忘我的国际主义精神，履行医疗职责，一切为了中朝伤病员。除了为伤病员做好各种手术外，还参加挖防空洞、背负伤病员隐蔽、打扫环境卫生、消灭细菌、注射防疫等，还要为朝鲜群众医病诊病，夜以继日地工作。医疗队1951年9月赴朝，1952年6月回国。

临颍人民通过抗美援朝、保家卫国运动，受到了一次深刻的爱国主义和国际主义教育，大大提高了思想政治觉悟，有效地促进了工农业生产的发展。经过这场反侵略正义斗争，临颍人民真正认识到美帝国主义是外强中干的“纸老虎”，克服了一些人的“恐美”“崇美”思想。这场战争的胜利，不仅教育了当代人，锻炼了当代人，而且也教育、影响了下一代。

附：抗美援朝三首歌歌词：

中国人民志愿军战歌

雄赳赳，气昂昂，
跨过鸭绿江，
保和平，卫祖国，
就是保家乡。
中华好儿女，
齐心团结紧，
抗美援朝，打败美国野心狼！

全世界人民团结紧

嘿啦啦啦啦，嘿啦啦啦，

天空出彩霞呀，地上开红花呀，
中朝人民力量大，打垮了美国兵呀！
全世界人民拍手笑呀，
帝国主义害了怕呀！
嘿啦啦啦啦，嘿啦啦啦，
全世界人民团结紧呀，
把反动势力连根拔那个连根拔！

我们签名拥护和平

我们签名，拥护和平，
我们签名，保卫和平！
一个名字，一份力量，
一个名字就是一杆枪
世界人民千千万，
人类和平有保障。
我们反对侵略战争，
保卫世界和平。

选自2004年7月《漯河文史资料》第十二辑

我参加的抗美援朝五大战役

马占伟口述[①] 钟 声[②] 李自堂整理[③]

一、神兵从天降

1950年10月24日，因朝鲜战局紧张，部队奉命开赴鸭绿江边防。列车刚进入辑安车站，当时的东北军区司令员高岗，直接打来长途电话，命令我团立即过江，阻击已侵占鸭绿江东岸朝鲜境内的楚山郡之敌。

当时的形势是：在此之前，朝鲜人民军已解放了南朝鲜的大部地区，只有全州到大丘以南仍待解放。正当此时，美帝侵略军打着联合国的旗号，突然从仁川登陆，切断了朝鲜人民军的退路。人民军的主力全部堵在南朝鲜境内，形成后方空虚，美帝长驱直入，不但侵占了平壤，而且把魔爪直接伸到了我国东北大门的鸭绿江边。对此，周恩来总理几次发表抗议声明，但美帝丧心病狂，毫无收敛。为了抗美援朝、保家卫国，我军奉紧急命令，于10月24日晚渡过鸭绿江，星夜南下。于10月25日晨1时在楚山与美帝侵略军的一部和南朝鲜伪六师遭遇。在当夜急行军途中，已知我师主力在我团后续跟进并命我团直插敌后，以便将敌歼灭于楚山郡。我尖兵连与敌接触后，团主力即抄小路迂回敌后，切断敌人退路，然后前后夹击。10月25日拂晓前，即在夜战中将该股入侵之

① 马占伟，1916年出生，回族，云南省建水县人，中共党员，大学文化。曾任南京军事学院教员，政协临颍县第一、二届委员会副主席。

② 钟声，1967年10月出生，1987年毕业于中国石油大学。临颍县政协学习文史委员会主任。

③ 李自堂，出生于1957年。临颍县政协学习文史委副主任。

敌歼灭。计俘敌2000余人，大小炮数十门，汽车百余辆。除留一部搜剿溃散逃敌外，主力继续急进。其他友军也解放了仁川、定州等地，仅仅1星期时间即结束了第一战役。美帝和南朝鲜伪军在这次战役中死伤、被捕万余人，退守清川江以南。当时的美帝侵略军统帅麦克阿瑟发表谈话说:“北朝鲜军队已在南朝鲜被歼灭，为什么突然又出现一支强大的军队？很可能是中国共产党的八路军！”

二、为第二战役打开突破口

朝鲜的11月已是大雪纷飞、江河开始冰封的季节，江面上只有五六米宽的一段尚未封冻。敌人在清川江南岸沿江布防，公路、铁路、桥梁，敌人溃退时已全部破坏。当时渡江器材极度缺乏，清川江成了我们进攻的主要障碍。在各连队召开诸葛亮会以后，指战员提出，上山砍伐杉松，捆扎成排，作为渡江的便桥，每连准备十架，每班一架，于渡江时通力合作，分别搭在未封冻的江面上。这种就地取材的办法，解决了渡江器材缺乏的难题。又经过周密的侦察，事先选定各营、连的进攻方向和目标，然后等待总攻击令的下达。

抗美援朝战争，实质上仍然是用小米加步枪的劣势装备来对付现代化装备的美帝侵略军。在一切准备就绪以后，最主要的问题是如何选择突破口和夺取对岸的桥头堡。经过再三考虑，我主动提出要求，由我率领侦察排和一个加强连从被毁的铁路桥架偷袭过去，占领桥头阵地，掩护全团渡江。经师、团党委批准后，我再次进行接敌侦察，发现江中心的一个桥墩被毁，桥架倒斜在江心，只要用一架小木梯搭在江心倒斜的桥架上，即可爬上另一个桥墩的桥架上。虽然铁桥上的枕木已全部被烧、被拆除，但仍可沿着桥架上的斜撑偷摸过去。在预定发起总攻的当晚8时，我令训练有素的侦察排为前导，另一个加强连随时跟进。经过3个小时的爬行，终于神不知、鬼不觉地潜入对岸。当时正值大雪纷飞，一片白雪覆盖大地，指战员每人都身披一块白布单作掩护，在雪地爬行100多米，敌人的能移动的钢筋混凝土的碉堡群已看得很清楚，甚至连敌人的游动哨都可以看出身影，已接近敌人的铁丝网不远，当即发起冲锋。除少数战士触电牺牲外，仅 5 分钟就占领了敌前沿阵地，沉睡在碉堡中的敌人已成了从射击孔扔进去的手榴弹爆炸的牺牲品。与此同时，我一方面命令加强连扩大突破口，另一方面立即发出奇袭成功的信号弹，大部队如同万马奔腾，信号弹飞满天空，全线部队同时渡河，于天明前攻占新安州及火车站等地。继续追歼逃敌，渡过大同江，解放西起平壤，东到元山一线，敌人退守临津江以南。第二次战役歼敌 2 万余人，美军统帅麦克阿瑟因 2 次战役失利而被撤职。中国人民志愿军的军威，使敌人闻风丧胆。这时，美帝操纵联合国作出决议，组织联合国部队对付中国人民志愿军，计有英国 2 个皇家步兵旅，1 个土耳其旅，1 个加拿大旅等，甚至与中国建交的印度也派出了象征性的医疗船。当然最主要的还是美帝的陆、海、空三军。

三、第三战役的重大胜利

朝鲜民主主义人民共和国境内，山多、林多，清川江、大同江、临津江、汉江横贯东西，向西南流入黄海。从军事观点来说，我军占天时、地利、人和，美帝只占高度机械化。在中国人民志愿军的面前，无坚不摧。

我军在抗美援朝中属西海岸指挥部司令员韩先楚直接指挥，经过短期战役阶段的准备后，开始了第三次战役，我军强渡临津江。由于敌人全部都是机械化的部队，离不开交通线，因此到处是空隙。在这次战役中，第三十八军直插敌后 100 多里，炸毁敌后公路、桥梁。先切断敌人退路，然后全线开始总攻，将敌分割包围于沙理院地区，歼灭 35000 余人。突过“三八线”在汉城东北 30 余公里处的议政府，全歼英国皇家二十七旅的喷火坦克营，解放了仁川和汉城。星夜渡过汉江是 1951 年元月中旬，气温已在零下摄氏 12 度。夜间 11 时开始涉水渡江，汉江江面宽阔，虽系枯水季节，但江心水深齐胸，上游冰块随水漂流而下，锋利无比，碰在腿上，立刻划破，碰在腹部，腹部被伤。初涉水中如同针刺，继感麻木而不知疼痛，到达彼岸穿衣裤时，只觉全身犹如一层玻璃罩住一样光滑，用手敲击，一层薄冰从身上脱落下来。在这样艰苦卓绝的战斗中，中国共产党领导下的中国人民志愿军击败了美帝侵略军，渡过汉江，占领汉江南岸的白云山、修理山一线，取得第三次战役的重大胜利。

四、汉江两岸五十天的阻击战

我军连续经过三次大战役，把美帝侵略军从鸭绿江边驱赶出整个北朝鲜，越过了“三八线”，解放了仁川、汉城等地，并占领汉江南岸安养浦以南的白云山及修理山一线，这已是1951年元月11日。由于连续作战，部队有了减员，军需物资已大量消耗，急需补充，因此，奉命采取战略防御，掩护大部队的休整补充，等待后续部队的到达。部队转入战略防御后，我团奉命固守修理山一线。当时大雪纷飞、地冻三尺，要构筑防御工事，极端困难，每挖一镐，只能挖出小酒杯大小的一个冰眼，更因在几次战役中，为了轻装追逃敌，大部分十字镐、圆锹都已丢光，没办法，只有向当地农村借用。即此，也只能在敌机过后才能工作。为了加强工事，指战员们只有在夜间用火烧地，解冻后再构筑散兵坑及机枪掩体。但敌人不会睡大觉，每发现火光，就用大炮轰击，有时还派夜航机来轰炸扫射。

战争就是要占得先机，谁争取到时间做好充分准备，谁就能在战争中掌握主动权。敌人是现代化之师，对调兵遣将、海空运送战争物资，占有绝对优势。我军只能靠陆路运输，且公路、铁路、桥梁均遭敌机破坏，不能及时将军用物资送到前线，而制空权完全掌握在敌人手中，我军在白天根本不能行动，所以敌人在三次大战役中虽被击溃，但补充迅速，我军则相反。这就是我们当时只有采取战略防御、待机进击的主要原因。在汉江南的白云山和修理山，位于汉城南30余公里处，两山之间有一狭长平原，公路、铁路纵横其间。我团奉命固守修理山，主峰高488米，主峰两翼向前延伸，类似马蹄形。修理山的右侧还有一条公路直通汉城和仁川港。在马蹄形中，还有许多独立的丘陵地，标高都在50 ~ 200 米之间，利守不利攻。但从地形位置判断，美帝欲夺取汉城，必然拼命争夺修理山。不出所料，1957 年 1 月 17 日，美帝出动几百架次飞机连日轮番轰炸我阵地，这就是第四次战役序幕的开始。紧接着是成万发炮弹倾泻在我第一、二线阵地上，全团纵深 10 里的阵地，都陷入火海之中，通信线路被打断，通信排的接线战士多人牺牲在敌机扫射之中。指挥联络时常中断，第一线班、排、连阵地的争夺，每天失而复得的次数在增加。有时白天失守夜间夺回，伤亡日增，夜幕降临，才能进行增援和补充。类似这样的夜以继日的战斗，白昼是敌对我进攻，入夜后又是我反击敌人。在修理山第一线阵地连续七天七夜的激战，是我在抗日战争和解放战争中未曾经历过的。由于敌人掌握制空权，我军原有的山野炮连及军炮兵营配属我团的炮兵连都成了“有炮无弹”的连队。在人员伤亡惨重的情况下，只有用迫击炮连和山炮连去补充第一线。我的指挥所原设在两线之间的一个高地上，在激战开始的当天，我的警卫员被炮弹击中，当场牺牲在我的身旁，是他挡住了破片，我侥幸脱险，到激战的第七天，团政治处选派给我的第二名警卫员又在追随我带领预备队去收复已失的阵地途中遭敌机扫射而牺牲。在连续 3 星期的拉锯战中，因第一线连伤亡过大，对部分前沿阵地只有固守。而敌人的坦克部队从清晨天明直到傍晚来临，每天迂回到我阵地两侧，对我形成三面包围。好在山高坡陡，敌坦克难爬山头，否则，我以机步枪对付陆海空的现代化装备的敌人作战，简直是不可想象。而最困难的是粮弹不能及时供应，有时从早到晚，指战员吃不上一口饭，喝不到一口水，只有在天黑时，炊事员才能把饭送到第一线连队。夜间还有恢复白天失去阵地的任务。战争的艰险，至今记忆犹新。第四次阻击战役一开始，我团第三营营长负重伤，副营长牺牲，八、九两连连长牺牲，排长伤亡 20余人，一营牺牲连长 1 人，排长 10 余人。伤亡惨重，粮弹又极端缺乏，主峰阵地虽仍在我手中，但处境极为不利。好在汉江已全部冰封，因此，在奉命转移时，未遭受任何损失，安全转移到汉江北岸布防。

五、固守汉江北岸的战斗

我军撤离汉江南岸后，敌人不敢贸进，每天只派少数坦克装甲部队沿江边进行侦察，这是激战开始前的征兆。2 月 10 日，敌人的老一套就是先开始轰炸、炮击，继之以坦克部队突入我汉江北岸阵地，步兵尾随其后，向我进攻。由于我军当时缺乏防坦克武器，因此，只有选派阻击兵用爆破筒来对付敌坦克。办法是在我纵深阵地内和阵地前沿预计敌坦克必经之路，挖掘单人散兵坑潜伏其中，头上施以伪装。待敌坦克接近时，跃出散兵坑，用爆破筒炸毁敌坦克。在汉江两岸的战斗中，用此办法，敌坦克曾遭受我军的多次奇袭，使敌坦克不敢再横冲直撞。敌步兵最怕死，他们完全依赖空军的轰炸和炮兵的摧毁，在坦克的掩护下，才敢接近我阵地，但只要我阵地上的机步枪和冲锋枪开始射击，敌步兵就不敢前进；只要有了伤亡，敌人就向后奔逃。然后又开始向我阵地轰炸和炮击，我军之所以伤亡较大，主要是没有强大的炮兵和空中的掩护，所以每天击退敌人的多次进攻，每次只不过二三十分钟的激烈近战而已，多数时间都是处在敌空军和大炮的轰击中。

在汉江北岸的阻击战，持续到 3 月 21 日。为了诱敌深入，我军奉命退守“三八线”附近。此时，后续大部队已做好第五次战役的准备，我军退守“三八线”，也就是第五次战役开始。由于我军在汉江南北两岸 50 天的阻击战中伤亡过重，当即奉命调回丹东休整补充，于同年 7 月再次入朝，直到停战谈判结束后，我调回南京军事学院任军事教员。1956 年元月转业到临颍县工作，从而结束了我大半生的戎马生涯。在抗美援朝中，我在第二次战役和第四次战役的汉江南北阻击中，先后获 2 枚朝鲜人民政府颁发的三级国旗勋章，至今犹存，当时被称为“最可爱的人”。

选自 2007 年 9 月《漯河文史资料》第十五辑

朝鲜战场二三事

阎振华[①]

1950年8月，我作为中国人民志愿军的一员，随同部队跨过鸭绿江，进入朝鲜境内。回首望去，祖国已在身后。当时，确有一种“壮士一去不复还”的悲壮情怀。入朝作战3年多的时间里，无数战友倒在了异国的土地上，用鲜血和生命赢得了抗美援朝的伟大胜利，保卫了祖国和家园。1953年10月，当我作为一名胜利者、幸存者返回祖国的时候，再遥望鸭绿江对岸那片熟悉的土地，想起牺牲了的战友，心情变得十分凝重。

抗美援朝期间，我所在的部队是中国人民志愿军炮兵第二师第二十八团，我在团司令部任参谋。五次战役刚刚结束（1951年6月），整个形势由进攻转入防御，我团奉命由前方撤至“三八线”以北，在距防御阵地约20公里的一个山沟里休整待命。我们在山坡上构筑起一个又一个掩蔽部，借以存身。夏天雨季来临时，经常暴发山洪，以致洞内潮湿、山虫乱爬，夜晚很难入睡。不得已我们只好在洞外附近用木杆搭个架子，放些干草树叶，然后睡在上面。遇到空袭时，再转入掩蔽洞内。洞内没有办公桌椅，我们用山坡上砍下的木杆支起汽油桶的铁皮，就办公了。

7月中旬的一个晚上，我们几个参谋、股长正在聊天，突然防空哨所的枪声响了（防空警报），整个山沟顿时进入防空状态，外面的人员立即躲进洞内，洞内的灯火立即全部熄灭。我和作战股长徐干臣躲进了

① 阎振华，郾城县人，1931年出生。1949年6月考入中国人民解放军第四野战军特种兵青年干部学校，历任宣传员、统计员、参谋等。1956年转业，先后在南阳地区水利局和石漫滩林场工作。

我们的办公洞内，接着就听见敌机的轰鸣声由远而近，估计是隐藏在山上的特务给敌机指示了目标。轰炸机群没经盘旋，直向山沟俯冲下来。串弹的哨音十分刺耳，爆炸声响彻整个山谷，火光冲天。我和徐股长迅速挤进自制的木桌子下边。这时，一声震耳欲聋的爆炸声在我们头上响起，我感到掩蔽部似乎塌下来了。我问徐股长："这枚炸弹是不是落在我们的掩蔽部上了？"他说："不可能！要是那样的话，我们就不可能对话了。"敌机把炸弹扔完后，径直向南飞去。我俩从桌下向外爬时，几乎出不来了！窗口塌下来的木杆和大石块全部压在桌子上和四周，硝烟和尘土弥漫了山谷，对面看不见人。当我们从塌陷的洞口爬出掩蔽部仔细观察后发现，紧靠窗口有一个大炸弹坑，掩蔽部倒塌了一半。如果再近半米，炸弹就会砸在我俩的头上……我俩相对站了会，拥抱着跳起来说："我们的命大，马克思现在不会要我们的！"这时，司令部的人都从洞内出来，相互叫喊着、问候着，向首长掩蔽部跑去。当我们见到几位首长安然无恙时，心里猛松了一口气。这时，巡山的警卫排战士押着一名穿着朝鲜衣装的男子走来。我们用手电筒照去，看他约 40 来岁。战士向首长报告说，"当敌机来临时，是他向天上发了信号弹，又用手灯向天空照射，给敌机指示目标。"说罢，拿出缴获的一支信号枪和两支手电筒递给首长。首长看看特务，又掂了掂信号枪，对警卫排的战士说："今晚先把人扣押在你们排，明天一早派人押送到师司令部去。"当各个掩蔽部人员都汇报了情况后，发现无一伤亡，损失最重的掩蔽部就是我们的洞。一号首长风趣地对大家说，"要不是徐股长和阎参谋命大，我们明天要开追悼会了。"

1952 年 12 月 5 日，从上甘岭阵地胜利归来，我们又奉命向朝鲜西海岸进发，接受西海筑城反登陆作战任务。10 日夜，我随团长乘吉普出发，先头到达西海岸为团指挥所选址。

第二天夜里，团司令部的大、中、小车辆相继向西海岸开去。朝鲜的山路崎岖狭窄、坑洼不平，车辆行走十分困难。再加上空中敌机不断盘旋，汽车走走停停，速度很慢。不到 200 公里的路程，居然走了整整一夜。当我随团长迎接团部车辆时，发现少了一部大车、一部中卡、一部吉普车。问明情况后才知道，司令部车队在行军途中遭受敌机轰炸，损失严重。一辆载有司令部文件的卡车上面乘坐着股长、参谋等 11 人，被一枚炸弹炸着车头，车上自备的一桶汽油爆炸，大火燃烧，司机和徐干臣股长当场牺牲。车上的 10 名参谋和办公人员带着火向下跳，除马文斌参谋一人没受伤外，其他人伤势轻重不一，最严重的要算侦察参谋孙克珉了。他跳下车时，已成了个火人，全身烧伤面积达 50% 之多，脸都烧得变了形，险些丢了命。他被送回国内治疗了半年，痊愈归队时，我们都认不出来了。中卡和吉普车向兵站送尸体和伤员，一车衣物、被褥和司令部的文件全部化为灰烬。我的衣物也在车上，自然也未能幸免。当全团抵达西海岸后开干部会议时，有不少营、连长见我时都说，你要是坐那辆车，说不定就见不着你了。我说，我要是坐上那辆车，它美帝狗日的敢炸我？”

西海反登陆战任务完成后，板门店谈判已到了最后的关键时刻。美方代表已同意签字停战，而南朝鲜李承晚却仍然幻想顽抗到底。为了打击李承晚的嚣张气焰，志愿军总部决定，在金城防线上狠狠地打击李承晚的王牌伪二师，逼迫李承晚在停战协定上签字。于是，在 1953 年 7 月上旬，我军发起了金城战役。我炮二师奉命参加，二十八团 6 月即从西海岸防线撤离，开赴金城防线。进入阵地后，经过 1 个月的备战，于 7 月 14 日夜开始全线总攻。经过三天三夜的激战，消灭了伪二师和白虎团。27 日，朝鲜停战协定在板门店签字，历时 3 年的朝鲜战争宣告以中朝方的胜利而结束。在那 1 个月的备战中，我们的主要任务是向炮兵阵地输送弹药，把每门炮的 2 个弹药室都装得满满的。我团刘国声政委和我担任后勤指挥部的工作，除组织运输外，还要经常到前沿阵地视察弹储情况。记得是 7 月上旬一个月黑的夜晚，刘政委带着我和警卫员林景奇乘吉普车前往二营阵地视察弹储情况。当车行至距前沿很近的地方时，大小百余辆车拥挤堵塞在一起。正当这时，防空哨卡发出空袭警报。瞬间，轰炸机群就到了头顶。串串照明弹悬挂在空中，照得大地如同白昼一般。我们 3 人迅速跳车，准备趴在路边的小沟内。小林在前，接着是政委。当我最后从车上跳下时，发现情况不妙，就大声呼喊：“小林，保护首长！”话音还没落地，敌机就俯冲下来，弹哨声呼呼直叫。我知道小林回身已经来不及了，就奋力向前一跃，猛扑到政委身上。紧接着，一枚串弹落在我们前边2米处爆炸了，我和政委都被土埋住了。当时，我听到小林一声惨叫……当我用力抖掉身上的泥土爬起来时，见政委安然无恙，心里感到一阵惊恐和安慰。司机在车后趴着，他和车辆都平安无事。可是，再看小林，已被炸得血肉模糊、惨不忍睹！政委站起来，抱住我哭着说：“小阎，你为了掩护我，差一点付出生命……小林，一个多么好的孩子，小小的年纪就这样……”

选自2007年9月《漯河文史资料》第十五辑

岁月峥嵘忆当年

樊培源①

今年是中国人民解放军建军80周年，我和老伴又翻开了反映抗美援朝战争战斗生活的影集，一张表现两人托起枪朝天射击的发黄照片映入眼帘。这是1952年初冬，我所在的部队——中国人民志愿军后勤第一分部政治部文工团在慰问第一基地医院伤病员演出时，我拍摄的舞蹈剧剧照《严惩美国空中强盗》。那是根据真实故事编排的，当年的战斗情景一幕幕地展现在我的眼前……

志愿军刚入朝时，为了护卫我军运输线，上级给我们分部配属了一支有作战经验的高炮营，肩负着朝鲜江东郡南北线护卫铁路、公路、桥梁、军用物资仓库及转运伤病员回国的艰巨任务。这支高炮部队指战员相当机智勇敢，根据敌机的窜扰活动规律，战术灵活多变。他们不分白天黑夜、刮风下雨、天寒地冻，转战在100多公里的运输线上，同美国空中强盗进行了近百次的殊死较量，取得了举世瞩目的辉煌战果。1952年5月8日，天刚蒙蒙亮，敌机36架，在一架直升机的指挥下，对我仓库驻地俯冲、扫射、投弹、发射火箭弹，妄图炸毁我军用仓库。但是它万万没有想到我早已严阵以待的高炮营官兵，怀着极其强烈的仇恨，瞄准一架敌机，射出一串串火龙般的炮弹，只听天空“轰”的一声，一架刚要向下俯冲的敌机被击中起火爆炸，还有3架带着累累伤痕歪歪扭扭地仓皇逃窜。

“捣乱，失败，再捣乱，再失败，直至灭亡。”美国空中强盗也决不会违背这个逻辑。不甘心失败的美国空中强盗一批又一批地袭来，而

① 樊培源，1931年12月出生，漯河市郾城区龙城镇史庄村人。1949年5月参加工作，1983年6月离休。离休前任郾城县委党校政治教员。

且战斗愈来愈激烈。共产党员丁成四、班长刘志新、二炮手张志德等同志相继负伤，坚持不下火线；三炮手赵镜的左臂被弹片打断了，当赶来抢救他的我兵站医院护士们把其抬上担架时，他还举起没有负伤的右臂高喊着："同志们！不用为我担心，狠狠地打击美国空中强盗，没有血的代价是换不来胜利的！""为负伤的战友报仇！"霎时间，阵地上士气高昂、声喊一片。一颗颗复仇的炮弹射向敌机，整个天空朵朵白色的烟圈在敌机周围组成一片片火云，打得敌机上下乱窜，一批又一批地逃跑了。

这次战斗，从早晨开始，到傍晚结束，整整进行了一天，最后以我军辉煌的胜利、敌人惨痛的失败而告终。全天共击退敌机 28 批 292 架次的猖狂进攻，击落敌机 9 架，击伤 18 架，创造了朝鲜战场上一天一地一营火力毁伤敌机的空前纪录，为抗美援朝战争谱写了光辉的篇章。

建军 80 周年之际，我久久地凝视着这张剧照，心情既十分沉重，又万般喜悦。抗美援朝战争的胜利是用生命和鲜血换来的，多么不易呀！我们一起入朝并肩战斗的同志，很多战友现在还长眠在朝鲜的土地上，他们为中朝人民的幸福、祖国的安全、远东的和平而光荣牺牲了。此时此刻，我再次为他们哀悼，愿他们永垂不朽！他们打败了世界头号强大的敌人——美帝国主义，打出了志愿军的神威，打出了国威，这是多么值得庆贺的事呀！借此机会，我衷心地祝愿健在的抗美援朝战友们健康长寿！

选自 2007 年 9 月《漯河文史资料》第十五辑

漯河人民公社化始末

陈庭茗

人民公社化是1958年8月《中共中央关于在农村建立人民公社问题的决议》后发动起来的，是毛泽东主席和其他中央领导同志在建设社会主义和共产主义道路上的一次探索和尝试，其用意在于带领全国人民早日建成社会主义社会和共产主义社会，使全国广大人民群众早日过上幸福美满的共产主义生活。基于1957年冬到1958年春全国农村大搞农田水利为特征的农业生产建设的发展，我国的农业正在迅速地实现农田水利化，并将在几年内实现耕作机械化等。在这种情况下，农业生产合作社如果规模过小，在生产的组织和发展方面将产生许多不便。因此，毛主席和中央领导同志认为，把小型的农业生产合作社有计划地、适当地合并为大社是很有必要的。至于合并后的大社叫什么名字为好，各地意见不一。1958年8月上旬，毛主席到河南视察时，省委领导曾汇报了大社用"人民公社"作名称的设想。当时毛主席说："人民公社这个名字好。"包括工农兵学商，管理生产、管理生活、管理政权。人民公社加上个地名，或者加上群众喜欢的其他名字。同时，指出公社的特点是："一曰大，二曰公"（一是体制规模大，二是生产资料公有）。

1958年8月17—30日，中共中央政治局在北戴河举行了扩大会议，通过了《中共中央关于在农村建立人民公社问题的决议》（以下简称《决议》)。《决议》认为："人民公社是形势发展的必然趋势。在目前形势下，建立农林牧副渔全面发展、工农商学兵互相结合的人民公社，是指导农民加速社会主义建设提前建成社会主义并逐步过渡到共产主义所必须采取的基本方针。"并且认为："看来共产主义在我国的实现，已经不是什么遥远将来的事情了。我们应该积极地运用人民公社的形式，摸索出一条过渡到共产主义的具体途径。”《决议》的下达，把人民公社化在全国推向高潮。

北戴河会议期间，中共漯河市委按照省、地委的指示精神，于1958年8月20日开始筹建人民公社。经过全党动员、全民发动，人们的思想产生了新的飞跃，对共产主义的向往十分强烈，人人踊跃报名参加公社。不少人还拿出现金、银圆、黄金或其他贵重家产入社，以表达入社的决心和对公社的信赖，希望能早日过上幸福美满的共产主义生活。经过全市干部和群众的共同努力，苦战三昼夜，从乡村到城市全部实现了公社化。于23日召开了3万多人的庆祝大会，人们敲锣打鼓，热烈庆祝全市实现了公社化。经过数天的扫尾，到9月上旬，全市共建成人民公社53个，入社人数达89715人，占全市总人口的97.78%。其中市郊以乡为单位，将原来的34个高级社合并为2个公社，不久又合并为1个，名曰“东风人民公社”。入社人数21390人，占农村人口的99.98%；街道居民以办事处为单位，建立了4个公社，入社人数达37496人，占居民总数的99.54%；工业以工厂为单位，建立23个公社，入社人数6076人，占工业职工总数的99.64%；沙河航运系统建立1个总社，入社人数13290人，占航民和航运职工总人数的99.53%；商业系统建立1个总社，入社人数2880人，占商业职工总数的99.3%；党群政法机关建立1个公社，入社人数420人，占党群政法干部和职工总数的99.73%；文教系统建立1个总社，入社人数4443人，占教职员和学生总数的99.84%；其他行业如中转站、交通运输、卫生、财政、金融、粮食等系统都单独建立了公社。公社的组织形式和机构设置形形色色、各不相同，有的总社下面设几个分社。农村公社则设管理区和生产大队、生产小队。街道市民公社下设大队，大队下面设若干专业生产队和工厂（场），而社办工厂有的直接属社，有的属队。工商企业和机关则是就近入社职工家属一并入社。在街道居住的职工家属则加入街道公社。其规模是：农村公社5000户以上，城市公社2000—3000户以上，机关企业和事业单位100—1000人以上。公社实行政社合一，工农商学兵五位一体，以公社为核算单位，推行“四化”（食堂化、幼托化、缝纫机械化、磨面快速化）和“两院”（幸福院、妇产院）。吃饭不要钱，对职工干部全部实行供给制，在伙食、服装、生活用品和津贴方面，连同职工干部子女、无劳动能力的家属和老人，都试图达到“各尽所能，按需分配”。

10月18日，中共漯河市委作出了《关于国家机关、企事业单位工作人员由工资制改为供给制的方案》（以下简称《方案》），具体内容包括伙食、服装、津贴三部分。伙食：分中灶和大灶，中灶每月伙食费18元，大灶13元。服装：每人每年2套单衣，分别于2月和5月发给，每套单价10元；1套衬衣，4月发给，每套单价7元；1套棉衣，10月发给，单价20元；4双袜子，每季末发给，单价1元；单鞋4双。每人两年1件棉衣，每年1条棉被、1个蚊帐等。津贴：市委正副书记和市长每月25元；市委委员、副市长或相当职务的人员，每人每月22元；其余分别为18元、13元、10元、8元等。《方案》对工作人员的子女、家属生活待遇都作了详细的规定。这一《方案》符合共产主义原则，使人们觉得共产主义社会已经到来，十分乐观。但是，由于社会物质资源基础薄弱，没有达到极大丰富，事实上不能做到“各尽所能，按需分配”，“大锅饭”形式的供给制执行不久，就产生很多弊端。到1959年4月，重新恢复了工资制。

由于人民公社制超越了社会历史发展阶段和人们的思想水平，人们在日常生活和行动中在某些方面还不能达到共产主义觉悟程度，为了提高广大社员的政治觉悟，11月6日，市委发出《关于开展全民性的教育运动的指示》，决定对全市公社社员普遍进行一次共产主义教育。并于12月29日作出方案，指出：根据中共中央8月29日发出的《关于今冬明春在农村中普遍开展社会主义和共产主义教育运动的指示》精神，结合本市情况，这次教育运动的内容主要是：1. 宣传社会主义制度和人民公社的优越性，宣传共产主义的美好前景；2. 兴无灭资，牢固树立大公无私的共产主义精神，大步向共产主义迈进；3. 破私立公，批判个人主义，提倡我为人人、人人为我的共产主义思想，树立大公无私、舍己为公、相互协作、相互支援的共产主义风尚，批判损公利私、斤斤计较个人得失的资产阶级思想。

11月10日，在社会主义和共产主义教育运动的基础上，中共漯河市委作出《关于漯河市人民公社组织机构设置方案》，决定将人民公社的规模进一步扩大、将全市各行各业建立的人民公社合并为一个人民公社，下设7个分社。其组织机构设置为：1. 中共漯河市委为市社党委，下设党委办公室、组织部、宣传部、统战部、监察委员会、党校、报社等机构。2. 市人民委员会为市社务委员会，由21人组成，设社长1人（市长）、副社长（副市长）若干人。社务委员会下设办公室、工业交通部、财贸粮食部、文教卫生部、农业部、政法公安部、劳动武装部、生活福利部、计划委员会和科学技术委员会，形成了一市一社的组织架构。

本来，在农业合作化后期初级社转高级社中就已经出现了要求过急、工作过粗、改变过快、形式过于简单化一的情况，已经带来了一些负面影响。但是，由于人民公社化的过急发动，原有的问题没有得到很好的解决，新的更大的问题又随之而来，特别是“一市一社”形成以后，“一平二调”（一是在分配上实行绝对平均主义，二是对土地、劳力、财物实行统一调配）、瞎指挥和共产风等在全市滋长蔓延。当时全市共建立公共食堂449个，托儿所、幼儿园113个，普遍实行免费就餐、免费入托，强制取消家灶，实行贫富拉平、平均分配，对财产无代价调拨。过多的积累，过多的义务劳动，破坏了等价交换的原则，损害了群众利益，挫伤了社员的生产积极性。1958年农业生产虽然获得了比较好的收成，但是很快就被消耗和浪费一空，以致不久社员的基本生活都受到了影响。更为严重的是，加上自然灾害，全市出现了三年经济困难和饥荒的局面。

对人民公社化中出现的问题，中央领导同志通过调查研究发现后，从1958年11月的郑州会议到1959年7月庐山会议前，中共中央曾先后召开多次政治局扩大会议和中央全会，制定了一系列的方针、政策和措施，对一些重大问题逐步进行了纠正。在此期间，中共漯河市委按照上级的指示，对人民公社进行一系列的调整和整顿。

1959年3月11—24日，市委召开市公社、分社（管理区）、生产大队（街道）、生产小队四级干部会议，对城市和农村公社体制与经济单位等作了具体的讨论和调整。在广泛征求基层干部意见的基础上，市委决定：坚决贯彻执行中央二次郑州会议上毛泽东主席提出的："统一领导，队为基础，分级管理，权力下放；三级核算，各负盈亏；分配计划，由社决定；适当积累，合理调剂；物资劳动，等价交换；按劳分配，承认差别"的办社方针。3 月 14 日，市委作出《关于贯彻省委扩大干部会议精神，继续巩固人民公社的方案》，对公社的管理体制和各级的职权范围、分配和经济的若干政策问题等都作了详细和具体的规定。

经过一系列的整顿，漯河市的人民公社得到一定的提高，特别是城市人民公社，还取得了良好的成果。全市 4 个城市公社，共办起工厂 36 个，各种生产专业队 20 个，各种独立经营的生产组织 40 个。1959 年，城市公社社办工业生产总值达 10266900 元，收益 2987954 元，发放社员工资 765024 元，参加生产的社员每人每月平均工资为 22.4 元，基本上接近国营工厂工人的平均收入水平。而且在参加生产的人员中，妇女占 90% 以上。社办的公共食堂、托儿所、幼儿园、敬老院和妇产院，使广大青年妇女能从烦琐的家务劳动中解放出来，直接参加了社会劳动，成为社办工业的一支主力军，使她们的社会地位也得到了提高。为此，中共许昌地委于 1960 年 8 月 1 日召开了城镇人民公社漯河现场会议，大力推广了漯河市的城市办社经验。

对于农村公社和农业政策方面，市委按照上级指示精神，也做了大量的调整与改进。鉴于在大办人民公社中出现的"一平二调"和共产风产生的严重后果，中央领导发现后，迅速进行了扭转和纠正。1959 年 2 月 27 日至 3 月 5 日，中共中央在郑州召开政治局扩大会议（即第二次郑州会议）。会上，毛泽东同志强调不允许无偿占有别人劳动成果。他指出："价值法则是客观存在的经济法则，我们对于社会产品，只能实行等价交换，不能实行无偿占有"。4 月 2—5 日，中共八届七中全会在上海举行。会议决定，对以往无偿调拨个人和集体财产要退赔，要算账。从 1959 年 5 月 7 日到 6 月 11 日，中共中央连续发出三个指示，决定恢复自留地制度，允许社员私人喂养家禽家畜，宣布房前屋后的零星树木归社员私有。6 月 11 日的中央指示中说："经验证明，禁止这些家庭副业，一切归公的简单办法是有害的，也是行不通的。"

按照中共中央和毛泽东同志一系列的指示精神，市委认真回顾和检查了公社化以来的问题，逐步进行了解决，大刀阔斧地调整了农业政策。市委通过回顾检查清楚地认识到，大办公社以来，由于农村工作造成的缺点和失误，加上严重的自然灾害，造成了粮食播种面积和产量大幅度下滑，其他经济作物和蔬菜也大幅度减产。如粮食作物，1957 年播种面积为 72217 亩，单产 163.6 斤，总产 11814769 斤。到 1960 年粮食作物面积则下降到 57868 亩，单产 139 斤，总产 8090000 斤。市委在巩固提高农村人民公社的方案中认为：农业产量大幅度下降的根本原因在于公社化后刮起的"五风"（共产风、干部特殊化风、瞎指挥风、浮夸风和强迫命令风）造成的。诸如公社集权过多，生产队权力过少；公社积累部分偏大，分给社员部分偏少；以食堂为主的供给制比例偏大，工资部分偏少；注意了统一分配，忽视了队与队之间的差别；社内的财产、产品、生产生活资料和劳动无偿调拨范围过多过宽，特别是大办钢铁、大办地方工业和大办水利等，大量无偿调拨基层和社员的人力和财物，违背了等价交换的原则，无偿占用广大社员的劳动成果，挫伤了广大社员的生产积极性。为此，市委对农村人民公社提出：1. 坚决贯彻执行中央关于人民公社管理体制的若干规定，实行权力下放、三级管理、三级核算、各计盈亏；2. 在分配制度上实行按劳分配、多劳多得、适当积累；3. 实行等价交换，坚决杜绝"一平二调"的歪风，对以往的旧账要彻底算清，坚决退赔；4. 恢复自留地制度，允许和鼓励社员开小片荒地，允许私人喂养家禽家畜，发展家庭副业，宣布社员房前屋后的零星树木归社员私人所有；5. 在农田水利建设方面，不搞大兵团作战，注意劳逸结合，休养生息。

为了彻底纠正共产风，市委责成市直有关单位带头将大办钢铁等运动中无偿调拨基层的人力、物力和财力，认真逐一进行清算和退赔，然后发动层层算账，彻底退赔。全市共退赔房屋 30457 间，各种家具 21893 件，农具 7736 件，土地 30140 亩，牲畜 849 头，猪羊 7408 口

（只），小家畜家禽 2 万多只，木材 1881 立方，其他物资 34000 余件，共退赔现金和实物折款 1245 万元。由于进行认真的算账和退赔，逐步调整农村和农业的各项政策，受到广大基层干部和社员的欢迎，农村公社也出现了新的生机。党的十一届三中全会以后，按照我国现阶段的实际情况，彻底改变了政社合一的公社体制，恢复了村、乡政权，找到了既保持土地公有制的社会主义经济体制，又改善了经营管理的新模式：实行土地承包责任制，充分调动了广大农民的积极性。从此，农村和农业焕发出勃勃生机，人民的衣、食、住、行得到迅速而全面的改善和提高。

选自 2008 年《漯河文史资料》第十六辑

郾城的“农业学大寨”运动一瞥

闫梅云

大寨是20世纪60年代初在山西涌现出来的农业战线先进典型。大寨人自力更生、艰苦奋斗的精神，曾经激励了无数农民朋友。作为我国农业战线的一个先进典型，成绩是十分突出的。尤其是他们艰苦奋斗、勤俭创业的精神，是留给后人的一笔宝贵精神财富。通过树立大寨红旗，号召全国农业学大寨的先进经验，确实对我国农业战线产生过广泛而积极的影响。

大寨是人民公社体制下农村发展的典型。陈永贵和他领导的大寨，早在20世纪50年代就以“坚持集体化道路，改造穷山恶水”而闻名。1964年5月，中共中央召开农村工作会议。10日，在听取国家计委关于“三五”计划的汇报时，毛泽东郑重地提出要发扬大寨精神。他指出:“农业要自力更生，就要像大寨那样，他们不借国家的钱，也不向国家要东西。”6月，在中央工作会议上，毛泽东在作关于第三个五年计划的讲话时又说:“农业主要靠大寨精神，自力更生。这不是说可以不要工业支援。水利、化肥、农药都是需要基础工业的。”1964年12月，三届人大一次会议在北京举行。会上，周恩来在介绍了大寨的事迹后，精辟地概括了大寨精神，就是自力更生、艰苦奋斗的精神。此后，“农业学大寨”就开始了实际行动。

1964年11月11—12日，中共郾城县委召开县委书记会议。县委书记处书记辛建传达了中共许昌地委会议精神，作了《加强理论学习，提高干部水平》的报告。在这次会议上，县委要求广大干部带领群众认真学习毛泽东《愚公移山》等文章，组织干部群众大力开展农业学大寨运动。此后，农业学大寨便在郾城地区进行开来。

郾城县的“农业学大寨”运动虽然也受“左”倾路线的影响，但在县委的领导下，并没有完全生搬硬套大寨和昔阳那一套做法，而是注重学习大寨人自力更生、艰苦奋斗的精神，帮助人民群众树立战胜困难的信心，对加强农业基本建设，推动农业生产的恢复和发展起到了一定的作用。

1965 年 11 月 11—18 日，郾城县委召开扩大会议。会议回顾了全县 13 年来国民经济尤其是农业生产发展情况，制订农田水利规划。县委提出，以毛泽东思想为武器，以大寨为镜子，学大寨人，走大寨路。对学大寨做了进一步的强调与部署。

“火车跑得快，全靠车头带”。这是 20 世纪六七十年代传遍全国，人们耳熟能详的一句话，意思就是说，一个组织或一个单位要做出成绩，必须有一个冲锋在前的领导班子。这句话形象而贴切，发源地就是大寨。大寨之所以能够取得突出成绩，成为全国农业战线的一面旗帜，很重要的一条——就是有一个冲锋在前的党支部，有一批率先垂范的好干部。对此，为了实现大寨式县，1966 年 1 月，根据河南省委、许昌地委指示精神，郾城县委开始对全县农村基层干部进行培训。县委党校主要负责对大队正副书记、大队长、支部委员和入党积极分子 1567 人进行培训；公社党委负责培训其他大队干部、生产队长和党员约 2 万人。目的是通过培训搞好支部建设、培养农村基层干部、加强政策观念、树立全心全意为人民服务的思想和自力更生、艰苦创业的精神。培训到 4 月初基本结束。通过培训，广大干部特别是支部成员，进一步明确了怎样做好党的工作，如何建设社会主义新农村。1966 年 2 月 5 日，根据中央工作会议精神和中共河南省委二届二次会议精神，为了进一步贯彻执行毛泽东“备战、备荒、为人民”“藏富于民，藏粮于民”的指示，保证全县粮食提前“上纲”，巩固集体经济，发展农业生产，迅速改变全县面貌，把郾城建设成为社会主义新农村，县委决定精简上层，充实基层，建立农村工作基点。决定全县建立农村工作基点 66 个，每个基点配备干部 3 ～ 5 人，同时县、社两级又抽调 253 名干部从事基点工作。主要任务是：1. 做好农村的思想政治工作，用毛泽东思想武装干部和群众，提高他们的思想觉悟，充分发挥人的因素，保证党的方针、政策的贯彻执行。2. 做好农村党支部工作，大兴党的三大作风，培养新生力量，培养大寨式的党支部，建立大寨式的农田。3. 加强对大小队工作的具体领导，掀起农、林、牧、副业生产高潮，发展生产，巩固集体经济。

1970 年 8 月底，北方地区农业会议召开，会议总结推广了昔阳学大寨、三年建成大寨县的经验，在全国开展了学大寨、赶昔阳的群众运动。以后，郾城掀起了学大寨、赶昔阳热潮，农业学大寨运动有了新的发展。农田基本建设的规模越来越大，几年间，每年投入农田基本建设的劳力达 10 万之多。战天斗地，改造自然，大抓农田基本建设，力争从根本上改变农业生产条件。全县建成机、电灌站 136 座，配套 110 处；打机井 7563 眼，配套 5465 眼；修土渠 1748 条，长 595000 米；建硬渠 445 条，长 144600 米。农业机械化程度也有显著增长，其他动力排灌机械、农副产品加工、场上作业机械都有很大发展。

1975 年 9 月 15 日至 10 月 19 日，第一次全国农业学大寨会议先后在山西昔阳和北京举行。华国锋在会议上指出：“普及大寨县是全党的战斗任务，建成大寨县，县委是关键。”郾城县委副书记娄彦喜参加了这次会议，会议结束后，为使全国农业学大寨会议精神迅速传达到全县广大党员、干部和群众中去，中共郾城县委先后召开了三级干部会议和全县广播大会。会上，传达了邓小平等中央领导人的重要讲话，娄彦喜汇报了全国农业学大寨会议精神，县委书记张继增作了题为《全党动员，苦战三年，为建成大寨县而奋斗》的报告。会议中间，制订了《中共郾城县委关于建设大寨式县的规划》（大寨县的 6 条标准：1. 有一个坚决执行党的路线和政策、团结战斗的县委领导核心。2. 树立了贫下中农的阶级优势，能够对资本主义进行坚决斗争，对阶级敌人进行有效的监督改造。3. 县、社、队三级干部都能像昔阳县那样坚持参加集体生产劳动。4. 在农田基本建设、农业机械化和科学种田方面，进展快，收效大。5. 集体经济不断壮大，穷社穷队的生产和收入达到或超过当地中等社队的水平。6. 农林牧副渔各业全面发展，增产数量大，对国家贡献多，社员生活水平逐步有改善），提出“学大寨人，走大寨路，造大寨田”“一年恢复有发展，二年大变，三年建成大寨县”的口号。通过传达贯彻全国“农业学大寨”会议精神，对“农业学大寨”问题进行了讨论，针对郾城历史以来属于平原地带低洼易涝的特点，集中解决了对大寨经验的认识问题。从此，在全县范围内掀起学大寨高潮，全县人民投入普及大寨县的“战斗”中。在贯彻“农业学大寨”会议精神的过程中，大搞农田基本建设，大打“农业学大寨”的总体战，一时间，大办农业、普及大寨县成了各级党委、各行各业工作的中心和主题。

此次会议结束后的20多天时间内，全县恢复和新建的工程比前两年的总和还要多。整修灌溉干、支渠8条，新开挖大型排水沟29条，建桥涵闸21座，动土达467000多立方。为了更好地学习大寨，12月5日，县委举办了“农业学大寨”工作队员学习班，参加学习班的人员有861人。学习班分两段进行，第一段是听取报告，学习文件，武装思想，提高认识，明确任务，继续前进；第二段是着重解决工作队员自身革命问题，交流经验，研究今后的工作和学习，增强革命团结，加强组织纪律，提高政策观念，建立健全各项规章制度，苦战三年，为建成大寨式县而奋斗。通过学习，工作队员当时取得的共识是：什么时候紧跟毛主席，坚决执行毛主席的革命路线，革命就胜利、生产就发展；什么时候违背毛主席的革命路线，不按照毛主席的指示办事，革命就受挫折，生产就遭破坏。“农业学大寨”、普及大寨县，具有深远的意义。普及大寨县，县委是关键，工作队也是关键。组织群众、领导群众学大寨的工作队，称号是光荣的，任务是艰巨的，责任是重大的。在学习班中，工作队还进行了四查：1. 查学习。学习中共河南省委“农业学大寨”领导小组规定的《“农业学大寨”工作队员守则》，对照先进典型查找学习上的差距。2. 查团结纪律。模范地遵守《三大纪律，八项注意》，进一步搞好工作。3. 查执行纪律。按照党的各项方针政策办事，纪律是“农业学大寨”工作队的首要任务。4. 查带头劳动。按照大寨、昔阳干部参加集体劳动的要求，工作队员要积极参加生产劳动。按照上述要求，工作队员在会议结束后立即投入“农业学大寨”运动当中去。

纵观这一时期的“农业学大寨”运动，从根本上来说，是积极向上的。人们从“大寨大队所坚持的政治挂帅、思想领先的原则，自力更生、艰苦奋斗的精神，爱国家、爱集体的共产主义风格”（摘自1964年12月周恩来在全国人大三届一次会议上的《政府工作报告》）中充分认识到难能可贵的大寨精神，认识到它在历史上所起的作用。但是在“文化大革命”的几年中，“农业学大寨”就成了另外一种形式了。在“无产阶级专政下继续革命”的“左”的思想指导下，大寨的经验被严重扭曲，偏离了正确轨道。

第一次全国“农业学大寨”会议精神在郾城的贯彻执行，提出了一些不切实际的要求、设想和奋斗目标。如“战天斗地”问题，大寨人战天斗地、利用冬季大搞农田基本建设是值得称赞的，他们表现出的那种吃苦耐劳、蔑视困难、团结奋斗的精神，永远值得提倡与学习。但必须指出的是，适合大寨的，不一定适合全国各地。大寨人在农业生产中摸索出的那些“新套套”，大多也是因地制宜的产物，离开特定的地理环境去照猫画虎，就是蛮干。令人痛心的是，在学大寨运动中，郾城的具体做法和各种名目的“战天斗地”“移山填海”“伐树造田”“深翻土地”等蛮干行为几乎随处可见，这就给当地的农业生产造成了消极的、甚至是破坏性的影响。

选自2012年《漯河文史资料》第十九辑

漯河商桥的反“五风”①

王守业

1960年6月，郾城县与漯河市（县级）合并，当时我在团市委任副书记。11月中旬的一天上午，市委第一书记于庆义②在市委礼堂传达省委禹县（今禹州市）会议精神，主要内容是部署反对纠正“共产风、浮夸风、强迫命令风、干部特殊化风、生产瞎指挥风”③这五种错误风气（以下简称“五风”）工作。下午，市委组织部干事万长祥通知我说，市委研究决定，按照地委④的要求，在小商桥⑤蹲点搞反“五风”，从市直单位抽调40余名干部，市委机关抽调10多人，由陈纪夫书记⑥、我和漯河第一高中张敏书记带队，当晚7点在火车站集中乘车去商桥。万长祥走后，我去办公室找到刊登有省委禹县会议精神的《河南日报》，去机关总务借些粮票、钱，准备一些文化、生活用品，打好背包、行李，晚

---

① 本文中领导讲话、数据、时间、人物等情况，系由时任商桥公社党委书记的柏殿邦，副书记潘秀梅，秘书谢庭勋，公社团委书记李仁杰，公社干部郭付科、周占彪，市委工作组组长贾永华、闫喜梅，大队支书李学亮，会计主任平国选，新生农场书记李海录等同志回忆，难免有误，请指正。——作者注

② 于庆义，山东沂水人，1960年6月—1961年1月任中共漯河市委第一书记。在反“五风”运动中迫于压力，于1961年1月18日夜自杀。（本文注释除注明为作者注外，均为编者所加）

③ 1960年11月15日，毛泽东起草了《关于彻底纠正“五风”问题的指示》，中共中央要求各地党委“必须在几个月内下决心彻底纠正十分错误的共产风、浮夸风、强迫命令风、干部特殊化风和对生产瞎指挥风，而以纠正共产风为重点，带动其余四项歪风的纠正。”

④ 指许昌地委。

⑤ 指商桥公社，时属郾城县。1984年1月更名商桥乡，1985年3月更名商桥镇。

⑥ 陈纪夫，河北安国人。1955年4月—1960年6月任中共郾城县委副书记，1958年5月—1963年11月任郾城县人民委员会县长，1961年11月—1963年11月任中共郾城县委书记处书记。

饭后去车站报到，与陈纪夫、张敏和组织部副部长张有贤等40余名同志一同赶往商桥公社。

工作队当晚入村

当晚工作队抵达商桥后，商桥公社党委副书记刘自北召集地委、市委工作组和公社干部在会议室开会。公社书记柏殿邦先介绍商桥公社情况，尔后，市委书记处书记、市长陈纪夫介绍入村工作，主要讲执行反“五风”的方针政策、指导思想和重大意义及入村后应做的几项工作，最后许昌地委常委、宣传部部长刘肃正讲话。刘肃正首先说：“陈纪夫同志的讲话是许昌地委和漯河市委驻商桥反‘五风’工作队几位负责同志共同研究的意见，各工作组要结合本队实际，认真贯彻执行”。接着主要讲了毛泽东为党中央起草的《关于彻底纠正“五风”问题的指示》精神及为什么要反“五风”、“五风”的严重危害和反“五风”的重大意义。他说，“党中央要求各地党委必须在几个月内下决心彻底纠正农村的‘五风’问题，是因为‘五风’对农业生产造成了严重的破坏，使粮食、棉花、油料、肉蛋类严重减产，使国民经济滑至崩溃的边缘，国家和集体经济均出现严重困难，广大农村严重缺粮，瓜菜代[①]吃不饱，造成营养不良，加之连续‘大跃进’，劳役过度，引发了严重的浮肿病和妇女子宫下垂病；很多农村出现非正常死亡，个别地方出现严重的非正常死亡，广大群众身处水深火热之中。不反掉‘五风’，就国无宁日、民无宁日。在严重、激烈的阶级斗争形势下，党中央要求反‘五风’工作队尽快下水救人，要以二次民主革命、二次土地改革的精神，用快刀斩乱麻的手段，尽快夺回被坏人篡夺的党、政、财、文和群众吃饭的食堂大权。”刘肃正还讲了扎根串联、发动群众揭发“五风”、帮助干部改正“五风”错误等工作，要求工作队和群众“三同”（同吃、同住、同劳动），在调查了解的基础上，开会向群众说明来意，打出反“五风”的旗帜，安排好群众生活，杜绝非正常死亡。刘肃正最后说：“为了尽快

①“大跃进”时期的口号，即用瓜菜代替粮食充饥。

下水救人，去各大队的工作组由组长带队，今晚一律入村，有什么困难可留下来讲。”刘肃正讲完话已是晚上 12 点多。会上公布去陈桥大队工作组的有 5 位同志，我们在院中相识后，问明路线，背上行李，拿着雨具，即从公社出发。我们走了 8 公里远的小雪泥泞土路，到达陈桥大队队部已是凌晨 2 点多。大队支书李学亮、大队长陈发典作了自我介绍，工作组说明来意，简短交谈后便休息了。

亮出反“五风”的旗帜

领导虽对工作组入村要做的工作作了安排，但在一个大队如何有序地开展工作，我心中一直在思考着。反“五风”不同于新中国成立前后搞的剿匪反霸、镇反复查，那时运动的对象是官僚地主阶级和国民党的反革命残余势力，发动群众把他们打倒，建立人民政权，重点突出，任务明确。可这次反“五风”要解决的主要问题是广大基层干部在“大跃进”、人民公社化运动中发生的错误，绝大多数是人民内部矛盾。

次日早饭后，工作组开会，我把个人想法和入村应办的几件事提出来，让同志们讨论修改，最后形成集体意见：1. 工作组分村住下去。陈桥 7 个自然村 8 个生产队，由我住李庄代管会庄，闫喜梅住桥东代管陈湾，文化局李桂枝、水利局张付庭、王付臣分别住桥西、渚阳寨和渚阳湾村。为落实“三同”要求，每人购买罐、碗、筷一套，一日三餐去生产队食堂，同群众一道排队，交粮票和钱打份饭。2. 了解各村农业生产、社员生活情况和存在的“五风”问题，联系干部，深入了解群众的意见和要求，掌握地富反坏右[①]活动情况等。3. 安排好群众生活，杜绝非正常死亡。对少数严重浮肿病人和妇女子宫下垂患者，集中于大队敬老院治疗，生活上给予适当照顾，生产队派专人护理，大队副书记和妇联主任专管此项工作。4. 分别召开大队党支部会、生产队以上干部会、各村群众会，打出反“五风”的旗帜。向群众说明什么是“五风”，为

---

① 指地主、富农、反革命、坏分子和右派五类人，系“文革”前及“文革”中使用的政治词语。

什么要反“五风”，如何反掉“五风”等，帮助干部纠正错误，搞好生产，多打粮食，改善群众生活，支援国家建设。要求党员干部和群众学习执行反“五风”的方针政策，提高对反“五风”重大意义的认识，带头揭发干部的“五风”错误。干部要欢迎群众的批评帮助，积极揭发公社和大队的“五风”问题，主动改正自己的错误，有经济问题的要进行退赔。

发动群众揭露“五风”错误

在初步了解各方面情况后，工作组充分发动群众，揭发当地存在的“五风”错误。先开党支部会，接着开大小队干部和贫下中农代表会，然后分村召开群众会。通过一系列的工作，发现多数群众拥护纠正“五风”，但又怕提意见会遭打击报复；大部分干部怕检讨“五风”错误丢人，被群众抓住不放；个别“五风”严重的干部怕受处分等。针对这些情况，工作组除继续向广大干群认真宣传党“中央十二条”① 指示和反“五风”的方针政策，还分头和干部群众开展谈心活动，结合其自身情况谈“五风”的危害，谈反“五风”的重大意义，促使其自觉丢掉思想包袱，积极投身于揭发“五风”的热潮中。经过10多天的宣传发动和个别谈心，多数干群都能积极投入运动，揭发“五风”问题。在党员干部的带动下，运动先小组、后生产队，再到大队层层开展起来。

陈桥大队“五风”的主要表现：一是浮夸风。1958年夏粮实际亩产156斤。在县生产队长、会计参加的四级干部会上，经过大批“右倾”保守思想的“摇头派”“观潮派”和“秋后算账派”，拔白旗，插红旗，穷追猛批，产量不翻番不准过关，大大助长了浮夸风。几天后，小麦亩产便虚升为312斤。1959年夏粮亩产实际为144斤，虚报为320斤。二是对生产瞎指挥风。1958年公社化后，大队实行组织军事化、行动战斗化、生活集体化，把劳动力按军队建制编成营、连、排、班，采

① 1960年11月3日，中共中央发出《关于农村人民公社当前政策问题的紧急指示信》，简称“中央十二条”。

取大兵团作战从事农业生产。冬季搞农田水利建设，公社组织大队干部去鄠陵县马兰公社参观挖坑塘，回来后公社布置每 50 亩地挖一个 1 亩见方、深 2 米的坑塘。陈桥大队集中近 2000 个劳动力，起早贪黑大干几个月，挖坑塘 60 多个，挖占耕地近 200 亩，造成减收粮食约 6 万斤。群众批评说，挖坑塘是水利建设中的瞎指挥、劳民伤财的“坑民”工程。大队还平调生产队耕地、劳力、牲口、农具搞试验田，深翻土地三尺深，小麦下种过密，造成减产。三是共产风。1958 年人民公社化后，为向共产主义过渡，社员财产全部归公，社员生活实行全供给制，生产队办大食堂，吃饭不要钱，衣食住行、生老病死、男婚女嫁所需都由集体供给。为扩大共产主义因素，大队平调社员房屋、猪、羊、缝纫机、餐具、桌、床等物办敬老院、幼儿园、缝纫厂、养殖场。平调生产队骡马 10 多头、劳力 30 余人，伐群众树木 200 余棵，扒社员瓦房 30 余间，将砖、瓦、房料、门窗送公社建农场房、戏院和工厂房，把社员的锅收集送孟庙钢厂炼铁。对强迫命令风和干部特殊风，群众说，与周边大队相比，陈桥是比较好的，干部在食堂吃饭虽有多吃多占问题，但并不严重，很少拿食物回家供妻子儿女吃。

当“五风”错误被广泛揭发后，工作组及时对前段进行总结，研究运动中出现的新情况、新问题，进一步把运动引向深入。这时各村均有群众说“五风”是人民公社带来的，是“大跃进”造成的，没有公社化、“大跃进”，也就没有“五风”。对此，工作组认为，应积极引导群众从思想上划清“五风”错误与“总路线、大跃进、人民公社‘三面红旗’”的界限。同时，根据群众揭发的“五风”问题情况，按照好的、比较好的、问题多的、性质严重的四种情况分类排队。大家认为，陈桥大队支委、管委和生产队干部多数是好的和比较好的，问题多的是少数，性质严重的是个别人。综合排队后，掌握了干部的基本情况，工作队心中有了底，为下一阶段工作打下了基础。

高举“三面红旗”反“五风”

工作组入村半个月，工作进展顺利。针对群众所提干部“五风”问题和运动中出现的敏感问题，公社召开各大队工作组长会议讨论。会议由陈纪夫主持，刘肃正参加听取汇报。由于是第一次碰头会，许多人都不认识地委工作组领导，这使得市委和公社工作组同志都不敢贸然说话，只听地委工作组介绍经验，谁也不肯先汇报。还是刘肃正点名地委驻李纪岗工作组长杨国殿先汇报，他汇报了入村做的几项工作，大家听后很受启发。乾勒桥工作组长宁一政接着汇报，宁说在大队发动群众充分，揭发“五风”已形成高潮，干部已准备向群众检讨，所反映的问题和陈桥类似。党湾工作组长是郾城解放后第一任县农民协会主席杨文山，时任许昌地区林业局局长，大李庄工作组长是文化局副局长王守勋，宓桥工作组长是地委讲师团团长张继生。李集工作组张有贤、商桥大队的柏殿邦等汇报了前段工作。

随后，陈纪夫首先讲话。他说，从汇报情况看，入村后的工作进展顺利，运动发展健康，取得了显著成绩。主要是了解了各方面的情况，亮出了反“五风”的旗帜，宣传了党的方针政策，发动了群众，揭露了“五风”问题，安排了群众生活，重病患者加强了治疗护理，非正常死亡者基本得到控制。进度有快、有慢是正常的。目前的工作是要继续深入地宣传党的方针政策，宣传中央的“十二条”指示，把群众更充分地发动起来，推动反“五风”顺利进行。对群众已经发动起来、“五风”问题已被充分揭露的大队，要组织党员干部学习毛主席的《关心群众生活，注意工作方法》《为人民服务》《三大纪律，八项注意》，开展批评与自我批评，教育帮助犯“五风”错误的干部向群众作自我批评，欢迎群众对他们提出批评，帮助他们改正错误；对正在宣传发动群众揭发“五风”的大队，应大张旗鼓地向群众讲解党的方针政策，把群众更充分地发动起来，待“五风”问题被彻底揭露后，再转入犯错误干部向群众检讨阶段；对西部生产救灾任务重的大队，要在搞好生产救灾工作的同时搞好反“五风”工作，决不允许因反“五风”放弃生产救灾工作，也不允许因生产救灾任务重不开展反“五风”。要切实做好人畜过冬、吃饭治病、穿衣盖被、防寒取暖等方面的工作。

陈纪夫说，干部要区别对待，扩大教育面，团结大多数。对犯有一般“五风”错误的干部，可通过召开支部会、扩大干部会（吸收群众代表参加），开展批评与自我批评，使其认识并检讨所犯错误，改了就好；对犯有严重“五风”错误，在工作中有强迫命令、违法乱纪，群众有意见，但其党性强、有事业心、工作好的干部，要帮其提高认识，彻底改正错误，取得群众谅解；对个别既犯有“五风”错误，又贪污、盗窃、包庇坏人、乱搞男女关系、打骂群众者，经公社批准，交群众批斗（不在会上追究男女关系问题），但要事实清楚，证据确凿，定性准确，从严掌握。

针对会议反映的“五风”与总路线、“大跃进”、人民公社“三面红旗”的联系，反“五风”属于什么性质的问题，陈纪夫说，我们要在“三面红旗”的指引下，纠正“五风”错误，也就是说反“五风”要高举“总路线、‘大跃进’、人民公社”三面伟大旗帜，否则就会犯新的错误。因为总路线是毛主席亲自主持制定的，是我们党和国家的生命线，是照耀我国各项建设事业胜利前进的灯塔，任何时候都不能背离它；对于 1958 年开始的“大跃进”，陈纪夫说，1959 年庐山会议上毛主席说：“‘大跃进’成绩很大，问题不少，前途光明。”它的成绩和缺点是九个指头和一个指头的关系。工作组应按此精神向群众做宣传解释工作，把群众的思想认识提高到毛主席讲话精神上来，划清“五风”错误和“大跃进”的界限；讲人民公社的优越性时，陈纪夫说，互助组优于单干户，初级社优于互助组，高级社优于初级社，人民公社优于高级社，这是被历史证明无可非议的事实。但人民公社才建立 2 年多，就像刚出生的婴儿，在成长中难免跌跤、栽跟头，不能因为在摸索前进中发生点问题，就认为人民公社不优越。工作组要理直气壮地做群众的宣传解释工作。至于这次反“五风”属于什么性质，陈纪夫说，我们只管按党的方针政策和省、地委会议精神，把反“五风”的工作做好，不管它的属性，待上级定性后，我们就明白了。他建议与会者不要在这个问题上纠缠。

陈纪夫讲完话，请刘肃正作指示。刘肃正说，纪夫同志根据省、地委会议精神和会议汇报情况，安排的工作是可行的，我同意这个安排。再讲三点意见：一是要真正把群众发动起来，彻底揭露商桥的“五风”错误；二是生产救灾一定要搞好，对无力解决的难题要及时反映，请市委帮助解决，否则，出了问题要追查责任；三是加强对生产队食堂的领导，对偏吃多占、生活特殊化的食堂管理员、保管员、炊事员要查清问题，进行调整，使广大群众的吃饭大权掌握在可靠的贫下中农手里。关于会上提的“五风”与“三面红旗”的联系及反“五风”的性质，刘肃正明确表示同意纪夫同志的意见。但他又说，工作组要警惕阶级敌人利用反“五风”攻击污蔑“大跃进”和“人民公社化”运动的伟大成绩。

群众欢迎干部纠正错误

为深入发动群众，帮助干部纠正“五风”错误，陈桥工作组会议吸收大队支部书记李学亮参加，传达公社碰头会议精神，研究发动群众、揭露“五风”和群众生活安排等问题。在回顾检查群众是否真正发动起来时，李学亮说，刘部长讲的要求我们这里达到了，起码是基本达到了。现在是要研究解决群众对干部提的“五风”意见，把运动引向深入，保护群众的积极性。要解决群众给干部提出的“五风”意见，我先向群众检讨，欢迎群众批评，帮助我改正错误。我是大队支部书记，公社布置刮“五风”，我不能顶，顶也顶不住，是下级服从上级，在陈桥刮的“五风”，大都是我领着大伙刮的，我应先作检讨。接着，工作组把群众揭发的“五风”问题和对大、小队干部的基本看法，向他作了通报。他愉快地表示要认真检讨“五风”错误，把会议精神通报给大队长陈发典，为下阶段干部检讨改正错误做好准备。

召开有“五风”错误干部和群众的见面会，是反“五风”运动中的主要环节，要积极稳妥，认真执行政策，允许申辩。通过见面会，干部主动检讨错误，群众诚恳帮助干部纠正错误，实现扩大教育面、团结大多数干部的愿望。其方法是，先大队书记、大队长，再其他干部；后生产队长再其他人，先易后难。在大队书记李学亮充分准备的基础上，召开大队、生产队干部和贫下中农代表参加的扩大干部会议。李学亮认真检讨了他所犯的“五风”错误及造成的危害，虚心接受群众的批评，为其他干部检讨改正错误带了头。大队长陈发典检讨后，与会者认真讨论他们二人的态度、检讨“五风”的深度、思想认识的高度，结合实际改正错误的决心、措施是否可行，提出了具体意见。

与会者说李学亮、陈发典都出身贫苦，1949 年当农会干部至今，工作积极肯干，对敌斗争坚决，作风正派，他俩犯的“五风”错误大都是执行公社任务压出来的，公社不给任务，他们不会扒社员瓦房、伐群众的大树送商桥盖戏院，不会平调生产队牛、马、骡、耧、犁、车、耙送新生农场用，不会把群众家中的锅集中起来送孟庙炼铁。他俩能带头检讨，改正“五风”错误，广大群众是欢迎的。在李学亮、陈发典的带动影响下，许多干部表示要向群众检讨错误。工作组因势利导，安排大队副职和其他干部分别在支部党员会、大队“两委”成员会上开展批评与自我批评，对于生产队长和队委其他干部，视其错误和群众意见，安排他们分别在生产队社员大会或队委会上开展批评与自我批评，主要是提高思想认识，总结经验，接受教训，改正错误，搞好农业生产，增加粮食产量，改善群众生活。

学习中南局第一书记陶铸[①]的讲话

在反“五风”进入重要阶段时，公社第二次召开工作组组长会议，学习中南局第一书记陶铸在河南省三级干部会上的讲话，研究对严重“五风”错误干部的批判斗争事宜。陈纪夫主持会议，刘肃正参加，地委宣传部臧新聘科长宣读文件，然后进行讨论。在当时，陶铸的讲话被视作是对河南反“五风”的重要指示，与会同志学习认真，发言热烈，表示坚决贯彻执行。

① 陶铸于 1960 年 10 月—1966 年 8 月任中共中央中南局第一书记。

陶铸在批评原河南省委第一书记吴芝圃[1]的“跃进哲学”、“左”比“右”好、“左”倾蛮干、“河南先进”时说，河南的“大跃进”、人民公社、水利建设、大办钢铁走在前边，是5000万河南人民的劳动成果；小麦亩产7200斤是河南的“高产”典型，正是这个假“高产”带来的高征购，造成河南广大农民缺粮吃的严重后果。陶铸说，吴芝圃是被那些“成绩”冲昏了头脑，犯了严重脱离实际的“左”倾蛮干错误；“跃进哲学”是吴芝圃“左”倾蛮干的理论基础，是唯心史观的产物，应向全省人民彻底检讨。陶批吴芝圃“左”比“右”好、“左”是认识问题、“右”是立场问题时举例说，某司机驾车走在桥上，车向“左”或向“右”偏都会使轮胎脱桥，以致掉进河里把人淹死，你能说“左”比“右”好吗？陶铸在讲河南“五风”时说，信阳事件，河南省委是有责任的，对那些见死不救的严重官僚主义、混进党内的阶级异己分子、蜕化变质分子，要抓一批、杀一批、判一批、关一批，不抓不足以平民愤。

陶铸的讲话，在当时干部中引起很大震动。在讨论时，多数同志认为，陶铸讲的“五风”问题是信阳的情况，我们贯彻讲话精神，要结合商桥实际，结合每位犯错误干部的实际，具体情况具体分析，弄清其所犯错误是共性的“五风”问题，或是个性的其他问题，以事实为依据，正确区分和处理两类不同性质的矛盾。但也有人认为，农村这么多严重问题，主要是基层干部不执行党的政策、胡作非为造成的，应按陶铸讲话的精神，抓紧处理一批，以平民愤。还有同志认为，“大跃进”这几年，是不分昼夜跟着上级干的，现在干错了，上级不承担责任，还要对基层干部抓、杀、判、关，有点儿想不通。公社副书记刘自北说，陶铸批吴芝圃听着很革命、很正确，但他忘了毛主席说过的“下边出问题，上边找原因”的指示，他应先检查上级的政策、计划是否正确，再检查基层干部是否执行，还是在胡作非为。1959年，上级批“右”倾保守思想，搞反瞒产、高征购，农民缺粮吃，农村饿死人，能说上级无

① 1958年，吴芝圃在《河南日报》《哲学研究》等报刊发表了《“跃进的哲学”与“哲学的跃进”》一文。

责任？陈纪夫插话说，商桥公社的“五风”，市委是有责任的，其主要错误由市委承担，但也不能说公社执行上边的政策，自己就无事了。就全市来讲，我分管农业战线的工作，农村出现严重问题，我应向全市人民检讨。刘肃正打断陈纪夫的话说，今天是学习陶铸讲话，不需要你检讨。陈纪夫继续说，实事求是地说，公社多属执行市委的决定，大队多属执行公社的决定，但公社和市委各有自己的账。在“大跃进”年代里，下级不跟着上级干是不可能的，只有跟的快一点、慢一点之分，很少有不跟着走、顶住不干的情况，公社和市委也是如此。公社副书记陶拴成说，在中国历史上都是婆婆有理，媳妇受气，反“五风”可能是上级正确，却是基层干部犯错误、受批评。我相信商桥不是“五风”的创造者，漯河的“五风”不会带起全国刮，党中央、毛主席会正确处理基层干部犯的“五风”错误的。

刘肃正在会上说，同志们学习认真，发言热烈，反映的对“五风”问题的认识并非没有道理，看来还有待大家再实践、再认识，进一步把思想统一到实事求是的基础上来，统一到党的方针政策上来，并根据实际情况和党的方针政策，做好反“五风”的各项工作。他说，目前全国开展的反“五风”运动，是人民内部矛盾和敌我矛盾交织在一起的非常复杂、激烈而尖锐的阶级斗争。为此，我们要认真学习毛主席正确处理人民内部矛盾的指示，结合商桥实际，结合每位犯错误干部的实际，正确区分和处理反“五风”运动中两类不同性质的矛盾。我们要吸取历次运动的经验、教训，在对错误事实查清之前，不要急于处理；要把主要问题搞清楚，核实材料，对问题进行处理时要以事实为依据，以法律为准绳；要坚持实事求是的原则，对问题的处理要经得起检查和历史验证；要发扬民主，尊重多数群众的意见，允许被批评者申辩；即使快刀斩乱麻，也要以事实为依据，以法律为准绳，千万不能草率处理。

到 1962 年 2 月，北京召开扩大的中央工作会议，规定原则上不追究县以下（含县）干部“五风”的个人责任。

三个规模较大的批斗会

工作组组长会议下午继续开，各大队汇报工作进展情况和犯严重“五风”错误干部的情况，方法是“一队一议、一人一议”。25个大队汇报完，已是夜里11点，最后定下25个大队的64位犯严重“五风”错误的干部，要求他们自带行李、伙食费、粮票，在大会批斗后去公社集中，由陶拴成、李仁杰带队去市委党校学习。这时刘肃正说，“开了一天会，同志们很累，天也很冷，时间也晚，现在就由纪夫安排工作。”

陈纪夫说，为广泛宣传党的方针政策，深入发动群众批判“五风”错误，经研究定于12月13日上午分别在商桥、李集、刘孟3地召开万人大会，批判犯严重“五风”错误的干部。为扩大教育面，缩小打击面，会议商定，受批判的64位干部，因其错误尚待进一步查证落实，3个会场的负责同志可各选5至7名干部在大会上批判，其余的参加大会后回大队批判。陈纪夫宣布商桥会场有9个大队参加，负责人柏殿邦；李集会场有8个大队参加，负责人张有贤；刘孟会场有8个大队参加，负责人闫天成。3个会场所在地的大队全体干部和群众参加会议，其他大队各派干部100人、群众400人，由工作组带队按时参加会议。对会议批判对象和去市委党校学习的干部由各大队工作组谈话说明情况，要求其认真学习，提高认识，接受群众批评，主动改正错误。大会发言人要认真选拔，充分准备，试讲无误，才能发言。会场要选择好、布置好，要有音响，会标为“漯河市商桥公社批判‘五风’错误大会”。其他有关事宜，3个会场主持人再与会区各工作组商量，逐一分解事项，任务落实到人。

在陈纪夫安排工作后，地委宣传部刘肃正部长说，批判“五风”错误是件大事，同志们要努力做好会前的各项准备工作，把会议开成一个宣传党的方针政策，深入发动群众，彻底揭露“五风”错误，干部接受教育，主动改正错误的大会。

按照公社布置，陈桥划归李集会区，由工作组带干部100人、群众

400人，按时进入会场。大会由陶拴成主持，市委组织部副部长张有贤讲话，被批判的干部20余人站在讲台前边，参加会议的群众按大队划片坐在地上。4位大会发言人分别批判和揭露了5位犯“五风”错误的干部后，陶拴成宣布大会结束，去市委党校学习的干部带上行李去公社集中报到。其中，受批判的有陈桥一位生产队长王 ×，一名社员因被他打伤卧床月余而死去。在生产队群众大会批判之前，我对他说，你工作积极、肯干，斗争坚决，能完成任务，这是大队对你工作的肯定；你的“五风”错误由大队给你承担，但你打人的错误要自己负责，要争取被打者家属和群众的谅解，争取从轻处理。他表示要努力学习，彻底检讨错误。后经法院核实定罪，判了他三年徒刑。王 × 刑满回村年余，又被群众选为生产队长干了多年。

充实公社党委班子成员

在大队发动群众揭露“五风”的过程中，去市委党校集训学习的那60多位干部，对揭发公社党委的“五风”问题态度积极，提供的材料翔实。市委集训班把他们揭发的材料转给公社反“五风”办公室，经汇总后送给刘肃正、陈纪夫批示。材料涉及党委、政府成员和公社干部30余人，其主要问题：一是浮夸风严重。1958年夏粮亩产153斤，经过“反右倾”“反瞒产”，升至306斤。1959年冬，少数生产队食堂缺粮吃，群众饿着肚子，公社党委弄虚作假，在乾勒桥大队用红薯秧、麦糠、豆秆造假余粮囤，骗来郾城县委领导、各公社书记召开参观学习的现场会。那次假余粮现场会，埋下1960年3月桃花雪期间饿死多人的严重后果。二是“一平二调”严重。公社党委为向共产主义过渡，扩大共产主义因素，平调生产队土地6300余亩，大牲畜300余头，耧、犁、车、耙大件农具400余件，房料、砖、瓦、树木、家具、社员房屋、缝纫机和生产队劳力800余人，办起新生、园林、跃进3个农场，扩建机械厂，建公社戏院、食品厂、棉织厂、缝纫厂、砖窑厂和招待所等社办企业。三是生产瞎指挥风。群众批评公社水利建设的瞎指挥风说，商桥的凹地改造，使稻草湖变成米粮仓，这个经验在全国水利会上介绍过，改造后的成果大家都看到了，但是没有坚持这个正确的治水方针，偏要在刘孟到商桥的高地上开挖四级河[①]、挖坑塘，搞那些劳民伤财的坑民工程。四是强迫命令风。1958年秋公社开大队会议，布置3个月扫除文盲，2个月内60岁以上老人全入敬老院，1～3岁幼儿全入托儿所，4～6岁儿童全入幼儿园，7岁以上儿童全入学，按时检查验收，完不成任务分别给予点名批评、大会批判、撤职处分。为完成任务，各大队争相无偿平调社员住房、家具、锅灶和劳动力办托儿所、幼儿园、敬老院。

公社书记柏殿邦因在空冢郭公社的“五风”问题，也被市委通知去集训班学习。此时，陈纪夫要办公室通知闫天成、丁显甫和我回来谈话，他说：“因‘五风’问题，商桥公社的几位书记全在市集训班学习，这里的工作需要有人管，根据工作需要和你们3人的情况，市委研究决定闫天成任商桥公社书记，王守业、丁显甫任副书记，协助闫天成工作。”因谈话很突然，毫无思想准备，闫天成说他身患多种疾病，年纪大，无文化，请求市委另外派人。陈纪夫对闫说：“你的意见我可以给市委讲，但这个决定市委是不会改变的，你就干吧，由他俩给你当好助手。”他还说，因柏殿邦、刘自北去学习班，他俩负责的反“五风”大队的工作需要其他人接手，我由陈桥移到商桥，丁显甫由老官田移到刘孟工作，闫天成驻坡边不动，负责全面工作。在分工时闫天成说，他负责生产救灾，让我分管党务、农业、群团，丁显甫负责财贸、工业、民兵治安、文教等工作。我说，分不分工无所谓，反“五风”由刘部长、陈书记亲自抓，生产救灾由张敏负责，咱把一个大队的反“五风”搞好就行了。在当时的反“五风”中，一切工作由工作队负责，实行没有夺权的夺权，调整后的公社党委班子实际上等于虚设。一直到反“五风”结束，工作队回单位，张敏调许昌地区教育局任局长，闫天成才开始主持公社工作。

---

① 通常中国河网中有一级河、二级河、三级河、四级河之分，四级河是等级最低的河道。

艰苦的生活环境

1960年冬，漯河人民生活困难的严重情况虽有所缓解，但因1958年“大跃进”、公社化运动和1959年的严重旱灾，“反右倾”等造成粮食严重减产、肉蛋类物资奇缺，广大农民生活仍很困难。上级要求反“五风”工作队必须和贫下中农同吃、同住、同劳动，在“三同”中扎根串联，发动群众，揭露“五风”。为执行党的纪律，工作队自1960年11月入村，到1961年7月结束，从地、市领导刘肃正、陈纪夫到全体工作队员，都是每日三餐手提饭罐、碗、筷同群众一起排队，在生产队食堂交钱和粮票，由炊事员打份饭吃。初入村时，有的工作队员一马勺菜汤喝不完，剩下的倒进污水缸里，有群众看见惋惜地说：“饭倒进污水缸里，太可惜了，下次你吃不完，给我吃吧。”当时生活比较好的陈桥大队，虽很少吃馍，但红萝卜[①]糊糊可以喝饱，比后来我驻的商桥南街二队生活好多了。房东刘秀兰大妈对我说，“1960年3月下桃花雪的几天中，生产队无法派人去地里挖野菜，食堂几天不开火，年老体弱的老伴沈保国饿死在床上，那几天生产队里就饿死四五个人。”

工作组去公社开会，每次吃饭都是公社派人去生产队食堂用桶把菜汤提回公社吃，大伙吃完后把钱和粮票交了，由专人收起来再送交生产队。驻公社的刘肃正、陈纪夫，每天和公社机关干部一样，掂着饭罐，拿着碗筷去食堂，和群众一起在戏院改成的大餐厅内就餐。公社反“五风”办公室的同志更艰苦些，他们白天用电话和大队联系，或去大队收集情况，晚上整理汇总材料，次日上午向市委办公室汇报。肚子饿时，他们从市场上买些3角钱1斤（2斤白面钱）的红萝卜，放进茶壶里，用办公室取暖煤火煮熟充饥。开始，同志们不好意思给刘、陈二位领导送红萝卜吃，后来大家说领导一样吃菜汤，一样饿肚子，就让通讯员给他俩送点去，不吃再拿回来。刘、陈吃过后，就在肚子饿时多次去前院办公室吃红萝卜。

① 即胡萝卜，河南方言称胡萝卜为红萝卜。

有时刘肃正、陈纪夫也讲些战争年代艰苦奋斗的革命故事，激励大伙吃大苦，耐大劳，努力工作。在一次吃红萝卜时，李孟现问陈纪夫："这红萝卜咱还得吃多长时间，啥时候咱能吃上火烧呢？"陈纪夫说："李孟现，你不是为吃上火烧来反'五风'的吧？吃火烧这个目标太低了！"他接着说，"中央'十二条'指出，恢复农村集贸市场，允许社员经营自留地和家庭副业，养少量猪、羊、鸡、鸭，说明中央开始纠正农村问题。全国反'五风'，大办农业，大办粮食，都是为了发展农业生产，增产粮食，改善群众生活，不用几年时间，咱这伙人和全市人民一样，就会有吃不完的火烧了。"

农历腊月二十八，接市委办公室电话通知说，地委通知各公社可恢复机关食堂。接到这个简短的通知后，当时的公社干部就像天上掉下馅饼似的高兴。公社把炊事员请回来，中午便在办公室取暖的煤火上做面条吃。春节过后，地委工作组入村，刘肃正和张敏继续主持反"五风"，他俩和公社干部一样，一日三餐去伙房和同志们一起就餐，从不允许另安排饭吃。

艰难的经济退赔工作

经济退赔工作是纠正"五风"错误的重要环节，也是广大群众的迫切要求。春节过后，工作队按照党的"谁平调，谁退赔，平调谁的退给谁。原物在的退原物，原物不在合理作价赔偿"的政策，宣传发动群众积极参与经济退赔工作。为做好此项工作，大队和生产队通过民主选举，建立经济退赔工作小组，具体负责平调社员物资的申报、登记、核实、作价、计算、退赔、兑现等工作。开始作价时，大队与大队之间、生产队与生产队之间差距很大，且普遍偏高，后来公社搞了个平调各类物资的价格表，发给各大队参照执行。但公社作价有些偏低，群众有意见，经过解释，还是执行了。公社规定，平调生产队土地每亩300 ~ 400元，骡、马每头300 ~ 400元，牛、驴每头100 ~ 200元，犁、耙、耧每件20 ~ 30元，扒社员瓦房每间60 ~ 90元，草房每间

30 ~ 40元，树每棵20 ~ 40元。按此价格原物退赔后，商桥还需作价退赔给群众现款14万余元，其中公社应退赔13万元，是公社办3个农场、机械厂、学校、牲畜配种站、搬运队等占用土地1900亩，公社盖戏院、建场（厂）房扒社员700间房的砖瓦、房料、门窗，平调树800棵、大牲畜50头、牛（驴）40头、大件农具130件、劳动力360人、群众铁锅1.2万口等的折款，相当于公社44名干部4年的工资。这13万元公社无从筹集，只得向市委写了报告，请求帮助解决。直到当年5月，国家拨出专项资金，给群众的退赔款才得以兑现。

商桥公社的经济退赔工作是张敏和臧金聘二人负责的，他俩商定后，公社秘书电话通知平调单位的3个农场、供销社、机械厂、社办中学、综合厂、食品厂、搬运队、配种站、被服厂、棉织厂、招待所等单位的负责人开会，向他们通报需退赔物资的名称数量、退赔的办法与时间，然后由税务所会计周占标汇总向市委办公室汇报。

健全基层领导班子

3月初，市委工作队负责人张敏主持召开工作组长会议，研究健全大队和生产队领导班子问题。他说，建好基层领导班子，使党、政、财、文和群众的吃饭大权牢牢地掌握在广大贫下中农手里，是反“五风”的重要目标，也是广大群众的迫切要求，工作组要努力做好此项工作。会上大家认真讨论了选任干部的条件、选举方法、注意问题等。

商桥大队在发动群众、依靠群众民主选举大队和生产队领导班子时，先选大队干部，后选生产队干部，先党支部，后行政，再到民兵、青年、妇联等组织。在选举过程中，充分发扬民主，尊重多数群众的意见，相信群众能够选出他们信得过的领导干部。大队党支委和管委会成员实行无记名投票选举，生产队干部实行举手表决的方法选举。

选举前，大队分别召开党员、干部和群众会议，说明反“五风”后期健全领导班子的重要意义，大队和生产队干部应具备哪些条件，怎样实行民主选举，应注意哪些问题等，把干部和群众的思想认识统一到党“德才兼备”的干部政策上和民主选举领导班子的高度上，使其积极地参加民主改选领导班子。这时工作组成员分别深入生产队的党员、群众中去，了解他们对大队原党支委和管委会成员的意见，让其提出候选人建议名单，供大队研究参考。接着大队召开党员会议，选举支部委员。在说明议程、支部报告工作后，主持人讲民主改选支委的方法，同时宣布候选人条件：一是贫下中农，历史清白；二是政治思想进步，工作积极肯干；三是立场坚定，对敌斗争坚决；四是作风民主，密切联系群众；五是没有严重“五风”错误，或虽有严重“五风”错误，但已改正，为多数群众所拥护。选举实行无记名投票，每个党员均可选举5名候选人（超过5名为无效票）。当时大队有党员26人，参加会议22人，得票过半数为当选。当选支委不足5名者，补选差额。选举很顺利，党员和群众很满意。原支委5人，其中3人连任，2人落选。支部书记李付银虽有严重“五风”错误，但已改正，被多数党员拥护当选。

大队管委会成员选举时，首先，要让社员知道设几个管委成员，条件是啥，以便从众多提名中比较筛选出候选人。其次，每5户选一名代表，出席大队选举管委成员会议，但大队管委成员候选人必须是当选代表。全大队570户，选出代表120余名。最后，大队召开代表会，等额民主选举大队管委9名成员，分别任大队长（1人）、副大队长（2人）、财会主任及民兵治安、民事调解、文教卫生、青年和妇联委员。

生产队选举，先让群众讨论干部条件并提出候选人，然后召开社员大会，由群众民主选举队委成员。生产队委会成员7人，分别是生产队长、副队长、农业股长、会计、保管、民兵连长、妇女队长。

最后的选举结果是：原大队长落选，原8名生产队委有2名被选为大队干部，3名当选，3名落选。选举过后，大队党支部、管委会和生产队委会在总结经验教训的基础上，制定了干部学习、参加劳动、民主理财、改进作风、关心群众生活等制度。

反“五风”的后遗症

1960年冬开始的反“五风”运动，是高举“总路线、‘大跃进’、人民公社”三面红旗进行的。时任漯河市委第一书记于庆义传达省委禹县会议精神时说，目前农村出现的问题是天灾、人祸加敌人的破坏造成的，是阶级斗争的反映，我们应集中力量开展这场政治斗争。事实上，“五风”错误主要是持续三年“大跃进”，连续批判“右倾”保守思想，急于向共产主义过渡的“左”的指导思想造成的，并非主要是阶级敌人的破坏造成的。由于错误地认为农村的“五风”问题是阶级斗争的反映，是少数基层干部胡作非为造成的，因而在反“五风”中，对基层干部的“五风”问题看得严重了，批判斗争和处理的面大了；上级承担责任晚了，致使大部分被批斗或受处分的干部产生了一些怒气、怨气。他们说，1958年西平县小麦亩产7200斤，是《河南日报》大字套红带头吹起来的；1959年全省批判省委书记潘复生“右”倾保守思想，搞“反瞒产”“高征购”，继续推进“大跃进”，使得“五风”越刮越大；到1960年春群众无粮吃，公社向市委汇报，市委向地委汇报，省里既不给粮，也不派人调查群众的生活状况，饿死了人，还批评基层干部是见死不救的官僚主义，并要抓、杀、判，给予处罚。

原公社书记柏殿邦在特训班半年，出来几个月后安排到商业局工作；副书记刘自北从特训班出来，调孟庙区委任副书记，对于在反“五风”中多次被批判斗争想不通，不去上班。他找刘肃正谈心说，这几年“大跃进”，公社执行上级政策，为完成任务，不计较个人得失，到头来落个犯严重“五风”错误，就是想不通，副书记陶拴成从特训班回来，市委组织部通知他任商桥区委副书记，他因对被批判有意见，回家住，不报到。闫天成要我代市委通知他回来上班，他说，我住半年多监狱式的特训班，把身体搞坏了，等我身体恢复后再去上班，公社干部党砖头，1949年秋就在商桥区工作，因“五风”错误被批判后，他一气之下回家不再工作，公社组织委员李孟现多次登门做工作，他坚持回党湾村务农。当时，在反“五风”中受到批判斗争的公社副书记靳丙荣，副社长杨盘根、王发曾，财贸书记马金殿，武装部部长陈洪欣等很多同志的问题，都是 1962 年 3 月郾城县委（1961 年 11 月郾城县、漯河市分设）召开扩大干部会议，传达扩大的中央工作会议精神后才得到了解决。

郾城县委书记处书记、县长陈纪夫代表县委总结经验教训时说：“郾城县的‘五风’错误由县委负责，我分管政府工作，农村出了问题，应由我负责，我向全县人民检讨。公社和大队执行县委规定、计划、任务犯的‘五风’错误，均不承担责任。受了党纪、政纪处分的要进行纠正，没有安排工作的要抓紧安排，降了职的重新安排相应职务。”陈纪夫还说，对个别犯有包庇坏人、乱搞男女关系、贪污盗窃公款公物、打骂群众错误的，不在此限，因为县委从来没有说让干这些坏事。

参加县委扩大会议的同志认为，中央领导对“大跃进”以来的错误作了比较认真和实事求是的总结检查。虚心听取下边的意见，勇于承担责任，使同志们很受教育，很受鼓舞，思想认识有很大提高。大家心情比较舒畅，普遍反映说，毛主席对党的工作错误承担了责任，刘少奇、周恩来、邓小平分别代表党中央政治局、国务院、中央书记处作了自我批评。县委书记处书记、县长陈纪夫为公社、大队干部的“五风”错误承担了责任，咱没有啥话可说了。纷纷表示，要认真总结经验，吸取教训，振作精神，积极工作，全心全意地为人民服务。

选自 2013 年 12 月《漯河文史资料》第二十辑

知青工作

回顾郾城县“知青”工作

王子敬[①]

我县于1968—1978年先后从郑州、平顶山、漯河及本县共接收安置下乡知识青年5975人，国家财政拨发安置经费约300万元。1971年前，我县下乡知识青年工作没有专门管理机构，当时是县毛泽东思想宣传站（在现文化局院内）代管。各公社有的是民政助理员代管，有的是文教助理员代管。每到知青下乡时，根据接收人数选定几个公社，然后由县、公社、大队、生产队逐级往下分配。有的是零星插队，有的是三五人，最多六七人一个小组插队。

1971年初，县革委决定，成立知识青年上山下乡领导小组，下设办公室。我被抽调组建知识青年上山下乡办公室（简称知青办）。当时知青办没有专门办公地方，是和毛泽东思想宣传站合署办公。1972年县委机构调整，知青办又和县计划委员会合署办公。1973年机构再次调整，知青办又和民劳局合署办公，直到1975年知青办单列办公为止。

在县知青办最初成立一两年内，知青办干部和漯河市（现源汇区）所派的带队干部多次组成检查小组，对全县知青工作进行了比较全面的检查。从检查中发现，知青工作主要存在以下问题：

1. 教育不到位。当时正处于“文革”期间，社会思想状况混乱，加之没有专门管理机构，所谓知青教育工作只是停留在宣传口号上，没有任何具体措施。知青到农村，插队小组自立小伙，一日三餐，干活劳

① 王福臣，原名王子敬，出生于1931年3月，河南省郾城县新店镇堤子王村人。幼年时在村小学读书，后外出逃荒要饭。1946年参加游击队，1948年9月参加县大队，1949年4月参加中国人民解放军。先后两次在北京南苑军校和武汉空军学院学习。1958年3月因“反右”扩大化受冲击，1962年平反转业。曾在郾城县知青办工作。1991年离休。

动，吃饭睡觉。零星插队的固定在某一农户家庭搭伙吃饭，随农民一起上工劳动。除农民和劳动本身给他们以影响外，学习教育无从谈起。知青中广泛存在着“读书无用”的论调，认为反正是下乡当农民，学不学习无所谓。这种思想的负面作用极大，也最难以纠正。

2. 经费使用混乱。每年知青下乡时，代管单位都要向县财政分公社报告下乡知青人数，县财政按有关公社接收安置下乡知青人数拨付安置经费。公社按有关大队接收知青的人数付给当年的口粮款和安家落户所需的锅、碗、瓢、盆及镰刀、锄头等生活、生产用品经费。如此层层拨款，却只是一拨了事。至于经费使用情况，谁也说不清楚，更无账可查。同时，这种撒胡椒面的分散的拨款方式，也很难发挥资金使用的有效作用。

3. 分散插队，管理无序。有的两三个女知青住在牲口院或烟炕屋里，有的甚至住在废弃的砖窑洞里，土垒的小锅台，烧的是柴草，做饭时烟熏火燎，弄得满屋子狼烟洞地，呛得喘不过气来。有的女知青时不时地往城里跑，剩下的也胆小害怕，常常吓得不敢睡觉。更重要的是安全方面存在隐患。检查中还发现有的知青拦路截车，甚至殴打司机。凡公路附近住有知青的地方，几乎都发生过此事。诸如李集公社的颍河桥上、砖桥公社的前谢、新店公社的薛庄、前丁和大刘公社的大陈等路段，被过往司机视为恐怖地区。

如前所述，我县下乡知青中存在的这些问题，在其他县、市中也不同程度存在过，各级领导也都意识到了知青工作的严重性。因此，从县到地到省一直到中央国务院，都相继成立了领导小组及其办公室，都在探讨如何做好知青工作。1971 年秋，许昌地区知青办组织各县知青办人员到郏县“广阔天地大有作为人民公社”（毛主席批示过的地方）和许昌县四新、魏庄等地参观学习。

“广阔天地大有作为人民公社”的做法是“三集中一分散”，即吃、住、学集中，分散劳动。知识青年的口粮由各生产队统一交知青点，知青到户口所在队参加农业劳动。四新大队的做法是：生产大队统一调整土地，组建单独核算的知青生产队，选派贫下中农代表当队长，集中生产，集中生活，集中活动，制定各项制度。通过贫下中农代表实现对知识青年的再教育，这样就克服了分散插队的诸多弊端。魏庄大队由于种种原因，对不具备建立知青队的知青以生产大队为单位，统一调整住房，统一组成插队小组，集中到户口所在生产队参加劳动。这样也避免了分散插队的一些问题。

通过参观，地区知青办要求，各县知青办结合自身实际情况，提出本县的具体意见。地区知青办认为这三种形式各有特点，并在各种不同的会议上多次强调推广，促进了知青工作的有序发展。

通过对“广阔天地大有作为人民公社”等单位的参观学习，针对我县知青工作中存在的问题，县知青办认真研究并报请县革委批准，采取了如下措施：第一，对有条件的生产大队，组建单独核算的知青生产队；第二，对条件不成熟的大队，采取相对集中（10 人左右）的插队小组或“三集中一分散”的知青点。1971 年冬至 1972 年春，我们先后在新店公社的薛庄、老窝公社的千刘等组建了 17 个知青队。经过一冬一春的努力，这 17 个知青队的吃、住、学、劳等基本走上制度化、规范化道路。在此基础上，对零星插队作了限制性的规定：第一，必须是投亲靠友，否则，不许零星插队。这样，不但保证了知青队的人员集中，而且保证了安置经费的有效使用。第二，凡组建知青队的大队，都派带队干部。除此以外，从 1973 年开始，还实行了县直各局委包队的办法，把知青工作的管理由单一的生产大队改变成为城乡一体化管理。第三，物资上的支持。办公室除向县革委请示批些木材、用煤和一年一度的化肥支持外，还向地、省等上级部门请求支援。这样上下结合，四年中 2 次用火车调运煤炭 2000 多吨、木材 200 多方。这些物资都由知青办统一付款、统一调运、统一分配。1974—1975 年间，县里先后 2 次给知青队分配了 2 台“东方红”链轨拖拉机、8 台洛阳拖拉机厂生产的 40 型胶轮拖拉机。办公室经过多方努力又从漯河车辆厂弄了 5 个拖斗车，分给青年队。第四，资金有保证。1971—1974 年，这 4 年间共接收了 3546 名知青，这 4 年的安置经费（包括 1970 年前节余的 30 多万元）将近 200 万元（安置经费标准为 1971 年前每人 600 元，1972 年、1973 年每人 500 元，1974

年每人400元）。

为了稳定知青思想情绪，促进知青工作更好开展，我们还提出，包队单位在力所能及的情况下，对其所包知青队给以物质支援，并尽可能地给以经济支持。由于这一措施的推出，很快由3515工厂承包的新店公社的周庄知青队，利用该厂生产皮鞋的下脚料作原料，在厂里派的技术工人的指导下，建起了加工生产皮胶的作坊；由轻工局承包的李集公社后李知青队，在县知青办协助下，买了一台18型车床，给县机械厂、农具厂加工配件；由器材厂承包的召陵公社李付吴知青点，利用废铝作原料，加工铝盆、铝锅。也有知青队自办的企业，如老窝公社穆杨知青队搞的编席业、支毛陈知青队和新店薛庄知青队先后搞的运输业。所有这些知青队（点）的副业生产，在1974—1975年前后都初具规模，其收入平均每月已达到200—300元。

经过几年的努力，我县知青安置工作已初见成效。到1974年，郾城县共组建知青队54个，共安置下乡知识青年4047人。知青工作搞得有声有色，先后培养了诸如养猪姑娘孟秀云、冲破封建习俗和农民结婚的孙梅芝、学习毛主席著作积极分子王玉梅等下乡和回乡知识青年的典型人物，并先后在《人民日报》《河南日报》发表他们的先进事迹。其中王玉梅的事迹在全国29家省级以上报纸转载，影响很大。

1974年12月20日，根据上级指示，我县召开了首届上山下乡知识青年积极分子代表大会，会期4天，与会人员500多人。县革委对这次知青积代会非常重视，连续开了几次准备会议，抽调干部总结经验，选写先进材料，拨款14000多元。大会准备的奖品有：柴油机5台、化肥3吨、架子车30辆、品种猪10头。此外，还给每个出席大会的积极分子颁发了奖状、纪念品。各公社专干、各单位带队干部等列席了大会。

由于郾城知青工作成绩比较突出，会前省革委主抓知青工作的副主任雷任远同志单独接见了我。这一天上午，雷主任派小车把我接到他的办公室。我向雷主任简要地汇报了我县知青安置情况后，雷主任询问了几个典型人物的情况，特别是对组建知青队情况问得尤为详细。我都照实一一作了回答。这时，雷主任告诉我，省里也要召开知青积代会，并决定让我县在大会上发言。1975年元月，河南省首届知青积极分子代表大会在郑州召开。会上，我县革委会副主任就我县知青安置工作做了经验介绍。接着，养猪姑娘孟秀云就个人的先进事迹在大会上发了言。孙桂芝、王玉梅两人的先进材料，在会上作了书面交流。

1975年4月15日，国务院知青办在我县召开下乡知识青年座谈会，参加的人员有：国务院知青办张伟同志，还有个姓左的同志，省革委副主任、省知青领导小组组长雷任远同志，许昌地区知青领导小组佟庆言同志和地区知青办王天明同志，县革委生产指挥组组长赵根起同志和我。下乡知青10人，他们分别是：夏秋玲、张胜利、冯雪云、张振元、谢翠英、安建国、刘文斌、张凤仙、毛国才、周玉民。

座谈会上，知青代表也都先后发言。

座谈会由赵根起同志主持，国务院知青办张伟同志在座谈会上讲了话。他们的发言归纳起来有以下几个方面：一是对我县将分散插队知青组织起来集中建立知青场、队、组的做法表示肯定，认为这样做避免了许多弊端。知青拥护，家长也放心。二是对权贵人物走后门招工不满意。他们反映，过去是“朝里有人好做官”，现在是“官场有人好进城”。出身于普通市民和工人家庭的知青，在官场中没关系，要想被招工，真是难上加难。三是经济困难。知青在青年场、队、组劳动，一年下来只够吃的，连个理发钱都没有，要回家看看，还得向父母要路费。另外，有的大队干部或农民代表总想占知青队的便宜，利用和知青的关系，向其所在单位索要财物，把知青当成一块肉，谁都想咬一口。

我县从郑州、平顶山、漯河及本县接收安置下乡知识青年累计5975人，除招工、参军、选干、上工农兵大学和因病返城等1610人外，到1979年止，在乡知青还有4365人，其中党员31人，团员856人，担任生产队以上干部的416人，担任民办教师、赤脚医生、记工员等443人。有9人与农民结婚。他们分散在13个公社76个大队。具体情况为：独立核算知青队54个2784人，三结合知青点15个420人，插队知青组89个469人，知青农林场4个244人，零星插队知青258人。到1981年随着全国知青大返城的高潮，我县所有（4365人）知青也全部返回城市。至此，这场轰轰烈烈的知识青年上山下乡运动完全结束。

十年知青工作，我见证了郾城县知识青年上山下乡的全过程，不论在工作上或个人命运上都经历了坎坷、经受了磨炼，体味了其中的酸、甜、苦、辣。成功也好，失败也好，对我来说都是刻骨铭心的记忆。

选自 2007 年《漯河文史资料》第十五辑

带领知青下乡的日子

韩振山口述[①] 阎书华采写[②]

"带队干部"是人们对带领知识青年上山下乡干部的特定称呼。

在那场史无前例波澜壮阔的知识青年上山下乡接受贫下中农的再教育运动中，我曾经获得过这个光荣称呼。这个称呼让我吃尽了苦头，作尽了大难，至今还刻骨铭心。

漯河市的知青上山下乡运动始于1968年12月，止于1979年12月，和全国步伐一致。那时是每年年底高、初中生毕业一批下乡一批，连年不断。我带队是1975年12月，差不多是全市上山下乡的尾声了。当时我正任饮食服务公司人事科长。服务系统子弟此前年年都有人上山下乡，但都是随所在学校下去的，随父母所在的服务系统下乡，这还是第一批。

接市知青办下达给饮食服务公司的知青下乡任务后，公司党总支立即按照毛主席"要说服城镇干部和其他人，把自己初中、高中、大学毕业的子女送到乡下去……"的号召，动员了76名职工子女报名，并收缴了户口本、粮本。同时，动员党员干部报名带队。我是人事科长，兼公司革委会副主任，是这次组织下乡的直接牵头者，自觉责无旁贷。再就是党多年"哪里需要哪里去，哪里艰苦哪安家"的教诲，早已渗透灵魂，成了我人生的坐标。还有当时家喻户晓、人人耳熟能详的"农村是一个广阔天地，在那里是可以大有作为"的召唤，更坚定了我的意志，

① 韩振山，1934年农历二月出生，河北省定州市人。曾任漯河市饮食服务公司人事科员、科长、工会主席、门店书记、经理等。

② 阎书华，1934年出生，河南省郾城县人。1951年省立郾中毕业参加抗美援朝志愿军。曾任军委总政文化部文化教员、商务印书馆俄语资料员，漯河市商管委科长、经济师，中国商业企业管理咨询顾问。

所以我毫不犹豫地报了名。

市委组织部得知我报名带队的消息后，很不情愿，认为像我这样踏实肯干、忠于职守的人事干部一时难以找到称职的替身，所以舍不得让我走。虽一再说服，可看我去意已决，也不好加以阻拦。当时公司领导在报名干部中指定的人选，有的临时打了退堂鼓，出于无奈，只好批准我带队了，和我同时带队的还有一位门店女主任。

我们下乡的地方是舞阳北部的北舞渡公社，在濒临泥河的北部称为泥河洼的地方，给我们划拨了200亩地。这里原是沙河的一个蓄洪区，平时不种庄稼。离此最近的贾湖、泥河王、梨园刘、尚庄几个村庄，也有四五里地远。

我听说这里是一片荒地，没敢贸然把全部人员带去，选了20名精干作为建场的先遣，于1975年12月1日背着行李来到了这里。

面对这片前不着村后不着店、荒无人烟的广阔天地，我的脑子也和眼前的景色一样倏然成了一片空白，真是老虎吃天——无从下口。要在这片住无房、吃无粮、饮无水、花无钱的荒原上安家落户，真是名副其实、不折不扣的白手起家。我们到来的时候正是北风呼啸、漫天飞雪、滴水成冰的寒冷季节，这里的艰难困苦程度完全超乎我的想象。和我同去带队的那位女同志可能被吓坏了，不到10天就借故回城了。剩我一个人又不能扔下这些青年不管，别无退路，只能自己给自己打气：没有过不去的火焰山，硬是硬着头皮咬紧牙关留了下来。不久，公司又派了漯河饭店的常振宇书记来与我共挑重担共渡难关。

公社给我们送来了2顶帐篷，当晚先来的20名男知青就分别住了进去。公社还为我们送来了一些玉米面，附近庄上的乡亲支援了我们一些庄稼秸秆，我们挖起地窖支起锅灶，从泥河挑来了河沟水，一日三顿玉米馍、玉米汤。

先遣队的主要任务就是迅速建起住房。我当时两手空空，身无分文，只好向公司下属门店求借。许多门店大都有知青子弟，所以都能慷慨解囊，先后向门店借了2000余元钱。不过这些钱也没让门店白出，后来都在公司账面上偿还了。我们用这些钱购买了建材，这批木材是舞阳县用于救灾的物资，原价千元一方，以90元一方的优惠价卖给了我们。附近农村各家各户支援了我们许多砖瓦。公社派来了10多位老农做技术指导。我们用大约2个月，建起了2栋能容纳百十来人的砖瓦房，还有一大间厨房，在房前打了一口压水井。开春后，暂住在家中的50多人来到了场子，包括一年后的1976年12月来的第二批，总共124人，刚巧男女各半，一所大房分住62人。我和老常住在2栋房中间隔出的一间小屋内，宿舍兼办公室。先后两批百多人的床铺，都是公司按数支援的简易小木床。我们给自己的场地取名为青年场。

第一批学生入住时，虽已过了春节，但依旧是春寒料峭，孤零零的一排简陋住房，挡不住旷野四面八方袭来的寒风，屋内没有取暖设备，睡的是小木床，点的是煤油灯，吃的是缺油少菜的玉米粗茶淡饭。这些在家里住惯了安乐窝，吃惯了现成饭，有生以来在父母精心呵护下成长起来的十七八、二十刚出头的孩子们，新来乍到，像一下子从天上掉进了冰窟窿，一时很难适应。先是徐凤莲号啕大哭，她的哭声引起了连锁反应，满屋女孩子跟着哭了起来。不过她们的哭叫只能是无奈的宣泄，经过我们的劝说安慰，很快也就安定了下来。因为知青大部分是高中生，少部分是初中生，他们通情达理，明白这场上山下乡运动是大势所趋，把这里的广阔天地看作是磨砺意志的试炼场。后来的种种表现证明，他们个个都是服从分配听从指挥，自觉遵守纪律，朝气蓬勃，非常非常可爱的孩子。

春耕开始，公社给我们派来了10名老农指导生产，我们首先开辟了10亩菜地。当时化肥尚属紧缺物资，公社为我们组织供应了一批化肥，加上厕所储粪池中的粪便，水肥充足，我们不久就吃上了自种的蔬菜，为我们的一日三餐增加了营养。天天玉米面做主食，孩子们胃口不适应，引发了一些消化不良、腹胀反酸等胃不适，经县知青办调剂，用玉米面换了一批白面。

同时，在沟沿、地头、房前屋后种上了数千棵树苗。这些小树在通风、日照条件优越的旷野中很快拔高抽枝开花生叶，在3年之后我们离开时，都已经绿树成荫，为这片不毛之地增添了勃勃生机。

我们来时已错过了冬小麦播种季节，接下来，只能播种秋季作物。开始，我们没有机械设备，只能用最原始的生产方式，人拉犁耙翻地，手撒脚踏播种，肩挑背扛运输。“庄稼活不用学，人家咋着咱咋着。”孩子们不辞辛劳，勤学好问，干起活来精力充沛，热火朝天，在老农的带领下，种了大片大片的玉米。根据泥河洼受沙河冲刷留下的沙质土壤特点，还种植了红薯、花生、西瓜、香瓜等。作为蓄洪区的泥河洼，等于闲置多年的晒旱地，土质肥沃，略施薄肥，庄稼即长势良好。所以，我们的秋收作物产量大大超过了那些靠挣工分干劲不足、出工不出力的生产队社员们的产量，苞谷亩产达到了七八百斤。

瓜熟季节，需要日夜看守，我把铺席带到瓜地，天天值夜。没有让孩子们看守，一来是他们胆小，二来是怕年轻人睡得实，让偷瓜人钻了空子。我们的瓜多得吃不完。

自此，我们不再吃公社拨给的国家供应粮。玉米自食有余，我们用卖玉米的钱买回了细粮，改变了初来时让人吃得倒胃口的玉米面的单调饭食。

秋收完毕，接着不失时机地播种了冬小麦。小麦同样长势喜人。夏收季节，孩子们的热情很高。头天晚上布置完分点包干收割任务后，第二天天亮，我去喊他们起床，谁知竟是满屋空空，到地头一看，他们分片的麦地几乎都快割完了。远远望到那一排排弯曲的身影，我禁不住鼻子一酸：多么可爱的孩子啊！他们中大都是第一次握镰，手磨出了泡，也不叫苦，不请假，一直坚持到夏收完毕。

麦收后，我们有了充足的细粮，当城市居民还在执行着每月 27 斤的定量，按 70% 比例购买细粮，称粮下锅，家庭成员实行分餐的时候，我们可以敞开胃口吃个肚儿圆。正因为如此，逢年过节回家探亲，尽管我们没有严格的日期限制，可是，因为家里没有他们的口粮，他们也不愿跟父母妹弟分食那点有限的饭食，早早就返场了，青年场成了他们的第二个家。

为了改善生产、生活条件，多方寻找挣钱门路。进场的第二年，我们在北舞渡街面上租赁了一座二层楼的门面房，办了一个照相馆。公司国营照相部赞助了照、洗、放、修全部照相器材，公司出资购买了相纸、药水等用品。我们派了 7 名青年由照相部代培 3 个月，担任技术人员。照相馆开业后，国营照相部还派了技术高超的王英才老师和一名女技工坐镇操作近 2 年之久，照相业务异常红火。

还有，我们种的菜吃不完，拉到北舞渡集上卖。因为我们的菜价低于生产队，包菜、黄瓜、韭菜及各种时令青菜都是几分钱一斤，常常很快就卖完。我们的玉米以 8 分钱一斤的最低价卖给了服务公司的饭店作原材料，不收粮票，也等于对曾经资助过青年场门店的回报。

我们有了余钱剩米，有了不受油票、菜票、肉票等限制任意购买油、盐、酱、醋的自由。另外，用我们充足的玉米、蔬菜加上剩汤剩饭，我们还圈养了 20 口肥猪，可以隔三岔五给大家改善一下生活。

我们用照相、粮、菜赚来的钱买了大拖小拖、4 匹骡子、收割机等，机械化的生产工具和畜力，大大地减轻了青年们的体力劳动。

我们有较严格的财务管理制度。建场后，公社给我们派了一位老农杨青业担任会计，知青徐淑敏担任出纳。一切收入统交财务，大项支出都由带队干部与财务人员共同议定。我作为一个带队干部，100 多个青年的领头人，除了管理上必要的发号施令外，我一向严于律己，没有给自己任何特权。上级规定带队干部是一年一轮换，所以唯有带队干部户口没有迁离市区，能够按月领取粮票，领取工资。尽管我与下乡知青坚持做到了同吃、同住、同劳动，有我的一份劳动所得，但我照付饭钱、粮票。按当时的伙食标准，我每顿是 4 毛饭钱、4 两粮票。每月 51.5 元的工资，付出 30 多元的伙食费后，所剩无几。

我不仅没占过公共劳动所得的一分一毛，相反，以我多年人事科长的人脉、公司革委会副主任的身份和我踏实做事、诚实待人的性情品格，争得了公司、门店、舞阳县知青办、北舞渡公社多方的财物支持。其间，一位知青的病死，给大家的教育不浅。入场的第二年，女知青万梅香患了红斑狼疮，需要一大笔治疗费，紧要关头，县知青办及时出资 1000 元，我亲自带她到她姐夫所在地武汉最好的医院医治。只可惜，虽经我们的多方努力终未留住这条年轻的生命。但是从这次事件中，大家深深感受到了知青办、公司、公社多方面对青年们的关爱、温暖，特别是公司多年中给予的援助，更加加深了他们对公司的感情，加深了对带队干部的依赖和信任。

在我刚刚入场白手起家的最困难时刻及以后紧急需要时刻，这些领导、单位给予的雪中送炭的帮助，使我感受到我不是孤军作战，我有强大的后盾，这种强大的后盾，给予了我战胜艰难险阻坚持下去的勇气和信心。我个人这种协调各方关系的作用，公司找不出第二个人可以代替。我的搭档常振宇也是一位有多年基层工作经历，文化不高，善于埋头苦干，不善空头说教的老同志。所以我们没能按照一年一轮换的规定回城，而是一年又一年地一直到最后。我以自己的行为在孩子们心目中建立起来的威望、父子般的情感，把我们紧紧地捆绑到了一起，使我们谁也舍弃不了谁。

谁都知道，青年时期是性格最不稳定最易受外力诱惑、缺乏自制自律能力的青春不成熟期，在校时有老师、家长的监督关照，现在脱离了学校、家庭，我们带队人就成了集师长、家长双重职责于一身的监护人。

在刚刚建场，天天如是的玉米面家常饭、碗里不见荤腥的时日，大人们都难以忍受，何况孩子。于是有 3 个男孩相约，在附近村里偷了 3 只鸭子煮吃解馋，结果被老乡找上门来，我们照价赔了 3 只鸭钱，令肇事人当面向老乡作了赔礼道歉。

为了加强青年的教育管理，建场第二年，公社给派来了一名教师鹿进华。鹿老师是北舞渡鹿店村人，郑州师专肄业后，担任初中民办教师多年，进场时 30 多岁。他主要负责文化课的辅导和业余文体活动的管理。为了不使学生们在劳动中丢弃原来学到的文化知识，每晚有 1 个多小时的文化课。学生们自带在校时的语文、数学课本，以自学为主。鹿老师负责解疑，因人施教，适当布置作业。后来的事实证明，这段对文化知识的巩固，对他们返城后的工作还是有所裨益的。

农业生产对季节的要求，不可能像在校时的一周一休，而是忙时不休少休，淡季雨雪天多休。因当时生活条件的贫乏，文娱活动比较单调，公司支援了一对篮球栏，业余时间除了打打篮球，就是打打扑克、下下象棋，间或自发组织唱唱革命歌曲和样板戏。

鹿老师进场后，因为错过了民办教师转公办的机会，一直没有固定工资收入，在场内只能挣个个人的吃住，无力顾家，家里的几个孩子全靠妻子生产劳动所得供养。他入场后，除辅导文化课外，白天完全和我们一起劳动，用他的无私奉献，赢得了青年们的敬重和爱戴。

场里设立了一间简易的卫生室，派了2名知青，经公社卫生院半年培训，负责青年们的日常保健，头痛脑热、感冒发烧小小不适的打针、吃药，小小不言的跌打损伤的包扎处置，医疗费用全由场内收益包干，稍大些的病症到公社卫生院治疗。不过，正成长发育期的青年，抵抗力较强，除了万梅香那一例不治之症外，几年内没有大病发生。

哪里有青年哪里就有谈情说爱，自然规律谁也无法抵挡。按知青办规定，两年内禁止恋爱结婚。这两年中，这帮孩子真的十分听话，是否有暗恋的无法得知，但公开恋爱的却一个也没有发现。两年后禁令解除，有六七对场友变成了恋人，这几对在共同的劳动生活中建立起来的恋情，在返城后都先后开花结果，成家立业。

值得庆幸的是在我们建场的几年中，靠老天的惠顾，算得上风调雨顺，无大灾害，加上青年们的劳动热情，机力、畜力的帮助，我们夺得了一年又一年的丰收。小麦的亩产量也达到了六七百斤，远远超出了当时生产队普遍三四百斤的产量。靠着广大青年与带队人的密切配合，同心协力，多年没闹出什么乱子。我们的青年场成了全县知青点的先进典型，荣获了奖状。同时，受到了县知青办的特殊照顾。他们曾经将办公经费结余的7万元，拨给了我场6万元，这在当时是一笔相当可观的奖赏。

1979年9月，在全国知青返城的大潮中，我们也回到了漯河市。原去时的124名知青，除去病逝的1名，1977年和1978年两次招兵参军的7名，招工的2名，剩下的114人，完满无缺地回到了城市，回到了父母身边。我们曾经苦心经营的青年场至此圆满完成了它的历史使命。

返城后的知青全都得到了妥善安排，一大部分被公司安排到了他们父母所在单位成了正式员工，一小部分机遇好的进入了更好的行政事业单位。其中有：巴庆俊，他的父亲巴文志是饭店的书记、老党员，在动员职工子弟下乡时，率先垂范先把自己高中毕业的小儿子庆俊报了上去。回城后庆俊进入了市政府办公室，靠着自己的才干，日后升任了办公室主任；杨泽宇进了石化集团，后来当上了党委书记；赵秀菊入了郾城县公安局后任警官；刘艳华进了市中行；张桂枝进了市工行；张付军进了第一造纸厂，后当了厂长；王建军进入公司后，任党办主任、公司副总兼商城宾馆经理，等等。按规定，他们下乡年限都计入了他们的正式工龄。

这些有知识经过下乡锻炼的青年，在走上工作岗位后，都能精勤执业，忠于职守，成了行家里手，骨干力量。

我与这帮小青年在近 4 年同甘共苦共患难的劳动生活中凝结起来的亲如父子的感情，成了我们的相互牵挂。1997 年 7 月，在我们离场 18 年后的一天，我们在铁路东环海清宾馆举办了有 80 多名青年场知青参加的聚会，说不完在青年场生活的点点滴滴，忆不尽已经逝去却又似在眼前的酸甜苦辣。

那段艰苦劳动生活的磨炼，深深地印在了那一代青年的心坎里，永远挥不去抹不掉，至今还在左右他们人生轨迹的是不屈不挠的知青创业精神！

选自 2015 年《漯河文史资料》第二十二辑

永不磨灭的知青记忆

黄建国口述[①] 黄大朋执笔[②]

我是六八届初中毕业生，驻马店一中是我的母校。我的知青生活是在驻马店镇五一公社烧山林场度过的。这段生活，是我磨灭不了的青春记忆，也是最为厚重的人生积淀，是我一生的财富。

一、万人空巷送知青

1969 年 1 月 3 日上午，驻马店地区专署在驻马店镇人民广场，召开了欢送知青上山下乡万人大会，我们老三届学生胸佩大红花，肩挎绿背包，内装毛选四卷和毛主席语录，扛着行李，以学校班级为单位，一大早就排队来到会场。会场上红旗招展，人山人海，欢送标语和彩旗到处可见。驻马店镇直机关、单位、工厂全部停工，都来参加大会，万人空巷。我们置身其中只觉得热血沸腾，感到无限自豪光荣，觉得自己一下子长成了大人，心中暗下决心，一定要争气，到农村同贫下中农一起改天换地，干出一个模样，不辜负党和毛主席对我们的期望。

欢送大会的场景令我终生难忘。大会后，我和素不相识的 4 个女生、7 个男生一起，在家人的陪同下，找到了烧山林场来接我们的马车。马车收拾得干干净净，还铺上了席，连马头上都扎上了大红花，我们坐上了马车前往烧山林场。

① 黄建国，漯河铁路电务段退休职工。

② 黄大朋，满族，出生于 1979 年，毕业于西安空军工程大学。漯河市公安局特警队一级警司。

二、没有树的林场

坐上从未坐过的马车，走在陌生的路上，去到一个不知什么样的林场，我浮想联翩，想到既然是公社办的林场，一定会绿树浓荫、果树成林，吃大锅饭，住集体宿舍，条件不会差到哪里，总之是一幅美好景象。

马车在泥泞的乡间土路上走着，七拐八弯走过几个村庄，又经过烧山劳改砖瓦厂（犯人改造的地方）向西，来到一个名叫小王庄的村庄，在村东头下了车。经过近 2 个小时的颠簸，我们终于来到了目的地——驻马店镇五一公社烧山林场。

从一排低矮、破旧的茅草房里走来 5 个人欢迎我们。经从会场接我们来的烧山大队王合群书记介绍，我们才知道，这个林场才刚刚组建，距驻马店镇有十五六里地，原来这里有个不高的山名叫烧山，这方圆几里地都是丘陵荒地，高低不平。林场一共只有 6 个人，分别任书记、场长、农民代表，还有 2 个年轻的大学生，名叫张红杰、陶建春，担任技术员，还有一个年纪大点的炊事员，名字我记不起来了，他们都是公社抽派来的。

说是林场，其实什么也没有，既没有像样的房子，更没有院墙，只有一排低矮的破旧房子，还是从村里生产队借来的旧羊圈，经过整修粉刷稍加改造的。与林场相邻的这个村叫小王村，村里只有十来户人家，是个库区移民村。房子朝南一排 6 间，东西走向，建在人工湖南岸的堤坝上，北侧无窗户，紧靠着湖，南侧有几个很小的死窗户。西边 4 间，中间无隔墙作为厨房，炊事员住在里边。东边两间分别住着书记、场长、农民代表和技术员。房子又低又矮，门高不足一米六，屋内地面比外面低一尺还多，进门要弯腰，不然就碰头，落脚要下台阶，很不习惯。屋内光线十分阴暗，即便白天也要开灯照明，好在这里紧挨着劳改砖瓦厂，沾光用上了他们的电。为了安置我们，原先来的老同志就将厨房收拾了一下，在厨房进门的东山墙，将原来堆放的生产队榨油工具重新堆码、摆平，然后在上面铺上一层高粱、玉米秆，上面再铺上麦秸和席，这就是我们 8 个男知青共有的大通铺。通铺对面就是煤火灶台，菜案板、炊具、粮食等都堆在那里。没有桌子、板凳，吃饭端着碗站着或坐在我们的所谓床上，这就是我们的厨房、餐厅、会议室兼男宿舍。4 位女知青没地方住，就安排在离我们很近的农户家里睡觉休息，白天同我们一起干活、吃饭。林场既没有想象中的果园，也没有一棵树，只有烧山大队给七拼八凑划拨来的 500 多亩荒山坡地。地里没有一条像样的道路，只有横七竖八、弯曲不直的羊肠小路；也没有什么农机具，只有一些铁锨、木杠、抬筐，再加上 2 辆架子车，连个牛马牲口都没有；没有自来水，我们吃的用的水，都要到 50 米外的坡下水井里去挑。这一切与我的想象相差万里。就这样我们打开行李，铺上被褥，衣服包当枕头，一字排开就算安了家。

下午 2 点多，我们才吃上午饭，这顿欢迎午餐，后来才知道是他们 5 个人拼凑起来的。他们每人每天按 1 斤粮食、4 角钱的伙食标准支付。知青由国家免费按每人每月 45 斤粮食、6 元钱的标准供给半年。由于我们刚到林场，供给还不到位，且林场属于新建还没有收成，粮食是先向烧山大队借的，伙食费用也是由他们几个人兑的。就是这顿饭，还是到镇上接我们时在镇上买的豆腐、白菜、粉条和肉。炊事员做了一锅杂烩菜和花卷杂面馍，这在那时就算是很不错的好饭了，并且是不要钱随便吃，我们吃得津津有味，这是我当知青吃的头顿饭。此后几十年，我吃过也自己做过无数次杂烩菜，但总觉得还是这顿饭最好吃。

午饭后，赵场长就带着我们在住处周围熟悉一下环境，到地里看了一下他们挖的树坑，同时也给我们讲解了今后的任务和注意事项，一天很快就这样过去了。第二天早饭后，我们就拿着铁锨，跟着赵场长他们一起来到荒坡上，按照他们指定的位置，开始了挖树坑作业。树坑要求挖 1 米深、直径半米宽，坡上尽是乱石头，又是生荒地，很不好挖，我用尽了吃奶的力气，半天才挖了 2 个树坑，手上还打起了血泡，我的知青生活就此开始了。

转眼 1969 年春节就要到了，为了响应党“在农村过革命化春节”

的号召，林场决定不放假，大年三十下午收工回来后，每人分了一碗馅和一块面，自己动手包饺子，自包自吃，包好的饺子由炊事员负责下锅煮熟。第一次包饺子洋相百出，看着面团和馅不知怎么下手，大家围着案板比葫芦画瓢学着做，包出来的饺子圆的、三角形的、菜角包子式的，奇形怪状啥样的都有。我擀的饺子皮又厚又大，大小不均也不圆，捏着这头露着那头，总是捏不严实，弄得满手又是面又是馅。还有一个同学干脆把面拍个片，将一碗馅全倒上面，包了一个大馅饼，说让炊事员给他蒸着吃。不管咋样，第一次集体包饺子，很为难也很开心，大家相互打趣、挑剔，又说又笑，欢欢喜喜，热热闹闹过了年三十。

大年初一一大早，场里知青、老农相互问候拜了年，吃过早饭，又集体到小王庄村里给村民拜年后，我们又扛起铁锨到荒坡地上去挖树坑。树坑也由原来的一天挖 4 个，提高到现在一天能挖十来个，干活熟练多了。就这样，整个春节期间，知青没有一个人请假回家。我们在山坡荒地上，挖出了上千个树坑。看到满山坡布满了横竖成行，整整齐齐的树坑，似乎看到成排的果树向我们招手，心里非常高兴，用现在的话来说是“很有成就感”。

三、给女知青盖房子

不知不觉在林场生活已经半年了，冬天挖的树坑，春天我们都在坑里上了底肥，栽上了果树苗。我们这群原来手不能提、肩不能扛的学生娃，如今都变成了农村的壮劳力。为了革命宣传的需要，公社决定在我们场组建宣传队，把全公社具有文艺才能的新老知青都抽调到林场，一下子把我们这个 18 人的小集体，扩大到了 68 人的大集体。我们男知青又多了 6 个男伙伴，14 个男知青一起挤在我们的大通铺上，要翻身就得喊一、二口号，一起集体翻身，不然就翻在别人的身上了。人多了，公社就在紧靠我们住的宿舍东边空地上盖起了 3 间新厨房，厨房搬走后，我们才住得不那么拥挤了。

新来的 40 多名女知青没有地方住，就在我们住的南边空地上临时搭了个大棚。大棚是用竹竿搭的架子，四周用高粱秆织成的箔围一圈当墙，外面用席包一下，房顶用高粱秆编制的箔和油毛毡覆盖，然后用砖泥压住，大棚前后都留个口用于出入，没有门，挂个草苫子挡着就算是门了。棚内四周及中间全搭上床铺，40 多名女知青全住在里面，她们的饮食起居以及场里集体学习开会，全都在这个大棚里进行。

久住大棚也不是个事，为解决住房问题，公社在劳改砖瓦厂的东边，烧山大队队部的北边划拨出一块平地，作为林场新场址。因没有钱买砖，老农就带我们在驻马店南大河的河坡草地上先用石磙将草地碾平压实，再用石灰画出砖坯样，然后按画样用划刀切割出坯样，最后用平铲刀一块一块将坯块铲出，侧立起来晒干，做成土坯来解决砖的问题。公社给我们解决了门窗木料和盖房子用的椽子，这些建筑材料都是我们从 10 多里外的公社所在地用肩膀一人扛或两人抬给运回来的。土坯晒干后，我们就用架子车从河坡里拉回来。场里请来师傅盖房，我们和泥递砖坯，打地基使用的砖还是从劳改砖瓦厂捡运回来的废砖头。整排房子没用屋梁，全部用土坯垒的山墙。房顶用的机瓦，也是从劳改砖瓦厂购买的残次品；有裂纹、有缝隙的瓦，用水泥糊一下使用。房子盖好后，内外墙用石灰抹一下就算完工了。就这样，靠我们自己的力量，盖起了一排 6 间干打垒的房子，虽然很粗糙，但是比住大棚、羊圈还是强多了。房子盖好后，让部分女知青搬过去住，可惜这 6 间房在 1975 年发大水时泡塌不存在了。随后公社又给我们盖起了 3 排 6 栋共 32 间的砖瓦房，有了宿舍、仓库、牲口屋、工具房、会议室，从此林场有了真正的房子，也像模像样了。

四、白手起家丰衣足食

我们没有菜地，吃菜全靠去买，场里没任何收入，只靠国家拨给的那点生活费根本不够用，经常没有菜吃，平时都是吃馍蘸酱油，盐水煮黄豆。为解决吃菜问题，在老农的指导下，我们在人工湖漫水坝的下游小河沟上填土拦水筑堤修坝，把漫水坝北侧的河沟边荒废地改造成了几亩田地。种上了水稻和多样时令蔬菜，由于不缺水和肥，菜长得非常茂盛，从此解决了全场人的吃菜问题，我们的饭食也多样化了，就连在附近村庄插队的知青也不时到我们菜地拔菜吃。

林场房后有个人工湖，场里购买了鱼苗放养在湖里。1970 年春节前夕，场里请人捕鱼打捞，捕捞出的五六斤一条的大鱼，活蹦乱跳，十分喜人。全场每人分了 2 条，让送回家过年。留了 30 多条大家吃，剩余的近千斤鱼拉到镇里卖掉。卖鱼的钱，场里给我们每人做了套工作服。那个时代，在农村能穿上工作服是十分牛的，大家十分爱惜。春节前，我们将鱼全部油炸，过了一次吃鱼的瘾。

1969 年的夏天，解放军某部为支援知青队，无偿给了我们林场 4 匹头军骡。部队番号我也不知道，只知道场领导告诉我们，这些军骡都是立过军功的，死后不准吃，只能埋掉。看到这高大雄壮的军骡，我们都高兴坏了，从此再也不用我们肩扛拉车、拉犁、拉耙了。为了发展场里的生产，焦书记将 2 匹军骡牵到漯河牛行街，换回来了 2 匹马，其中一匹马还带个小马驹，还有一头黄牛和一头水牛。看到牵回来的牲口，我们都纳闷，那么好的军骡换来这么样的牲口，咋干活呢？经解释才知道，换回来的牲口都是母的，它们会生下小牲口，这样我们就会发展得越来越多。由于有了牲口，场里又添置了一辆马车，公社又给派来 5 位老农，专门负责喂养牲口、赶马车，并负责教我们怎样喂牲口，怎样使用牲口，怎样犁地赶马车。我们几个男知青为练鞭，整天拿着鞭东打西打，看谁打得响打得准。为此，不知打坏了多少鞭梢。

这年夏天，知青办又无偿分配给我们 2 口约克夏小猪崽，场里领导派我和另一名知青到西平县种畜场把猪运回来。领到小猪后，我俩顶着烈日，从种畜场抱着猪崽，步行七八里到人和车站，小猪崽不老实，乱踢乱挣，我俩衣服都湿透了。上火车时，列车员不让带猪崽上车，我给他讲：我俩是驻马店知青，猪崽是地区分配给我们的种猪崽，不让上车，我们怎么回去？列车员同情我们，就让我俩上了车，但交代不能进车厢，可将猪崽放在两车厢连接处的洗手间地上。我俩怕猪崽热坏了，一路上都是用捡来的破纸壳给它们扇风，我俩却热得是满头大汗，晚上 10

点多钟才把这俩宝贝运到场里。

我们林场是新建的知青点，果树也是当年刚栽上的树苗，地里长的庄稼也只能解决我们后半年的吃饭问题，场里没有任何收入，全靠公社拨款。为解决资金困难，利用冬季农闲时间，我们抽出近 30 名的女知青，由场里牵头联系到驻马店纺织百货站仓库打工挣钱。她们在那里分捡清理货物，堆码仓库，百货站发给每人每天工资是一元零五分，由场里统一清算领回使用。林场只发给每人每天 1 斤半粮食和 4 角钱的伙食费，下班后各自回家吃住。

1970 年的春天，场领导请开封的瓜匠到我们场种了几亩地的西瓜和甜瓜，林场派 2 名知青帮助打理瓜地，瓜结果很多，将要成熟时，每晚还要派 2 名男知青看瓜地。瓜熟后，场领导给我们拉回了一车甜瓜、一车西瓜，让我们随便吃，那时我的饭量大，一口气就吃完了切开、放在一条木工板凳上的西瓜，真是痛快极了！从小到大，从来没有一次吃这么多的西瓜。

经过 1 年多的努力，500 多亩山坡地，我们全部栽上了梨树、桃树、苹果树，还育上了梧桐和杨树苗。地里种的各种庄稼也喜获丰收。从此结束了刚来时那种没房住，睡大棚、住羊圈，翻身喊一、二，无机械、无牲畜、人拉肩扛拉耙摇耧干农活，缺资金、没钱买菜，整天用馍蘸酱油或吃盐水煮豆的日子。过上了每月吃两顿肉，饭菜不重样，吃饭不定量随便吃，比城里一般居民的生活还要好。我们不想家，回家也不愿多住，按现在的时髦话说已达到小康水平了。

五、我把拖拉机开回林场

1969 年的秋天，镇里分配给林场一台手扶拖拉机，场里派我和 2 个老农去驻马店镇农机公司把车领回来。验完机器，农机公司的同志问我们怎么弄回去？当时我从来没有开过拖拉机，我说你教教我，我开回去。于是，农机公司的师傅就在院子里，教我如何启动、换挡、转弯、停车，如何安装机械使用，并且示范开了一圈。我当时不知天高地厚，接过手扶拖拉机，坐上后在院里跑了2圈，就让老农坐上，用一挡速度上了路。当经过驻马店烧饼店南大河时，两岸坡道又长又陡，河中间的小桥只有拖拉机那么宽，也没有护栏。老农不敢坐，他俩下来走，我壮着胆子硬是把拖拉机开了过去。现在想想就后怕，真是初生牛犊不怕虎。拖拉机开进林场，开到了牲口屋刹住车后，由于当时师傅教时没有教如何熄火，结果关了油门，拖拉机还一直响着停不下来，惊得牲口乱蹦。我手忙脚乱，胡摸乱按一气，最后终于找到启动时的小阀门，才将拖拉机熄了火。第二天早上，场领导让我把车开出牲口屋，交给另外2名知青，并由我负责把他俩教会使用。就这样，我这个刚学会，现买现卖的生手又成了林场学开拖拉机知青的老师。

六、一天骑自行车300里

我们场里那辆马车也没有闲着，农闲去各县跑长途运输挣钱。场里派一位姓李的老农负责赶车喂牲口，另外配一名高中男知青协助，他们随车带着口粮、草料及被褥，每天起早摸黑，啃干粮宿干店，还要喂牲口，拉运的货物还得自装自卸，十分辛苦劳累，几天才能回来一次。记得有一次，他们把货运到上蔡县后，为赶时间拉个回头货，没能及时拿到货款。领导就派我骑自行车，这是公社分配给林场唯一的一辆凤凰牌自行车，崭新的，专门配给我这个司务长使用，到150多里外的上蔡县领取货款。天一明没吃饭我就从林场出发，骑了40多里地，到了一个叫水屯的地方，简单吃了点早饭，紧赶慢赶不到11点骑到了上蔡县，趁人家还未下班结了账，取了款，就近吃了午饭后，又马不停蹄地骑车往回赶，晚饭前赶回了林场，这一天我骑了300里路，屁股都磨烂了，好几天都走不成路。

七、林场知青亲如一家

在林场里，大家相互关心，相互帮助。重活、脏活我们男生抢着干。拉架子车，分配女生拉梢，为了让她们少使劲，我们驾辕使劲跑，她们只得跟着车跑。凡分配工作，有轻活、干净的农活，都让给女生去干。凡分配到个人需要完成的任务，我们都抢着帮她们干。我们脱下来的脏衣服，不知什么时候就会被女生收拾走，洗干净叠好放在我们的床上。就这样我跟着她们学，不但学会了包饺子、擀面条、做饭、洗衣服，还学会了缝被子，自己完全能照顾自己了。

场里不管谁生了病，全场知青都会去探望。如果在场里养病不回家的，大家都各显其能，会在食堂炉灶上做出各种各样的病号饭，送到跟前嘘寒问暖，我们不是亲人，胜似亲人。

随着岁月增长，青春萌动，年纪大点的知青渐渐有了朋友，来林场探视的表哥表妹多了，大家不分彼此都热情招待，帮助给他们打饭送饭，主动安排住宿，尽量提供方便。最终场里还真有 4 对知青成了夫妻，这是后话。

林场知青是公社的宣传队，所以文娱生活丰富多彩，除为了演出排练节目外，大多数时候，我们都会在晚饭后三三两两结伴，手拿笛子、二胡、口琴、小提琴、吉他等乐器，到屋后的湖堤上或吹拉弹唱，或谈心散步，或坐着乘凉。我们男生则常常在空场地里，采用单手掀石磙、双腿夹石磙，手举加重架子车下盘等方法，来比谁的力气大。我们忘记了劳累，生活过得很开心。

在林场，我们的伙食标准是每月每人发 45 斤饭票，不发菜票，菜是每人一份。我们男生吃得多，45 斤饭票半个月就吃光了，饭票不够用。女生饭量小，她们就每月主动将饭票支援给我们。后来场里有了收成，因属于林业，在树间种粮食不交公粮，自种自吃，粮食吃不完。因此，焦书记发话说："能吃能干，吃完就领，不再限制。"林场没有工资，也不分红分粮食，只管饭。我们知青花一分钱都是向父母要的。场里流行着一句话："给钱不给钱，混个肚儿圆。"那时城市居民每人每月 26 斤粮食、4 两油，我们在林场却能放开肚子吃，场里吃得最多的一个男知青一个月能吃 100 多斤粮食。因此，凡是看到穿工作服、戴工作帽，脸上捂口罩，肩挎绿背包，个个壮壮实实的，一定是林场的知青。

食堂只要做出粗、细杂粮两样饭，大家都会抢着吃粗粮，细粮没人动，谁要没抢着粗粮饭而只得吃细粮的，总觉得不好意思，像是欠大家什么似的。饭要是做得少了，大家都会主动少吃，会给没回来吃饭的人留着。有次食堂做胡辣汤，这是不轻易做的饭，我们 4 个男生在地里干活回来得晚，给我们留的饭均着也够吃的，由于其中一个人说了句不够他一人喝的玩笑话，我们 3 个就起哄逼着他一人喝完，结果把他撑得弯不下腰，成了场里的笑谈。

八、从学生娃到庄稼汉

我们刚来时什么都不会干，一些农活见都没见过。刚开始扬场，拿着木锨粮食不会抛撒开，也不知哪是上风头，哪是下风头，结果弄得是满身、满头尽是粮食和糠皮。力气不少使，半天也没弄干净。上垛举叉子，要不举不起来，要不东倒西歪放不到正地方。扛长布袋倒粮食，扛不上肩举不起布袋，倒把粮食撒得满地都是。赶牲口犁地曲龙拐弯，净留生地。锄草连庄稼苗也给锄掉了，还不会换姿势。经过锻炼，我们都学会了一整套的农活技能，尤其是我们男生都会犁地播种、赶车打场、码垛扛长布袋、打坯盖房、种树修剪、种菜插秧，真正成了干农活的行家里手。

大雪天，满地积雪，我们到 3 里地远的麦田去撒化肥，道路泥泞架子车不能用，我们就肩扛人抬把化肥搬运到地里，地软穿胶鞋下不去，就光脚在雪窝里撒化肥，没人叫苦叫累。收庄稼割麦，累得腰酸胳膊疼也不休息。到城里拉粪拾粪，大家抢着去干，不怕脏不怕累，也不怕丢人被人笑话。小病不回城，只要不趴下，带病干活是常有的事。

林场的纪律是非常严的，正常作息时间按工厂八小时工作制，农忙特殊情况除外，没有节假日和星期天，到点吹哨上工，只是遇到雨雪天气，不能下地干活才能休息。平时不能早退迟到，有大事请假，小事只能下午收工后才能请假回家，但前提是不影响第二天上工，不批假绝对不准离场回家。现在想想，正是由于这严格的纪律和管理，几年来林场知青没出过什么大事。

通过努力，林场从无到有，将一片荒坡地变成了一片果树林，树下种粮，湖坡种菜，湖里养鱼，一片生机勃勃，我们的生活好了起来。可惜知青返城后，林场取消，土地重新划归生产队，那时讲“以粮为纲”，结果我们辛苦栽种的果树苗全部给毁了，想想真可惜。

九、回城参加工作

1969 年冬季征兵开始了，公社分配给林场 5 个名额，经过老农推荐，全体知青选举，我同其他 4 名男知青作为优秀青年经初选送去体检。当兵进军营，这是我们这代青年人的最大心愿。那个时候，谁要穿一身旧军衣，甚至戴一顶旧军帽，都会引起大家的羡慕，现在竟然有了当兵的机会，我高兴极了。经过道道体检，我们 5 个人都合格通过了。入伍通知书发下来了，是广州军区的坦克兵，还没有暖热，公社又给收了回去，说是下乡不足 2 年的一律不准入伍。使我这一生想当兵的愿望终未实现。

1970 年 5 月，第一批招工开始，当初下乡时，宣传的都是扎根农村一辈子，我们做梦也没想到还能回城参加工作。我们被选出参军的 5 个知青又被推荐到招工的行列，顺利地被郑州铁路局漯河工务段录用。6 月 1 日乘火车来到了漯河，当上了一名铁路工人，分配到漯河机械化工队工作，中间经历了不少的工作岗位，这次我算是从一而终，直到 2012 年 6 月光荣退休，整整在铁路部门干了 42 年。

我离开林场后，当年 50 多名在一起共同奋斗的知青各奔东西，陆续都走上了工作岗位，其中有 4 对知青结成了伴侣，6 人上了大学，女知青赵兰英同学当上了河南省工会副主席，罗春荣同学当上了驻马店市副市长，许多知青当上了局长、科长、教师、工程师、技术员、厂长、主任等。我们都在各自的岗位上勤恳工作，建功立业，没有一人走上邪路的。

个体的生命总是根植于人类社会历史的洪流之中，个人命运和国家命运是紧密相连的。40多年过去了，但知青岁月却让我记忆犹新。当年的苦和累，乐和悲，都在我生命中打下了深深的印记。我感恩知青生活，它磨炼了我的意志，锻炼了我在艰苦环境中的生存能力，使我在几十年的工作中屡屡提升、受奖，获益匪浅。

历史已经翻过去了这一页，但时光磨不掉那些刻骨铭心的记忆，我对逝去的青春无怨无悔，对那段难忘的岁月充满了感恩。倘若时光能够倒流，我仍然选择林场，选择当知青。

选自2016年《漯河文史资料》第二十三辑

档案里的漯河知青岁月

蔡慧娟[①]

漯河市档案馆馆藏有原漯河市革命委员会知识青年上山下乡办公室的所有档案，档案里记录了漯河市知识青年上山下乡方方面面的内容，知青档案是那一段知青上山下乡运动的原始凭证，为那段知青岁月的历史再现。有很多当年的知青为了查工龄、落实退休政策和政治待遇到漯河市档案馆查阅那一部分档案，知青档案为很多当年知青提供了下乡的证据，证实了工龄，落实了待遇。本文所呈现的就是档案里的知青岁月。

漯河市的知识青年上山下乡始于1955年。毛泽东的指示和《农业发展纲要》（以下简称《纲要》）发表后，漯河市部分原籍农村的中、小学毕业生、少量城市户口的行业知识青年分别到农村参加农业生产，特别是《纲要》颁布后，漯河市每年都有一批知识青年到农村参加农业生产。1963年以后，开始有计划、有组织地动员城市知识青年上山下乡，到1966年"文化大革命"开始，漯河市区共动员1144名知识青年到郾城、舞阳两县插队劳动，动员150名知识青年支援军垦农场。

漯河市自1968—1980年共有14263名知识青年上山下乡，分别安置在舞阳、郾城、叶县、鲁山、鄢陵等县和市郊农村，参加农业生产，接受教育。

据漯河市档案馆存知青档案1975年上山下乡知识青年情况年报表显示：1968—1975年共接收下乡知青总人数1511人，1975年底在乡知青人数1035人，其中1975年接收下乡知青人员131人，分别安置在17个青年队879人，回原籍156人。

---

① 蔡慧娟，女，出生于1970年12月，河南禹州市人。漯河市档案馆副研究馆员。

1976年上山下乡知识青年情况年报显示：当年年底在乡人数为1214人，其中1976年接收255人。接收外省人员2人，安置到外省人数45人。有带队干部113人，全部为漯河市派出，其中党员31人，女干部2人。1214人中有团支部书记、副书记13人，大队妇联正、副主任3人，民兵排长17人，会计17人，保管17人，民办教师34人，理论辅导员21人，赤脚医生17人，农业技术员25人，农机人员6人。当年结婚4人。当年调离农村79人，其中招工35人、招生7人、参军26人、其他11人。当年发生破坏知青案件3起，处理3起。当年非正常死亡知青人数2人。

知识青年在劳动

1976年动员城镇青年1682人，其中应届毕业生1464人，社会青年218人。应下乡人数1137人，已下乡人数1211人。经过评议留城人数506人。从数据上可以看出，已下乡人员多于应下乡人员，年报上注明原因是：①往届留城的这次下乡了；②过去收回的病号这次也下乡了；

③初中生有的冒充高中生也提前下乡了；④历届用各种方法隐躲下来的有的也下乡了。

知识青年下乡后，各地党组织按照上级指示精神，加强对他们的管理，妥善安置食宿，为知青提供生产、生活条件。当时主要采取以下几种形式：一是集体插入一个生产队，接受生产队领导，集体吃住、学习和劳动；二是集体吃、住、学习，分散到几个生产队劳动，生产队实行记工分到人，核算到人，分配到人，从经济分配中按一定比例提出公共积累，作为知青小组活动、补贴等费用；三是分散插队，采用这种形式的多是返乡或投靠亲友的知青；四是组建知青队（新建队），集体劳动，集体生活，由市知青办抽调干部带队，所在公社、大队派人协助管理、教育；五是创办知青农场，知青农场有县办、社办，谁办谁领导，由带队干部、老农协助管理。

为加强对知识青年上山下乡工作的领导，漯河市委成立了知识青年上山下乡工作领导小组，设立了知青办公室，作为市委、市革命委员会的常设机构，负责知青的动员、安置、协调、管理和教育工作。市委常委多次召开专题会议，研究部署知识青年上山下乡工作。各接收知青的县、公社，也都分别设立了知青工作领导小组。市、县、公社和各大队抽调大批干部、老农，设立“三结合”再教育小组，他们和知青同吃、同住、同学习、同劳动。“三结合”再教育小组通过举办知青学习班、开讲用会等方法，加强对知青的政治思想教育，请老红军、老干部、老贫农讲革命斗争史、讲村史、讲家史，组织知识青年开展大批判，狠批所谓“变相劳改论”“下乡镀金论”“读书做官论”等，要求知识青年牢固树立扎根农村的思想，走与工农相结合的道路。

在各级党组织的高度重视关怀及广大社员的关心、支持、帮助下，上山下乡知识青年认真学习马列主义、毛泽东思想，努力发现自己，立志扎根农村，为农业生产和建设作出了积极贡献，全国涌现出了一大批先进集体和模范人物。如驻舞阳县姜店知青队，1983 年 8 月被国家劳动人事部、国家工商行政管理局、中国社会科学院、中华全国总工会、共青团中央、全国妇联等部门授予“发展城镇集体经济先进单位”荣誉称号；郾城县万金公社知青队，鄢陵县陶城公社“五七”知青队，漯河市郊大荆庄、龙塘、金盆赵、柳庄等知青队分别荣获省、地、市、县先进单位荣誉称号。1977 年 7 月，召开了“漯河市知识青年上山下乡积极分子代表大会”，会议隆重表扬一批知识青年上山下乡工作中的先进集体和个人。先进集体有市轻工局、漯河蛋厂、电厂、市建一公司、顺河街居委会、漯河五中等。先进个人有积极送子女下乡务农的刘德功、龙塘下乡知青杨秀花、大荆庄知青刘洪涛、干河陈青年队知青刘进才、柳庄青年队知青夏丽丽、柳庄青年队知青红玉娥、干河陈知青刘金铭等。先进集体和先进个人在会议上交流了各自的先进事迹。

知识青年在进行思想政治学习

知识青年上山下乡工作中也存在一些问题。有的青年并不好好劳动，在农业生产中表现不好，却倚仗亲友在社会上的政治势力和职权，拉关系、走后门，被优先招工、招生、招干，完成了货真价实的“下乡镀金”的历史过程；也有一些接收知识青年的社队，不能给知识青年提供基本的生产、生活和学习条件，造成知青生活困难；有的挪用上级政府拨给知青的安置费，甚至贪污、侵占；也有一些社、队不能按国家政策一视同仁地给知青分配口粮，致使知青不能维持基本的生活条件，只好向家中索要；有的知识青年受歧视、迫害、侮辱和打骂。

知识青年上山下乡工作中存在的问题和矛盾引起了中央和各级党组织的高度重视。中共中央中发〔1973〕21号文件，印发了毛主席1973年4月23日给李庆霖的复信（福建省知青家长李庆霖给毛主席写信反映其子女在上山下乡中遇到的困难和当时知青工作中普遍存在的问题。毛主席对李庆霖的信予以高度重视，亲自复信："李庆霖同志，寄上300元，聊补无米之炊。全国此类事甚多，容当统筹解决。"）毛主席的复信印发后，全国各地认真组织学习贯彻，对知识青年上山下乡工作产生了重大影响。为统筹解决知青工作普遍存在的问题，1973年6月22日至8月7日，国务院召开了全国知青上山下乡工作会议。8月4日，中共中央转发了国务院《关于全国知识青年上山下乡工作会议的报告》，要求各级党组织"层层做好思想政治工作，纠正不正之风，以极大的热情和对人民高度负责的精神，做好这项工作。应组织力量，深入群众，对知识青年上山下乡的情况，严格地、全面地进行检查，抓紧解决目前急需解决的实际问题。"

漯河市认真传达贯彻了全国知识青年上山下乡工作会议的精神，作出了关于进一步做好知识青年上山下乡工作的决定，并根据省、地委文件精神和要求，对知识青年上山下乡工作进行了全面检查，加强和充实了知青工作干部队伍，对于破坏知青工作的予以查处和严厉打击，重点检查和清理了国家拨给知青的安置费和开支使用情况，对挪用、克扣、贪污安置费的予以查处和纠正，对迫害知识青年的犯罪分子予以严惩，实事求是地解决了一些知识青年上山下乡工作中的矛盾和问题。

漯河市委、市革委遵照省、地委关于"上山下乡知青家庭发生特殊困难，经济来源断绝，老少无人照管，经群众讨论，市、县协商同意，可迁回城市"的规定，妥善解决了家庭困难知青的安置工作。同时，不断增加在知青中招生、招工、招干、征兵的指标，尽量安排知识青年返回城市参加工作。

知识青年在听老人忆苦思甜

1978 年 4 月 25 日，中共漯河市委、漯河市革委给许昌地革委知青办的一份请示报告可以看出，1978 年知识青年上山下乡工作已接近尾声。报告的题名是“关于动员七八届部分四年级中学生和往届应下乡未下乡青年上山下乡的请示”，正文写道：我市今年原计划没有高中毕业生，因此，今年我市亦未有动员知识青年上山下乡的任务。然而我市教育战线的情况是：没有中学毕业生，几十班小学五年级学生照常毕业而进不了中学。因此，教育战线的意见要动员一部分年龄较大（16 岁以上）的要求提前毕业的四年级中学生准予提前毕业（约 200 人），发给毕业证。根据这一实际情况，加之我市还有少量往届应下乡未下乡的青年、经批准缓下青年、中途退学的社会青年，总计约有 500 人左右。我们意见，应动员这些青年到我市郊区农村去，走与工农相结合的正确道路，接受贫下中农的再教育。

1978年夏季，青年场、队生产情况统计表明，在乡知青人数为1885人，参加夏秋收种的人数只有447人，具体如下图所示。

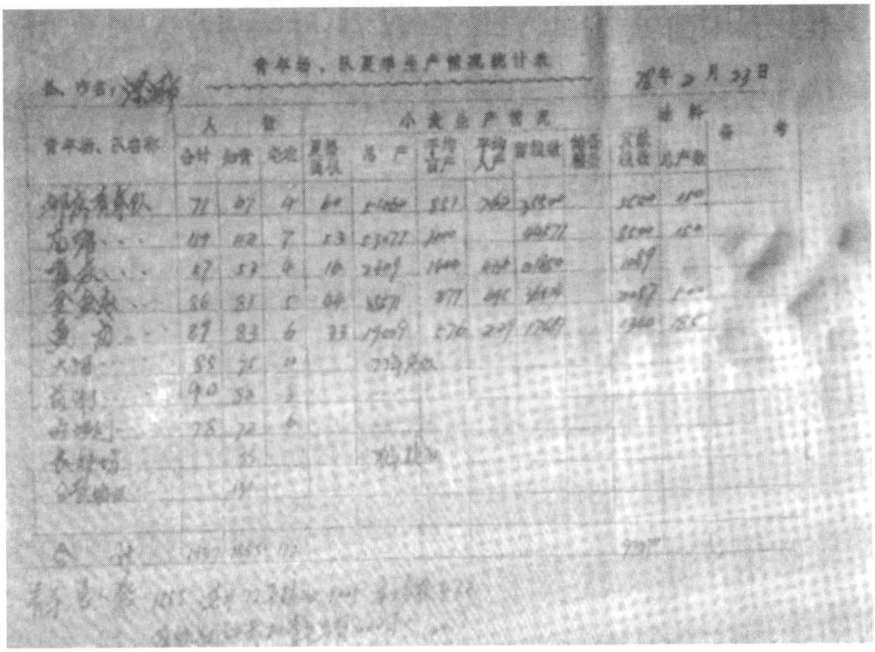

漯河市知识青年上山下乡运动在“文革”后又经历了几年短暂的余波，于1980年基本结束。在此前后，经历了几次大规模的“返城风”，绝大部分上山下乡知识青年陆续返回城市。1981年后，建立的知青场、知青队陆续把集体的财产移交给知青办，漯河市知识青年上山下乡运动基本结束。

选自2016年《漯河文史资料》第二十三辑

舞阳县的知识青年上山下乡运动

袁富安口述[①] 胡德周整理

舞阳县的知识青年上山下乡办公室成立于1973年11月，我任知青办主任。1年后，路金鼎、鲁德法任副主任，1978年、1979年他们俩先后退休，陈南欣、王文明接任副主任。有个叫陈东的知青，调到知青办工作，陈东回城后在漯河人民银行工作。我记得全县每个公社都安排有知青，北舞渡、姜店、保和、吴城、九街公社有知青场，场里建有面粉厂、酱油厂、烟厂、醋厂。知青办的任务是从漯河接收知青，安排到下面公社。舞阳县的知青工作大概情况如下：

舞阳县接收和安置知识青年的工作开始于1965年下半年，主要是接收漯河市的知识青年，其中1965年8月接收了漯河市第一批下乡知识青年322名。1968年12月，毛主席发出“知识青年到农村去，接受贫下中农再教育”的号召后，全国迅速掀起了上山下乡的热潮，舞阳又接收了漯河市1483名知青，舞阳县城有51名知青也下到农村。到1976年，全县共安置下乡知青3474人。1978年十一届三中全会后，下乡知青陆续返城或就地办理参加工作手续。

对于城市知识青年的接收和安置工作，从县级领导到社、队组织都十分重视。“文化大革命”初期的县革委发出文件，要求做好安置工作，各公社成立了知识青年上山下乡领导小组，1名革委会副主任分管，1名干部具体负责；生产大队、生产队成立了有干部、贫下中农代表、知识青年代表参加的“三结合”再教育小组，具体负责再教育工作。市、县专门抽调带队干部与下乡知青一同到农村。广大农民群众对知青的到来是欢迎的，一下子来了城里的年轻人，农村中有了新的气氛，注入了新

① 袁富安，舞阳县劳动局退休干部。

的活力，人们倍感新鲜。知识青年的生产、生活等实际问题方面，上级规定每人安置费 230 元，主要用于建房、生产工具、生活补助、学习、合作医疗等。安置费的具体使用，除县里扣除 10 元旅运费外，按每个知青 220 元由公社划拨给生产队，生产队把款领回后，除给青年生活补助、生产和生产工具等开支外，每个青年还剩有 150 元左右的建房费。

舞阳接收的知识青年被安置到全县 14 个公社的 71 个大队、250 个生产队，有带队干部 38 人。知识青年入村后，大多被安置居住到生产队的房子内，有些被安置到农户家，个别立灶单独生活，同生产队社员一起参加集体劳动。同时，各级革委会和“三结合”再教育小组组织他们学习毛泽东著作，举办毛泽东思想学习班、开讲用会，用毛泽东思想教育、武装知识青年。让知青们吃忆苦饭，生产队集体做一锅由菜叶、芝麻叶、红薯叶、谷糠等混在一起的粥饭，知青和社员一起吃，吃饭时还由贫农代表或参加过新四军、解放军及抗美援朝退伍回乡的老兵讲亲身经历的故事，进行忆苦思甜教育。再者就是请老党员、老干部、老贫下中农讲家史、村史、两条路线斗争史等。通过一系列的教育，提高知识青年的阶级觉悟。

但是，在接收和安置知识青年工作中及对待知识青年的实际工作中也存在不少问题和矛盾，知青本人在脱离城市、远离父母的情况下，也出现不少问题和困难。如在安置方面，只有一部分生产队给知青盖起了新房，大部分社队没建新房，将知青安排到生产队的仓库或者炕房里。有的生产队强调安置费太少，建新房需要集体贴钱，不愿建；有的把县里拨的安置费挪用、贪污；有的不按县里的分配标准分给知青口粮、补助，致使知青吃饭、吃盐、点灯、烧柴等都成问题。还有部分漯河知青因病不能参加劳动，不能自食其力，公社、生产队都有意见，要求收回，县里也请求许昌地区把他们迁回漯河安置，却不能及时迁回，而城里招工只招收部分政治条件好、身体健康的下乡知青安排到工业、商业、文教等战线上。在知识青年下乡工作中，当时带有强制的一面，比如对于非正常退学、往届不服从统一分配及回流城市的知识青年，坚决动员他们下乡，不准在他们中间招工。也就是说，凡是学校毕业的青年男女都必须下乡锻炼，不能直接参加工作。但是，也有个别人不执行政策搞特殊，如舞阳曾有5名县直机关干部子女，未毕业就提前退学当了临时工，而正常毕业的学生却动员他们下乡接受贫下中农再教育，影响很不好。有些知识青年下到农村后，由于种种原因受到歧视、侮辱、打骂，更严重的是有女青年竟遭到强奸。还有个别公社和大队干部利用手中的权力限制知青入团、入党，挫伤了知青要求进步的积极性。

针对知识青年工作中存在的突出问题，1970年8月和1971年春，舞阳县革委会先后下发关于做好知识青年工作的通知，要求各公社、大队、生产队高度重视下乡知识青年工作，把它摆到重要位置上来。对于漯河市下派的知青带队干部，各公社要落实省革委文件精神，让他们专心带好知青，不要长期抽出来搞其他工作。对于带队干部不足的，要由县和公社按比例抽调一部分干部充实到知青工作中。要下大力气解决好下乡青年生产、生活方面的实际问题。对于国家拨给生产队的安置费，各公社要认真进行一次检查和清理，发现有挪用、克扣、挥霍浪费，甚至贪污的，必须坚决纠正。对于破坏知识青年下乡的行为要坚决制止和打击，对迫害知青和强奸女知青的犯罪分子，要依法严惩。同时，保护知青之间的正当恋爱和婚姻。至此，舞阳县的知青工作得到加强，并采取措施，妥善安置有特殊情况的知青。例如，对于1972年2月间舞阳接收的1600多名知识青年中，有50名确因病残不能自食其力者，县革委会及时报请许昌地区同意，批准他们迁回漯河安置；从1969—1970年间下乡的知青中招收了一批政治条件好、身体健康的充实到工、商、文教等战线。

1973年4月，为更好地发挥知识青年的作用、便于管理，由县劳动服务公司组织，在姜店乡唐河故道上建立青年农场，将386名知青以及18名带队干部、老农安置到农场。他们除耕种农田外，还兴办了面粉厂、木工厂和酿造酱油、醋等工厂，使集体经济逐步发展。农场吸引力不断增大，到1980年先后有6批534名青年到农场锻炼，1979年被团中央授予“新长征突击队”称号。

1973年11月，为进一步加强对知识青年工作的领导，舞阳县革委会成立了知识青年上山下乡领导小组，下设办公室，专门处理知青工作中的实际问题。

1974年初，舞阳县的尚店、杨庄、八台、尹集、枣林、武功6个公社分出划为舞阳工区，中共舞阳县委、县革委对参加平舞工程（舞阳钢铁厂建设）大会战、建设舞阳特厚钢板厂的冶金部第六冶金公司下放安置到尚店六冶农场的知青给予适当安置。对分布在全县7个公社、57个大队、117个生产队于1968年下乡的200多名知青中77名“一人一户”的青年作适当集中，以便于他们生产、生活和学习。

由于舞阳县重视和加强对知识青年工作的领导，舞阳的知青工作及知识青年生产、生活、学习等方面出现了良好局面，下乡知青愉快地投入劳动生产和学习之中，政治上要求进步，恋爱婚姻上自由结合。从1968—1974年，下到舞阳的知青有2192人自愿在农村安家落户，他们中涌现出许多先进集体和模范人物，有11人加入了中国共产党，211人加入了共青团，185人进入了县、公社、大队、生产队党组织或领导班子，108人出席过省、地、县积极分子代表会，13个场、队、组获得了先进集体荣誉称号。1974年春和1977年5月，舞阳县先后2次组织召开下乡回乡知识青年代表会，表彰先进。还召开了由公社知青专干、青年场负责人等参加的学先进、赶先进竞赛会，组织开展了公社与公社、场与场、队与队比、学、赶、帮、超的竞赛活动。到1977年底，又有450人加入团组织，50人成为党员培养对象，185人进入了县、社、队领导班子，1200多人分别担任了赤脚医生、民办教师、会计、农机手、理论辅导员等。

从1978年起，根据党中央指示精神，下乡知识青年陆续返城就业。到1982年，全县新老知青中，姜店农场106人、吴城青年场29人、北舞渡青年场35人全部办理了就业手续，其他部分知青也被安排到县城内工厂、卫生院等工作。由漯河市下乡到舞阳的知青一部分在舞阳就了业，有的女青年嫁到了舞阳。

从20世纪60年代中期陆续下到舞阳农村的知识青年，他们把美好的青春年华奉献给了舞阳的建设事业之中，为舞阳的发展作出了很大贡献。1983 年 8 月，国家劳动人事部、国家工商管理局、中国社会科学院、中华全国总工会、共青团中央、全国妇女联合会授予舞阳姜店青年农场“发展城镇集体经济先进单位”荣誉奖状，就是一个真实证明。

知识青年上山下乡其实质就是城镇非农业人口的青年男女在就业之前，先下乡到农村实施劳动锻炼。当时将这一工作视为是为了培养和造就千百万无产阶级革命事业接班人，加速建设社会主义新农村，缩小“三大差别”，也是“反修防修”的一项重大战略措施。实际上，使大批知识青年失去了应有的就业机会和接受文化知识教育的大好时机。这一上山下乡运动，正如《中国共产党的七十年》一书所指出的：“广大知识青年去到农村和边疆，经受了锻炼，为开发、振兴祖国的不发达地区作出了贡献。但是，大批知识青年在青春年华之际，失去了在学校接受正规教育的机会，造成人才成长的断层，给国家现代化建设带来长远的困难。青年的家长和部分地区的农民也为此加重了负担。这在当时成为社会不安定的重要因素之一。”

选自 2016 年《漯河文史资料》第二十三辑

先治坡　后治窝

——回忆我当知青的二三事

孙幸福[①]

1975年7月15日，我高中毕业走出漯河一中的校门，按惯例在家等待下放农村当知识青年。我们之前的知青都是以毕业学校为单位组织下乡，大家都是同校、同届甚至同班同学，互相熟悉，有事可以帮助。但下放农村之后，出现什么问题，有了什么困难时，没有哪个单位愿意出面解决。所以，从1975年开始，改为由毕业学生父母所在单位组织下乡，单位选派一名带队干部随学生下农村，以便解决知青生产、生活中出现的问题。我母亲在漯河市人民医院工作，由市卫生局组织统一下乡。当时，不少家长为了自己的孩子能留城而东奔西跑，唯独我向市卫生局递交了上山下乡申请书，显得比较另类。

市卫生局所属人民医院、联合医院、防疫站、清洁队应下乡的应届高中毕业生有40多人，上级要求8月底前统一下乡到位。眼看进入8月了，主动申请要求下去的寥寥无几。为了打开局面，卫生局薛局长亲自挂帅，成立了知识青年上山下乡报告组，成员有各单位领导和几个学生家长，我作为第一个主动申请下乡的学生成为这个报告组里唯一的学生代表。

1975年8月2日下午，报告组首先在人民医院礼堂向干部职工作动员报告。我的发言稿都是当时报纸上、广播里流行的豪言壮语，如“上山下乡接受贫下中农的再教育，是每一个革命青年的必由之路！”“扎

① 孙幸福，1957年出生，中共党员，大学文化。1975年高中毕业后，下放到舞阳当知青。1978年考入河南省供销学校，后在郑州大学上学。先后任市供销社下属公司经理，中国人民银行原漯河分行融资中心主任和股份制企业总经理，河南省青联委员。

根农村干革命，滚一身泥巴，炼一颗红心！”等。

当年进入8月以来，一直断断续续地下雨，没有见过日头。8月3日晚，在联合医院作报告。8月4日下午，天阴得像锅底一样黑，按照安排，我随着报告组来到位于马路街的卫生局会议室，为卫生局和防疫站的干部职工作报告。雨越下越大，就像有人用大桶把水倾倒下来一样。16时许，薛局长被人喊出去接了个电话，回来后宣布：接市委办通知，沙河和澧河上游的洪水很快就会到达漯河，要求各单位紧急组织抗洪抢险突击队，共产党员要带头上河堤。上山下乡动员虽然重要，但与要命的抗洪抢险相比就需要让路了，因此动员报告立马停了下来。

我收藏有一份当年飞机空投的传单，是《中共中央慰问电》：“8月5日至8日，洪汝河、沙颍河、唐白河流域发生历史罕见的特大暴雨，洪水泛滥，淹没了大片土地，很多房屋倒塌，人民的生命、财产遭受严重损失……”这就是著名的“75·8”特大洪水。漯河市人民医院因为在河堤里面，洪水冲塌院墙灌满全院，住院病人是用筏子运出去的。这场特大洪水，使周围十几个县、市都不同程度地遭了水灾，计划中的知青下乡暂时停住。

1975年11月16日下午，市卫生局组织我们即将下乡的20多名知青在一起召开欢送会，为每人发精装本《毛泽东选集》一本及脸盆、胶鞋、毛巾各一份。会后集体到电影院观看了黑白电影故事片《春苗》，《春苗》讲一个农村女孩子排除干扰和困难，当上农村赤脚医生的故事。记忆犹新的是中间一个春苗大手的特写，画外音是“我们这样的手，就不能拿针头？”

11月17日上午9点，漯河市卫生系统本批下乡知青28人及从人民医院派出的带队干部张新志，在人民医院内集合后，各自带着行李，坐上大卡车出发了。没有小说或者电影里描绘的“红旗招展，歌声嘹亮”，车上的气氛和天气一样冷清。漯河到舞阳的公路两旁，水灾的痕迹依然醒目，倒塌的房子不少，尚完好的屋墙上用石灰水写着“泰山压顶不弯腰，洪水面前不低头！”“先治坡，后治窝！”“大干促大变，三年建成大寨县！”等标语。我们下乡的吴城公社大王大队党支部谷贵甫和张秀叶两个副书记带领大王小学的学生们，敲锣打鼓，举着红旗，走出几里路外，在32公里路碑处等候迎接，一张张笑脸让我们心里热乎起来。进了大王庄已是中午时分，队里已经准备好了午饭，大锅蒸的白面馍和大锅炖的猪肉、粉条、白菜、萝卜，农村特色，非常好吃。

我们知青的住房，暂时安排在庄南头麦场边的仓库院，屋后就是牲口院。晚上，大队党支部副书记兼团总支书记张秀叶带着几个委员和大队的文艺积极分子来到我们住处联欢。我在漯河一中宣传队时演唱过一首小合唱《广阔天地炼红心》，就把中间一句歌词“跨洋过海峡，到五指山区”改为“下乡把根扎，到吴城大王”清唱出来，歌词是：“树上的喜鹊叫喳喳，叫喳喳唻，收到了妈妈的来信，心里头乐开了花。妈妈说，你听从党召唤，下乡把根扎，到吴城大王落户安了家。你是在蜜罐里长大，可要经得起风吹雨打！好妈妈，广阔天地炼红心，誓把困难踩脚下，脱一层皮，滚一身泥巴，风吹雨打算个啥！算个啥！”大家听到“吴城大王”竟然在歌中，纷纷鼓掌欢迎。

我们到大王庄后的第二天一早，听到钟声后就到地里参加集体劳动。老队长或许客气照顾，让我们跟着犁地的“大把儿”（使唤牲口的）去捡漏刨的红薯，这在农村小孩都能干，算是轻活。不过我们第一次在老少爷们面前亮相，都想留个好印象，扤着大荆篮跟着犁子捡红薯，篮子满了倒到地头红薯堆上，一个个都弄得浑身泥土。拾了两天红薯，老队长看我们干的还算“破身儿”，就交给我们几个男知青一个重体力活，到队里的土砖窑上出砖、装砖，这也是为我们新建队盖房子做准备。农村土窑烧的是蓝砖，比城里机窑烧的红砖大一点儿。一窑砖烧成后从窑顶上浇水洇窑，放置一天一夜降温，然后由人工从窑中搬出码完。出净一窑再装上打好的土坯进行新一轮烧制。我们几个“愣头青”到了窑上决定不按农村降温一天一夜的规矩办，而是略微降温人能进窑时，就开始出窑。我们先是排成人墙一摞摞往外传递温度尚高的砖，虽然是冬冷时候，却浑身冒汗，棉袄、帽子早就甩掉了，两只手传递间有空闲还好，穿解放鞋的两只脚鞋底都烫软了，站在窑内的热地上烫的受不了，就两只脚轮流金鸡独立换着干。待烧好的砖出净，我们马上把土坯装满窑，这时候窑里的温度还不低。我们出窑、装窑用的时间比农民正常干少一大半的时间，奇迹般地创造出在 7 个小时内出完窑再装满坯的空前纪录，而且由于窑内温度尚高再烧下一窑时能省不少煤。通过这一仗，我们在队长和社员心目中的地位一下子提升起来，不再是学生孩儿，成为合格农民了。后来想想，农村的棒劳力未必不能像我们一样去创纪录，只因他们是长年累月地干，不能天天都拼命，而我们是为了让社员认可才拼命表现。

1975 年 11 月 30 日，我们下乡半个月，县里趁冬季农闲修公路，给各公社、各大队都分配了任务，到舞钢山上拉石头，我们所在的生产队分了几十方任务。那时候别说汽车，连拖拉机也没有，队里组织几十辆人力架子车，每车 2 个劳力，进山拉石头，我们男知青分别与其他男劳力结对儿。那天非常冷，人们都穿着棉衣，一大早就出发了。中午在舞钢朱兰吃点儿自带的干粮，下午 4 点赶到装石头的舞钢尖山下，离吴城 40 多公里。舞钢的前身就是铁山庙林场，以连绵几座含铁量丰富、表层呈红色的石头山而得名。我们一路走的是 8 月特大洪水的重灾区，旁边就是石漫滩水库的溃坝。这里的灾情比漯河重多了，路边的村庄完整的房屋几乎没有，路边水沟里说不定就掩埋有什么尸骨。最吓人的是离地五六米高的电线杆上竟然挂有水草，可以想象当时洪水的深度。

在尖山采石场装好石头后，大家小休，几个精力充沛、劲似乎从来也用不完的知青向附近的山头爬去，差不多 2 个小时才余兴未尽地回来。这时太阳已经下山了，我们队里的几十辆架子车各自拉着 1000 多斤石头开始返程。走到山脚下漫水河时，看见带队的大队谷书记和几个人围着一辆马拉的大车在忙着什么，走到近处才知道我们大队来拉石头的还有一辆马车，石头装得有点多，走到河中间车轮被卡住走不动了。赶车的大把儿使劲挥鞭打拉车的牲口，牲口也弓腰向前使劲，但三番五次都没有成功。山前的小河本来水就不多，冬季水更少，不到一尺深。漫水河没有桥，摆一溜石头踩着过河不湿鞋就能过去。这辆马车出不来，我们其他的架子车自然也无法过去。大家或许都知道是水中的大石头挡住了车轮，搬开就行了，但河水刺骨，谁也不愿意下水。我二话没说，脱下鞋就跳了进去，从大车轮前搬去挡道的石头，马车和其他车都顺利过了河。当时没有人表扬，但我从谷支书的眼神里能看到赞许的目光，脚很凉但心里暖暖的。

晚上，我们拉车人都露营在公路边的麦场里，不光麦秸垛能挡风，还能拽下来麦秸铺地上当“床”。用随车带的锅烧点热汤，吃下自带的干粮，两个人一个被窝打蹬腿，互相取暖。一睁眼就看见满天星斗，好有“蓝天做帐，大地为床”的感觉。第二天，我们拉着架子车一口气冲上朱兰大石门那个 1 公里多的慢上坡，把石头交到设在舞阳县城北关公路边的收料场，逐车过磅验收，我们队几十辆架子车，最少的拉 600 多公斤，最多的竟拉 800 多公斤，胜利完成拉石头的任务。

生产队利用农闲在我们住房的西头建炕烟用的新炕房，为明年炕烟做准备。我们男知青虽然没有技术，但都当小工干上了。农村有句俗话:“脱坯打墙，活见阎王”，形容打墙是非常累的活，垒炕房就属于打墙。平整地基量好尺寸后，先绷上线，用砖头垒十来层当墙根脚，防止水泡，上面的墙一直到顶都是用泥巴垒的。和泥是在不远处场边的干沟里，用抓钩沿着沟沿往下扒土，撒进去些铡短的麦秸，浇上水泡泛后跳进去用脚踩，反复踩成很匀很黏的泥巴。一开始我们没有经验，都是穿上新发的长筒胶鞋去踩，黏得拔不起脚，累死人还踩不好，麦秸茬把胶鞋划出许多道。后来在老农示范下，我们甩掉胶鞋光脚去踩，果然拔脚自如了，但脚冻得生疼，不过时间长了也就麻木了。

把和好的泥巴用架子车盘到砖根脚前，开始垛墙了。其实也不需要多么高的技术，就是十分累人。用三股铁叉挑起一大团泥巴，使劲拍到墙基上就行了，多一点少一点歪一点都不要紧，旁边有经验丰富的老农把着关，用铁叉竖着把垛起来的墙坯刮直刮平。这样用泥巴垛墙一次只能垛不高的一层，这层干硬有筋骨了，再往上垛一层，一层一层慢慢来，循序渐进，不然一次垛的太高会受不住压力整个垮下来。垛到高层时，要用木杆搭脚手架，采用接力的方法从地面把泥传上去。一天干下来，浑身的骨头就像散了架一样，好在年轻力壮，睡上一晚第二天又是生龙活虎了。到炕房封顶苫好麦草和小瓦，立在场边，我们还真有成就感。

就这样我们用十来天的时间，就与当地农民“打成一片”，成了合格农民。插队1年后，大队在北地划了100亩土地，并盖了两排砖房，成立了大王大队知青新建队。我们搬过去后，打了机井，县里又奖给一辆手扶拖拉机，和派驻的老农代表一起，辛勤耕耘我们的“小天地”。我们不光种各种庄稼，而且种瓜种菜、养牲口，还喂了几只狗看家护院，冬天领着在麦地里撵兔子……既有劳累，也有快乐。直到1978年恢复高考后，到郑州上学，我结束了3年的知青生涯。

选自2016年《漯河文史资料》第二十三辑

忆当年

席彩霞①

我是一名老知青，当年的满头青丝已变成两鬓霜花，当年的风华正茂已年逾花甲。回想当年，曾经多少喜悦，多少酸楚，多少风风雨雨，都留在了记忆里……

20 世纪 70 年代（1973 年 5 月），一个晚霞满天的日子，我作为郑州市第五中学应届毕业生，离开繁华的都市，乘坐南去的列车，奔向农村广阔天地，经风雨，见世面。一路上，看到祖国的万里江山美景如画，如此多娇，心中充满了感慨——能为社会主义祖国建设出把力，将无愧于这个时代。

我和同学们响应毛主席"知识青年到农村去，接受贫下中农的再教育"的伟大号召，高唱着"毛主席的战士最听党的话，哪里需要到哪里去，哪里艰苦哪安家"，下乡来到信阳息县八里河的中央外贸干校集体农场。在农场里，我们郑州市第五中学全体应届毕业生都在一起，大家还像在学校那样，所有事都由团组织来办，劳动由团干部带领，有问题找团干部解决。

大家一起耕田插秧、浇水施肥、收割庄稼、养猪喂鸡。在稻田里劳作，一不留神，就会被蚂蟥（又名水蛭，俗称马鳖）吸住。冬天，农闲时，就在农场周围挖水墙（水沟），水墙 1 米多宽，2 米多深，地冻得很硬，很难挖动，挖到下面时，又黑又黏的泥土粘着铁锹，在下面往上撂时很难甩出去，把人难为的要哭。这时，大家就唱"下定决心，不怕牺牲，排除万难，去争取胜利"。有些同学的手都被冻裂了，仍然坚持不下火线。吃饭时有的同学连筷子都拿不住。之前在城市里，别说干这么

① 席彩霞，女，漯河市统计局退休干部。

累的活，连见也没见过，甚至就没听说过啊！

在集体农场，开饭时，不用碗打饭，而是同寝室的同学拿着脸盆去食堂，一个盆子盛米，一个盆子盛菜，打回来一块吃。当时，没有炒菜，都是水煮大锅菜，菜煮熟后撒上一大把盐，倒一点儿油。偶尔蒸一次包子，做一次面条，大家都像过年一样，使劲吃，直到吃撑了才罢休。

晚上，同学们躺在床上聊天，聊到高兴处，大家会一起哈哈大笑，聊到难过的地方，大家会一起大哭。也有同学会找个僻静的地方看书，也有同学聚在一起唱歌、谈心。偶尔有同学的父母或兄弟姐妹来探亲，大家像对待自己的家人一样，热情接待，问长问短，临别时依依不舍。

1974 年的夏天，我得了一场大病——发疟疾（俗称打摆子），每天白天好好的，我和同学们一起劳动，可是一到晚上就高烧不止，大家轮流守在我身边，还劝我回家看病。那时，我想着自己是一名团干部，怎能遇到点儿困难就退缩，不，一定要坚持住，整整半个月，体重 100 多斤的我瘦到 80 多斤，走路都走不稳了，团支部就派了几个同学，强行把我送回了郑州。年迈的爷爷和奶奶，见了我这个样子，难过极了，当晚，就送我进了医院。时间不长，我的病一好，就在爷爷、奶奶的挽留和关照声中急急忙忙返回了农场。同学们像迎接贵宾那样迎接我的归来，令我非常感动，那份亲情深深地印在我脑海里，留在了我的内心深处。

1975 年，郑州市轴承厂支援临颍县巨陵公社一批工业设备，帮助建起了公社变压器厂。厂子建起后，有个不成文的规定，轴承厂的职工子弟可以在变压器厂做工。那时我的姐姐是轴承厂的车间主任，因此，我享受了这份特殊待遇。我离开了相处多年的同学们，离开了集体农场，转点来到了临颍县巨陵公社变压器厂做工。那一天是 1975 年的 5 月 8 日，这个日子，是毛主席为巨陵公社的一个文件批示“阶级斗争一抓就灵”的纪念日，每年的这一天，巨陵就有一个热闹的集贸大会。

虽然说是在厂里做工，其实农忙时节仍然会到村里与乡亲们一起春种秋收，打烟叶、晒场、扛粧子[①]。尤其是在麦收时节，更是天天在村里抢收抢种。由于我割麦的速度较慢，于是笨马先行，天不亮就提前下地，抢在前头干活。百十斤的粮食粧子，我也扛过；打烟叶是又脏又晒又累的活，我也尽力去做。冬天，还和乡亲们一起下河挖渠（当河工），上山拉煤。为了鼓励知识青年的劳动热情，生产大队的广播常常表扬我。那时在农村，柴油、化肥等生产资料是非常紧缺的，于是我就托关系、找门路，想方设法帮生产队购买。总之，能做的事，我就尽全力去做，有人说我太傻，也有人说我是出风头，可我不管这些，走自己的路就是了。

1976 年，毛主席逝世的那段日子，大家悲痛万分。公社召开了追悼大会，我参加了救护团队，因为当时有些同志悲痛过度昏倒了，需要把他们抬到医院救治。田秋花大姐那时是公社的领导，她对毛主席有着特别深厚的阶级感情，休克在大会现场，我和其他同志及时将她送进了医院。

在巨陵公社的几年间，我作为优秀的知青代表参加了公社的知青代表会议，也结识了新建队的漯河优秀知青朋友陈素琴、毕玉初、李小真等。征兵工作开始了，我还被抽调到公社征兵办工作了一段时间，很多知青朋友踊跃报名参军入伍。

1976 年底，公社抽调一批同志成立驻村工作队，我也是其中之一。我们这支队伍来到了脉张村，在这里，我认识了本村的村干部王国强——就是我现在的爱人（现在漯河市国资委工作）。那时他是回乡知识青年，小伙子帅气、热情、真诚、善良、聪明、谈吐不凡，很有才华，人品特好，又特别爱学习，文章和字体都漂亮，毛笔字更是苍劲有力，工作能力极强，可谓青年中的佼佼者。就在那段时间，他用自己的工作政绩和对党的无限忠诚，证实了自己是优秀的村干部，成为一名光荣的中国共产党党员。我在农村，不仅锻炼了自己，更收获了幸福——

① 俗称，指把晾晒后的粮食装入一种大约 1.3 米的专用口袋后，运送过程称扛粧子。

爱情。

1978 年底，我被招入省水利厅工程总队工作，结束了长达 5 年的知青生活。到了工作单位后，就开始做统计工作，直到 1982 年底，调到临颍县统计局。2003 年，我调入漯河市统计局工作。我这个来自郑州的下乡知识青年，经过多年岁月的洗礼，已在文明美丽的漯河扎下了根，漯河已成为我的第二故乡！

选自 2016 年《漯河文史资料》第二十三辑

知青岁月里的第一次

李华民[①]

记得那是 1974 年 4 月 28 日，我一生最难忘的日子。刚满 16 岁的我，临颍二高毕业后，与在其他学校高、初中毕业的郭书昌、刘忠义、袁双喜 3 名男青年，从临颍县城来到固厢新建队“安家落户”。

我们刚下车，就受到几位阳光大男孩儿的热情接待。其中一位中等身材，浓眉大眼，干练中透着英气，他就是固厢新建队团支部书记李建明。

李建明接过我的行李，边走边给我们介绍这里的情况。他说：“这里原来一片荒芜，到处是蒺藜和蒿草，如今变得有模有样，都是我们这些知青和老农用汗水换来的。”顺着他手指的方向望去，只见四排整齐划一、坐北朝南的青砖平房矗立在空旷的原野上，显得格外醒目。没有围墙的院子，看上去宽敞而明亮。远看像座小农场，走近就是光秃秃的农家大院。环顾四周和房前屋后，没有草坪，没有花坛。刚刚栽上的小树，在微风中轻轻摇曳，头顶上冒出的芽尖显得弱不禁风。当时的固厢公社（现在的固厢乡）派来管理知青的干部任丙申说：“这就是我们固厢新建队了。”

固厢新建队 1973 年 5 月 27 日成立，当时只有 48 名漯河知青。1974—1976 年正是知青下乡高潮阶段，后来又相继进驻了临颍、许昌、郑州 84 名知青。

新建队管理知青的干部共 13 名，其中有公社、大队（现在的乡级、村级）干部、老农（当时知青对贫下中农的尊称）及漯河知青带队干部。公社干部任丙申担任新建队党支部书记，他是教师出身，不但有学

---

① 李华民，临颍县委宣传部退休干部。

识，还平易近人，我们都热情地叫他任老师。老农杨文兴、王国红，漯河知青带队干部谢国平任党支部委员。杨文兴兼任新建队队长，负责固厢新建队全面工作。老农朱锁彦任新建队副队长，主抓劳动生产；任德昌任司务长，管理知青生活。漯河知青李建明担任副队长，负责管理知青的劳动生产和生活；张秀枝（女）任队委会委员，主抓女知青的思想政治工作。李建明还担任新建队的团支部书记，漯河知青钱腊青（女）、张秀枝任团支部委员。

新建队的老农除杨文兴、朱锁彦、任德昌、王国红外，还有潘宏恩、李明儿、王禄明、杨留义、田桂花（女）、李东海、田震青。他们都是由群众推荐、公社批准的优秀队员，都有一定的生产技术和劳动经验。

新建队共有耕地 240 亩，是固厢公社统一从附近的驼铺、小师、阳坞、岗东、闫庄等大队划拨过来的，基本上都是各大队最远的“老坡地”，地势低洼、土壤板结、胶质盐碱。当地群众用顺口溜形容这片土地：“雨天水汪汪，晴天白茫茫。”“早上软，中午硬，到了后晌锛不动。”

就是在这片荒凉贫瘠的土地上，我们这群城里娃响应毛主席“知识青年到农村去，接受贫下中农再教育”的号召，到这里“扎根安家”（当时的口号）。从此，这片寂寥的土地，变得热烈而奔放，充满了生机与活力。直到 1979 年大返城结束，这片土地才恢复了往日的平静，所不同的是，贫瘠的土地变成了沃土，成了名副其实的粮仓。

1975 年 9 月，我们固厢新建队又迎来了吉颍红、王雪红、程建民、崔振民、邢丽颍、杨桂花等临颍县的第二批知青。他们没来多久就经受了一场大火的考验。

大概是 10 月初的一天傍晚，我们正在 107 国道路边的玉米地里砍玉米秆，忽然一位青友大声喊：“火，汽车着火了！”听到喊声，我们不约而同地向 107 国道望去，只见一辆满载原木的大卡车着了火，冒着黑烟由北向南飞驰。

青友胡建民、丁华生扔下手中的砍刀，朝着汽车飞奔过去。边跑边脱下衣服，抖搂着向汽车司机发信号。汽车司机也许是闻到刺鼻的浓烟味儿，又看到 2 个青年向他摆动衣服，意识到自己的车出事了，急忙踩刹车。在地里干活的所有青友都放下手中的活向 107 国道上跑。新来的青友王雪红和吉颍红大声喊：“赶快回队里拿脸盆、铁锹！”几个女青友掉头往队里跑。这时在其他地方干活已收工、正在吃晚饭的青友也发现汽车着火了，都扔下饭碗，抄起铁锹、端起盆子、拎着水桶向着火的汽车跑去。由于队里只有一个压水井，运水是来不及了，只能用铁锹和盆子挖土盖火。

胡建民和丁华生飞速从沟里窜到路上，跳上汽车。胡建平驻村回来经过这里，也奋不顾身扑了过去。这时火借风势，越烧越大，火苗直往上蹿。丁华生脱下衣服照着火苗使劲扑打；胡建平和胡建民二人一只手用衣服捂住头，一只手使劲打车门，可黑烟和火苗熏得他俩睁不开眼。这时赶过来的郭书昌、刘忠义、崔振民等青友，有的打车门，有的往原木上倒土，有的脱下衣服扑打火苗。车门被打开后，大家齐心合力使劲把车上的原木往路边沟里推。

女青友用脸盆挖土，从沟里爬上路，再把土运到卡车旁。我和钱腊青、杜培英、黄建群、吴爱群个子都比较矮，从沟里往上爬的时候，几次从半坡摔了下来，弄得满身、满脸是土，大家站起来继续往上攀爬，谁也不甘落后。张秋生、高爱玲、陶桂林、邢丽颖等几个高个子女生端起土蹭蹭蹭快速运行。

男青友围着燃烧的原木，土来了撒土，土不到就用肩膀扛着原木往沟里推。就这样，他们肩扛手推，硬是把一车原木全部从汽车上推下去。吓呆了的司机清醒后大声喊：“伙计们小心，前边有油桶，当心爆炸！”乔国安大声喊：“赶快离开。”说时迟那时快，只听“嗵”的一声巨响，油桶真的爆炸了。幸亏大家跑得快，要不受伤的青友不会少。经过半个多小时的紧张战斗，一车原木保住了。但是李幸福、曲显乐、陈占文、万良德、周合收、杜前强等好多男青友身上不同程度地受了轻伤。

事情过后，我们新建队受到县、乡的表彰，救火的事迹在当地传为佳话。

选自 2016 年《漯河文史资料》第二十三辑

我的知青带队经历

刘平安[①]

1975年，我是漯河市南大街小学的党支部书记兼校长。“75·8”大洪水过后，我多次找市委宣传部和市教育局主要领导，强烈要求下农村带知青。在我的强烈要求下，组织上让我到漯河市郊区后谢乡小寨杨村知青队接王河山同志的班当带队干部，并让我兼带芦王庄和娄庄两个知青队。

这个担子实在是不轻。当时我做了一番了解，大水刚过，困难很多：一是知情队房倒屋塌；二是牲畜死亡很多；三是各队知青吃喝无着；四是知青思想很乱。知青队基本上是空巢空窝，他们在社会上、在家里过着游手好闲的生活。面对诸多困难，我从思想上不甘示弱，下定决心立足小寨杨知青队，跑市场搞调研，筹办工厂，制白铁桶。去市里大街小巷，走访知青和家长，劝他们归队生活，恢复生产。

经过不懈地努力，用了不到半年时间，厂办起来了，知青都归队了。接着我又狠抓了安定团结和发扬艰苦奋斗的思想教育工作，我和知青们交心、谈心，心贴心，同吃、同住、同劳动、同学习、同生活，让大家有活干，有饭吃，大家信心满满、劲头十足。白天把知青们分为工农两个组，一组制作白铁桶，另一组从事农业生产；晚上全队基本上在我的带领下从事白铁桶的手工制作，根据需要剪出桶身和桶底，再一锤一锤、一点一点把桶身和桶底砸圆扣紧，不能漏水，既严密又要美观。不出三五天，制成的白铁桶就能装满一大马车，由知青们送到市土产公司，验收结算后拿回应得的款项。这样，农业按时按季播种收获，工业也搞上去了，知青队有了经济收入，队里有粮吃、有钱花，每周改善2

① 刘平安，漯河市政协退休干部。

次生活，牛肉、猪肉、鸡肉、鱼肉调剂着吃，知青生活过得很有滋味。此外，队里有钱了，每月给每个知青还发 10 元 ~ 20 元零花钱。这样一来，大家是越干越想干，越干劲头越大。年终全市 17 个知青队评比，我带的小寨杨知青队被评为全市的先进知青队。我在全市知青工作大会上发了言，介绍了办好小寨杨村知青队的经验。同时，我被评为许昌地区劳动模范，这也是漯河市唯一一个知青工作者方面的劳动模范。在许昌地区的奖模大会上，许昌地委的主要领导亲自给我颁了奖状，我感到很光荣。

1977 年，我被调到漯河市郊乡知青办公室，协助李清河主任管理全市 17 个知青队的工作。当时的主要工作是：洪水过后，知青队灾情多多，首先是向上级反映各队的灾情，争取各级领导知情知青，同情知青，理解知青需求，关心支持知青工作；尽量多争取资金，尽快把各知青队的房屋整修起来、重新盖起来，减少的牲畜再买回来。还有一项重要任务是把知青的归队思想做好、抓落实，尽快恢复生活和生产。此时，因为李清河主任年岁大，眼力不好，所以，大量的上联下跑的事，全由我一人跑、一人干，别无他人。如我在许昌地区跑来了一大批木材指标，还得想办法从许昌地区木材公司货场分别运到市郊 17 个知青队。我一个人吃住在许昌，负责给市郊各知青队调运。我一个人接车接人、办手续、协助装车，天天忙的吃不好饭，睡不着觉，发着高烧，还坚持在许昌地区木材公司忙碌。由于资金、木材指标跑得到位，运回及时，17 个知青队倒塌的房屋很快都修造好了，生产也搞上去了，生活也恢复了。

由于我与上下级接触多，工作做得多而且扎实，所以，我在 17 个知青队的威望很高，各队都听我的。市里召开知青大会，我是总指挥，我叫咋站咋站，我叫咋排咋排，市里领导根本不用多操心，各级领导、老农、知青和家长都比较满意。我虽然辛苦一些，但心里很快乐。

选自 2016 年《漯河文史资料》第二十三辑

河状新建队

——知青的家

张北亭口述[①] 张富村执笔[②]

1975年5月，我们老窝公社河状大队忽然接到郾城县的通知，通知说漯河铁路电务段的知识青年准备下乡到河状，接受贫下中农再教育，希望河状大队抓紧时间做好准备工作。河状大队接到通知后，即刻召开了大队干部会议，研究迎接知识青年下乡落户的问题。经研究形成一致意见：下乡到河状大队的知识青年共20多人，组成一个生产队，命名为新建队；在对新建队的管理上，抽出大队干部宁驴任新建队的队长，我当时是大队党支部副书记，负责知青的全面管理工作，女知青则由大队妇联会主任协助我具体管理。

知识青年即将到来，需要解决的问题很多，首先是住的问题。经研究决定，给新建队新建住房。大队支部书记亲自组织施工，抽调各生产队的木匠和泥瓦匠，分工协作，抓紧施工。木料、砖块、土坯等建房材料由大队的40马力拖拉机运送。

在施工过程中，由于时间紧迫，纪律很严，不论是木匠和泥瓦匠，没有特殊的事情不准请假，更不准缺工，由此还出了个不幸的事情：河状大队紧邻沙河，每年夏季沙河涨水时，河里就会有很多的鱼，沿河老百姓称之为“过鱼”。一天，一个泥瓦匠不请假擅自到河里逮鱼，在去往河对岸时，本来应该走桥上过去，但是他怕别人看见影响不好，甚至还要受批评，于是有桥他不敢走，就从湍急的河水中游过去，结果溺水

① 张北亭，曾任召陵区老窝公社河状大队党支部副书记。

② 张富村，漯河市召陵区老窝镇河状村人，出生于1935年。曾任原郾城县教育局扫盲组长，老窝乡五七中学副校长，铁炉小学校长。

身亡，非常可惜。

河状大队对迎接知识青年的到来非常重视，全大队上下齐心协力，克服种种困难，动员各生产队甚至社员捐赠房料，调动各方面力量，加紧施工，使建房工期大大缩短，仅用了半个月的时间就建成12间房子，其中男住室6间，女住室3间，厨房、办公室等3间。尽管房子简陋了点，但是能够遮风挡雨，而且与周边大队的新建队相比，还是比较“阔气”的。建好房子，大头落地，至此，河状大队迎接知识青年的准备工作基本就绪。

知识青年来到河状大队的时间大约是1975年的10月间，他们22个人，大多数都是漯河铁路电务段的职工子弟，刚刚高中毕业走出校门的学生。知青们由段长带队乘坐卡车来到了我们大队。车子开到大队院前，知青们高高兴兴地背着自己的行李进入了院内，我们全体大队干部和各生产队长都在等候迎接。没有举行什么欢迎仪式，也就是大家坐到一起，相互介绍了解一下情况。我首先介绍组织情况，我说：“你们22人是一个单独的组织，咱们把这个新的组织命名为新建队，队长姓宁，我是大队党支部副书记，负责你们的全面工作，大家以后有什么困难和问题，请及时告诉我，我会尽力帮助大家，我们这个村条件差，还请大家多包涵。”接着几个知青发言：“来之前听说这里没有房子，需要我们自己建，来后看到崭新的房屋，体现了河状大队对知青工作的重视，对知识青年的真诚欢迎，我们衷心感谢大队领导和全体社员对我们知青的关心。”随后，我们带领大家进入各自的住室。安顿好后，不等休息，知青们就急着要求干活。宁队长先帮助新建队组建起内部组织，把全体知青分为四个组，并男女搭配，经过酝酿讨论确定了各组组长。然后告诉大家：“同学们不要急于干活，农村有的是活，先休息休息，把这里的环境熟悉一下，然后放假4天，大家可以自行回家，来的匆忙，未办的事情可以继续办，同时给自己的父母报一下平安，不要让父母挂念。”接着又强调了纪律，要求大家以后要遵纪守法，服从领导，听从指挥，放假4天后要准时归队。

4天过后，知青们都按时归队了。在这期间从漯河又来了2个知青，这2个知青祖籍都是我们河状人，新中国成立后随父母到漯河市居住，听说河状大队有知青队，认为下乡还是到老家好，所以他们就来了。青年队增加了2人，四个组刚好每组6个人。

新建队的耕地是大队原来提取的经济田，划出40亩归其耕种，耕地里分散有坟茔，履带拖拉机没法耕作，年轻人又不会使牲口，所以就要人力来刨。于是就把原先买好的铁锨分给大家，拿到工具后一个调皮的知青说，“这个就是我们的对头了，如果招呼不好它会对我们不客气的，会咬我们的手的。”果不其然，中午放工时，有大部分人都磨破了手，女同志干脆用手绢把手缠了起来。宁队长一个一个地检查，看到他们手都起了血泡，非常心疼，说下午不再干活了。同时，又给大家讲解了关于劳动的一些常识和技巧。他说同学们手上起泡的原因有二：一是大家的皮肤比较嫩，二是大家拿工具的方法不对。于是就给大家做起了示范，通过讲解和示范，大家都明白了个中道理。大家普遍认为队长虽然是个没有文化的人，但是农业技术和劳动经验比较丰富，是他们年轻人学习的榜样。

1976年过春节时，新建队的伙上杀了1口猪，地里自己种的蔬菜也已经能吃了，在集市购买了一些豆腐、粉条等，漯河铁路电务段和郾城县的领导来慰问，又带来了不少礼物，他们在乡下过的第一个春节，还是比较丰盛的。知青们真切地感受到党和政府的关怀，大家都很知足。知青张茂生感慨地说:“知识青年上山下乡是毛主席和党中央的英明决策，是青年人接受教育、锻炼成长的好机会，我们有志青年一定要好好干，决不辜负伟大领袖毛主席的希望。”春节前后，知青的父母也都陆续来看望自己的孩子，他们看后都感到比较放心和满意。同时，再三叮咛自己孩子，在新建队要听领导的话，向广大社员学习，不怕吃苦，勤学苦练，干出成绩，不辜负领导和父母的期望。

1976年的征兵开始后，下乡的知青也允许报名，有好几个都报了名，但是只分给新建队2个名额。所以，最后通过体检的只有2名同志应征入伍。我和宁队长、侯立业3人到征兵办看望他们，他们有幸当上了中国人民解放军，高兴极了。他们的父母也都到征兵办，见到我们很客气地说："他们能当上解放军多亏你们的教育和培养。"并对孩子们说："你们到部队后要积极训练，不要忘了新建队，也不要忘了你们几位大叔对你们的培养和教育，新建队就是你们的第二故乡。"家属的话深深感动了我们3人，我对宁队长说："我们回去对年轻人要更加爱护、关心，让每个年轻人都积极进步。"

1976年麦收时，由于当时没有收割机械，收麦子全靠人割。新建队每人发了一把镰刀。在割麦时大家提出每人按五耧分割，在分任务时我们考虑到女同志少分点，可是女同志不要照顾，坚决和男同志一样。开始割的时候大家的劲头都很大，割着割着就有了先后，有的手上磨出了血泡，可是他们还是忍着疼痛，女同志用毛巾缠住手，继续坚持割下去。中午放工回家，我和宁队长商议下午休息半天，明天继续收割。第二天宁队长宣布手上有泡的不再割，能割的也不再分配任务、定指标了，能割多少是多少，但是年轻人都不服输，谁也不愿意落于人后、打退堂鼓，于是大家都又下地收麦。这样，仅用3天时间就把全部麦子割完了。

1977年麦收后，知青们陆续回城参加工作上班了，但是还有几个没有回城。没有回城的思想上有些波动，情绪不好，认为自己表现不如别人，得不到领导的推荐回城，实际的原因是他们的家长没有沟通好。于是我们就进行了一次家访，我和宁队长把几个留守知青的家里都去了一遍，家长们认为孩子在乡下劳动生活都很好，所以也就没有过多操心孩子回城工作的事。我给他们解释说，"新建队的知青人少了，所以也要解散了，还是让孩子们早回城得好。"我们这次家访的效果很好，没有多久剩下的几个知青也都回城了，新建队也完成了历史使命而不复存在。后来把新建队改为农业站了。

选自2016年《漯河文史资料》第二十三辑

1965年下乡老知青的回忆

赵　陶[①]

1965年8月26日，漯河的天气晴朗，这一天是个特殊的日子，也是我终生难忘的日子。就在那一天，漯河市313名知识青年响应毛主席“知识青年到农村去”的伟大号召，满怀革命豪情，分别奔赴舞阳县吴城公社、辛安公社、城关公社、保和公社四个公社30个生产队插队落户。

那一天，漯河市委、市政府在老街市委礼堂召开万人大会（礼堂内外都是送别的人群），热烈欢送漯河市第一批知识青年上山下乡。市委领导讲了话，我在大会上代表知识青年发了言、表了决心，会后有20辆解放牌汽车送我们到农村的新家。漯河欢送的人群挤满了道路两旁，老街、交通路、人民路、牛行街，路两边都是欢送的人群，里面有知青家长、亲属、在校学生、教师。20辆汽车除搭载我们知青，还有漯河市送给我们知青的30辆架子车、30架缝纫机、30多头耕牛和农作物种子等。

知青们离开漯河一路欢歌笑语，把流行的革命歌曲一路上唱了一遍又一遍，当时唱的流行歌曲有:《毛主席的战士最听党的话》《大海航行靠舵手》《抬头望见北斗星》《没有共产党就没有新中国》……还有我们自己编的新歌：

太阳红，太阳亮，春风送我回故乡；
青山绿水多宽广，新歌新曲新人唱；
凌云壮，心里藏，要把穷山变富乡；
我是新式庄稼汉，新歌新曲新人唱。

---

① 赵陶，河南省水利第一工程局退休干部。

到了农村，大队生产队干部、广大社员对我们更是热烈欢迎，为我们盖了新房，添置了新床，新厨房里添了新炊具，反正生活用品一应俱全，还有热腾腾可口的饭菜。我们的家是安顿下来了，接下来是我们自己的新生活。

我被安排在辛安公社吴堂大队第一生产队，这个大队有 5 个生产队，共安排了 51 名知青，每个生产队的知青为一个小组，五个小组合为一个中心组。我当时任知青中心组组长兼生产大队团支部副书记。刚下乡时，粮食由国家供给，每人每月 45 斤面粉、15 元生活费，后来和农民们一样同工同酬，靠挣工分分粮、分菜、分柴火。我们虚心接受贫下中农的再教育，积极参加农业生产劳动，由刚下乡时什么都不懂，什么农活都不会，变得逐渐能懂会干。我们认真学毛著[①]，以白求恩、张思德、老愚公的光辉形象激励自己，立志扎根农村，做这里的主人，每天都和贫下中农一起，早出晚归。经过长期的、艰苦的磨炼，我们变得知道什么季节种什么庄稼，由不会变会，有的还成为农业生产能手、科学实验的尖兵。

抗旱。刚下去时，天不下雨连续干旱，直接威胁庄稼生长，当时的口号是打井抗旱，战天斗地，确保粮食丰产。知青们也都踊跃参加，那时耕畜不多，也没有抽水机，全靠人力推水车浇地。一组知青 12 人分成 3 个小组，4 人一组推水车抽水抗旱，年轻人有激情，也为了忘记劳累，大家一边推水车一边唱着歌曲，田野里欢声笑语，一派热闹景象。经过大家坚持不懈的努力，较好地完成了生产队交给的抗旱任务，为战胜旱灾作出了应有的贡献。

施肥。生产队大田里该施肥了，对于我们这些从城里来的知青来说，在家时衣食无忧，手不能提、肩不能扛，现在要在这里施肥、挑大粪、刮屎倒尿，也是一种严峻的思想考验。但一想到我们是来接受再教育的，就克服了怕脏、怕累的思想情绪，和社员一道毅然地挑起了粪桶，并到厕所粪池里掏粪，然后装到架子车上拉到田里。通过参加这样

① 毛泽东著作的简称。

的脏活、累活，不但使我们受到了劳动锻炼，还缩小了知青和社员的距离，密切了知青和农村青年的关系，也更有利于我们在那里经风雨、见世面，为社会主义新农村的建设贡献力量。

学会干农活。有农谚说:“庄稼活不用学，人家咋着咱咋着。”其实还得学，不学是不会干的。好在有社员的言传身教，我们在学中干、干中学。经过一段的勤学苦练，各种农活基本都会干了，无论拉犁子、拉耙、拉石磙、锄草、为棉花整枝打杈等各种农活，既敢干又会干。秋庄稼成熟了，生产队喜获丰收，我们和社员们一道割谷子、豆子，刨红薯、砍高粱、掰玉米，样样得心应手。

大兴农田水利建设。遵照舞阳县委“大兴农田水利建设”的指示，农闲时农村社员要上河工，我们从辛安公社到九街公社塘河工地挖河、清理河道。当时正值严冬，知青和社员一道打好行李，到九街塘河工地安营扎寨，进行修河工劳动。在工地住的是简易工棚，吃的是大锅饭，知青和社员同吃、同住、同劳动，大家像生活在一个大家庭一样，有专职的修河队长领导管理我们的生活和劳动，有技术人员指导如何开挖河道。当时的生产工具极简单，就是铁锨和大筐，河底有人挖土装筐，大部分人是抬大筐，从河底把土抬到河岸上。坡陡路滑不好走，还要抬上100多斤重的大筐，很吃力，大冬天汗流浃背。每天的劳动强度很大，开头都累得肩膀红肿，有青年喊腰酸、背痛，但经过十多天的磨炼，已能适应这种大强度的劳动，真正应验了当时知青常喊的几句话:“滚一身泥巴，炼一颗红心，结一手老茧”。而且知青们在劳动工地很活跃，歌声、劳动号子声此起彼伏，干活生龙活虎，并展开了劳动竞赛，看谁干的活多，赢得了社员们的好评，有不少知青还被评上了劳动模范、先进工作者。经过一个多月的劳动，河道打通了，河道边上的硬边渠道也都顺势开挖成功，达到涝能排、旱能浇，确保农田旱涝保收。

成立文艺宣传队。知青中有不少文艺爱好者，在大队团支部的组织下成立了知青文艺宣传队，自编、自导、自演了几十个文艺节目，有唱革命歌曲的，有演戏曲节目的，还有豫剧清唱朝阳沟、五姑娘、李双双选段的，还有说相声、演双簧、说快板书的，演出的内容都是歌颂和宣传农村的新风尚、好人好事等，深受广大社员的喜爱。在田间地头，利用劳动休息时间，宣传队为社员们唱歌、唱戏、读报纸、读毛主席著作“老三篇”等，宣传毛泽东思想。还在每个生产队设板报栏，定期抄写黑板报。当时学毛著、开展新社会和旧社会生活对比，宣传队帮助社员编写家史、村史，带头吃忆苦饭，破除不良旧习俗，传播时代新风尚。

深翻土地。根据上级“土地要深翻，粮食要高产”的指示精神，生产队组织社员对土地进行深翻，大田里搞起了劳动竞赛，分组包片深翻土地，知青们也积极参加，生产热情很高，把土地一排排打成地垄，深翻可达 2 尺深。经过一冬天的苦干，生产队 80% 的土地得到深翻、平整，为来年粮食丰收打下了基础。同时，我们还参与农业科学实验，改良农具，进行农田土、肥、水、种的综合试验，夏季推广小麦试验田，秋季农作玉米、烟叶、红薯等实现良种化。

发展养殖，搞活农村经济。在农村，差不多家家户户都养有猪、羊、鸡、兔等。有一段时间县里推广养殖蓖麻蚕和桑蚕，知青组也抽出几名代表到县蓖麻蚕制种站学习制种。制种的过程也是科学实验的过程，从蚕、茧、蛹、蛾到制成蚕种，需要控制温度、精心呵护，不能有任何差错，制成的蚕种通过宣传员（也是制种站的工作人员），分发到各个公社、大队养蚕户手中，并且还要大张旗鼓地宣传，宣传养蚕的好处，蚕丝对国家、特别是国防都有很大的用途，让社员提高认识，积极养殖蓖麻蚕和桑蚕。知青组也都参加养蚕，所结的蚕茧到当地收购站去卖，这样一来既学到了养蚕技术，也为小组增加了收入。

知青积代会代表胸标

收麦。麦子熟了，到了收割的季节，这一年麦子长势良好，知识青年和社员一道起早贪黑，没明没夜地到地里收割麦子，很多青年手上都磨出了血泡，可还是不停地割麦、捆麦，往场里送麦。队里试验田的麦子由于精心科学管理，亩产达到了 700 斤（那时就是高产数字），知青和社员除拉石磙碾麦外，有几个知青跟着老农学会了扬场，有时白天不刮风，他们夜间就睡在场里，什么时候有风就什么时候起来扬场。麦收后，每组知青分到了几百斤小麦，获得了自己的劳动成果。

舞阳县出席 1966 年河南省下乡上山知识青年积极分子代表会议代表合影（前排右一为赵陶）

我们第一批上山下乡知青在农村生活锻炼了近 6 年时间，有的在下乡期间因病去世，如一组男青年关宏奎 1965 年 8 月下乡，1967 年 4 月因患白血病去世，年仅 17 岁。也有个别知青在农村结婚生子，如一组女青年孙玉梅和农村青年结婚，后病逝于农村。大部分知青于 1971 年 1 月陆续招工回城，结束了长达 6 年的农村劳动锻炼。这段历史成了我们挥之不去的永远记忆。

选自 2016 年《漯河文史资料》第二十三辑

城乡建设

“大锅锥”“小砖筒”在井泉建设中的历史作用

孙文学口述[①] 周跃海执笔

20 世纪 50 年代，我任中共郾城县宋庄乡党委书记时，在水利建设中做了一件有益于人民的事，如今记忆犹新。现在说出来对增强人民的创新意识，推动科技进步有现实意义。

1955 年“三秋”大忙之时，许昌地委、郾城县委派水利建设工作组到宋庄乡找我说要在我们乡辖的联盟农业社搞井泉建设试点，我们乡党委一班人和全乡人民都非常欢迎。在工作组的帮助下，我们和社员一道，创造了用“大锅锥”下“小砖筒”方法，改变了千百年来人工下井挖掘的老办法，深受广大干部群众的欢迎。消息很快传开，声名大振，享誉国内外，安徽、河北、吉林、内蒙古等 8 个省、区的领导率干部和水利工程技术人员来宋庄乡参观学习。越南共和国也派了水利代表团来实地考察，认真学习宋庄乡联盟农业社的打井方法。

宋庄乡位于漯河市区东北 25 公里处，北靠沙河，东邻商水，西邻老沃。全乡辖 25 个自然村，其中联盟农业社辖 10 个自然村。全社 5000 多人，8000 余亩耕地。

1955 年秋工作组进驻宋庄，召开了党总支会、干部会、社员会，讲明来意，宣传政策，发动群众。接着集中领导干部、技术员、劳力等百余人，在农业社试验站打首眼机井。机井几十米深，用人工下井挖掘砌砖的老办法根本不行。于是工作组组织地、县两级机械厂技术员联手研究制造了大锅锥。当大锅锥被抬上井台时，社员们蜂拥而上，争先恐后看稀罕。打井工作昼夜 24 小时运转。领导、干部、技术员、男女劳力合理搭配，三组轮流值班。当井打至 20 多米深处时遇到了拦路虎，大

① 孙文学，20 世纪 50 年代曾任中共郾城县宋庄乡党委书记。

锅锥屡推屡坏，3 天未见进度。副县长段自甫、水利局局长王金领和我等，万分焦急，立即组织专家王保喜、技术员苏丙全、占松林等同志分析研究，认为：①可能遇到了石头或大砂礓；②大锅锥的翅膀是生铁构造，易断损。根据这个推断，将大锅锥的翅膀由生铁改为熟铁，经过 3 次试验，终于穿过石层，渡过难关，经过 20 多天的奋战，打成了第一眼机井。这一爆炸性的新闻像电波似的传播到全乡及周边村庄，参观的群众络绎不绝，奔走相告：称“大锅锥”是洋玩意，“抽水机”是“小龙王”，连小顽童也跑着说：“小龙王”来了，“小龙王”来了。

我们在井台抽水现场召开了庆祝大会。

会后群情激昂，都争先恐后要求到打井队打井。形势逼人，很快地轰轰烈烈的打井运动蓬勃兴起。省、地、县三级政府和水利部门积极支援，从天津购进 50 台煤气机，从无锡购进 2 部锅托机，地、县机械厂联合制造大锅锥 4 台，供销部门购进竹竿、铁丝、水泥等。

农业社办公室所在地宋庄，建起了砖窑，各村都用围窑的方法烧起了扇面砖。木工组织起来赶制柳木底盘，泥工组织起来垒井管，即“小砖筒”。

乡党委的各职能部门分别召开会议，发动群众积极投入打井战斗！

乡、社两级书记带领技术员会同村队干部，进入田间实地考察，根据地块地形和水的自然流向规划打井，原则上按百亩井定位。全社共规划机井 50 眼，作为冬春打井的奋斗目标。为确保打井质量，实行五包：包发动、包集资、包组织劳力、包打井、包洗井，一竿子插到底。经过一个冬春的协同奋战，全面完成了 50 眼打井计划，经技术检验，质量全部合格，及时投入使用。1956 年全社顺利地浇了小麦返青水、灌浆水，并及时解除了旱情。由于及时浇水施肥，麦秋两季庄稼生长很好，获得了前所未有的大丰收。全社由 1955 年亩产 250 斤提高到亩产 550 斤，两年对比翻了一番，达到了《农业发展纲要》要求的指标。喜得丰收的农民，兴高采烈地放鞭炮，贺丰收，自发地喊出“共产党万岁，毛主席万岁”！有的还编出顺口溜：“机器满坡咚咚响，井水川流胜龙王，感谢恩人共产党，给俺送来大囤粮。”

7月，我代表宋庄乡党委和乡政府到郑州参加省委召开的水利建设座谈会，省委秘书长王子明握着我的手说：“你们的井泉建设搞得很好嘛！创造了用‘大锅锥下小砖筒’的办法，填补了我国打井技术上的空白。”

秋天，省委第二书记、省长吴芝圃，陪着辽宁省委书记、省长、秘书长、水利厅长等，乘专车从漯河来到宋庄，谈笑风生地参观了水利现场。临走时，辽宁首长握着我的手说：“你们创造的经验很好，谢谢！”

1956年11月，中共郾城县委负责人于庆义、陈纪夫带着联盟农业社粮食上纲要的材料，向中央、省委汇报，并参加了中央召开的农村工作会议，荣幸地受到中央首长的接见。

接着安徽、吉林、河北、内蒙古等7个省区的领导、专家、工程师、技术人员等先后来宋庄乡联盟农业社参观学习，听打井经验介绍，参加实践操作，对“大锅锥”下“小砖筒”的操作程序做了详细研究，还提出了许多宝贵意见。接着，越南共和国水利代表团来宋庄乡参观学习联盟农业社的打井经验。我国水利部副部长刘子旺、省水利厅厅长王保和、许昌行署专员周子滨率地、县、乡、社干部200余人在宋庄乡政府大院举行了欢迎仪式。

越南的同志学习非常认真，按照打井程序一个工序一个工序地研究学习，一丝不苟，并亲临现场，参与打井劳动。

选自2004年7月《漯河文史资料》第十二辑

阎魏村六十年巨变

阎书华[①]

我的老家大刘镇阎魏村是个不大不小、不穷不富的村庄，在众多农村中颇具代表性。新中国成立以来，它和其他村庄一样，各方面都发生了巨大变化。这里我只说三个方面：①从茅草屋到楼上楼下；②家家都有车，行运不再难；③知识人越来越多。

从茅草屋到楼上楼下

阎魏是由大阎、魏庄两个村于20世纪60年代合并起来的。1950年土改时期，大阎63户，魏庄12户，总人数582人。

75户人家，除大阎有两所砖瓦房外，其余全是茅草屋，土坯墙，里生外熟（外面砖里面坯）的墙根脚，麦秸或槐草冠顶；小木格子窗户，屋内阴暗，四季全靠开着门采光：每所三间，两头住人，中间作室。穷户一般每户一所，既住人又做饭，不拉院墙；中等及富户或人口多的户一般两所，每户大都有一间简陋窄小的灶屋或灶火棚。

我祖父叔伯弟兄六人，在那道街占了半壁，算得上一个大家族。土改前绝了两户，这四户每户十口左右，也大都有两所到三所住房，两间牲口屋（兼磨房），一间灶屋，全是草房。四户挨界，都是土垛院墙，出了豁口也不修补，常常是这家到那家，无需走大门，连孩子们都能来回翻越。其他住户也大都如此，残垣颓壁，一派破败景象。

① 阎书华，女，1934年5月出生，河南省郾城县人，1951年省立郾中毕业参加抗美援朝志愿军。曾任军委总政文化部文化教员、商务印书馆俄语资料员、漯河市商管委科长。

土改中，我爷的亲哥（即我的四爷）和一户姓陈的被划为地主，但这两家的住房也全是草房。四爷还当过保长，可是到死也没住上砖瓦房。他的儿子我的四叔及四叔的两个儿子，是在“文革”后才盖了一所砖瓦房和两间砖墙水泥板顶的厨房。有人跟四叔说笑话：“你地主也是沾共产党的光才住上砖瓦房的。”

土改中我家划为富农，12口人，连牲口屋带灶屋共12间草房。婶母住的小东屋只有两间。解放后，我堂姐参军到了开封，婶子当了随军家属。她从开封回来对我们说：人家厕所比咱那屋子都讲究。

我村唯一两所并肩的大瓦房，是这两户姓陈的老前辈陈灿然在清同治年间中举后建起的，住了几代人，后世子孙因无力维修，一直住到改革开放后才扒掉重建。

解放后到20世纪70年代末，农业生产力低下，粮食及农副产品产量很低，缴公粮后所剩难以糊口；取缔自留地和农贸市场自由贸易，城市限制农民务工等，使得乡亲们没有余钱剩米，无力改善居住条件。阎魏村的住户，由传统的兄弟数人、祖孙三代同堂的大家庭，逐渐裂变为一夫一妻的小家庭，加上添人进口，到改革开放以后，已发展到297户，总人数1031人。“文革”时期，仍然维持着一户一所的茅草房。1976年，“文革”结束后，条件好的家户开始出外拉煤换砖，有7户建起了7所砖瓦房。1980年，改革开放后，农村实行家庭联产承包制，鼓励专业户生产致富，允许农民进城务工办企业，取消农副产品统购派购，农副产品可以到农贸市场自由交易，特别是2004年底免除“皇粮国税”——农业税，实行种田、良种、大型农机具补贴，推行科技兴农等一系列惠农强农的政策举措，使缺粮少钱的乡亲终于解决了温饱，走上了致富路，衣食无忧的农民有了改善居住条件的经济能力。20世纪90年代，所有农户都先后推倒了茅草屋，建起了砖瓦房。这是农村住房的第一次变革。

1996—2009年，已有180户将砖瓦房改建成平均100平方米以上的水泥板房，另有50户盖起了二层小楼，平均每户200平方米左右。新房打破了沿袭不知多少代的老三间的旧格局，铺了地板砖，安上玻璃窗，宽敞、亮堂、干净。这是农村住房的第二次变革。

居住环境也有了很大变化。家家拉起了红砖院墙，又高又宽的水泥门楼安上了结实美观的大铁门，门楣上用彩色瓷砖拼成了“吉祥如意”“紫气东来”“家和万事兴”等吉语。这样阔绰的大门楼连过去的土财主也没享有过。旧时土围露天的“猪狗乐”厕所不见了，灶屋门前的污水坑、大门外的粪堆也没有了。院内打了地坪，大街小巷铺了柏油或水泥路，往日的“晴天一层土、雨天满街泥”令乡亲们烦恼无奈的景况也得到了基本改善。

家家都有车　行运不再难

行，是民生衣、食、住、行四大要素之一。

20 世纪 40 年代，我记事时，我的老家大刘镇大阎村因车辆极少，且大都作为农用，更无后来的公交车之类，所以，不管串亲、办事、上学、外出，几乎全靠两条腿。

土改前，大阎和后来合并的魏庄，两村 75 户人家，拥有铁轱辘车的约 15 户，都是地主富农或富裕中农，养有牛马大牲口的 8 户，其余 7 户是毛驴。当时有人力车就是称为“红车”或“小土牛”的 10 多户。农忙时节，铁轱辘车用于拉庄稼，平时，加上一个秫秸秆或荆条编的车围子运粪或串亲戚拉人，结婚雇不起花轿的也用它娶亲。农村中全是土路，被铁轱辘压出深深的车辙，旱天车过扬起满天土，雨天车辙的泥水常常打住车。打不起铁轱辘车养不起牲口的有的用“小土牛”，中间一个木轱辘，一边一个座，可坐人、可装货。俗话说：“推小车不用学，只要屁股磨得活。”木轱辘走土路，吱吱扭扭，十分吃力。没有车辆的穷户，只有扛、抬、背、挑。

铁轱辘车和“小土牛”于 20 世纪 50 年代末逐渐被胶轮轻便的架子车替代，公社化时架子车为生产队所有。实行家庭联产承包制后，约有半数农户购置了架子车。架子车拉人运货一直沿用到 20 世纪 90 年代末至 21 世纪初。

新中国成立前，我们全村只有一辆自行车，是一位在外公干的人买的。自行车在村子里是罕见物。一位在汉口当厨师的人带回一辆自行车，他的太太在场院上骑，大家像看马戏表演一样。“文革”前及改革开放的20世纪80年代，因买自行车需要购货票，连城市工作人员都难买，更何况农村路况差、票难求，即便有几户买了自行车，也应付不完亲邻的求借。

改革开放30年来，农业生产的快速发展，农民生活的日益改善，以及村间道路及公路路面的硬化，阎魏村297户1031人，有自行车的就有520人，其中到大陈、大刘上小学及中学骑自行车的就有50多人。有摩托、电动车的145户，大都是骑车到附近城镇务工人员，也有少数是接送学生的家长。

中央实施农机具购置补贴的政策，激励了农民购置农机车辆的积极性。我村购置拖拉机的有200来户，有17户买了货车。拖拉机在20世纪90年代大都是车后拖一个大板车，现在已改成了拖斗。拖拉机及货车农忙时用于运粮拉秸秆，农闲时出外跑脚拉货挣钱。另外，条件好的4户买了面包车，2户有了轿车。

公交车近几年实现了“村村通”，我村也设了停车站，从早到晚车辆往返络绎不断。乡亲们走亲串戚，赶市观光，或转乘火车出远门，既可坐自家的拖拉机，又可乘公交车。现在的青少年到几十里开外的市、县上中学，再不用像20世纪70年代前的人那样辛勤跋涉徒步丈量了。

知识人越来越多

中国旧农村生产力的落后带来了生活的贫困，生活的贫困造成了教育的滞后，有知之士如凤毛麟角，而文盲却比比皆是。

我的父辈——20世纪初出生的一代，辛亥革命办起新学堂后，父亲和2个伯伯上了大学，是我们村到新中国成立前仅有的3个大学生。我们这个大家族能供养3个大学生，除了地亩较多外，是我的老太爷在漯河开了一个炉坊。另外，在我的父辈中，还有我的2个叔叔和5个异姓同乡共7人是初中生及高师生。在20世纪30年代后出生的我们这代人中，我家因有我父、叔在外教书的有利条件，出了1个大学生、4个高中（师）生。另有同村的初中生7人，小学生10多人。两代人有文化知识的合计32人。在土改时期的582个村民中，除去130个婴幼儿，仅占应受教育面的7%，文盲占93%。

1958年公社化后，因温饱问题还没解决，农村对文化知识仍无法重视。许多青少年早早被拉去参加生产队劳动挣工分。“文革”中大学停止招生，我们阎魏大队至“文革”结束，就没再出过一个大学生。至1980年改革开放前，才出了5个农专生，这5人还是1977年恢复高考时上的中专。1968年城市知青下乡插队，农村知青回乡劳动，一度出现“知识无用论”，上多上少早晚都是回乡劳动。所以到“文革”结束，全队只有10名高中生，30名初中生，200多名小学生。1980年前社员共1084人，除去200名婴幼儿，应受教育人数为884人，小学到中专的约245人，有340名中年人，是中央、国务院于1956年发布关于扫除文盲的决定后，通过文化夜校、扫盲班等脱了盲，相当于小学文化程度，占应受教育面的66%，文盲229人，约占34%，与新中国成立初期的93%相比，文盲面已大大缩小。

1980年改革开放后，农村实行了家庭联产承包责任制，出现了养殖、加工等专业户，许多青壮年进城务工，农民走上了致富路，加上计划生育的推行，一个到两个娃的家庭逐渐增多。乡亲们看到中专学历就能够“农转非”，也期望通过上学这个途径来改变代代当农民的命运，借此为孩子寻找一个好的就业门路。所以，除了个别智残儿外，近百分之百的学龄儿童上了小学。特别是1986年中央、国务院关于普及九年义务教育的决定和2005年实行“两免一补”（免除学杂费、书费，对家庭困难的寄宿生给予生活补贴），既解决了贫困户上不起学的难题，也激发了广大村民培养孩子读书的积极性。有的村民想方设法把读小学、中学的孩子送入城市教学质量较高的学校，只要孩子肯学，读到什么程度就供到什么程度。

据统计，截至2009年，阎魏村共有村民1031人，除去120名学龄前儿童，应受教育人数为911人，25岁以上的成年人中，大学本科及大专生9人，高中生124人，初中生300人，小学生190人；在校的大学、大专生50人，高中生35人，初中生50人，小学生70人。两项合计828人，占应受教育面的90%，中老年文盲83人，占10%。与解放初期两者的比例基本上来了个颠倒。

选自2010年《漯河文史资料》第十八辑

干河陈村的旧貌新颜

阎书华

干河陈村位于漯河市区西南部。西邻姬崔、毛寨，东邻小朱庄、阎庄，南邻小村铺。解放前，村西南曾设有驿站，至今仍是漯河西通舞阳、南连西平、驻马店的交通要道。

干河陈村有史以来就有陈、林、刘三大家族。据《漯河市地名志》“干河陈”项载：“明代，陈姓兄弟二人，由山西洪洞县迁来，在干河南岸建村。”“召陵林庄”项载：“据《林氏家谱》记载，明朝中叶，有福建省薄田人林春，致河南省县尹，卜居于此，故名。”召陵林庄所存《林氏家谱》载：“林氏第七世孙林蕴，迁干河陈、龙堂。”据查，清代乾隆初年，召陵归村刘家胡同刘氏子孙迁郾城县刘窑、源汇区干河陈、毛寨、小朱庄（属闫庄）。土改时期，陈、林、刘三大姓，加上海、权、马、田等少数姓氏，干河陈村居民共约 256 户，1100 人，耕地 2700 亩。地域北起漯河高中的老南门（旧称南窑），南至现南环路，方圆约 6 平方千米，是漯河市郊区第三大村落。

干河陈村原属郾城县。据《郾城县志》记载，明洪武年间（1368—1399），郾城设有新店保，但未详注所属村名。在“清沿明制”中，新店所辖村庄则有干河陈村之名。1949 年新中国成立，干河陈村划归大刘区。1951 年郾、漯分设，干河陈村划归漯河市干河陈乡，乡政府就设在这里。

干河陈村因干河而得名。干河起于丁湾南（现犇园北的澧河），那里名曰干河嘴。据《漯河市志》记载：干河位于“市区南部，从干河陈村西北部的干河嘴起，东流经阎庄、芦庄、小寨杨、黄岗折而东南流入西平人和乡。市区境内长约 5 千米、宽 12 米（实际 30—60 米——笔者

注），平时无水，澧河涨水时，漫溢入槽，顺流而下。1985年，京广铁路修筑复线，线路跨干河未建桥涵，以土填实，后澧河堤防加固，在干河嘴修筑护堤500米。”民国《郾城县志》载：“干河稍东，至干河陈北，名曰干河嘴，明朝时曰饮马沟，即俗曰干河。”而今，干河已成了一个历史符号。

土改前后，干河陈村人均土地2.4亩，与多数农村的占有量对比，相当可观。但由于生产力落后、土地瘠薄，夏秋两季亩产300多斤，村民过着糠菜半年粮的穷日子。干河陈村依着贴近市区的地理优势，农忙之余，许多农户都靠卖馍、卖面、卖草填补生活的不足。所以，被人谑称“干河陈人眼皮薄，家家户户都卖馍”。但是，由于本小利薄，少则1斗2升一套（磨一回面），多则2斗4升两套，一套麦最多也只能赚够维持一天三顿的麸拉糊（带麸皮的麦糁）和麸面两掺的下面馍。在众多卖馍者中，刘过子、林明福、陈代宪的馍为上乘。其特点是：面硬立架，起明发光，筋道起层，开水一泡，一个馍能泡出一大碗。当时在牛行街，这仨人的馍抢着买，其他人的馍卖不动。小孩割草，卖给牛行街买卖牲口的农民。据退休干部林国治回忆，他七八岁时，一天，割两篮子草，卖100铜钱，能买两个火烧，把他高兴得又蹦又跳。结果，一不小心，又把铜钱滚进牛行街的一个水坑里去了。

干河陈村的住房，也和当时的其他村庄一样，是世世代代不变样的土坯草房。三间，两头住人；也有一头住人，一头兼牲口铺或磨坊。小木棍竖起的小窗户，室内阴暗潮湿，全靠屋门采光，所以屋门不得不四季敞开。院内搭起一个简陋的灶棚，堆满柴草。泥垒的锅台，没有烟囱，做饭时不停地拉风箱、续柴火，狼烟洞地，呛得许多妇女早早烂了眼边，成了风泪眼。就连拥有180多亩地的陈氏大户，住的也不过是三间两层砖根脚土围子的小楼，唯一不同的是瓦顶。

环境卫生更谈不上。家家户户院内一个粪坑、门外一个粪堆。街道全是土路，风天尘土飞扬，雨天泥泞遍地，大人小孩大都光脚或穿双“油鞋”（桐油油过的布鞋）踏泥。富的能买双皮面木底的泥屐，踏起泥来挺方便；穷的自制一双小板凳式的泥屐，绑在布鞋上，走起来像踩高跷。“猪狗乐”式的露天厕所，没有便池，用两块砖垫脚；渍满尿碱的瓦罐，夜间摆在床前，白天置于背角。人粪、牲口、猪狗杂味，弥漫了街道。

新中国成立初期，特别是“大跃进”和“文革”时期，政府一些管理部门可以随意以“建设大局需要”为名，无偿平调集体的土地。据1965年统计，干河陈村民为2222人，土地为2452亩，人均耕地1.1亩。1977年后，干河陈村北部辖地由漯河高中南边退至现在的湘江路以南。土地被大量挤占后，经市政府批准，于1969年底将本村13名青年作为合同工安排到商业服务业。1974年以后，近千名青年作为占地工，先后被安排到磷肥、冶金、车辆、预制等工厂及房产、商业部门。这部分青年，于1977年左右陆续转为城镇户口。改革开放初的20世纪80年代，干河陈村的耕地由土改时的2700亩减至2131亩，人口则由1100人增至2343人，人均耕地0.9亩。

土地改革，农民有了土地，生活有所改善。可是，1958年“大跃进”、大炼钢铁、大食堂的折腾，特别是延续10年的“文革”动乱，尽管干河陈村历届“两委”班子为寻求改善村民生活做了许多努力，但终见效甚微。不但温饱问题没有得到根本解决，就连传统的卖馍卖面业，也统一由漯河市的国营集体粮食业、饮食业取代了。

温饱问题还没解决，更无力改善居住条件。1975年8月的大洪水，干河陈村300多间房屋被泡塌，没泡塌的也多成危房。干河陈村的干部，鉴于原来的住房杂乱不整，又无一条像样的街道，于是，以原来的宅基地为基础，重新规划调整为三纵三横六条街巷。新划的宅基地宽11.7米、长15米左右，由村民自建房屋。大多数住宅由原来的茅草房变成了砖瓦房。

干河陈村一直很重视自身的文化教育事业。1937年抗日战争时期，干河陈村办了3个私塾：一个在林家祠堂，1名老师，70多名学生；另外两个是由陈顺来、陈耀先分别在自己家中办的，约40名学生。到1945年日本投降，3个私塾合并为国民初级小学，四个年级，200多名学生，校长陈岚峰，教师有林子欣、林瑞章、海小玉等。学生初小毕业后，大都到大荆庄上高小。高小毕业有的考入了漯河寨内中学，有的考入了郾城县城中学。在这些学生中，林文光、荣光、瑞光三兄弟，陈瑞德、瑞图、瑞堂三兄弟，林国治、陈文河、郭惠敏等，解放后都参加了工作，成了共和国的首批建设者。加上20世纪60年代毕业参加工作的，干河陈村先后也出了一些县科级干部。

干河陈村西南的漯舞路口（今日的开源花卉工艺品市场附近泰山南路所在地），历史上曾有一座占地48亩的祖师爷庙，建于明嘉靖八年（1529）。庙内敬有除祖师爷外，还有圣人、“三星”（福、禄、寿）、“三官”（天、池、水）、牛王、奶奶、火神（详见附图）。院内有2棵大松树和一棵三搂粗，30多米高的白果树。庙中有道士安白忠、安忠汉、林××等7人。年年有庙会、有大戏，少则1台，多则7台。庙会初设于正月初七，20世纪20年代后，改为农历四月十五会，亦称麦会，延续至今。大约在1937年抗战前，时任河南省主席的冯玉祥，为了推行新政、破除迷信，派人到漯河把祖师爷的神胎拉倒了。后来，群众又把神胎重新立了起来，庙宇也重新加以整修，只是规模比原来小了许多。到土改时期，农会把它全部拆除了。不过，对祖师爷等的偶像崇拜，在老一代干河陈人的心目中还难以抹去，至今还有善男信女到旧址去烧香膜拜，祈求保佑。

干河陈村的第一次飞跃和面貌的明显改观，是在20世纪80年代。农村实行了家庭联产承包责任制，调动了农民生产的积极性，粮食产量逐年翻番。但是，人均不到1亩土地的干河陈人，生活已无法依靠土中刨食维持。市场经济的开放，乡镇企业的兴起，干河陈村出现了不少养殖种菜专业户。村委会也先后兴办起了面粉厂、电线杆厂、水果糖厂、医疗器械厂、搬运队、建筑公司、冷库等7个企业，安排了大量剩余劳力，还有不少青壮年到市区和外地务工。干河陈村渐渐地富了起来。

解决了温饱有了余钱剩米的干河陈人，开始有了改善居住环境的欲望；水泥、木材、玻璃、油毡等建材市场的开放，也为他们建房提供了物质条件。在20世纪80年代中期兴起的“建房热”中，许多村民纷纷拆除洪水后才盖起的砖瓦房，建起了流行一时的平顶双层水泥结构带有玻璃窗的楼房。院内修起了水泥便池的厕所；大街小巷挖砌了排水沟，铺设了柏油路。原来干河陈村长期存在的四大坑——西坑、中坑、东坑、官坑，随着建房的需要，到 1994 年前也先后被填平了。

这里值得一提的是干河陈村的姑娘宅基地。

干河陈村较远乡富裕，姑娘大多不愿远嫁，愿在漯河找个婆家。可是，过去农转非户口的严格限制和市区住房的紧张，嫁出去的姑娘多半是结婚不离家。干河陈村的干部，打破了“嫁出的姑娘泼出的水”男尊女卑的传统观念，先后 3 批，专门为她们规划出每户 88 平方米的宅基地，供她们建房用，并根据市场价的变化，廉价收取总数 1300 元～4300 元的宅基占用费。姑娘宅基地 300 余户，几乎占到 700 多户村民的半数，形成了一个相对独立的村中村。这些姑娘连同她们的孩子，都同其他村民一样享受分田待遇和后来实行的一系列生活补贴及养老医保待遇。干河陈村的老门老户对随女方落户的“倒插门女婿”，没有排斥，没有歧视，这是干河陈人破旧立新、移风易俗独树一帜的创举。

1996 年，新一任村“两委”班子对干河陈村改革开放后办起的开源实业总公司下属的 7 家集体投资、个人经营的小厂着手整顿。对企业存在的经济效益低、裙带关系严重、经营管理混乱等状况进行了一系列的工作：追缴欠款、明晰资产、拍卖一家、砍掉四家、对其他企业实行资产滚动承包责任制等，挽回了经济损失，使企业走出困境。1998 年，村党委大胆提出了“转化一产、优化二产、大力发展三产”的经济发展思路。由干河陈村委会、开源实业总公司发起，组建了漯河市开源实业集团有限责任公司，仅剩的 930 亩耕地收归集体统一经营，吸纳 133 个自然人参股。1999 年公司完成总产值 5600 万元，创利 420 万元，为持续开发初步奠定了经济基础。

对适应开发需要，赶上时代发展步伐，开源集团通过不断扩大股东、吸纳股金、吸引人才、组建控股公司，逐步壮大为规模可观、可持续发展的集团公司。

集团公司下设办公室、财务部、监审部、人力资源部和广告宣传部。子公司和控股公司有房地产公司、银基商业连锁公司、建筑工程公司、物业管理公司、商贸物流公司、装饰装修公司和开源森林公园。

集团公司以先安居而后乐业的思路，以房地产开发为切入点，谋划了占地2平方千米的开源新区建设蓝图。从2000年5月开始，首先在五一南路西侧建起开源安居一区6栋住宅楼，安排拆迁村民156户。同时在东西两侧建成商住楼14栋，门面房328间。接着，从2001年开始，在五一南路与金江路交叉口西南，建成森林庄园30栋住宅楼。从2003年开始，在金江路北侧建成菊苑小区，在五一南路西侧建成桂苑小区，在泰山路西侧建成荷苑小区。3个小区共18栋住宅楼。从2005年开始，在五一南路东侧建成香樟花园10栋住宅楼。他们的基本政策是先建后拆，迁住一批，拆掉一批，拆旧购新都有补贴。这些稳妥措施，消除了拆迁户的后顾之忧，得到了广大村民的积极拥护。截至2005年底，已有占村民70%的770户由原来一家一户盖的分散的小楼房，搬进了整齐划一的规模较大的新楼房。于2005年9月开工的盛世嘉园14栋楼房建成后，剩余的300余户村民即可全部搬进新居。至此，祖祖辈辈苦苦支撑了五六百年的旧村老宅，将完全被新崛起的现代文明新城所取代。

截至2005年底，已建成的7个住宅小区，总计78栋楼房，36.8万平方米，2593套住房、150间车库、395间门面房。而且，还组建了以村民为主体的具有国家三级资质的物业管理公司，负责各个住宅小区和相应区域的物业管理服务工作。

建房与筑路并举。2000—2005年，修筑了金江路、五一南路、泰山南路3条与市区相接的主干道，全长6100米。在所有主干道两侧，栽种了广玉兰、栾树、桃树等多种树木，开辟了四季常青的沿街花圃，安装了双行路灯。五一南路与金江路十字路口还安有闪亮的霓虹灯，给人以夜夜元宵灯节的美感。同时，还配套建设了1.2万米长的大排水工程，地下管道连网，保证了道路和小区四季无积水，彻底解决了过去“污水满街流，下雨人更愁”的问题。

除一般房地产开发之外，开源集团在市委、市政府的支持下，以惊“市”之举，于2001年6月动工，用5年时间分两期建成了全市最大的森林公园。开辟人工湖 2 个，占地面积 129 亩；牡丹园 1 个，占地面积 6 亩。铺设舞、冰、节日庆典广场 6200 平方米。已建成的景点有大门广场区、儿童乐园区、水上活动区、休闲娱乐区及沙滩戏水、疏林草地。2003 年以来，一年一度的漯河菊花展销会都是在这里举办的。同时，森林公园常年免费开放，为全市人民提供了一个游览、观赏、休闲、健身的好去处，更为青少年提供了一个欢天喜地的娱乐场所。

与森林公园隔道相望，是中华名吃休闲一条街。整体项目从湘江路向南排列共分 6 个组成部分：银基商场、名吃广场、小吃街、酒吧、美食街、花卉工艺品市场，总建筑面积 9.9 万平方米。

花卉工艺品市场一期工程于 2005 年 10 月动工，历时 3 个月就建成面积为 1.5 万平方米、钢架玻璃结构、水暖设施齐全的完全现代化设施，已于 2006 年 1 月投入营运。现在已有郑州、南阳、平顶山及本市周边县、区 56 家商户入驻。市场共分六个区域，经营项目：花木盆景类、工艺品类、山水制作类、陶瓷类、鱼鸟宠物类、药品器物类等。开业以来，市内外群众及学校师生来此观赏购物者络绎不绝，和森林公园一样，令人赏心悦目，心旷神怡。

与花卉工艺品市场北部毗邻的美食街、酒吧街、小吃街、名吃广场于 2005 年 9 月开工，历时 7 个月，建成的 4 栋两层（局部三层）楼阁，融仿古与现代为一体，格调高雅，形式别致。2006 年 4 月 13—15 日，漯河市举办的一年一度中原食品节名吃分会场就设在这里。省内外来此参展的商家 128 户，品种 180 个。如俄罗斯的开口饼，朝鲜的打糕，东北的烤鹿肉，内蒙古、乌鲁木齐的烤羊肉串，北京的烤鸭，陕西的羊肉泡馍，濮阳的洪七公叫花鸡，武汉的豆皮，长沙的臭豆腐干，云南的过桥米线，傣族的香草饭，香港的撒尿丸子，开封马豫兴的桶子鸡，以及本市获省名优小吃的老婆烧鸡、闪记胡辣汤等。展销期间，来此饱享口福的人们熙熙攘攘、喜气洋洋。

2006 年 4 月 13 日下午，由第四届中原食品节暨庆祝漯河市建省辖市 20 周年活动组委会主办的中央电视台《激情广场——漯河欢歌》大型演出在森林公园的舞冰场进行。著名歌唱家蒋大为、耿连凤、斯琴格日勒、程琳、吉祥三宝等临场献艺，为中原食品节和名吃展销增添了光彩，也为干河陈新村扬了名。

截至 2006 年，干河陈村基本上实现了融居住、购物、美食、休闲、旅游、观光为一体的新农村建设构想。这一座座展现在人们面前的可以眼见手摸足涉的恢宏建筑，成了漯河市城市延伸的一个璀璨夺目的组成部分，也是一部为干河陈村民、为全漯河市人民带来福祉的杰作。这一活生生的事实体现了干河陈村委会和开源集团的开拓胆识、超前意识和缜密务实、雷厉风行的作风及向着远大目标不畏艰难不断奋进的坚强毅力。

干河陈村委会对开发后已完全脱离了土地的村民，实施了多方位社会保障措施。

一是实行村民退休制度，实现老有所养。50 岁以上的村民每月享受 180 元生活费，60 岁以上的村民每月享受 210 元。为村民统一办理了农村新型合作医疗保险，因病住进指定医院者，按规定由医院和村委会 2 次报销医疗费。坚持为 60 岁以上的老人开展祝寿活动，同时对特困老人给予生活救济。二是在开源集团所属企业中优先安排本村青壮年就业，按规定发放工资福利，参加社会养老统筹。三是鼓励青少年勤奋学习、立志成长。在校生每人每月发放 80 元助学金；对于高校录取生，按院校层次给予 1000—10000 元的奖励。四是对未就业的 50 岁以下村民，每人每月发放 80 元生活费，对符合条件的办理社会养老统筹手续。近两年，全村直接用于村民生活福利的支出达 342 万元，村民住房迁居补贴 441 万元。干河陈的村民真正实现了世世代代向往过上城市生活的梦想。2002 年，干河陈村获省“文明村镇”荣誉称号；2004 年获省“卫生村”荣誉称号；2005 年 10 月，获全国文明村镇“创建工作先进村镇”荣誉称号。

笔者有幸于 2003 年由市内移居森林庄园，亲睹了干河陈村的沧桑巨变、旧貌新颜，亲自享受到了开源房地产公司为我们设计建造的新居的安适和物业公司为我们提供的热情周到的服务。这使我感到幸福，也为之感动、感慨。我曾以《森林庄园——我可爱的家园》为题，表达了我的这种心情，载于《绿色开源报》。我还以森林庄园和森林公园为主题，写了《安居之梦》《湖在天上》《风向仪》3 篇散文。今又特撰此文，期望在漯河市的历史上，为奋发图强、自强不息的干河陈村人留下光辉的一页。

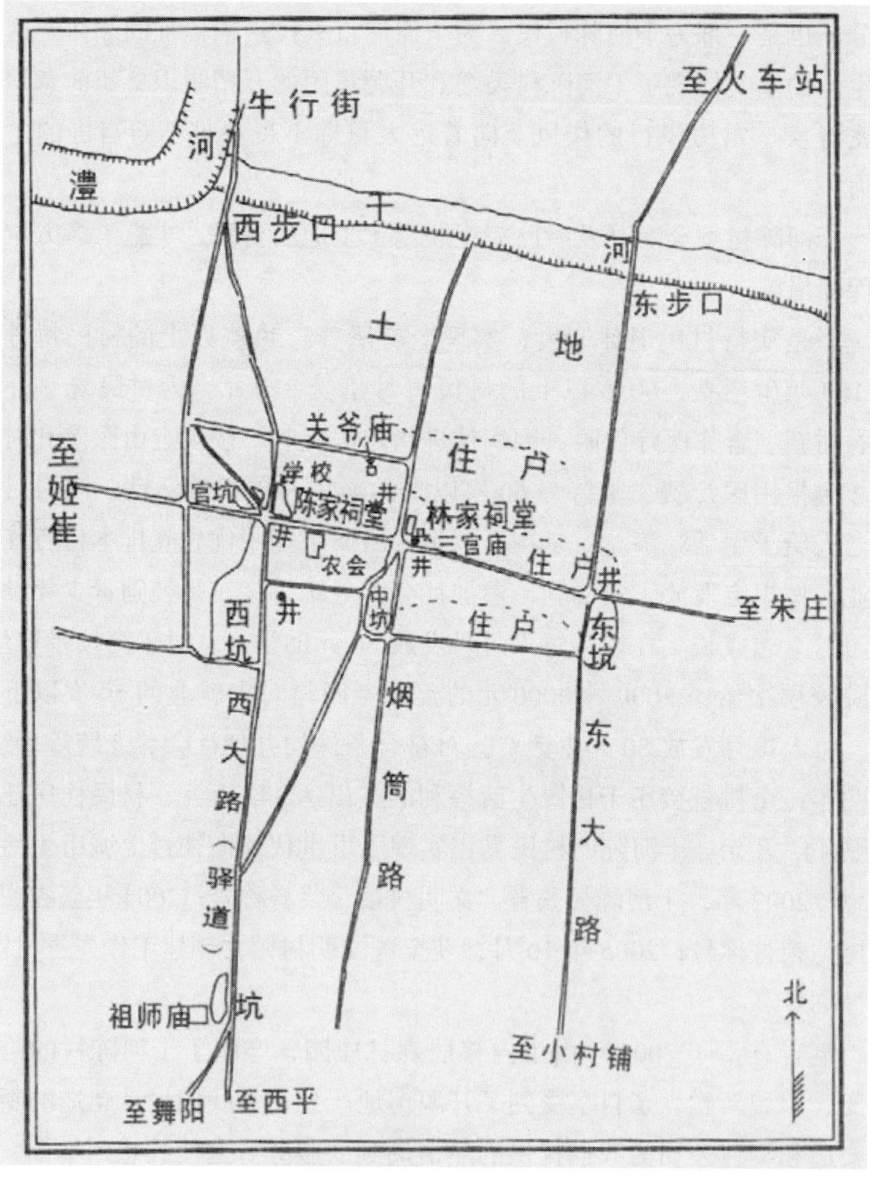

新中国成立初期干河陈村示意图　（村志办刘保生提供）

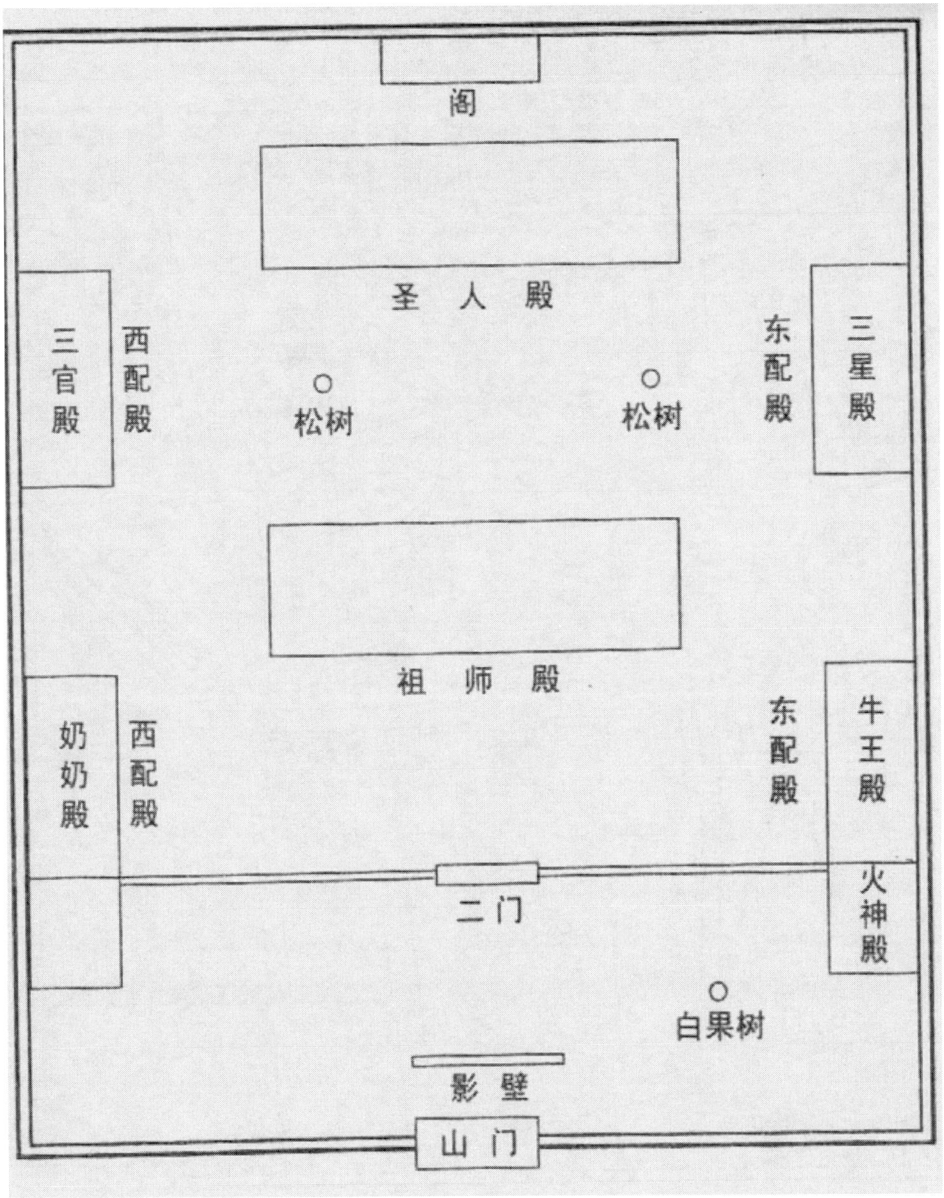

祖师庙示意图　　（村志办刘保生提供）

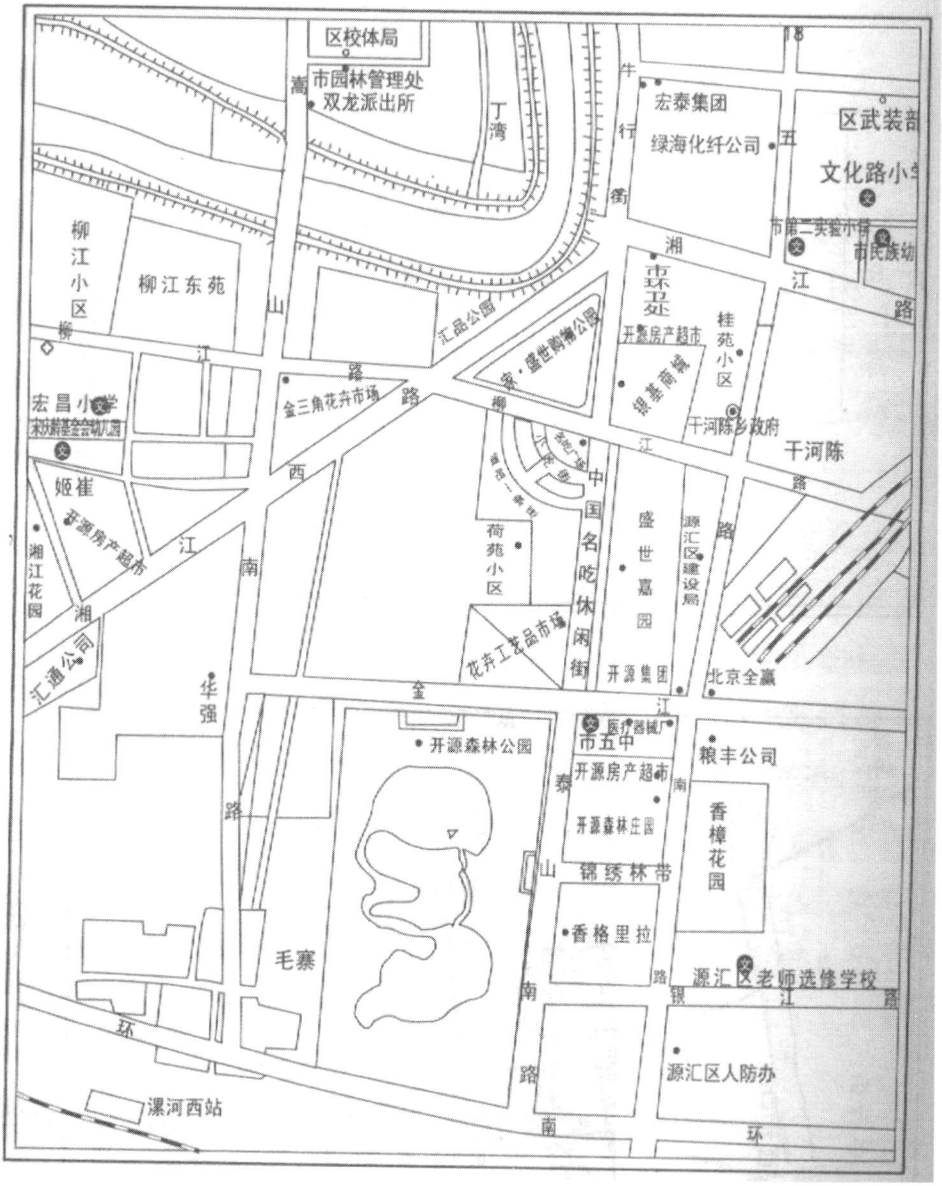

开源景区方位图　　　　（开源集图提供）

选自2007年《漯河文史资料》第十五辑

百年沧桑四大坑

张文明[①]

在我儿时的记忆里，在小城诸多“坑”里，数“三角坑”“四大坑”最有名气。上年纪的人都知道“三角坑”在寨内，“四大坑”在铁路东。从某种意义上说，亦是漯河百年沧桑的见证者。倘若论及坑的大小来，恐怕那“三角坑”怎么也无法跟“四大坑”相提并论。三角坑，顾名思义，其坑呈三角形，而四大坑，是地地道道水面宽阔、烟波浩渺的四个大水坑，而其中任何一个水坑，都较三角坑大得多。

四大坑，指当年蒸汽机车在铁路东放水的地方。那里原来是一片庄稼地，是一片沃野良田。20 世纪初，筑平汉铁路时，为垫高路基，被人挖成了四个既对称又均匀的大坑。倘若鸟瞰，俨然就是一个方方正正的“田”字。解放前后，这里碧波荡漾，虾蟹成群，锦鳞游泳，不少人喜欢到此钓鱼撒网，或者浣纱洗衣。而坑的四周，种着杂树，周边又多是荒地，因而，被取土人到处挖得坑坑洼洼，杂草丛生，荆棘蓊郁，甚至成了埋葬死人的乱葬岗。直到京广铁路修成了复线时，“四大坑”依然荒芜凄凉、满目疮痍，那鱼鳞坑中高耸着的电线杆子，形成一个又一个“孤岛”，在“孤岛”下，即立着电线杆子下的“陡壁”上，常有悬挂着腐烂、残缺的棺木。那“孤岛”上栽着的电线杆子，高耸屹立，有如“避雷针”般，直插蓝天。有一时期，这里由于地阔人稀，还曾在此处决过犯人！

20 世纪 60 年代，四大坑旁渐渐搭起窝棚。东西坑之间，一条南北

① 张文明，1940 年出生，河南鹿邑人。幼读私塾，中学毕业后入北京鲁迅文学院，专攻文学和摄影，后就职于郑州铁路局从事宣传报道工作。1980 年秋调入漯河铁路中学任教。

向的解放路贯通，行人车马，也日见稠密。然而，坑中的池水，却无昔日多了、深了，可依然清澈，有鱼有虾，有人洗衣。一年秋天，天气尚暖，我跟一位铁路剧团的同志一道去四大坑洗衣裳，那浣衣的石头、水中的螺蚌、池里的小鱼、水面的“水拖车”[①]……一一映入眼帘。我蹲在石头边，洗濯沾满煤屑的脏衣服，周围的坑水被我染黑了一大片，激起的浪花四溅，漾起的涟漪朝远处荡去。我停下手中洗涤的衣物观望，不大会儿，污染的坑水清澈起来，让我真正体会到什么叫作“潦水尽而寒潭清”了！

“少小离家老大回，乡音未改鬓毛衰”。一晃，20年过去，当我调回家乡走上三尺讲台时，这里已是一座铁路中学了，我就在这所中学里任教，昔日的四大坑再也不是旧时的模样了。漯河铁中，坐落在西坑的南面，肇建于20世纪70年代，是一所铁路创办的子弟学校。与之毗邻的是漯河六中，矗立在北坑的北面。接着，一幢幢铁路工房拔地而起，四大坑逐渐被蚕食，变得面目皆非了。单说铁中院内，早先还圈着西南角的一个大坑，里边池水清清，养有鱼群，种着莲藕，一到夏日，荷叶田田，莲花怒放。然而，经常受来此逮鱼摸虾人之干扰，为教学环境清静计，干脆雇车拉炉渣填掉，辟成体育场。1975年那场罕见的大洪水淹毁了许多住房，为解决住宿问题，在临街的校门口先后盖起了一幢又一幢家属楼，把个日益缩小的四大坑“肢解”得面目全非了。

80后的年轻人，几乎不知道四大坑位于何处，更未目睹其昔日的芳容。这也难怪，在他们出生之后的岁月里，四大坑及其周边发生的变化是那么神速！20世纪60年代初，那里建起几个大仓库，市木器厂就在四大坑之东面靠南的方位。南北间的解放路已经成为40米宽的通道。随之，漯河铁中、漯河六中在此建立，沿街的楼房拔地而起。不久，就成了比较繁华的地段。自小城升格为省辖市始，设立军分区，木器厂即成了军分区所在地。八一路的开辟，铁路医院（即今第六人民医院）的迁徙入驻，迅速地将四大坑包围、分解、收编。除路西的南坑圈在铁中

① 水黾，水生半翅目类昆虫，当地人俗称水拖车。

院内之外，路东与之相对的一个大坑也被军分区收编在院里。另两靠北的大坑成了市内垃圾填埋场，时隔不久，能与路人看见的，也只有铁中围墙北面的那一个大坑了，而与之对应路东的大坑已被垃圾夷为平地。原来四大坑是蓄洪之地，如今却变成填埋场了。到了改革开放年月，四大坑成了寸土寸金的风水宝地，于是，一度引发了归属之争：纠纷者双方，都说归为己有，各执其辞，闹闹嚷嚷好一阵子。后来，扒出当年筑路的档案资料，方才得知，四大坑原是为挖土垫高铁路路基征收的。平息了争执，明晰了归属，方始建了市民便于购物的“育才路市场”，盖起一幢幢住宅楼房，再也不是当年发大洪水时可以降落直升机的开阔、敞朗的空地了！

如今四大坑已不复存在。尤其是改革开放的30年，发生了天翻地覆的变化：这里的2所中学已合并为外语中学；陈旧的铁中校园，已改建为面貌一新的现代化校舍，是百年育人的基地；军分区的搬离，成了窗明几净的“香榭里”小区、“苹果派”高楼屹立，是小城人惬意的、环境优美的宜居之地；双汇路、烟厂花园的开辟，不仅便利了人们的出行，而且又提供了休憩娱乐的场所；物阜丰盛的育才市场，给人们的生活带来了便利；如今的解放路，通过新建成的沙河大桥，已成为连通沙河两岸的主干道，新铺了水泥路面，埋设了供热管道，笔直洁净，开阔通畅，两旁树木蓊郁，店铺林立，成为生意兴隆、商业繁荣的地段……总之，这里已经成为人们购物、出行、读书、栖息、游乐、宜居的场所。沧桑百年的四大坑，从来就没有像今天这么繁华、亮丽过！

选自2016年《漯河文史资料》第二十三辑

南菜园的变迁

张文明

南菜园，又叫三角线、团结路，由此可见半个世纪来的变化。

早在20世纪50年代，南菜园还不是一条路。之所以大家喊它“菜园子”，那里也无非是种过一些菜。早先，人们没法给它起名，皆因为其位置在河上街的南面，不知何年何月何人管它叫“南菜园”，人们也就随声喊了起来。其实，那时的马路街口往南还没有人民路。包括今日的长途汽车站在内，也就是有用席、箔围成的简易棚子，从事卖水、卖小吃的人家，俨然一片稀稀落落的乡庄子。正南，是一条通往老王坡的土路，坑坑洼洼，只是在城郊间或有一块绿茵茵的菜畦而已。记得有一次，我跟一位同学去南菜园钓鱼，走上土路没多远，即是大大小小的水坑，那位置估计在火车调头的三角线附近，我们在一个较大的水塘里，不到两钟头，即钓出一尾2斤重的大鱼。晌午从南菜园回来，一路上只碰了3个人。

也难怪那时南菜园的人烟稀少，因为位居铁路以西的那一大片土地都是低低洼洼之地和水坑。当年，铁路上跑的是蒸汽机车。火车出站，需要放水，这片铁路以西的沼泽跟铁路以东的四大坑，正好成了火车头放水的蓄水“池子”。到了20世纪60年代，南菜园靠近铁路的地方还是一片“泽国水乡”，在铁路放水标志旁的那段大坑小坑里，人们种着风情万种的莲藕，亭亭玉立的荷叶，婀娜妩媚的红莲绿蓬，很是招人喜爱。然而，时隔不久，藕池变成了稻田，随之又成为住户，盖成了民居……新中国成立后，铁路修通，火车头需要调头，在这里建起了三角线，从此南菜园又有了一个新的名字。

“三角线”，顾名思义，是由铁轨铺成三角形式，专供蒸汽机车调头之用。早先的火车，燃煤烧水，非常笨重；而驾驶室在前，大煤水箱在后，司机开车，只能坐在前头瞭望。可是，作为动力牵引的蒸汽机车，南来北往，有时需要变更行驶方向，不得不把车头调转过来，便于司机瞭望。倘若倒着开车，也可行驶，不过司机需把身子扭过来，瞭望信号，既不方便，也不安全。为适应机车调头，因而就需要有专用的铁路设施：要么是“大转盘”，要么是“三角线”。“三角线”占地较多，但设施简便。火车从前面进入“三角线”铁道，通过交叉点道岔的变更，使车头的方向改变。自从这个专供火车转头的铁道建成，人们管叫南菜园为“三角线”了！

城市人口的发展，总是沿着市区朝周边扩展。越过“三角线”正南，其东毗邻机务折返段，大老远即可看见高高的上煤塔和巍峨的给水塔。股道里亮着红、绿、紫、黄的信号灯，停、驶着噗噗冒烟、嚓嚓作响的火车头。股道西边，有几间规整的铁路平房，供司乘人员、工作人员办公。偌大个折返段没有围墙，就与这南菜园的民居连成一片。虽说人口增多了，但这里依然是农村状况：临街南头的路东有一大院，即南菜园的牲口屋；牲口屋养着大队的骡马，摆放着犁铧。跟牲口屋对面的是一大片坑洼开阔之地，不久即被建成了小城人休憩游玩的人民公园。

甭看南菜园多是洼地水坑，却是人们尤其回民群居的风水宝地。他们在这低洼潮湿之地搭起茅屋、草庵，干起了拣炉渣、做烧鸡、熬稀饭、烙烙馍、卖小菜的营生。于是，形成了回族聚居之地。并在清真南寺的东南，建起了一所“回族小学”。“文革”期间，这些做小买卖为生的人一律被撵下乡，跟学生一样，到广阔天地“大有作为”去了。那些用棍棒撑起的窝棚，人走之后，顷刻夷为平地。特别是到了“我们也有两只手，不在城里吃闲饭”的那阵，“回流”的人们，在吹吹打打及扩音机的音乐声中，二次被“欢送”下到农村，那些用火车头烧成的“琉璃头炉渣”，掺着黄泥垒的趴趴屋，在抓钩、榔头的破坏下，转瞬“灰飞烟灭”！

值得一提的是，回民二次返城之后，这里成了名副其实的“回流新村”。尤其从“三角线”入口处，沿着机务折返段最西边的股道，一直向南到八一路，百分之七八十的人家都做着宰羊、做烧鸡的生意。他们重操旧业，将鸡肠子信手扔进南流的水沟里，就像一朵朵“蘑菇”漂浮在水中，臭气熏人，成了有名的“龙须沟”。他们做的烧鸡，有的在当地出售，有的带到火车、客车上，在漯河—郑州、漯河—信阳间车厢内叫卖。折返段为了防止鸡肠、鸡毛往铁路边乱倒、乱晒和确保行车安全，拉起了那道南北几百米长的石头围墙。后来，这些人赚了钱，他们见缝插针，纷纷在狭窄的小胡同里筑起了二层小楼。此时南菜园路东的这一块，成了拥拥挤挤、让外人摸不着北的小胡同。不知不觉，牲口屋不见了，临街盖成了房子，跟公园围墙相对。八一路那座小地道也在此时落成，贯通了铁路东西。

20 世纪 70 年代初期，南菜园南头大坑里建起了一栋铁路家属楼。别小瞧这座不到 300 平方米的二层楼，光此楼下的根脚就整整用了一列车片石头！这座楼就着坑底挖地基，整个基础全用石头、水泥垒砌，足足 3 米多高，方垒出地面。换言之，仅地下就埋了一层楼深。1975 年 8 月大水，小楼淹了一人多深，皆因为根基牢固，躲至二楼避水的一位孕妇，竟安然无恙地在楼上坐了月子。

20 世纪 80 年代机械化飞速发展，原始的上煤塔退役，取而代之的是抓煤机的使用，直接给蒸汽机车上煤。没几年，内燃机车取代了蒸汽机车。那使用近 30 年的“三角线”，随着内燃机车上马和两头都可以驾驶、不用再调头的优点，也渐渐地失去了它的功能。“三角线”不再有调头的机车鸣叫，周边的群众也告别了煤灰、粉尘天天“下雨”般痛苦。那里的铁轨也被人慢慢地埋在地下，“三角线”也逐渐被人遗忘。而唯一留下一点记忆的便是拔地而起的“南园旅社”，多少还能让人勾起点对昔日街道的记忆。

随着南菜园无菜可种，“三角线”被遗弃、街道的形成和延伸，终于将其改名为团结路。由于北临汽车站、火车站，因此人流稠密。于是在团结路的北端大刀阔斧地实施了拆迁改建——一条新辟的百汇市场，展现在世人面前。不知何故，火红了一阵子的百汇市场好景不长，生意逐渐萧条，只剩下几家理发和卖理发工具的店铺，苦撑苦熬。大多门面，卸了卷闸门，跨街搭的玻璃钢瓦雨棚也早被大风刮得四脚朝天。为扭转局面，二次重修，百汇成了鞋帽市场。没两年，又改为百汇步行街。在此之际，漯河宏运公司为方便客车往来于汽车站间，于“回民小学”的南边拆去了几间门面房，打开了一条东西便捷的通道。从此，公司大院里的客车开往汽车站省去了从公司出来，经交通路，再转向人民路，绕个大圈儿。百汇市场的生意旺盛起来了，步行街行人也多了。

20世纪90年代火车大提速，南菜园亦有了长足的发展：百汇市场的南端，漯河公园坍塌的围墙拆除后退，一街两巷盖成了可做生意的二层楼。尤其电力机车的广泛运用，火车不再调头，“三角线”彻底地完成了历史使命：在“三角线”内，靠着路边盖上了房子，使之南北接合部不再留有空缺。至此，团结路南北贯通，成了一条完整的街道。再加上漯河公园后门的开启，漯河市文物市场的入驻，对于南菜园的发展，无疑平添了活力。

值得一提的是，南菜园的几位回族老太太，在漯河创出了个名优小吃“老婆烧鸡”。昔日，她们在南菜园以做烧鸡谋生，随着社会的进步和发展，利用积累几十年做烧鸡的经验，告别以往“流散”的经营方式，在市内租房开店，干起老本行，打起了属于自己又名副其实的牌子。她们成功了，而且滚雪球似的，在全市开起了多家连锁店。

昔日的南菜园，如今的团结路，再也不是从前荒芜、冷清的模样了，而是一番人口密集、市场繁荣、和谐安定、欣欣向荣的景象。

选自2016年《漯河文史资料》第二十二辑

马路街的变迁

张福祥[①]

马路街在漯河市区中部，东起火车站广场、公安街，向西依次与和平街、金穗广场、中安巷、大新街、幸福巷、交通路、铁匠巷、易俗街、友爱街、五一路相交叉或垂直，并与东大街连通。因为它是漯河市第一条现代化的街道，所以叫马路街。全长 1050 米，车行道宽 8 米，人行道宽 2 米。它修建于 1907 年，距今已有近百年的历史。1930 年为纪念孙中山先生，曾改名为中山街，1944 年又恢复了马路街原名。

清光绪三十二年（1906），京汉铁路建成后，火车站附近成了黄金地段。明清时期古老的源汇寨那晨钟暮鼓的声响被火车的鸣叫声所覆盖，这声响震撼着敏感的商人，他们为闯出古寨向火车站开拓新的地盘，一条从源汇寨东门一直通向火车站的大道从光绪三十三年（1907）开始兴建到形成，大约经历了 10 年。民国 6 年（1917），宁波商人在马路街与新华街南口路西建立了宁波会馆，宁波人王芝龄在马路街 106 号开设了赫赫有名的中美大药房。接着，民国 8 年（1919），在马路街中段路南又建立了覃怀会馆。所谓覃怀，即明清及民国时期豫北的怀庆府，就是现在的焦作市沁阳、修武、武陟等一带。覃怀会馆的负责人名叫冉纪年，德高望重，人称儒商。这些会馆亦称同乡会，是外地经商的同籍人员的聚会之所。会馆的负责人称值年或总管，主要职责是在本业议定行情、市价，制定行规店约，调解纠纷。既为本籍商人谋事，又替当地官府支差。会馆的建立，为招商引资创造了极为有利的条件。

说马路街是漯河的第一街还因为漯河的好多个“第一”都发生在这

---

① 张福祥，1932 年出生，漯河市人，1950 年参加工作。先后在漯河市文化馆、文联、干部学校、供销社工作。1983 年后曾编写《漯河地方志》“供销”“牲畜”部分。

条街上。民国 3 年（1913），漯河第一家饭店“第一轩”在马路街东头路北开业。掌柜（经理）陈超贤又名陈老二，原籍滑县，是一位高级厨师，光绪三十年（1904）来到漯河，先在税务局当炊事员，几年时间积蓄颇丰，创办了当时漯河最豪华、最气派的大饭庄。民国 7 年（1918），陈超贤又在马路街东段路南仁寿里建造了漯河最早的大剧院“漯河第一舞台”，后来改为“漯河人民会场”。新中国成立后，又更名为“人民电影院”。从第一舞台到人民电影院经历了 85 年。漯河第一家西药房是李岐峰的“广济药房”，也在马路街开设。李岐峰原为唐生智部队第十四师的军医，后在漯河退伍行医，初在华平街。5 年后，也就是民国 20 年（1931）迁到马路街中段路北，门面 3 间，从业 8 人，与其弟李凤山合伙经营。这时候的“广济药房”已改为“广济医院”。当时，各家商号普遍用煤油灯照明，而“广济医院”有自备 2 匹马力的磨电机一部，设有太阳灯和电疗机，颇为新颖，病号日多，营业兴隆。该医院 1943 年先后出师西医学徒 30 多人，分布在漯河周边地区，后来大都成为当时的有名西医，西医药从此在漯河逐步普及开来。据 1949 年 2 月调查，新药业（民国年间把西药业称为新药业，把中药业称为国药业）在马路街开业的多达 22 家，主要有王芝龄的中美药房、袁铭勋的中法药房、李俊德的中西药房、李蓬来的亚东药房等。中药房也是 22 家，主要有孟持安的德和堂、赵介眉的万全堂、汪寅午的五福堂、倪雅轩的万顺堂等。孟持安的德和堂最大、最为有名。孟持安原是源汇寨北大街三义和大药铺的创始人丁思明的嫡传弟子，出师后，他于民国 14 年（1925）在马路街东段路南自办药店，从业人员多达 12 人。由于孟持安系行家里手，善于经营，批发零售，生意非常红火。

这时候，转运公司在马路街开业的也有多家，如漯河商会会长杨敬宇的和丰转运公司、杜鹤升的裕隆转运公司、赵其芝的永孚转运公司、王钦贤的志成永转运公司等。1949 年 10 月，新中国成立不久，第一家国营转运公司“信托公司”在马路街中段路南 494 号开业，经理左连德。民国年间，几家大的金银首饰店在马路街相继开张，如漯河第一家大金店老凤祥和第二家大金店老万宝等。这些高级消费品吸引了大批豪门贵族的公子、小姐来此光顾，使马路街的身价倍增。此外，还有第一春饭店、清香池澡堂、永泉居酱菜店、稻香村糕点店、豫大杂货店、魏记颜料店也都在马路街先后开业。

除商业迅速发展外，一些手工业作坊在马路街也发展起来，如以靳可清为理事长的药棉肥皂生产社和以薛润如为理事长的铜器生产社等。

与大新街南口相对，马路街路南还有一所民生医院，匾额为当时国民党河南省主席刘峙所题。

抗日战争胜利后，在马路街东段路南建立了“复兴商场”，有南北两道街（复兴东街和复兴西街）与南马路（即现在的人民西路）相通。商场内摊点密集，货位相连，棚布遮天，商品琳琅满目。计有百货布匹、苏杭绸缎、五金交电、土产杂货、文化用品、卫生用品等。商场内建有管理委员会，理事长张玉山，军人出身，曾任国民党上校，后弃军从商。商场商品批发、零售兼营，吸引着漯河周边地区的商人来此交易。最近，漯河市收藏协会会长陆国治先生收藏一枚复兴商场的铜质证章，上铸“漯河镇复兴商场证章”九个字，为复兴商场提供了有力的佐证。商场大约存在 5 年。

新中国成立前的 1948 年，马路街曾是中国共产党“漯河人民办事处”所在地。郭双林在《漯河新政权建立前的日日夜夜》一文中提道:“我是 1948 年 6 月从河北省平山县（当时党中央所在地）出发，经过 2 个多月的长途跋涉，来到河南省豫西地区……到 8 月，地委派出了以齐文川同志为首的 27 名干部、勤杂人员来漯河开展工作，建立新政权……当时寨墙完好，四门齐全。我们从顺河街往东走，大街上泥泞不堪，堡垒个个，戒备森严，战争迹象随处可见。我们大步流星地往东走，一街两行的群众用惊异的目光看着我们这些有老有少、穿着不一、十分不整齐的小队伍……在路南一个停止营业的‘清香池’澡堂内住下了……齐政委召集主要干部开会，研究如何开展工作，派朱干、杨玉祥、李书实、崔瑞云等同志化装侦察敌情，负责安全保卫工作；派李维之、阎志本、李尚林、王金楼、张介民等同志负责税收工作；派康国蕴、何林、王健、吕中文、陈月立等同志负责宣传工作……我们留下的几个人办的第一件事就是写牌子。齐政委说：我们既然来了，就得让群众知道我们是干什么的，需要有个名称。随即叫我买了两张红纸，由张介民执笔，写了一个‘漯河人民办事处’的条子，贴在大门口……”这就是当时的情况。

在马路街中段路北，还有一个老单位就是新华书店。其创办于1949年2月1日，创办人是于读轩和郭双林，后来还有李荣耀、魏文亭、彭宝初等。新华书店是在原国民党三青团“青年书社”的基础上成立的。那时候马路街西段路南有一家私营中州书店，老板名叫李子俊，为人豪爽热情，业务能力很强，于读轩和他都是山东老乡，在他的帮助下，新华书店很快打开了局面。

过了新华街南口再往西走约百米，马路街路南有一胡同叫铁匠巷，直通勤俭街。胡同内有几十家铁匠炉，专门打造煤火炉、煤铲、煤锥、菜刀、剪子、门鼻、门搭吊等。再往西走百十米马路街路北有一个铜匠巷，深藏在马路街的背后，北口与老街相连，是专门打造铜盆、铜锅、铜茶壶、铜烟袋、铜灯台的。一天到晚，叮当之声不绝于耳，给马路街平添不少热闹。这两条小巷早已消失。现在这一带路南、路北还有几家白铁皮作坊，加工白铁桶、撮箕、烟筒、提子等。那叮叮当当的敲打声，还能令漯河人联想起铁匠巷、铜匠巷的古风遗韵。

马路街西段，也就是今易俗街的北口和友爱街的南口，民国年间这里是饮食摊点所在地。包子、油馍、胡辣汤、豆沫、豆腐脑、茶鸡蛋、变蛋（皮蛋）样样齐全。漯河人买变蛋往摊前蹲，拿变蛋往空中一撂一接，就知道变蛋的好坏。这里有一个卖蒸馍的名叫李尊信，外号馒愣，中分头，圆胖脸，经常打扮得干净利索，他蒸的馍特别好吃。有一种馍叫老鳖靠河沿，一边黄焦，一边绵软，可惜现在失传了。这里还有一家名吃，是魏记卤面，把蒸好的卤面挑到碗内，浇上卤汁，放上两片红烧肉，真是鲜美可口，回味无穷。少年时代笔者在这里吃过2次，60多年过去了，至今想起来还念念不忘。三面红旗（“大跃进”、人民公社、总路线）时代，漯河饮食服务公司下属有一个八食堂，也在这一片的路北。那时候附近的群众家家户户都排队到这里买饭，给群众留下深刻的印象。饮食文化代代相传，现在这里仍然是名吃荟萃的地方，而且比过去更兴旺了。如尤老婆的汤圆、吕友仁的熟牛肉、葛站宽的牛舌头火烧、老代和王二毛的三鲜手擀面、森林的面包，还有兰州马家牛肉拉面、闽南的馄饨、簿记烧鸡、北京烤鸭等。

民国年间，马路街的建筑大半是两层楼房，青砖灰瓦，红柱木格扇门。门上有多种浮雕，如刘海戏金蟾、八仙过海、麻姑献寿、和合二仙等，民族风格异常浓郁。

新中国成立后，马路街修成了漯河市最早的一条柏油马路。1955 年春夏之交，笔者和市直单位的干部在马路街抬石子铺路，干得汗流浃背，热火朝天，为漯河有一条柏油马路而自豪。20 世纪五六十年代，商业系统的八大公司大多设在马路街，如百货公司、纺织品公司、五交化公司、糖烟酒公司、文化用品公司等。还有马路街百货综合大楼、供销社系统的寄卖店（寄卖店在马路街东段路北，寄卖自行车、手表、金银首饰、古玩玉器，是漯河有名的大当铺）、干鲜水果行、土产杂货行、车马轮胎行等。

还有人民银行、农业银行、邮电局、税务局，还有文化馆、图书馆、妇幼保健院、第一印刷厂等，也都在马路街。与新华书店对面路南的马路街公安派出所也是马路街的老单位，2004 年因建中汇广场迁人民西路老体委院内。

马路街路南 273 号的玛钢厂，因发展规模较大，马路街容纳不下，20 多年前迁往解放路南头，一下子改变了漯河市区东西长、南北短的格局，拉大了城市的框架。

1986 年市带县后，为了扩大火车站广场，拆除了饮食服务公司第一食堂磨角楼和豫中饭庄、寄卖店、银行、百货大楼等。之后建起了 15 层高的白兰宾馆（1995 年更名为兴亚白兰宾馆），2005 年该宾馆被双汇集团兼并，又更名为双汇商务楼。接着马路街一街两行民国年间和新中国成立初期的房屋都相继拆除，代之而起的是五六层、八九层高的楼房。马路街东段路南电影院附近的仁寿里、华平街、平康里、复兴东街、复兴西街所有建筑全部夷为平地，建成了金穗广场。金穗广场现有三道街，均为两层楼房。东边叫和平街，中间主街叫市场路，西边叫影院街。因为，人民电影院在这里存在 80 多年，给市民留下深刻的印象，于是约定俗成，大家都称之为影院街。广场的南北两个大门样式大小相同，均为拱形欧式廊柱浮雕五层高楼，建筑风格端庄凝重，分别坐落在马路街和人民西路。大门两侧各有一副对联，是书法家张富君所写。北门对联是“雄揽中原灵秀设百姓购物天堂，独领沙澧风骚著商家益世经典”；南门对联是“一方旺地转动东西南北乾坤大，七彩霓裳映照春夏秋冬日月长”。遗憾的是两副对联的作者不知是谁。

南北看，金穗广场三道街恰像一个“州”字。因为东边的和平街和西边的影院街正中间各有一个拱门与市场路连接起来。东西看，又像一个“王”字。广场建筑面积 18000 平方米，透光良好，环境宜人，不愧是源汇区政府精心打造的王府井步行街。

马路街还有一个地方值得一提，那就是新华书店东邻的幸福巷。这条百米长的小巷，南北出入口分别连接着马路街和老街，路中间摆满了各式各样的货位，人来人往，摩肩接踵，自行车都难通过，是标准的步行街。

现在马路街 49 号新华书店已于 6 年前重建，2000 年 10 月 1 日重新开业。楼高五层，建筑面积 2500 平方米。一楼是营业大厅，二楼是音像杂志，三楼是读者俱乐部，是全市的购书中心。新华书店的西邻是博雅轩古玩书画店，内有金银玉器、名人字画、文房四宝、根雕艺术。在浓浓的商业氛围中，新华书店和博雅轩的存在马路街又透露出了缕缕的文化气息，构建出马路街的多种风情，使人感到和谐而温馨。

马路街原来的邮电大楼，后来看来是一座很不起眼的小楼。2005 年拆除后在原址改建为南北走向的移动通信营宿楼，长 65 米，宽 13.2 米，总高 22 米，6 层，局部 7 层。站在这座大楼跟前，我曾生发很多感想，改革开放后特别是区划调整后，漯河的变化真是一日千里，日新月异！

马路街的绿化以国槐为主，但树龄也都好几十年了，大部分树干疤痕累累，所幸枝叶还都茂盛，显示着国槐的强大生命力。在中段路南老澡堂门前有一棵50多年树龄的老椿树，它的造型很独特，树干4米多高，平着向街道中心伸去，然后又向上生长，长出一树大绿篷伞，好像善解人意似的，让人们遮阳乘凉，也让过往行人无不驻足观赏。

选自2006年《漯河文史资料》第十四辑

房子的变迁

李满堂[①]

自20世纪70年代初，父亲从北京调回漯河工作，我随父母到漯河求学，我们一直都居住在漯河。一晃40年过去了，我们家多次换房搬家，我们家的房子也在不断变化。

1971年秋，父亲经过多方打听、几经周折，在尚武街（人民路京广铁路涵洞东口往南，一条曲曲弯弯的小街道）一个小院里租到了一间民房。因为那时居民房子都不多，没闲房子可租，再说还处在“割资本主义尾巴”的年代，谁家有闲房子也不敢明目张胆地出租，所以那时租房子是很不容易的。我们家租房子的小院里共住有四户人家，院子不大，显得很拥挤，算得上一个小杂院。院里没有自来水，吃水要到附近一口水井里打。由于打水的人多，水罐碰破、水桶掉井里是常事。我们租的这间房子，是房东3间房子用高粱秆隔出来的其中一间，坐南朝北（俗称南屋），土坯墙，麦秸顶，后边没窗户，前边一个低矮的小门，进出门必须低头弯腰，小门旁边一个小木棂窗户，屋内昏暗潮湿，冬冷夏热，面积约12平方米，每月租金5元钱，厨房就设在屋檐下。这就是我们家在漯河的第一处房子，我们在这里住了2年多，尽管房租只有5元钱，但是在那个月工资只有三四十元的年代，已经不是小数目了，父亲在寻思能有一个属于自己的房子才好。

1973年底，父亲在人民路京广铁路涵洞东铁路边上花160元买了一间半房子，房主是铁路职工，调外地工作，于是卖掉了房子。之所以说

① 李满堂，汉族，漯河市召陵区人，1959年11月出生，毕业于中国地质大学经济学专业。先后在漯河市统计局、农机局工作，曾任政协漯河市委员会学习文史委主任、港澳台侨委主任。

是一间半，也就是一间堂屋（亦称北屋），另有一间很小的厢房，实则只能算半间房。堂屋是两家合伙盖的，两间一样大小，中间没梁，隔一个夹山，一家一间，墙是用旧砖头泥巴砌的，檩条是铁路上废弃的破旧枕木，椽子是竹竿棍儿，上边苫的是麦秸草。屋里土地坪，而且非常低洼，屋内比屋外至少低 20 厘米以上，坑洼潮湿。虽然这处房子实在不怎么样，但总算是有了属于我们自己家的房子。

1975 年 8 月，漯河地区发大水，沙澧河漫溢，河堤基本全被冲垮，汹涌的澧河水冲进市区，沿人民路向东奔流。由于洪水非常大，而且受京广铁路的阻拦，整个市区只有人民路涵洞这一个东西通道，尽管洪水满涵洞东涌，交通涵洞成了名副其实的泄洪涵洞，但仍然排泄不及，致使京广铁路以西除寨内西北部地势较高的地方外，大街小巷全部成了一片汪洋，低洼处水深没人顶，市民大都躲到寨内高处或上到京广铁路上了（此时京广铁路漯河以南几十千米已被冲毁，火车都停开了）。我们家的房子在人民路涵洞东口上边，紧挨京广铁路边上，本来西有铁路阻隔、南有涵洞墙挡着，这里地势又比较高，我估摸着洪水不会进我们家的，我还暗自庆幸呢，正站在涵洞边上看“风景”，突然感觉脚下发凉，急忙回头看，天哪，肆虐的洪水已经把我们家房子围困，马上就要漫进屋里了。原来洪水是从涵洞东口北边铁路小学院墙外的排水沟里倒灌进来的。我和父亲赶紧搬砖、挖土，拿一切能够堵水的东西，拼命去堵房门。我们费了很大劲，结果房门是堵上了，洪水尽管没有从门口进入，但是屋里还是很快灌满了水。因为房墙是用砖头蛋儿泥巴垒的，墙上到处都是缝隙，墙脚还有多处鼠洞，水很容易进入，不多时水深没膝，锅碗瓢盆都漂了起来。

这就是我们家的第二处房子，我们在这里住了 7 年多，直到另外有了住处，才将这处房子卖给了一个老乡，老乡给 600 元，实在的父亲又退回 200 元，只收了人家 400 元。后来，由于人民路京广铁路涵洞扩宽改造，这处房子被拆除，听说老乡得到补偿款 3000 元。

1980 年 6 月，父亲单位分房，我们家分到了一套铁路公房，新建楼房，四层楼的顶层，砖混结构，红砖墙，水泥地面，混凝土预制的门框和窗户框，木质门扇、窗户扇，二室一厨一卫，使用面积 29 平方米，每月房租 2.9 元。而非常巧合的是这处房子的地理位置与上一处房子非常类似，位置在市区八一路，仍然在涵洞东口路北，仍然紧挨京广铁路。由于我们家在四楼，比较高，受火车的影响更大，不但噪声大，而且震动也很厉害。火车通过时，门窗甚至锅碗瓢盆都会叮当作响。但是俗话说，习以为常，慢慢习惯了影响也就逐渐减小了。

此外，由于是顶层，屋顶怎么也治不住，时常漏水，而且没有防热层，夏天晒透，屋里热得像蒸笼，那时还没有空调，晚上根本无法睡觉，好在我们家门口就有通往楼顶的天窗，常常一家人爬到楼顶上乘凉、睡觉。

这是我们家的第三处房子，我们在这里住了 9 年多。尽管仍有很多不如意，但毕竟是新房子，而且是第一次住上了楼房，比起以前的土坯房、茅草屋还是强多了，讨厌的老鼠基本没有了，受蚊蝇之害也少多了，着实让我满足了好长一阵子。后来，父亲调到郑州工作，我在单位分了房子，我们这处房子就退还给了原单位。

1986 年 2 月，行政区划调整，漯河升格为省辖市，市区也开始往沙北扩展，随着行政中心的转移，职工住房也开始在沙北兴建，而我也已经参加工作几年了，有了分房的资格。两三年之后，沙北泰山、黄山小区几十栋住宅楼陆续建成，清一色的点式六层建筑，乳白色干粘石墙面，干净整洁，错落有致；紧邻沙、澧两河交汇处，地理位置优越；开放式小区，有树有草，环境比较好。1989 年 11 月，我们搬到了这里，这就是我们家的第四处房子。我们住的这栋楼在整个小区东西居中，而且是最南边的，也就是靠河堤的第一排，位置非常好，尽管房子面积还不大，建筑面积只有 65 平方米，但是内部结构紧凑，三室一厅一厨一卫，功能齐全。尽管还是四楼，但比以前的四楼好多了：一来不是顶层，六层楼的四楼也算是好楼层了，没有了漏雨和闷热的烦恼；二来采光好、视线好，站得高看得远，凭窗远眺，两河交汇美景尽收眼底；三来远离喧嚣，这里很静，加上比较好的周围环境，很适合居住。之后又陆续有了配套生活设施：有线电视、家庭电话、煤气、天然气、太阳能热水器等一应俱全。

1996年春，我们对这套房子进行了装修，因为考虑到装修一次很不容易，既折腾又麻烦，计划装修得好一点。那时已经实行了住房制度改革，办理了房产证，房屋权属已全部归个人所有。购房款前后两次共缴了1.1万多元，而装修就花了1.2万元，不但倾尽我们家所有，而且还外借了一部分，当时流行的什么软包墙、水曲柳墙群、耐磨地板砖等都用上了。其实过后才明白，这样做很可笑，不但在经济上是打肿脸充胖子，而且装修的越时髦过时的越快。

我们家的第四处房子虽然很不错，各方面都比较如意，但是，随着孩子一天天长大，父亲1991年去世后，母亲一直和我们生活在一起，一家四口，三世同堂，65平方米的房子着实显得小了点，再说母亲年迈，上下四层楼已经力不从心了。而且随着时间的推移，开放式小区不便管理，也没有人管理，所以房子日渐破旧，外墙面干粘石风化变色甚至脱落，内部楼梯间扶手、墙面很脏，小广告像膏药贴的满墙都是，感觉在这里居住很不称心了，我寻思又该换房子了。但是，因为福利分房早已成为历史，取而代之的是住房商品化，要住新房子就得掏钱买，而且房价日渐高涨，需要掏很多的钱，谈何容易。不过，随着经济的发展，我们的工资收入在不断增加，听说以后国家还要大幅度提高工资水平，所以，渐渐的不但有了调换房子的欲望，而且也觉得有了可能、看到了希望。于是就开始留心换房子的事，一方面省吃俭用，积攒买房子的钱；另一方面留心打听、观察、比较，寻找理想中的新房子。

2008年12月，这个愿望终于实现了。通过拿出一家的积蓄、贷了住房公积金贷款、又向朋友借一部分，东筹西措，终于凑够了房款，在一个高档小区买了一套小高层的新房子。这套房子又很凑巧的是仍然临河面水，而且还是四楼，但有电梯，不愁爬楼梯的问题，位居新开发的沙河景区，景色之优美、环境之宜居，自不必多言。房子建筑面积145平方米，三室两厅两卫，一个单元两户，结构合理，南北通透，采光好，通风好，配套好，花园式小区，环境好，物业管理也很规范。同时，接受上次的教训，进行简单的装修，住着宽敞明亮，温馨舒适。

四十年弹指一挥间，我们家五易其房，从租房到自有房，从茅草屋到砖瓦房，从普通楼房再到高档住房，变化很大。时代在发展，社会在进步，生活在改善，人们的住房也在变，相信以后还会继续变，而且会越变越好。

选自 2012 年《漯河文史资料》第十九辑

略述漯河市路灯的变迁

宋金钟[①]

道路照明是城市基础设施的组成部分，对城市交通安全、社会治安、人民生活、市容市貌、人居和投资环境等，都有举足轻重的地位。同时，它也标志着城市的实力和成熟程度。新中国成立后特别是十一届三中全会以来，随着我国城市现代化建设的突飞猛进，漯河市城市照明也取得了可喜变化，成为漯河市一项欣欣向荣、蓬勃发展的公用事业。下边是我用文字描绘这个变化的粗略轨迹。

明清期间，漯河是个小镇，没有路灯，仅一些大户商行的门前挂有一盏或两盏纸糊的点燃麻油的灯笼，供过往行人采光。1906 年，京汉铁路通车后，麻油改用洋油（煤油），纸糊改用玻璃，这种灯当时叫洋灯。夜幕降临，萤火点点，影影绰绰，成为当时路灯照明的真实写照。1935 年，光华发电厂在受降路东段南侧成立，购买 45 匹马力发电机 1 台，次年又购买 80 匹马力发电机 1 台。从此，漯河有了电。当年由工商会投资在公安街安装了 12 盏鹅脖灯。到解放时，全市共有路灯 29 盏，每天晚上亮至深夜 12 点发电机停机为止。

新中国成立后，在党和政府的领导下，为了发展生产、繁荣经济，光华发电厂很快恢复生产，用电量也逐步扩大。先后在公安街、马路街的一侧，栽上木杆，装上电灯。随着水泥杆的出现，路灯由木杆改为水泥杆。到 1966 年，路灯已发展到 424 盏，遍布全市 13 条街道。“文化大革命”开始后，路灯遭到严重破坏，灯头、灯泡被砸得稀稀拉拉、千疮百孔。1970 年，只剩下 175 盏。1971 年，开始试用第二代光源汞灯。

① 宋金钟，河南郾城县人，出生于 1936 年。1956 年漯河高中毕业，曾任漯河市政管理处总工程师，高级工程师，源汇区第二届人大代表。

同年，又自制了3—5米的长灯杆，灯头距路面最高为6米。灯杆高了，灯臂长了，电灯亮了，但是，工人们修理起来很是困难。他们站在合页梯上，拿着一根几米长的竹竿，竹竿顶端装有网兜，用网兜卡住灯泡，轻轻地、慢慢地扭动，把坏的取下来，把好的安上去。这样，既不安全，效率又低，更不能解决多方问题。为此，大家开动脑筋、自己动手、千方百计，到1981年，终于研制成功了一台简易活动电工车，一下子解决了路灯高空修理难的问题。同年，路灯光电控制器在我市试用成功。1984年，人民路第一次采用第三代光源钠灯。这种灯光线柔和、照度明亮，平均寿命高于汞灯和白炽灯。以后又连续增添了电工车、照度仪、弯管机、断线探测仪、台钻、电焊机等路灯安装和修理的配套设备。

1991年，随着城市的发展和经济建设的需要，由市政府投资，首先在火车站广场安装了一座30米的高杆钠灯。接着，由市汽车运输公司资助，在汽车站广场又安装了一座25米的高杆牵牛花灯。后来，在市各单位的资助下，在人民路与交通路交叉口、人民路与五一路交叉口、嵩山路与黄河路交叉口、107国道与漯舞路交叉口等处，都先后安装了不同形状的高杆灯。与此同时，控制高杆钠灯的石英钟在我市试用成功。1997年，市政府投资540万元，启动了光明工程，对市区21条道路的路灯进行新建和改装。1998年，用上了微电脑控制器。2000年，为了提高城市品位，市政府又投资650万元，对五桥（交通路、泰山路、嵩山路沙河大桥和人民路、嵩山

路澧河大桥）、三园（老虎滩游园、金沙滩游园、星光游园）、三路（黄河路、天山路、嵩山路）、三个广场（双汇广场、中银广场、滨河广场）、十一个小区（团结路、戏楼后街、海河路、芙蓉里、文化路东、文化路西、翟庄新村、戏楼西街、人东巷、小南街、黄山路）和两河（沙河、澧河）进行美化、亮化。全市路灯达到11172盏，大部分采用了微电脑控制。2005年，又采用计算机中心控制。到2009年底，漯河市实有路灯达到24897盏（含开发区），是解放时29盏的859倍。

在路灯发展变迁的过程中，灯型、光源及降耗、控制也有很大改变。灯型由单一的白炽灯改变为3火、5火、13火的华丽灯。如玉兰灯、火箭灯、琵琶灯、飞蝶灯、牵牛花灯、喇叭花灯、卫星灯、圆球罩灯、大小礼花灯、石英射灯、帆船灯、海鸥灯、海燕灯、泛光地埋灯、聚光金卤灯、彩虹走珠霓虹灯、防水支架日光灯、高低庭院灯、空中玫瑰灯、炮仗礼花灯、镭射灯、五颜六色墙体亮化灯等。如今，每当夜幕徐徐降临、华灯初放的时候，人们宛若沐浴在白昼里。各种造型新颖的路灯五彩缤纷、流光溢彩、交相辉映，为城市夜晚增添了亮丽的风景，为发展经济、丰富人民文化生活创造了良好的环境。

路灯光源也紧跟科学技术的发展步伐，积极采用高光效、低能耗、长寿命的第二、第三、第四代光源，即高压汞灯、高压钠灯、金属卤化钨灯、

LED 节能灯、太阳能灯等。在灯具材料、加工工艺及外观造型上也都有了质的飞跃，一改以往清一色的搪瓷平行罩，采用了造型简洁新颖的流线型灯具，力求体现城市现代化气息。路灯灯杆经历了木杆、水泥杆、等径钢杆、锥形钢杆、棱形钢杆等。

为了节能降耗，变压器由 S7、S9 至 S11、欧式、美式厢变，改用了节电器、电感镇流器、电子镇流器。分出了长明灯、半夜灯和节日灯。控制手段也由传统的手搬闸刀改为光控、钟控、微电脑控、计算机中心控制，使路灯管理一步一步走向科学化。

回顾历史，漯河市城市路灯的光源、灯具、灯杆及控制方式更新换代的周期之短，是其他公用事业所不能比拟的，在全省也排在先进行列。这固然同我国日新月异的科技进步分不开，但更重要的是城市财力的增强和各级领导的重视，还有一支热爱照明事业、勇于探索、敢为人先、吃苦耐劳的职工队伍。

选自 2010 年《漯河文史资料》第十八辑

漯河市桥涵建设述略（一）

宋金钟　王岩萍[①]

2005—2020年，漯河市城市建设总体规划范围，西起大楼魏香陈湾以东，东到召陵以西，北起龙海路，南到小村铺以南新规划的南环路。截至2009年初，在这个区域内，已建起了137座桥涵。其中解放前11座，解放后126座。本文所写的主要是沙澧二河大桥和京广铁路涵洞。解放前写得简单，解放后写得详细。这些资料大部分是自己平时工作中积累和记忆的，难免出现错误。希望参看本文的同志，发现错误，不吝赐教，笔者将不胜感谢。对本文提供资料和工作中帮助测量的同志们表示谢意。

一、旧漯河的城市桥涵

（一）1949年，平汉铁路改称京汉铁路。1957年武汉长江大桥修通后称京广铁路。为使铁路畅通无阻，1903年满清政府修建了漯河沙河铁路大桥。大桥6孔，每孔跨径33米。桥长192米，宽6米。上部结构为钢桁架，下部为重力式桥墩。

（二）京广铁路纵贯市区，割断了市内东西交通。铁路部门于1902年和1906年分别修筑了南北两个三尺门（涵洞）。北三尺门位于万祥街西头，东西长6米，南北宽3米，高2.5米。随着铁路股道的增多，东西长现达到49米。南三尺门位于今八一路铁路涵洞南侧23米处。长，宽、高与北三尺门相仿。这两个涵洞既是市内的东西通道，又是暴雨季节铁路以西的排洪出口。1958年修京广复线时，南三尺门被堵死。

① 王岩萍，女，漯河郾城人，出生于1963年，曾供职于漯河市政工程处。

（三）1904年，漯河火车站建成后，为方便铁路东西两侧人们的来往，1906年从今铁路东天桥街西头对应铁路西老街东头跨越铁路修建了一座铁路天桥，全木结构，木支架、木护栏、木桥面。东西两孔，各长5米，桥宽2米。天桥街由此而得名。1929年，冯、靳军阀之战，靳逃跑时炸毁。

（四）1944年，日寇侵占漯河后，为了扩大侵略，在今干河陈村北泰山路与湘江路交口南30米处的漯舞路上修建了干河木桥。桥长40米，宽5米，全木结构，10孔9排桩。上覆黄土，可通汽车。

（五）1944年，日本为其侵略战争的需要，在今嵩山路沙、澧河大桥位置，扒开两河南北河堤，分别修建了一座双车道半河木桥。1945年日本投降后拆除。

二、解放后的城市桥涵

（一）沙河木桥 位于解放路以西112米、距京广铁路266米处的沙河之上。桥长176米，宽6.3米，跨径4、5、6米3种，共33孔，高出水面3米，为木结构半河桥。桥面上铺铁板，载重以12吨为限。1951年9月开始修建，1952年5月完工。当年7月涨水时，水头高4米左右，30多只船正在河中停航，有14只船撞桥被毁。1964年交通路大桥建成后拆除。

（二）交通路沙河大桥 郑信公路后叫京广公路、京琛公路，还叫战备路，现叫107国道。解放后这条南北政治经济主干线急需打通，因为它在高度快速战争中具有非常重要的位置。1960年拟建此桥，当时有两个方案。第一方案：线路走郾城西关，过沙、澧二河和老郑信公路相接，比走漯河市短5千米。但需修2座大桥和7.9千米道路，这在当时资金、物资和施工力量均有较大困难。第二方案：由郾城北关外偏东南行，利用漯郾公路过沙河顺滨河路往西，经五一路进入漯舞路，和郑信公路相接。这样只需修一座沙河大桥即可贯通，人、车到漯河后吃住维修都很方便。这一方案很快得到政府认可。

交通路沙河大桥位于市交通路与昆仑路交接处的沙河之上，东距京广铁路大桥500米处。此桥为河南省建设局设计院设计。设计为6孔不等跨径，其南三孔净跨20米，钢筋混凝土装配式T型梁；北三孔为满足通航，要求净跨40米，现浇悬臂梁和20米钢筋混凝土装配式吊梁组合成的混合结构。桥长172米，桥面行车净宽9米，两侧各设1.5米宽的人行道。桥面高64.31米。载重标准为汽–13级（桥上行驶一辆18吨重车，后边5米处再行驶一辆12吨重车，前后15米处各行驶一辆12吨重车）。下部结构全部采用扩大基础的重力式墩台。设计完成后，于1960年及1961年由漯河市先后两次组织施工，完成了南岸1号台墩和2号、3号台墩的水下部分。后因遭全国性自然灾害，材料缺乏，投资削减，中途停工。到1962年10月经省纪委批准续建，并转为交通基建项目。但这时省建设计院认为，该桥上部原设计结构复杂，需要进行修改。修改后上部构造全部为钢筋混凝土装配式T型梁，8孔，全长192.8米。其中第1～6孔及第8孔净跨20米，第七孔为通航孔，净跨30米。桥面净宽及载重等级仍按原设计不变。下部构造为了减少圬工体积和劳力消耗，两岸桥台均采用钢筋混凝土桩架式。新建1、5、6、7号台墩采用钢筋混凝土高桩承台基础，墩身仍为片石混凝土重力式；2、3、4号台墩则利用原有部分予以接高。设计洪水流量为每秒3550立方米。南引道长206米，北引道长330米，路面宽9米，两侧人行道各宽1.5米。该桥于1964年7月15日竣工，总投资142万元。

交通路沙河大桥当时在河南省城市桥梁中属数一数二的新型桥梁。桥两头盖起了岗亭，每天有人持枪站岗，直到1967年才撤去岗哨，拆了岗亭。1986年漯河市升格后，南北引道的人行道又修筑了栏杆和挡墙。南人行道各宽5米，北人行道各宽4.5米。2005年又对南北引道进行了扩宽改造，成为现在的样子。

据1986年8月31日调查，该桥汽车交通流量为3406辆/日，交通混合流量为13462辆/日，其中自行车53970辆/日。该桥现已使用45年，桥身基本完好，至今仍是漯河市交通流量最多、最繁忙的桥梁。

（三）107国道沙河大桥 1975年8月，沙、澧二河发生特大洪水。

漯河市区决口 14 处，倒塌房屋 51430 间。郾城更为严重。沙澧两河之间整个地区被洪水淹没，成为泽国。当时是救灾无路、抢险无桥，人民生命、财产遭受惨重损失。107 国道沙河大桥就是在这种背景下诞生的。

107 国道沙河大桥位于郾城城西 300 米处的沙河之上。1976 年开始筹建，1978 年建成通车。桥面宽 9 米（车行道）+2 × 1.5 米（人行道），上部结构为 8 孔跨径 20 米，装配式 T 型梁。全长 164 米，荷载为汽 –20 级（桥上可行驶一辆 30 吨重车，前边距重车 15 米、后边距重车 10 米、25 米处各行驶一辆 20 吨重车）；下部结构为双柱式桥墩，钻孔灌注桩基础。设计洪水流量为每秒 3400 立方米。投资 86.11 万元。由于满足不了 107 国道日益加大的交通流量，1999 年靠老桥东侧又加修一座汽 – 超 20 级基本和原结构相同的桥梁。合并后桥面总宽 23.2 米，两侧为钢栏杆，中间为防撞栏杆，桥面高 65.45 米。

（四）金山路沙河大桥 1986 年，漯河市升格后，下辖郾城、舞阳、临颍三县，人口 200 余万。除京广铁路贯穿市区外，还有漯平（平顶山）、漯阜（阳）、漯舞（阳）铁路。公路也很发达。107 国道与省道洛（阳）界（首）公路在漯河交会，漯叶（县）、漯双（沟）、漯上（蔡）等多条公路从市区辐射而出。漯河市已成为我省豫南地区重要的交通枢纽。交通路沙河桥由于长期超载使用，北岸桥台支座已倾斜 1.9 厘米，限制了干线公路运力的发展。为此，交通部门与漯河市经协商决定，在今金山路跨越沙河处修建一座沙河大桥。

此桥于 1990 年 10 月 1 日竣工，设计荷载为汽 – 超 20 级，设计洪水流量每秒 3950 立方米，桥下净高 8 米。上部构造为预应力混凝土 T 型简支梁，7 孔跨径 40 米；下部构造为单排桩柱式桥墩，预应力水泥混凝土 T 型截面盖梁，钻孔灌注桩基础。桥长 288.14 米，桥面高 66.50 米，宽 0.5 米（栏杆）+17.3 米（车行）+0.5 米（栏杆）。北堤外设南北宽 5 米、高 3.5 米、东西长 18 米钢筋混凝土人行通道。南堤外过滨河路设立交涵洞，结构为 2 孔长 32 米，宽 19 米，净高 6 米。

该桥北引道长 537 米，宽 18 米；南引道长 230 米，宽西起 4.5 米（人行道）+6 米（辅车道）+0.5 米（栏杆）+18 米（车行道）+0.5 米（栏杆)+6米(辅车道)+4.5米(人行道)。主桥为钢栏杆,引道为防撞栏杆。总投资1188.8万元。

(五)嵩山路沙河大桥 嵩山路是我市城区道路的主干道,由于沙澧二河阻碍,不能全线贯通,急需修建2座大桥。建成后,还可作为107国道备用线。

嵩山路沙河大桥位于黄河路与嵩山路交口南侧800米处。1992年9月29日开工,1993年9月30日建成。桥长258.06米,宽18.5米,其中机动车道10.5米,两侧4米为非机动车道。上部结构为预应力钢筋混凝土T型简支梁,5孔跨径50米;下部结构为钻孔灌注桩基础,桥墩为双柱式,桥台为三柱式。设计洪水流量为每秒3300立方米。过沙河北路设2孔长16米的立交涵洞。桥长352.8米。设计荷载为汽–超20级。总投资950万元。北桥头高65.73米,引道长160米;南桥头高65.73米,引道长180米。南北引道宽西起4.5米(人行道)+6米(辅车道)+0.5(防撞栏杆)+18米(车行道)+0.5米(防撞栏杆)+6米(辅车道)+4.5米(人行道)=40米。该桥的建成,从南到北把我市的自由贸易区、双龙文景区和沙北行政区一下子连为一个整体。

(六)淞江路沙河大桥(董庄桥) 根据漯河市总体规划,淞江路往东到东环路(现叫中山路)往南和漯界路相接,把原15米宽的二级公路淞江路改为红线60米宽的城市道路,作为重要过境通道。这样需在跨越沙河的董庄处修建一座沙河桥。

淞江路沙河桥于1997年11月开工,1998年底建成。设计荷载为汽–超20级。桥宽18米,其中0.5米(钢栏杆)+17米(车行道)+0.5米(钢栏杆)。设计洪水流量为每秒4000立方米。上部结构为部分预应力钢筋混凝土T型简支梁,6孔跨径50米;下部构造为单排桩柱式桥墩、钢筋混凝土盖梁、钻孔灌注桩基础。桥长309.28米,桥中高67.85米。西桥头高64.78米,西引道长221米;东桥头高67.78米,东引道长201米。东西引道各宽18米。总投资970万元。

(七)龙江路沙河大桥 龙江路又叫新北环路。本项目的实施对提高城市道路服务水平、缓解漯河城区交通压力、完善区域路网结构,促进区域经济发展具有十分重要的作用。但它穿越京广铁路和市区沙河，需修一座上跨式铁路立交桥和一座沙河大桥。

龙江路沙河大桥又称庙王沙河大桥，长258.86米，宽0.5米（防撞栏杆）+21米（车行道）+0.5米（防撞栏杆）。设计荷载为公路Ⅰ级。设计洪水流量为每秒3950立方米。上部构造为5孔跨径50米，预应力T型梁，两侧为钢栏杆；下部结构采用柱式桥墩、肋式桥台、钻孔灌注桩基础。西桥头高67.16米，引道长192米；桥中高68.11米；东桥头高67.19米，引道长182米。正桥和引道总投资2998.1万元。2005年1月15日开工，2005年12月30日竣工。

（八）黄河路沙河大桥 漯河市区沙河以东21.96平方千米的召陵行政区和13.43平方千米的召陵工业区正在如火如荼地建设。黄河路作为漯河市的主要交通道路，对漯河市的城市发展和经济建设具有重要作用。但它受沙河的阻隔，必须绕金山路才能到达召陵区。这不仅增加了金山路的负担，也不利于召陵区建设和漯河市城市整体功能的发挥。因此，黄河路沙河大桥的修建迫在眉睫。

黄河路沙河大桥位于金山路与黄河路交口东450米、铸造机械厂南侧的沙河之上。汉白玉栏杆。桥长309.1米，桥面宽0.25米（栏杆）+1.75米（人行道）+4.5米（非机动车道）+4×4米（车行道）+4.5米（非机动车道）+1.75米（人行道）+0.25米（栏杆）=29米。设计荷载为城—A级（汽–超20级），设计洪水频率为50年一遇，设计洪水流量为每秒3950立方米。航道国家Ⅳ（4）级。桥长6孔跨径50米。上部结构为50米预应力混凝土T型梁，下部结构为四柱式桥墩；钻孔灌注桩基础，桩径1.5米。柱式桥台，每台柱10根，群桩基础，桩径1.2米。

河西设滨河路立交桥（涵洞），洞长33米，宽20米，净高5.9米，西引道长266米；河东设滨河路立交桥（涵洞），洞长33米，宽25米，净高6.8米，东引道长280米。东西引道各宽29米。两引道规划为蝶式立交。黄河路沙河大桥总投资4000万元。2006年11月开工，2009年4月30日通车。

以上这八座桥梁同属一种结构。建设中随着时间的推移，设计施工技术都有很多改进和提高。如荷载由行业标准达到国际标准，跨径由20米增大到50米，宽度由12米扩宽到29米，混凝土由自应力到预应力，吊装由人工扒杆到使用架桥机等。这种桥型耐久性好、成本较低、便于施工、易于维修、利于备战。很多大型部件既可就地浇注，亦可工厂预制。综合管线（电力、电讯、燃气、供热、供水等）也很容易在桥上通过。

（九）107国道澧河大桥 107国道澧河大桥为人字形桁架拱桥。上部构造为3孔跨径30米连拱组成，加4孔跨径16米空心板。总长163米。桥宽0.8米（人行道）+9米（车行）+0.8米（人行道）=10.6米。设计荷载为汽–20级。下部结构为钻孔灌注桩埋置式桥台。总投资54万元。1979年建成通车。因当时计算理论不够成熟，桁架拱支撑太多，阻水严重，加之桥面质量较差，所以曾几度出现质量问题和交通事故。因此，1999年将此桥拆除，改建为汽–超20级。桥面宽西起0.45米（防撞栏杆）+10.35米（车行道）+1.0米（隔离栏杆）+12.15米（车行道）+0.45米（防撞栏杆），总宽24.4米。上部结构为3孔跨径31.8米+1孔跨径28.4米+3孔跨径16.1米空心板。总长172米。下部结构为钻孔灌注桩基础、柱式桥台。南桥头高66.15米，引道长205米；北桥头高65.77米，引道长266米。南北引道各宽18米。设计洪水流量为每秒2000立方米。总投资约889.2万元。1999年建成通车。

2009年4月12日凌晨3时许，一辆大型拖挂超重车（主车载重96吨，挂车载重150吨，超过规定55吨标准近5倍），由南往北，行驶到该桥第六跨时，突然轰的一声巨响，5块桥板断裂，桥面形成长28.5米、宽5米的裂缝，挂车及桥板坠入水中，导致桥梁中断通行。目前，该桥正在紧张修复中。

（十）人民路澧河大桥 人民路是漯河市的主干道。市领导要求，桥型既要有民族风格，又要有现代气息。当时选了3种桥型：①双曲拱桥；②桁架拱桥；③钢架拱桥。经过比对，最后选定为钢架拱桥，即今人民路澧河桥。该桥具有结构轻巧、受力合理、节省材料、外形美观、跨径适应性大、装配化程度高、施工快等优点。

人民路澧河大桥位于沙澧二河交汇口上游1千米处，1988年4月16日开始修建。桥长153米，桥面净宽12米（车行道）+2×2米（人行道），钢筋混凝土栏杆。设计荷载为汽–15级（桥上行驶一辆20吨重的汽车，前后距重车各15米和30米处行驶一辆15吨重车）。上部结构为3孔跨径45米连拱组成；下部结构为钻孔灌注桩基础，因无钻机后改为沉管灌注群桩基础。设计洪水流量为每秒2280立方米。西桥头高64.60米，引道长136米；东桥头高64.60米，引道长145米。东西引道各宽5米。1991年1月建成通车。总投资264万元。2004年，澧河桥东西引道又扩宽为北起0.4米（钢栏杆）+2.5米（人行道）+24米（车行道）+2.5米（人行道）+0.4米（钢栏杆）。

该桥因施工中存在一些问题，至今没正式交验。具体原因是：①大梁拱肋设计为铰接，施工中因无吊装设备改变为固结；②全桥共三孔，经查一孔拱肋裂缝68处，最长裂缝43厘米，超过规范要求0.2毫米的有15处，最大裂缝宽0.65毫米；③三号承台西南角下沉7.5厘米；④部

分微弯板最小搁置长度只有2—3厘米，不符合设计要求；⑤西跨南2拱脚悬空，人行道甲板悬空：⑥泄水孔没有处理，伸缩缝没按标准施工，灯孔不通，灯座不平，混凝土蜂窝麻面露骨等。

另外，在施工中的1989年5月8日，市防汛会议要求5月30日前，河内建筑物包括浮桥一律拆除。为此，5月29日又发简报。6月1—6日小雨连绵不断，6月4日有关领导进行劝说，并晓以甘江河水的厉害。但工地负责人却坚持施工，结果由于河水猛涨，6月8日上午10点10分脚手架垮塌，6人被压到河内死亡。这一教训加之上述存在问题，不能不让人痛心！

（十一）泰山路沙河大桥 漯河升格为省辖市后，人车流量剧增。为了解决沙河南北交通阻隔问题，根据总体规划，市委、市政府决定在泰山路新建沙河大桥。本桥经过几个方案的论证，最后确定为三孔跨径100米中承式系杆拱桥。桥宽16米，其中车行道12米，人行道2×2米。设计荷载为汽–15级。桥面高64.70米。该桥于1994年9月29日开工，1995年9月29日竣工。总投资1002.87万元。桥拱上安装有不同颜色的射灯，射出红、橙、黄、绿、青、蓝、紫七色。远看上去，像一道道彩虹，美丽壮观，成为漯河市的一大景点。

但是通过实际运行发现，此桥在设计和施工中却存在如下问题：①桥梁结构刚度偏小，整体承载能力不足；②吊杆漏水，2005年5根，2006年达到26根，杆内钢筋锈蚀；③拱轴线偏移达154毫米，规范允许50毫米：④原设计大梁拱肋没粉刷层，施工时进行了粉刷，个别地方粉刷层厚达115厘米，又没采取加固措施，结果粉刷层脱落，砸伤行人；⑤部分纵梁有裂缝，伸缩缝胶带老化变形，桥面铺装层和人行道板网裂；⑥拱上立柱顶部混凝土开裂，钢筋锈蚀，个别立柱倾斜达20厘米左右；⑦设计荷载偏小，不适应城市交通流量要求。

针对上述情况，2007 年市委、市政府决定，对该桥全面进行了加固。

泰山路沙河大桥北引道长 120 米，南引道长 140 米，南北引道宽西起 5 米（人行道）+6 米（便车道）+0.6 米（防撞栏杆）+16 米（车行道）+0.6 米（防撞栏杆）+6 米（便车道）+5 米（人行道）。

（十二）嵩山路澧河大桥 一座桥梁，从满足功能要求而言，是工程结构物；从观赏结构而言，应是一件建筑艺术品。尤其是大桥，常常以她的雄伟壮观、千姿百态显示出一个国家的先进技术和生产工艺水平，更反映时代精神与人的创造能力，也往往成为一个国家、一个地区、一个城市的标志。嵩山路澧河斜拉桥除符合漯河市政府提出的“一桥一景面貌新、蓝天碧水绿满城”的建设宗旨外，在当时还是我省最大的斜拉桥。

该桥于 1998 年建成。桥长 153 米。桥面总宽 19 米，其中 0.5 米（栏杆）+8.5 米（车行道）+1.0 米（中央分离带）+8.5 米（车行道）+0.5 米（栏杆）。该桥为塔柱斜拉式桥。上部结构由主梁、拉索和索塔三种构件组成。主塔为钻石形，采用扇形单面不对称拉索结构。主梁采用箱型结构、塔梁固结。桥 2 孔，跨径分别为 60 米、90 米。下部结构为主墩群桩，桥台为单排桩式钻孔灌注桩基础。设计荷载为汽－超 20 级，设计洪水流量为每秒1900立方米。北引道长182米，南引道长245.6米。南北引道各宽40米，其中西超4.5米（人行道）+6米（车行道）+0.5米（钢栏杆）+18米（车行道）+0.5米（钢栏杆）+6米（车行道）+4.5米（人行道）。总投资2300万元。

（十三）京广（州）、漯宝（丰）铁路沙河大桥 为了满足火车客货运输的要求，1958年在京广正线过沙河处（原铁路沙河桥东侧）修筑了一座京广复线沙河大桥。1987年又在京广正线过沙河处（原铁路沙河桥西侧）修筑了一座漯宝铁路沙河大桥。所以，现在此处是三桥并列，各6孔跨径33米，全长192米，宽6米。上部结构为钢桁架，下部结构为混凝土重力式桥墩。此三桥均由铁路部门投资兴建。

（十四）沙河浮桥 为了减轻交通路沙河大桥的交通流量，方便沙北行政区和沙南老市区的行人往来，1987年在今泰山路沙河大桥西侧95米处设置了一座浮桥。结构为钢丝绳连接钢浮箱，上铺竹笆，铁螺件固定。两边用钢丝绳拦住船体，以防水流冲击。桥长141米，宽2.5米。设计荷载为500公斤/平方米。该桥只供人行，不通车辆。总投资84万元。1995 年，泰山路彩虹大桥建成后拆除。

（十五）在建中的太行山路沙河大桥 太行山路沙河大桥，东距嵩山路沙河大桥 950 米。起点位于沙北淮河路，跨越沙河，终点位于沙南汉江路。设计荷载为城—A 级（汽 – 超 20 级），通航标准国家 4 级，设计洪水频率为百年一遇。主桥三跨，跨径分别为 55 米、85 米、55 米，变截面预应力连续箱梁。桥长 204.2 米，宽 0.25 米（栏杆）+1.75 米（人行道）+4.5 米（非机动车道）+8.25 米（车行道）+0.25 米（中央分隔带）×2=30 米。该桥由左右分离各自独立的两幅桥组成。上部结构采用单箱单室截面，下部结构采用两头圆端形钢筋混凝土空心矩形墩。桥台为实心矩形。桥面中间高 68.35 米。北桥头高 66.44 米，引道长 183.82 米，距北桥头 23.37 米处设滨河路立交（涵洞）（长 20 米，宽 30 米，净高 3.4 米）。南桥头高 66.70 米，引道长 240 米，距南桥头 23.37 米处设滨河立交（涵洞）（长 20 米，宽 30 米，净高 3.85 米）。南北引道各宽 30 米。两侧 75 米处有 10 米宽的道路，形成蝶式立交。该桥于 2008 年 2 月 26 日开工建设，预计 2009 年底建成。总投资 3349.53 万元。

这种“变截面连续箱梁”在我国 20 世纪 80 年代开始大量运用，现已形成理论、设计、施工较为成熟、完善的一种结构体系；本桥型除满足交通运输外，还具有桥型样式美观、整体简洁流畅、结构性能良好等优点。

（十六）在建中的太行山路澧河大桥 该桥东距嵩山路澧河斜拉桥约 1000 米。北起大学路，南过澧河，和柳江路相接。设计荷载为城市—A 级（汽 – 超 20 级），设计洪水频率为百年一遇。通航标准国家 4 级。上部结构为 1 孔 20 米空心板 +3 孔 64 米上承式箱型肋拱桥 +4 孔 20 米空心板。桥面上下行分离。全长 297.12 米，两头低中间高。桥宽西起 0.25 米（栏杆）+1.75 米（人行道）+12 米（车行道）+0.3 米（硬路肩）+0.35 米（隔离栏栅）+0.3 米（硬路肩）+12 米（车行道）+1.75 米（人行道）+0.25 米（栏杆）=30 米。下部 2、3 号桥墩采用矩形实体墩，其余采用柱式墩和肋板式桥台。北引道长 196.5 米，距桥头 34.7 米处设有滨河路立交（涵洞）（长 20 米，净高 3.5 米）。南引道长 287.3 米，距桥头 40.85 米处设有滨河路立交涵洞（长 20 米，净高 4.2 米）。南北引道各宽 0.25 米（栏杆）+1.75 米（人行道）+26 米（车行道）+1.75 米（人行道）+0.25 米（栏杆）。引道两侧规划为蝶式立交。该桥于 2008 年 3 月 26 日开工，预计 2009 年底建成。总投资 4101.95 万元。

（十七）人民路下穿式铁路立交桥（涵洞） 人民路下穿式铁路立交桥又称人民路涵洞，位于火车站南侧。该工程于 1968 年 11 月动工，1970 年 5 月通车。原计划要求修建南北宽 5—7—5（米）、高 2.5—4—2.5（米）、东西洞长 63.78 米的地下通道（涵洞）。后因当时三大主材困难，铁路部门改修为宽 3—7—3（米）。洞内净高和东西洞长没有改变。此地道穿过九股铁道，在当时是全国通过股道最多、长度仅次于天津的铁路地下道。为加速通行流量，主辅道分别采用两高一低的做法。西引道长 83 米，东引道长 93 米。该涵洞由铁路和地方两家分工合作修建。涵洞及涵洞两端各 5 米以内由铁路部门投资修建，引道及泵站由漯河市投资修建。铁路投资未经询问，市内投资计 38 万元。

该立交桥位于市区中心，建成不到 10 年，交通流量就显得拥挤难行，影响职工上下班和交通运输。1984 年调查，每昼夜标准车流量为 6496 辆，其中自行车流量 3.73 万辆。车流量大，涵洞狭窄，加宽地道，势在必行。在市政府和铁路部门的积极努力下，1985 年 11 月对人民路涵洞进行了加宽改造。在原两侧辅道南北各加宽 4 米，洞外两端慢车道各扩宽到 7.5 米。如此一改，主道两侧各有两个互相对称的通道，不但方便了人群往来，看上去还挺美观。

1970 年，人民路涵洞建成后，市民群众欢欣雀跃、非常满意。有人写道：

“一赞地下道，美观真正好。两边行人走，中间汽车跑。雄伟又壮丽，玉兰花灯照。雕花水磨石，最高指示上刻着。

二赞地下道，好像深隧道。行人洞里走，火车上边跑。人们安全过，事故大减少。齐声共歌唱，党的好领导。

三赞地下道，人欢火车叫。老头捋着胡，老婆抿嘴笑。手扶拐杖走，不用绕远道。漫步悠闲过，不怕谁碰倒。

四赞地下道，自强不外靠。工人干劲大，施工技术高。革命加拼命，准时修通了。人民大道通，安全都说好。支援工农业，建设大飞跃。”

（十八）八一路下穿式铁路立交桥（小涵洞） 八一路下穿式铁路立交桥（涵洞）位于八一路和京广铁路交叉处，洞南北宽 5 米，东西长 44 米。分上下两洞，上洞高 2.5 米，为行人通道；下洞高 2.5 米，用于铁西雨污水东排。此涵洞由铁路部门投资兴建，于 1976 年建成。荷载 1.5—2 吨，不通行超载车辆。

（十九）黄河路下穿式孙庄铁路立交桥（涵洞） 该立交桥处原为漯西（华）公路的出市口，也是洛（阳）界（首）公路的必经之道。1984 年，铁路部门为了提高车速，封闭管理，废除了平交道口，与漯河市共同修建了该立交（涵洞）。洞长 40 米，宽 5—9—5（米），净高 3.2—5—3.2（米）。涵洞两端 5 米以外东西引道及泵站由漯河市投资修建。西引道长 108 米，东引道长 110 米。东西引道各宽 7.2—9—7.2（米）。主道为水泥混凝土结构，辅道为沥青路面。为了减少泵站抽水量，引道两端设置反水坡，使路面积水不得注入洞内。泵房及集水井采用分离式，使机器和操作人员不受秽气侵袭。同时，设置了大小水泵，平时以小泵自动抽排，暴雨时以大泵抽排。引道与泵站于 1985 年建成，投资 73 万元。

（二十）湘江路下穿式铁路立交桥（涵洞） 湘江路又叫南马路、支钢路，为我市主干道之一，也是漯栾（川）、漯上（蔡）、漯周（口）过境车辆的主要通道。该处原为与铁路交叉的平交道口，跨越京广铁路上行、下行 3 条线路。另外，2004 年国家粮食储备库、双汇集团、铁路货场等货物出进和漯周（口）、漯舞（阳）铁路机车都从这里通过，正线昼夜通行量达 100 多对，5—6 分钟需封闭一次，一天道口封闭达 20 小时以上，湘江路过往汽车经常排成长队。为此，铁路部门和漯河市政府协商，决定在距原平交道口南侧 90 米处修建净宽 7 米（辅洞）+9 米（主洞）+7 米（辅洞），长 65.4 米的下穿式铁路立交桥（涵洞）。主洞高 5 米，辅洞高 4.5 米。西引道长 115 米，东引道长 116 米。1991 年建成通车。地方投资 130 万元。

（二十一）淞江路下穿式铁路立交桥（涵洞） 漯河市沙北行政区的黄河路、海河路、辽河路和淞江路是依次向北东西平行的四条城市道路。其中黄河路、淞江路需要穿过京广铁路向东延伸。黄河路铁路立交桥（涵洞）前文已述。淞江路铁路立交桥（涵洞）于1992年10月建成、当时是按公路二级标准修建的。涵洞长29.6米，宽5+9+5（米）。主洞高5米，辅洞高3.5米。东西引道由地方投资兴建，涵洞及洞外5米以内由铁路部门投资兴建。西引道长261.5米，东引道长330.6米。东西引道各宽6.5米（人行道）+9米（车行道）+6.5米（人行道）。地方投资180万元。

（二十二）滨河路下穿式铁路立交桥（涵洞） 沙南滨河路与京广铁路交叉处原为铁路平交道口。由于火车南北往来密度过高，滨河路人车通过受到了严重影响，也曾发生过火汽（车）相撞、车毁人亡的事件。为解决这一问题，1991年漯河市人民政府与武汉铁路分局达成协议，共同修建漯河市滨河路立交桥（涵洞）。涵洞及洞外5米以内由铁路部门修筑，引道及泵站由漯河市修筑。地方投资660万元。主洞宽9米，高5米；辅洞宽6米，高3米。主辅洞长70.12米。2001年开始施工，2003年11月建成通车。西主辅引道长148米，东主辅引道长156米。东西引道各宽北起0.6米（挡墙）+6.5米（辅道）+0.5米（栏杆）+9米（主道）+0.5米（挡墙）+6.5米（辅道）+0.6米（挡墙）=24.2米。该立交桥在设计施工中结合前5座立交桥（涵洞）的经验，又有新的改进：

1. 在辅洞3米下面设一净空高0.8米、宽6米的综合管线走廊，以利各种管线穿越。

2. 为了解决排水和辅道挡墙的矛盾，辅道路面横坡坡向主道；主辅道两头设置反水坡，使路面集水无法注入涵洞，以减少泵站的提排量。

3. 按中等城市次干路二级标准，钢筋混凝土路面设计使用年限为30年。为此，除和铁路接头处设胀缝外，其余不设胀缝。胀缝处设止水带。

4. 主道路面浇筑时，要求采用泵送混凝土，连续不断施工，以防止钢筋变形。路面采用切纹机切纹，要求纹理均匀、深浅一致，以增加防滑能力。

5. 主道挡墙为钢筋混凝土，外露部分采用仿真石漆涂刷。辅道挡墙为浆砌块石。挡墙背面用细石混凝土抹平，贴土工布一层，胀缝处贴两层，以防止雨水、污水冲刷路面。

6. 主辅道挡土墙顶采用镀塑钢管焊接，横断面采用曲线造型，纵断面采用直线与曲线平滑连接。如此，可以使成品简洁明快、粗犷大方、整齐美观。

由以上原因，此立交桥于 2002 年获省级设计优秀奖。

（二十三）新北环路（龙江路）上跨式铁路立交桥 桥长 648.2 米，宽 0.5 米（防撞栏杆）+21 米（车行道）+0.5 米（防撞栏杆）=22 米。设计荷载为汽 – 超 20 级。2005 年 9 月开工，2006 年 9 月建成，投资 3200 万元。上部结构 8 孔 ×30 米 +2 孔 ×30 米 +40 米 +2 孔 ×30 米 +8 孔 ×30 米。其中 40 米为砼箱梁，余为预应力空心板。下部采用柱式桥墩、肋式桥台、钻孔灌注桩基础。西桥头高 65.54 米，引道长 400 米；桥中高 70.76 米；东桥头高 65.66 米，引道长 404 米。东西引道各宽 22 米，两侧设置砼拦墩。

（二十四）南环路上跨式铁路立交桥 桥长 603.5 米，设计荷载为汽 – 超 20 级。桥宽 0.5 米（防撞拦杆）+18 米（车行道）+0.5 米（防撞拦杆）。上部结构 7 孔 ×30 米 +3 孔 ×50 米 +8 孔 ×30 米，其中 50 米为箱梁。下部结构采用柱式墩、肋式桥台、钻孔灌注桩基础。桥面中间高 72.01 米。西桥头高 65.18 米，引道长 312.6 米；东桥头高 65.27 米，引道长 315.5 米。东西引道各宽 19 米，两侧为砼栏墩。2002 年 5 月开工，2006 年 9 月建成通车，总投资 2179 万元。

选自 2009 年《漯河文史资料》第十七辑

漯河市桥涵建设述略（二）

宋金钟

截至2009年初，漯河市2005—2020年城市建设总体规划范围内桥涵已建成141座。在第十七辑《漯河文史资料》中我写了30座（解放前6座误为11座，总141座误为137座）。下余111座，大部分属于中小型桥涵，不再文字叙述，仅表列于次，供参阅。

表（1）

编号	位置　桥名	孔数	跨径（米）	桥长（米）	桥宽（米）	修建日期	结构
1	人民路黑河东支桥	1	5	5	7 ～ 40	1966年 1993年	钢筋混凝土盖板重力式桥台
2	朱庄黑河东支桥	2	1.7	5.3	4	1973年	钢筋混凝土盖板重力式桥台
3	漯周铁路黑河东支桥	3	3.8	25.6	4	1975年	—
4	漯周铁路南黑河东支桥	3	2.8	12.3	4.45	1968年	钢筋混凝土盖板重力式桥台
5	白坡东黑河东支桥	2	1.5	5	3.6	1966年	砖拱
6	漯上路黑河东支桥	2	5	10	8	1982年	钢筋混凝土盖板重力式桥台
7	黑河东西支汇口南黑河桥	3	9	27	6	1972年	钢筋混凝土盖板重力式桥台

续表

编号	位置　桥名	孔数	跨径（米）	桥长（米）	桥宽（米）	修建日期	结构
8	湘江路黑河西支桥	1	6	6	52	1992 年	钢筋混凝土盖板重力式桥台
9	石油公司西北黑河西支桥	1	6	9	4	1970 年	砖拱
10	金盆赵东黑河西支桥	2	2.2	10	5	1963 年	钢筋混凝土盖板重力式桥台
11	黄岗东黑河西支桥	2	2	9	5	1964 年	钢筋混凝土盖板重力式桥台
12	娄庄后黑河西支桥	2	2	9	5	1964 年	钢筋混凝土盖板重力式桥台
13	漯上路黑河西支桥	2	1	6	7	1984 年	钢筋混凝土盖板重力式桥台
14	漯周铁路黑河西支桥	2	3.48	12	4	1975 年	钢筋混凝土空心板钻孔灌注桩
15	大车路黑河西支桥	1	6.5	11	4	1974 年	砖拱
16	良种场西北黑河西支桥	2	2.68	8	5	1978 年前	钢筋混凝土盖板重力式桥台
17	良种场西黑河西支桥	1	8.5	11	5	1978 年前	砖拱
18	新漯上路黑河西支桥	1	6	6	30	2008 年 1 月	装配式钢筋混凝土盖板重力式桥台
19	高新区纬一路黑河西支桥	1	6	6	30	2007 年 4 月	装配式钢筋混凝土盖板重力式桥台

续表

编号	位置　桥名	孔数	跨径（米）	桥长（米）	桥宽（米）	修建日期	结构
20	东方红路黑河西支桥	1	6	6	50	2007年7	装配式钢筋混凝土盖板重力式桥台
21	热电厂北黑河西支桥	2	6	12	20	2007年12月	装配式钢筋混凝土盖板重力式桥台
22	热电厂北黑河西支桥	3	13	40	20	2008年1月	装配式钢筋混凝土盖板重力式桥台
23	中山路纬三路交口汾河桥	2	6	12	30	2006年9月	装配式钢筋混凝土盖板重力式桥台
24	中山路滦河路交口汾河桥	2	6	12	30	2006年9月	装配式钢筋混凝土盖板重力式桥台
25	中山路汾河路交口汾河桥	2	6	12	30	2006年9月	装配式钢筋混凝土盖板重力式桥台
26	中山路黄河路交口汾河桥	2	6	12	60	2006年4月	装配式钢筋混凝土盖板重力式桥台
27	黄河路燕山路交口汾河桥	2	6	12	46	2007年8月	装配式钢筋混凝土盖板重力式桥墩台
28	黄河路桐柏山路交口汾河桥	2	6	12	30	2007年11月	装配式钢筋混凝土盖板重力式桥墩台
29	黄河路韶山路交口汾河桥	2	6	12	30	2006年9月	装配式钢筋混凝土盖板重力式桥墩台

续表

编号	位置　桥名	孔数	跨径（米）	桥长（米）	桥宽（米）	修建日期	结构
30	黄河路庐山路交口汾河桥	2	6	12	46	2008 年 9 月	装配式钢筋混凝土盖板重力式桥墩台
31	京珠高速汾河桥	3	12	36	26	1998 年 1 月	装配式空心板钻孔灌注桩
32	召陵工业园经二路汾河桥	2	6	12	14	2006 年 6 月	装配式钢筋混凝土盖板重力式桥墩台
33	漯周路汾河桥	2	7	16	16–49	1966 年 2007 年	钢筋混凝土盖板重力式桥台
34	召陵工业园经三路汾河桥	1	8	8.5	4	1984 年	钢筋混凝土盖板重力式桥台
35	召陵工业园纬二路汾河桥	1	8.5	8.5	30	1984 年 2006 年	钢筋混凝土盖板重力式桥台
36	东坡李西汾河桥	3	8	25	6	1984 年	钢筋混凝土盖板重力式桥台
37	漯周高速汾河桥	3	16	48	30	2001 年	预应力空心板钻孔灌注桩墩台
38	漯周铁路汾河桥	4	8	34	12	1975 年	钢筋混凝土 T 梁钻孔灌注桩
39	嵩山路霸王沟桥	1	6	6	40	1993 年	钢筋混凝土盖板重力式桥台

续表

编号	位置　桥名	孔数	跨径（米）	桥长（米）	桥宽（米）	修建日期	结构
40	泰山路漯舞铁路南马沟东支桥	2	2	5	5.8	1972 年	钢筋混凝土盖板重力式桥台
41	泰山路南环路交口马沟东支桥	1	3	3.5	31	2001 年	钢筋混凝土盖板重力式桥台
42	漯舞铁路马沟东支北桥	1	2.8	3	6	1973 年	钢筋混凝土盖板重力式桥台
43	泰山路漯舞铁路马沟东支南桥	1	2.9	3	16.5	1973 年	钢筋混凝土盖板重力式桥台
44	107 国道马沟桥	3	13.5+13.2+14.3	41	15.2	1979 年 2001 年	钢筋混凝土盖板钻空灌注桩墩台
45	郾城北街老寨壕桥	1	6	6	6	1965 年	钢筋混凝土盖板重力式桥墩
46	郾城医院西海河路桥	1	6	6	30	2002 年	钢筋混凝土盖板重力式桥墩
47	107 国道东海河路排水沟桥	1	6	6	30	2002 年	钢筋混凝土盖板重力式桥墩
48	巴山路郾城老寨壕桥	1	6	6	15	1996 年	钢筋混凝土盖板重力式桥墩
49	井冈山路东辽河路老沟桥	1	2.4	6	40	1995 年	钢筋混凝土盖板重力式桥墩
50	井冈山路老107 国道交口塔河桥	1	2.8	3	16	1975 年	钢筋混凝土盖板重力式桥墩

续表

编号	位置　桥名	孔数	跨径（米）	桥长（米）	桥宽（米）	修建日期	结构
51	井冈山路、牡丹江路交口九支渠桥	1	2.7	3	40	1975 年	钢筋混凝土盖板重力式桥墩
52	新 107 国道幸福渠桥	1	6	6	21	2001 年	钢筋混凝土盖板重力式桥墩
53	许洼南幸福渠桥	1	5	6	10	1965 年	砖拱
54	碾盘张北幸福渠桥	1	5	6	10	1965 年	砖拱
55	碾盘张东幸福渠桥	1	5	6	6	1965 年	砖拱
56	桐刘北幸福渠桥	1	5	6	5	1965 年	砖拱
57	田庄北幸福渠桥	1	5	6	8	1965 年	砖拱
58	田庄东北幸福渠桥	1	5	6	10	1965 年	砖拱
59	白庙东北幸福渠桥	1	5	6	8	1965 年	砖拱
60	五里庙南幸福渠桥	1	5	6	10	1965 年	砖拱
61	石槽赵北幸福渠桥	1	5	6	5	1965 年	钢筋混凝土盖板重力式桥墩
62	漯孟路幸福渠桥	1	5	6	12	1965 年	砖拱
63	李盘庄北幸福渠桥	1	5	6	8	1965 年	砖拱
64	胡庄北幸福渠桥	1	5	6	8	1965 年	砖拱

续表

编号	位置　桥名	孔数	跨径（米）	桥长（米）	桥宽（米）	修建日期	结构
65	龙江路、太行山路交口塔河桥	1	6	6.5	40	1993 年	砖拱
66	太行山路东塔河桥	1	4	9	14	2003 年	钢筋混凝土盖板重力式桥墩
67	祁山路东塔河铁路桥	1	7	8.5	5.5	1999 年	钢筋混凝土盖板重力式桥墩
68	祁山路塔河桥	1	5	8	6	2005 年	钢筋混凝土盖板重力式桥墩
69	嵩山路塔河桥	1	8	8.5	12	2000 年	钢筋混凝土盖板重力式桥墩
70	黄山路塔河桥	1	7	10	24	2001 年	钢筋混凝土盖板重力式桥墩
71	漯孟路塔河桥	2	4+2.5	9	6	1981 年	砖拱
72	京广铁路塔河桥	1	8	8	7+13	1904—1987 年	钢筋混凝土箱涵
73	龙江路、安山路交口塔河桥	1	2.4	3	32	2001 年	钢筋混凝土盖板重力式桥墩
74	龙江路、金山路交口西塔河桥	1	4	4.5	32	2001 年	钢筋混凝土盖板重力式桥墩
75	金山路、漯西路交口塔河桥	1	3	4	15	1974 年	砖拱

续表

编号	位置　桥名	孔数	跨径（米）	桥长（米）	桥宽（米）	修建日期	结构
76	姬崔南漯舞路大排水沟桥	1	2.5	3	40	1972 年 1995 年	砖拱
77	嵩山路大排水沟桥	1	3	3	10	1972 年 2003 年	砖拱
78	漯舞铁路大排水沟桥	1	3	3	6	1972 年	钢筋混凝土盖板重力式桥台
79	银江路南五一路大排水沟桥	1	6	6	30	1992 年 2004 年	钢筋混凝土盖板重力式桥台

表（2）

编号	涵洞名称	管径（毫米）	长度（米）	条数（条）	修建日期	位置
1	黄河路翻水洞	D=800	12	1	1975 年	距铁路东轨355 米处
2	柳江路翻水洞	D=600	12	1	1972 年	距漯舞路100 米处
3	人民路翻水洞	D=1000	56	2	1983 年 1 月	距衡山路中东侧 28 米处
4	漓江路翻水洞	D=1000	56	2	1992 年 7 月 12 日	距衡山路中东侧 28 米处
5	湘江路翻水洞	D=1200	49	2	1992 年 3 月 10 日	距衡山路中东侧 28 米处

表（3）

编号	位置　桥名	孔数	跨径（米）	桥长（米）	桥宽（米）	桥下净高（米）	修建日期	结构
1	京珠高速漯周路立交桥	3	15+20+15	30	26	5.5	1998 年 1 月	预应力钢筋混凝土空心板钻孔灌注桩
2	京珠高速漯周铁路立交桥	3	20+20+20	60	26	6.5	1998 年 1 月	预应力钢筋混凝土空心板钻孔灌注桩
3	漯周高速召陵区经四路立交桥	1	20	20	30	4	2001 年 12 月 25 日	分离式空心板钻孔灌注桩
4	漯平高速燕山路立交桥	3	26	78	30	5.5	2005 年 12 月 5 日	分离式空心板钻孔灌注桩
5	漯平高速衡山路立交桥	3	12	36	30	5	2005 年 12 月 5 日	分离式空心板钻孔灌注桩
6	漯平高速金山路立交桥	3	13	39	30	4.6	2005 年 12 月 5 日	分离式空心板钻孔灌注桩
7	漯平高速光明路立交桥	3	12	36	30	4.8	2005 年 12 月 5 日	分离式空心板钻孔灌注桩
8	漯平高速解放路立交桥	3	12	36	30	5.2	2005 年 12 月 5 日	分离式空心板钻孔灌注桩
9	漯周高速京广铁路立交桥	5	2×30+3×50	210	30	7.5	2005 年 12 月 5 日	分离式空心板钻孔灌注桩
10	漯平高速交通路立交桥	3	21	63	30	12.5	2005 年 12 月 5 日	分离式空心板钻孔灌注桩

续表

编号	位置　桥名	孔数	跨径（米）	桥长（米）	桥宽（米）	桥下净高（米）	修建日期	结构
11	漯平高速五一路立交桥	3	20	60	30	4.6	2005年12月5日	分离式空心板钻孔灌注桩
12	漯平高速107国道立交桥	3	27	81	30	5.5	2005年12月5日	分离式空心板钻孔灌注桩
13	漯平高速马沟立交桥	3	16	48	30		2005年12月5日	分离式空心板钻孔灌注桩
14	昆仑路淞江路引道交口立交桥	3	8.5+7.5+10.5	26	15	5	1997年	钢筋混凝土盖板重力式桥台
15	京珠高速漯周高速交口立交桥	4	20	80	26	5.5	1998年1月	预应力钢筋混凝土空心板钻孔灌注桩
16	小高庄东京广铁路立交桥	1	3	3	25	2.8	1902年	混凝土箱体
17	大高庄东京广铁路立交桥	1	3	3	25	2.8	1902年	混凝土箱体
18	南环路北京广铁路立交桥	1	3	3	45	2.8	1902年	混凝土箱体
19	民主路老寨壕桥	2	2.5	8	8	2.5	1934年	砖拱
20	民主路排水沟桥	1	2	4	6	2.2	1954年	砖拱
21	人民路排水沟桥		2.2	3	40	2.2	1959年	砖拱

续表

编号	位置　桥名	孔数	跨径（米）	桥长（米）	桥宽（米）	桥下净高（米）	修建日期	结构
22	东大街老寨壕桥	1	1.1	1.7	9	1.6	1957 年	砖拱
23	五一路排水沟桥	1	2.2	3.2	16	1.8	1959 年	砖拱
24	小桥街排水沟	1	1.5	2.5	5	1.2	1932 年	石板
25	南大街老寨壕桥	1	0.8	1.2	10	0.8	1965 年	砖拱
26	南大街排水沟红石桥	1	1.8	1.8	6	1.5	清同治年间	石板桥
27	大学路人行天桥	1	31	33	5	36	2003 年 8 月	钢结构拱式钻空灌注桩

注：京珠高速以东称漯周高速，以西称漯平高速，总称洛（阳）南（京）高速

选自 2010 年《漯河文史资料》第十八辑

漯河市区桥梁知多少

范子文[①]

漯河地处中原腹地，且濒临沙澧，水陆交通便利。由于得天独厚的优越条件，明永乐（1403—1424）年间已形成“江淮百货萃，此处星辰罗”的重要集镇——螺湾河镇。历经清、民国，特别是1906年京汉铁路通车以后，以车站为中心兴起条条街道，商店鳞次栉比，市场空前繁荣，面积扩至3平方千米（寨内1平方千米，车站2平方千米）。

但由于反动统治阶级不关心人民生活，不重视发展经济，市政建设微乎其微。特别是方便交通、沟通物资交流的桥梁修筑，更为罕有。民国年间，市区仅有一座铁路桥，2座摇曳破烂的木桥（天桥、干河陈木桥），沙澧水上无一座桥梁，实为憾事。

新中国成立后，在中国共产党英明正确的领导下，漯河市区发生了翻天覆地的变化，各项社会主义建设事业蓬勃发展，市区面积不断扩大，人口相继增多。随着城市建设的加快，河流上一座座造型独特、壮丽美观的桥梁如雨后春笋，将珍珠般的城镇、村庄、市区贯穿了起来。

桥梁缓解了我市交通的紧张状况，推动了经济的高速发展，同时也成为市区一道道亮丽的风景线。

现将市区桥梁列表叙述如下。

① 范子文，1921年出生，郾城县人。1949年参加工作，曾任郾城一、二中语文教师，孟庙、商桥、李集等乡镇高、初中史地教师，1985年退休。

沙河　澧河桥

名称	建筑时间	长（米）	宽（米）	高（米）	载重（T）	位置	备注
交通路沙河桥	1963年4月—1964年7月	172	1.5+9+1.5	10	汽—13 拖—60	交通路北端	又名漯河大桥
金山路沙河桥	1989年6月—1990年10月	288.14	18.5		汽—20 拖—120	金山路北端	
泰山路沙河桥	1994年9月—1995年9月	320	16	27		源汇寨北门东	又名彩虹桥
嵩山路沙河桥	1992年7月—1993年9月	258	18.5		汽—20 挂—120	嵩山路中段	
郾城沙河桥	1976年9月—1977年12月	164	12		汽—20 拖—100	郾城西关	
庙王沙河桥	2003年11月	250	22			市区东北	净宽21米，两侧各设0.5米护栏
京汉铁路沙河桥	1902年					漯河火车站北	旧称洋桥，5墩6空，此桥居中
京广铁路沙河桥	1958年					同上	修复线时增加此桥居东
漯宝铁路沙河桥	1986年10月—1987年10月					同上	漯宝铁路专用桥。此桥居西
三里桥澧河桥	1979年2—12月	110.8	0.5+9+0.5		汽—20 拖—100	三里桥东	投资55.6万元，每平方米4300元
丁湾澧河桥	1988年4月 1999年复修	153.8	2+12+2		汽—20 拖—100	丁湾村北	

续表

名称	建筑时间	长（米）	宽（米）	高（米）	载重（T）	位置	备注
嵩山南路澧河桥	1997 年					丁湾西南	又名斜拉桥

天桥　浮桥　橡皮坝

名称	建筑时间	长（米）	宽（米）	结构	位置	备注
车站跨铁路天桥	1906 年	两空	2	全木结构，木桩支架，护栏，棚以板	老街、天桥街对应铁路上	1929 年冯靳之战，靳逃跑时炸毁
大学路人行天桥	2003 年 8 月	32.556		投资 70 万元，市工程处施工	职业技术学院（漯河大学）南部	市首座人行过街天桥
美国医院浮桥	1949 年 3 月	142		用木船、枕木、铁轨搭建，载重 5T	老虎滩公园东邻美国医院	二野四兵团、三野部分约 20 万人通过
沙河浮桥	1987 年	141	2.5	投资 48 万元，用钢浮箱连接，上铺竹木，载重每平方米 500 千克	泰山路沙河桥西	1995 年，泰山路沙河桥建成后废
大北门浮桥	1947 年			国民党四十一师用汽船搭成	源汇寨大北门外（今泰山路沙河桥西）	我大军到前拆除
沙河木桥（半空桥）	1951—1952 年	176	6.3	全木结构，33 孔，无栏，高出水面 3 米	漯河铁路桥东 250 米处	1964 年交通路沙河桥建成后拆

续表

名称	建筑时间	长（米）	宽（米）	结构	位置	备注
干河陈木桥	民国	40	5	全木结构，10孔、9排桩，上覆黄土	今奔园东100米原干河上	现桥址处已建房
沙河橡胶坝	1992—1993年	126	高3.5	投资800万元	母猪圈北、黄河路东端	可增大沙澧河上游回水长度和坝前蓄水量及回水河道水面，回补地下水
澧河橡胶坝	2001年12月—2002年10月	99	高5		丁湾北澧河桥南侧	拦蓄河道径流回补地下水，弥补枯水季节我市城市供水不足

铁路立交桥（涵洞）及其他

名称	建筑时间	长（米）	宽（米）	高（米）	位置	备注
南三尺门（涵洞）	1902—1904年	49			八一路立交桥南24米	1958年修复线时堵塞
北三尺门（涵洞）	同上	49	3	2.5	东连万祥街，西接公安街	为东西通道
人民路立交桥	1968年11月—1970年5月	63.78	3+7+3	2.5+4.0+2.5	火车站南200米	原名漯河地道

续表

名称	建筑时间	长（米）	宽（米）	高（米）	位置	备注
湘江路立交桥	1989年11月—1990年9月	65.36	6+9+6	3.5+5.0+3.5	团结路南端	东引长127米，西引长120米
八一路立交桥	1976—1977年	44	5	2.5	八一路中段	原为市区南部东西要道
漯宝线立交桥	1986—1987年	1512	22		大荆庄南	跨京广铁路1孔，净孔32米
南环路立交桥	2002年10月—2003年7月	607	18		南环路东段、大荆庄南	市第一座跨京广线立交桥
滨河路立交桥	2000年11月—2003年10月	70.12			沙南滨河路东段	原马鞍路道口
黄河路立交桥	1984年10月—1986年11月	40	5–9–5	3–5–3	沙北孙庄西	
淞江路立交桥	1992年3—8月	40	5–9–5	3–5–3	石槽赵东北	

其　他

名称	建筑时间	长（米）	宽（米）	高（米）	结构	位置	备注
红石小桥南—北	清同治年间	18	6	2	红石砌墙，红石棚板	寨内南大街韩家巷北14米处	南北窄1972年改造南大街时拆
黑河桥	1966年1984年复修	12	4	4	砼结构板式桥，载重汽–20T拖–100T	母猪圈东柳庄南	1984年扩建人民东路时加宽

续表

名称	建筑时间	长（米）	宽（米）	高（米）	结构	位置	备注
马沟唐河桥	1970 年 8 月	33.5	7		载重 13 ~ 60T，3 孔上双曲拱，下钻孔桩	市区西南何王庄南	107 国道通过

市区主要桥梁位置图

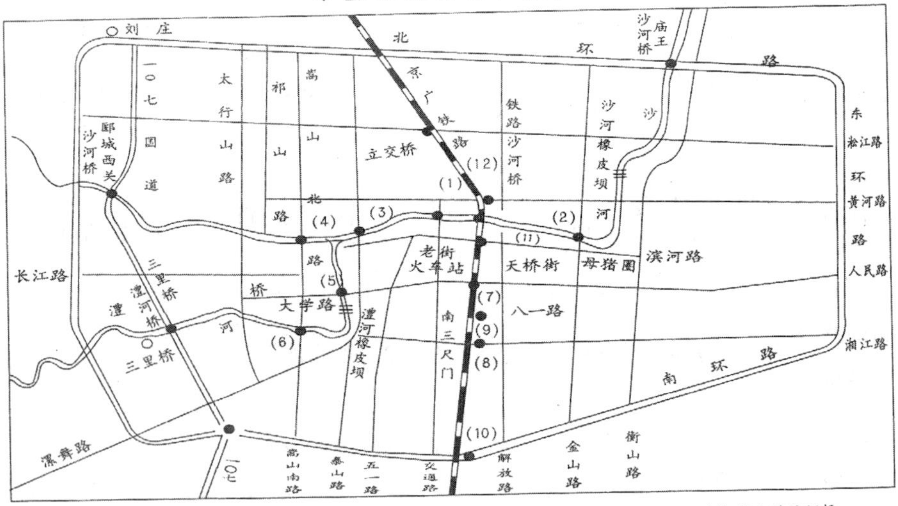

图注：
(1) 交通路沙河桥 (2) 金山路沙河桥 (3) 泰山路沙河桥 (4) 嵩山路沙河桥
(5) 丁湾澧河桥 (6) 嵩山路澧河斜拉桥 (7) 人民路铁路立交桥 (8) 湘江路铁路立交桥
(9) 八一路铁路立交桥 (10) 南环路跨铁路立交桥 (11) 滨河路铁路立交桥 (12) 黄河路铁路立交桥

选自 2004 年《漯河文史资料》第十二辑

史海忆述

漯河市干部文化学校记略

王世扬[①]

1948年11月7日，中共漯河市工委改建为中共漯河市委，并组建漯河市政府及其下属的科、室、局、委，随着形势的发展，相继建立了人民银行、新华书店及国营八大公司等相关机构。在以后的四五年间，各单位的干部、职工在急剧增加，至1952年底全市在职干部及国企职工已达1600余人，这些人员的一小部分来自老区的所谓“过河干部”，他们是单位的领导和骨干。很大一部分是吸收当地的青年工人、农民、店员和学生，他们作为单位的基本群体，其文化程度自然参差不齐，大多只上过小学或进过初中，当时初中毕业生就被推崇为“知识分子”。他们刚参加工作，虽然积极热情，但由于文化水平所限（包括一部分老干部），难以适应自己所担负的工作。

鉴于上述情况，市委、市政府于1952年根据上级指示，决定成立由宣传部直接领导的“漯河市直属机关干部业余文化补习学校”（习惯上称为干部文化学校或简称干校），校长由部长兼任。招收文化水平较低的干部，经过三至五年的业余文化学习，力争普遍达到初中毕业的文化水平，国营企业的职工同样可以报名参加学习。

建校以后，配合当时的全民扫盲运动，首先举办干部中的扫盲班，经过1年的教学实践，扫除了干部中的文盲。在总结经验的基础上，1953年下半年就全面铺开，招收各单位文化水平较低（达不到小学毕业的）的干部职工，包括从炊事员到市长的各级人员都可按要求报名参加，经编班考试，分别编入小学从一年级到五年级的相应班级或初中班学习。当时国家第一个五年计划已经开始，各项建设事业蓬勃发展，干

① 王世扬，1928年出生，河南省沈丘县人，曾任漯河市干部文化学校教师、五中教师。

部、职工队伍不断扩大，入校学习的学员随之增多，班级也相应地提升和扩展。至1956年下半年达到鼎盛时期，这时在校学习的学员960人，分别编为高中1个班，初中6个班，小学10个班，共17个教学班。

办学的首要问题是要有高素质的教师。当时教师紧缺，干校所需教师只能在干部队伍中挑选文化水平较高者充任，且随着班级的增多，教师队伍在不断扩大。建校伊始只有4名教师，1953年派来教导主任（张进，教育科科员）专抓教学工作，1956年下半年正式任命校长（张心太，公安局秘书）。挑选的这些教师，大多是在干部中文凭较高且富有文化知识的佼佼者，如张福祥先生教授语文，后为漯河民俗专家，著有《老漯河说漯河》一书；刘旭皓先生教授语文，后在漯河职工大学任讲师；王家玉先生教授数学，后在漯河轻工技校主持工作，高级讲师；我本人是在1956年干校大发展时调入的。以前教师不时调动，有进有出，进多出少，至1956年下半年，在职教师18人，职员2人，校长、教导主任、勤杂工各1人，总计23人。

干校的经费来源是学员缴纳的学费，即学员按国家规定的学费标准（每人每学期20元）由所在单位统一缴纳，这项收入就作为学校的办公费、教师的工资、学员的课本和作业本费，实行自收自支，国家财政不支付一分钱。

干校的办公地址由建校时的2间平房，随着教师人数的增多，经3次搬迁，最后被安置在老街（漯河市一街道名）路南的一个四合院小楼，计26个小间，使用面积约250平方米。

由于是业余教育，学员白天忙于工作，其上课时间大多安排在早晨，有部分学员选在晚上学习。所以授课地点经政府协调，借用坊子街小学的教室，这样不影响该校白天正常上课。

在课程设置上，考虑到学员的现实需要，只学习数学、语文两科。根据学员工作忙、开会多、出差多及理解力强、记忆力差的特点，学校采取了“精讲多练、课堂解决问题与补课相结合”的速成办法，规定学员凡出差前要向任课老师请假，回来后要在星期二、星期五下午到学校找老师补课，因而取得了很好的学习效果。在短短的三四年间，参加学习的学员已大部分达到初中文化水平，并有30多人升入高中班。如副市长徐庆耀，工人出身，小学文化，通过学习，提高了写作水平，能自己动手撰写市政府的工作计划和总结，并能写些短文及剧本，发表在报刊上。另有不少学员经过学习，提高了文化水平，增强了工作能力，被提拔到领导岗位上。而大部分学员学习以后，在提高文化水平的基础上增强了工作能力，适应了自己所肩负的工作，并能够顺利完成工作任务。

由于在教学工作上取得如此巨大的成绩，干校先后被评为漯河市、许昌地区、河南省、全国的一面红旗，1961年学校曾派代表参加在北京召开的全国群英会，在人民大会堂受到了周总理的接见。因此，漯河干校在我省职工业余教育系统受到广泛的赞誉，先后有民权、开封、新乡、焦作、商丘、获嘉及河北保定、山东菏泽等有关县、市的兄弟学校来干校听课取经，相互交流和传授教学经验。

1957年上半年学期结束前，学校对下学期工作曾作出安排，即“巩固已有成绩，提高教学质量”，对初中二、三年级分别加开地理、历史课，以扩大学员的知识面。但是下半年学期一开始，情况突变，整风运动开始了，学校全部停课，整天学习文件，大鸣、大放、大字报，随后于9月上旬开展反右派斗争。由于干校是知识分子成堆的地方，被认为是“右派”滋生的沃土，所以每次分配右派指标时，总要额外加码。经过一波又一波的揭发批斗高潮后，截至1958年4月共揭发批斗“反革命”“右派”和“坏分子”共8人，他们有的被开除公职，回乡劳动；有的被劳动教养，集中劳改。虽然21年后得到平反昭雪，但都耗去了他们人生最宝贵的青春年华，无论对国家、对个人都是无法弥补的损失。而留校的另一部分教师也未能逃脱厄运，随着运动的不断深入发展，除领导运动的核心小组4名成员是清白干净外，其余的9人有的被插上“白旗”，有的被插上“灰旗”，有的被冠名“右倾”，有的被扫除“暮气”，名目繁多，不一而足。他们先后被停职检查，进行反复批斗，最后虽然没有戴上“阶级敌人”的帽子，但已被批斗得灰心丧气，意志消沉，不愿再当教师，先后被灰溜溜地调出干校。

干校在停课一年后于1958年下半年，上级指示继续复课，并重新调进几名教师，但此时“大跃进”已经开始，大炼钢铁及人民公社化运动正如火如荼地展开，每个单位的干部职工，都忙得不可开交，哪有时间和心思去从事文化学习？虽然学校正式复课，回校学习的学员却寥寥无几，只上了很短时间的课，就又停课了。1959年干校更名为“漯河市红专大学”，校名虽升级升格，依然是停课的干校，几名在职的留守教师还是无所事事，只得根据政府的安排，配合做些中心工作，至1962年红专大学奉令解散，从而宣告了干部业余文化教育的结束。

综上所述，漯河市的干部（包括职工）业余教育，在不动用国家财政投资，不调进教育系统的教师，不另建教学设施的前提下，仅提供一个办公场所，便成立了漯河干校，通过自身的努力，把干部、职工的业余文化教育搞得轰轰烈烈，在短短三四年内，提高了干部职工的文化素质，增强了工作能力，从而推进了漯河的建设和发展。漯河干校为此作出了自己的贡献。唯因受当时的形势所迫，没有把干部职工业余文化教育继续坚持下去，因而没能把他们的文化水平再提高一步（高中文化水平），从这方面来说，是一大损失和遗憾。

选自2012年12月《漯河文史资料》第十九辑

郾城解放后最早的一次农训班

王子敬[①]

1949年1—3月，郾城县人民政府在孟庙区八里村举办农民骨干培训班，分三期进行，共382人参加培训。李连怀任培训班队长，我跟着李连怀当通讯员，同时当通讯员的有李自军，还有一个姓刘的青年（名字记不清了，是城关西河村人），在我们3人中我年龄最小。通讯员的任务除负责培训班与外界联系外，还负责照顾培训班领导的日常生活，诸如打扫卫生、洗衣、盛饭等。除做好日常工作外，我还跟一个姓赵的会计学文化、珠算等。

举办农民骨干培训班，主要是为在全县农村组建农民协会培训骨干力量。这次农民骨干培训班由李连怀等负责培训班的组织领导工作，授课教员是县区政府的干部，如陈纪夫、王兆军等，有时县委书记周刚、县农协会主席焦光亮等也来亲自讲课。参加培训班的学员大都是由全县各区、乡选派的农民骨干分子。每期120多人，三期共382人。学员以区为单位编为一个小组，分住在八里村农户家腾出的房子里，一般是一户一组或两户一组。学习时间安排是：早上起床出操、唱歌、跑步等，上午上课，下午分组讨论，平常在户外场地里上课，遇到阴雨天气，一般都在室内学习文件。饮食安排是一天两顿小米干饭，吃的菜有蒜苗、菠菜、黑白菜、大青菜等。

当时培训班讲课的内容是围绕如何组建农民协会这一主题来安排的，大致内容主要是：

---

① 王子敬，1931年3月出生，漯河市郾城区新店镇堤子王村人。1946年参加游击队，1949年4月参加中国人民解放军。曾先后在北京南苑军校和武汉空军学院学习。1962年转地方工作，1991年离休。

一、共产党领导人民闹革命的目的，就是在城市消灭资产阶级对工人阶级的剥削，没收资本家的财产归国家所有；在农村要消灭地主阶级对农民的剥削、压迫，铲除地主恶霸封建势力，取缔国民党的保甲制度，建立以农民协会为主的农村基层政权，使农民当家做主，废除封建土地所有制，实行农民土地所有制，发展农业生产，建立人民当家作主的新中国。围绕这一主题着重宣讲了《土地法大纲》，为了提高教育效果，县委书记周刚多次亲临讲课。我有幸在八里村西北角一个大场院里聆听了周书记两次讲《土地法大纲》。周书记用普通老百姓都能听懂的地方语言和收集到的一些地主恶霸利用土地盘剥劳动农民的实际例子穿插讲解。书记讲得好，学员认真听，讨论时学员们结合当地实际踊跃发言，畅谈各自的心得体会。学员们对学习中遇到的一些关键性问题，展开热烈讨论，直到弄清主要观点为止。

二、组建农民协会的必要性。废除国民党时期的保甲制度后，农村急需建立起农民自己的基层政权，在当时的历史条件下，组建农民协会是建立农村基层政权的主要组织形式，并在此基础上逐步建立完善村、乡为主体的政府机构。但如何建立农民协会，并进而组建乡、村政权的政府机构是当时急需解决的问题，成为当务之急，这也是县里举办农民骨干培训班的主要目的。

首先讲解了建立农民协会的基本政策，就是“依靠贫雇农，团结中农，中立富农，孤立地主，废除土地私有制，消灭封建剥削制度”。通过召开贫雇农座谈会，讲阶级仇、民族恨，引导群众诉苦，挖苦根、寻根源、算剥削账，启发阶级觉悟，激发斗争勇气。为了配合教育，提高学员认识能力，培训班还在八里村召开了批斗伪保长、地主分子赵××的大会，不但培训班全体党员和八里村的100多名群众参加，还邀请了附近村庄部分代表参加。开会时，由李自军和2名青年农民积极分子把伪保长、地主分子赵××押到会场前面一个角落处站立，村农民协会负责人赵青山主持批斗大会，赵青山首先讲了开批斗大会的目的和赵××抓丁、拉夫、派款、派粮欺压老百姓的罪恶实事。接着是受害农民上台诉苦揭发，有一个赵姓的农民上台诉苦时说：“我家租地主赵家的土地，我爷爷拼死拼活的劳动，干了大半辈子，死后仍还不完地租，赵家就把土地收回不让我们种了，并逼着催要所欠地租的粮食。因交不起，我父亲只好给赵家当长工顶债，我父亲当了大半辈子长工，腰累弯了，腿也残了，不能干活了，赵 ×× 就把我父亲赶出门外不管不问。我父亲拉棍要饭，最后饿死在大路旁，我们全家哭天天不应，呼地地不灵……”诉苦人在上面哭着说着，会场上群众激情万分，这时培训班的学员带头高呼“打倒地主阶级”“跟着共产党翻身闹革命”等口号。批斗大会快要结束时，培训班学员集体高唱《谁养活谁》的革命歌曲：“谁养活谁呀！大家看一看，地主不劳动粮食堆成山……谁养活谁呀！大家想一想，没有人种庄田，地主哪有吃和穿……”嘹亮的歌声响彻云端。批斗大会开得很成功，不仅给培训班学员上了一堂生动的阶级教育课，也教育了广大群众。

其次讲解了在组建农民协会的过程中要提高警惕，防止地主分子破坏活动。基于当时郾城刚解放不久，国民党地方残余势力还没有彻底肃清，在农民群众中还存在着怕“变天”的思想，所以要进行提高警惕教育，不仅要从理论上讲，而且还要结合实际，消除农民群众的思想顾虑。

1947 年冬，人民解放军刘邓、陈粟、陈谢三路大军挺进豫中地区后，我沙北县临时政府在解放军某部支持下，在郾、舞、临、襄交界处的几十个村庄搞“热线土改”（也叫急性土改），各村庄以临时组建的农民协会为主，采取插牌分地的办法，把地主的土地分给贫苦农民，之后造册上报，由当地驻军团以上机关和沙北县临时政府双方加盖公章确认，在分地的同时也把地主的粮食、衣物等财产分给缺衣少粮的农民，这就是当时农民群众称谓的“热线土改”。但由于形势所迫，“热线土改”搞得比较粗糙，所以在 1948 年初人民解放军实行战略转移后，我县处于国共两党“拉锯”状态时，有的地主就乘机造谣破坏威胁群众说，“解放军被国民党军队打跑了”“穷棒子们分我家的土地、财物迟早得加倍偿还”等。培训班领导把这些地主分子反攻倒算、造谣破坏的事实结合到讲课内容中进行讲解，达到了很好的教育效果。为了更好地配合教育，在办班期间，培训班领导把新店区郭寺乡一个在该地“拉锯”时期疯狂进行反攻倒算的伪保长、地主分子郭××作为典型，教育学员。郭为了夺回他家被分了的土地，除利用宗族关系从几家农民手中要回了土地外，还和附近齐罗、堤子王等村的地主分子暗中联络，勾结国民党“还乡团”陶子阳、潘子茂部于1948年5月28日夜偷袭了齐罗、堤子王、窦庄、冉口等村庄，抓走并杀害“路西支队队员”及农民群众几十个人，即震惊豫中地区的“五二八”惨案。培训班把郭××抓到学员大会上进行批斗后，还利用县里组织各区民工兴修水利、开挖吴公渠之机，将其拉到吴公渠工地游斗。当时我穿着一身灰色土布制服，头戴一顶缀有五角星的八角帽，扛着枪，与另一个青年农民押着该地主分子在工地上游斗。走到一个区、乡工段，先由郭讲述他如何向贫雇农反攻倒算的罪恶事实，然后我就把事先写好的稿子照念一遍（因为当时我年纪较小，又常年在外要饭，不怯不颤，所以领导把写好的稿子交给我念），算是把地主的反攻倒算罪恶事实公布于众，最后再由该工段的负责人讲话批判一通，号召广大农民群众要跟着共产党走，打倒地主恶霸，当家做主人。这样一个区段一个区段地游斗，在当时信息闭塞的条件下，确实收到了很好的教育效果。因为当时工地上都是各区、乡、村派来修渠的民工，他们回到家乡后成了义务宣传员，起到了很好的传播作用。在当时宣传工具比较落后的情况下，培训班采取这种方法效果确实很好（据说“文化大革命”中挂牌游斗走资派，就是从当年解放区土改时游斗的方法借用过来的）。

三、形势教育。当时长江以北大片国土已被解放，进行形势教育主要是讲人民解放军在全国各个战场上所取得的伟大胜利，特别是辽沈、淮海、平津三大战役胜利后，国民党反动军队基本上被打垮了，消灭蒋家王朝的反动统治只是个时间问题。通过形势教育，大大提高了学员们的必胜信心，打破了怕“变天”的思想顾虑，坚定了跟着共产党走的信念，有很多学员在讨论中纷纷表示一定要听共产党的话，按人民政府的政策办，回去后积极发动群众，废除国民党的保甲制度，成立农民协会，自己管理自己的事情，再不受国民党反动派和地主恶霸的压迫。真是群情激昂，达到了举办农民骨干培训班的预期目的。

后来的实践证明，这一次全县农民骨干培训班是成功的，学员们回到农村后确实起到了骨干作用，成了当时全县普建农民协会的主要力量，他们中的绝大多数人成了当地农民协会的会长和以后的村长或乡长。

培训班结束后，我和五六个同龄人被保送到郑州四野后勤青干学校学习，这时我已经 19 岁了，又是政府写信推荐的，所以学校就把我收下了。当时学习的内容：一是政治教育，主要是学习解放军的“三大纪律、八项注意”。二是以忆苦思甜为主要内容的阶级教育。三是队列操练。经过训练，我被分配到四野四十三军三八一团特务连当战士（后调入警卫团），1949 年 4 月下旬随军渡江南下。

选自 2013 年 12 月《漯河文史资料》第二十辑

舞阳县干部训练班回忆

田全德

舞阳县解放后，经过年余动荡，局势稳定后，1949年元月，我听说县城办了舞阳县干部训练班（简称县干校），想去参加，便去找我的老师郭静斋。1945年秋在郭寺学校五年级，郭静斋是我的老师，刚解放他当了第十区区长，众人才知道他原是早期的地下共产党员。当时第十、第十一区合并后，他住在何口。郭老师知道我想去干校学习，非常高兴，叫我回家带行李。我回到家里想动员几个人一同参加，只动员通了一位，到临行时，他说，他舅说当八路军，国民党过来要杀头，不愿同去，我独自一个去何口住了一夜。第二天郭老师给我们十来个男女青年写了介绍信，大家一同坐上胡岗村的一辆牛车进城。那时候我们封建思想严重，大家拥挤在车上，一路颠簸，我生怕撞了那些陌生的女青年，非常拘束。天将黑到了县城，在县委会（那时称为政治部）由一位20来岁的穿灰军装青年在介绍信上签了字，我们就到县干校入学了。以后认识了县委组织部干事张思学。1949年5月17日我参加新民主主义青年团，还是他做的介绍人。

县干校设在城隍庙内（现在的博物馆），这里解放前是树人中学校址，解放初无人管理，有的门窗被人偷走或损坏，屋里到处是砖头瓦块，还有人畜粪便。大家先打扫屋子，整修门窗，校部发下铺草席子，打地铺睡在地上。生活是供给制，一日两餐小米干饭，5个人一盆萝卜、白菜或黄豆芽菜，蹲在地上围着吃，白面很少，除了病号饭外，改善生活时才能吃上麦子面。这种生活对于我这个吃糠咽菜的穷孩子来说已是很大改善，很满足了。可是，有一些家境较富裕的学员，竟吃不了这苦，自动退学了。学员还要到外地背米吃。记得有一次全体学员到武功镇粮库背米，没有布袋，都把自己的单子用绳子扎起来当布袋用，每人背回数十斤。校部没有医务人员和卫生室，连医药设备也没有。学习期间我患了眼疾病没法治疗，同学王应然从附近找来一位老大娘，用缝衣针给我戳眼。当时我的眼病很重，疼痛难忍，听说青石是凉性，干校后院登了两块方桌一样大的青石块，我经常把眼贴在青石上冰，就这样竟把眼给治好了。

县干校成立的时候，局势刚稳，党的政策未广为宣传，人们情绪不稳，诸多顾虑，吸收学员，以当地原有老革命同志所介绍的人员为主要对象。同时又为了安定秩序，稳定人心，对外开放门户，只要敢来，尽量收容，因此进来一些躲劳役、怕斗争、察情况等人员。当时的学员有男有女，年龄大的30多岁，小的十七八岁，最小的冻庆轩16岁，我17岁；文化程度大部分是初、高小，有少数初中和个别高中程度，也有文盲；家庭出身地主、富农、中农、贫农都有，中贫农占多数，本人成分大部分是青年学生，也混入了个别国民党员、三青团员、国民党军小军官、伪政人员等。学习期间，一面学习，一面对学员进行政治审查。学员要解除思想顾虑，畅谈个人经历，还填过几次登记表。给我印象深的是表中的栏目很多，有些栏目没有听说过。如“何时何地何人介绍参加国民党、三青团”，我知道有国民党，但不知道国民党有党员，三青团这个组织还没有听说过，“政治面貌”栏目有的填为“红白色”；有人在“爱人姓名”栏目内填上母亲的名字，以为母亲是最亲爱的人，出了一些笑话。政治审查除个人交代外，主要是通过组织进行调查，对其经历、社会关系复杂，短期内不易改变其思想，甚至可能有一些问题的人，均进行说服动员，劝其回家。也有少部分自动退学的，这些都是平时生活条件较好因而以为生活太艰苦的少数人。

校部人员很少，只五六个人，周声远同志是负责人，中间又来了屈震同志、王惠宇同志管生活，崔守仁同志为事务长，胡禄卿同志任会计。学校没有桌凳，不像一般学校那样上正规课，而是听大报告。有时周声远、屈震同志讲，有时单独或和地直（豫西二地委和二专署当时在舞阳县）、县直机关一起听大会报告，此外就是读文件和报纸，进行讨论。我们这些青年，没有讨论过，社会知识太少，开始讨论不敢发言，以后才逐渐地习惯了这种学习方法。

学习的内容主要是目前形势和党的政策，当时我军已消灭了大批国民党军队，解放了大片土地，取得了辽沈、淮海战役胜利，平津战役正在进行。蒋介石发出了求和声明，为了认清革命必胜的形势，粉碎蒋介石的和平阴谋，干校把此教育作为重要内容。主要是学习新华社元旦献词《将革命进行到底》《中共中央毛泽东主席关于时局的声明》及《评战犯求和》《四分五裂的反动派为什么要空喊"全面和平"》《国民党反动派由"呼吁和平"变为呼吁战争》《评国民党对战争责任问题的几种答辩》《南京政府向何处去》等几篇毛主席的评论，还学习了中国革命的性质和前途，并不断听取领导同志的形势报告。通过形势学习，解除了种种思想顾虑，树立了革命一定胜利的信念，坚定了参加革命走革命道路的决心。

政策学习，主要是学习了党的知识分子政策、减租减息政策、土地改革政策（中共中央关于1933年两个文件的决定）、城市政策、工商政策、合理负担政策、对土匪的政策等。通过对政策的学习讨论，识破了敌人对共产党的种种歪曲、诬蔑和谣言的反动本质，消除了种种误解，从而认识到共产党是反对压迫、反对剥削、解放人民的党，是提倡发展生产，推动社会向前发展进步的政党，是人民的救星。

县干校的文化生活是很活跃的，特别表现在课外时间的扭秧歌和唱歌两方面。扭秧歌是经常的课外活动，一到课余时间同学们敲起锣鼓在大殿堂扭起来，遇有集会更要到大街和会场上去扭。开始不少学员（包括我在内）都拉不开脸而不敢扭，先是由几个活跃分子扭，慢慢形成习惯，扭的人越来越多，几乎全部学员都参加进去，只要锣鼓一响，都自动去扭了。我的思想是比较保守的，曾被县委组织部干事张思学同志推入秧歌队，但我始终未能参加扭秧歌。当时由周声远同志教唱歌，除学习时间外，校里经常一片歌声。集合听报告、开饭都唱歌。一参加大会，外单位和县干校就相互拉歌："唱的好不好？""好！""妙不妙？""妙！""再来一个要不要？""要！""县干校！来一个！"……歌声此伏彼起，异常活跃。当时唱的歌曲记得有《没有共产党就没有新中国》《嘿！炮弹开了花》《蒋介石是个运输大队长》《咱们工人有力量》《兄妹开荒》等。

3月18日，县成立了支前司令部，在城关、吴城、上澧、卸店等交通要道设立兵站，集中力量搞修道路、桥梁，筹集军粮、马料、马草工作，以支援大军南下。我和十余名学员，由县财粮科科长王荫槐带领到七区楼宋，我被分配到卸店，跟姓贾的一位区干部一起，帮助乡里筹集粮秣。

我在县干校是1949年4月16日毕业的。参加干校学习的学员人数，我没有全面的了解，在随时都有增减的情况下，人数也不好掌握。后来从总结资料中见到了结业后的统计数字：未毕业即分配工作的23人，毕业时分配工作的91人，占学员总数178名的64%。毕业分配的91人中，16—20岁的48人，21—25岁的26人，26—30岁的7人，31—35岁的7人，36—43岁的3人；按文化程度分：高中8人，初中37人，小学37人，文盲9人。此外，还有临时组织的宣传队，一般年龄都比较小，也有零星被分配出去的个别学员没有统计在内。

县干校的百余日学习，对于我来说是一次革命的启蒙教育。我进了干校好像在黑屋时猛然拉开电灯一样，真是豁然开朗，听的是过去从未听说过的革命道理，连语言、词汇也都是新的，同旧社会相比，真是到了一个新天地。我家是个受尽压迫和剥削的穷苦家庭，我对那些贪官污吏、土豪劣绅、恶霸地主十分痛恨。到干校我学到了人民翻身解放的道理，认识了毛主席、共产党是全中国人民的救星，我很高兴，很兴奋，越学劲越足，参加革命的信念越坚定。记得春节放假回家，一位教师劝我不要再上县干校，说很危险。我给他讲了形势和革命道理，他还说："谁都说自己好，自己有理，蒋介石也不说自己坏。"我和他辩论了一阵。假期中我还想动员几位青年同我一起上干校，但是都未成功。假期过后，我毅然回到了县干校。

县干校的学习，使我走上了革命道路，我沿着这条道路已经走了40余年，今后我将坚定不移地继续走下去，直到生命的最终！

选自1998年6月《漯河文史资料》第七辑

《鄄城报》的始末

闫梅云

1956年，在毛泽东关于《农业合作化问题》的报告及中共中央政治局制定《1956—1967年全国农业发展纲要（草案）》以后，鄄城县同全国、全省一样，形势有了根本的变化。截至1956年4月，全县参加农业社的农户已由原来的12.76%上升到97.1%，其中参加高级社的人已经达到88%以上。资本主义工商业的社会主义改造工作已取得明显成效，手工业也基本上完成了各种形式的半社会主义的改造任务，全县已基本实现农业合作化。在党的领导下，广大群众的社会主义觉悟正在逐步提高，一个广泛的社会主义劳动竞赛正在进行，社会主义高潮正在逐步掀起。从城市到乡村，一派繁荣景象。随着形势的发展，党和政府充分意识到必须加强思想政治工作，调动广大群众的社会主义积极性，使广大人民群众自觉主动地投入社会主义建设事业中去。要在群众中进一步宣传党的领导，宣传社会主义的优越性，宣传人民群众伟大的创造精神。而这一系列的宣传活动，就需要利用媒体和广播来发挥它们宣传贯彻党的路线、方针、政策，指导实际工作的独特作用，反映广大群众的要求和愿望，从而使党和群众保持密切联系。根据当时的实际情况和省、地委关于创办县报的指示精神，鄄城县委决定从当年5月1日起，创办县委机关报——《鄄城报》。

作为鄄城历史上的第一份报纸，《鄄城报》的主要任务是：保证党的政策在当地的贯彻执行，进一步推动农业合作化运动，巩固已得成果，确保粮食和经济作物大增产，改善人民生活水平，支援国家建设。县委要求：报纸必须采用通俗的语言，用适合于农民阅读的白话文形式，真正做到“识字的看得懂，文盲听得懂”，结合党的中心工作，宣传社会主义思想，批判资本主义倾向。要发表全县、全省、全国（重点放在本县）的重要消息、新闻，而且也要刊登农业科学知识，让农民了解并学会科学种田，提高农民走社会主义道路的自觉性，鼓舞和组织全县人民在伟大的社会主义事业中为国家生产更多粮食和工业原料，巩固工农联盟，加强国家建设；宣传党在整个国家建设事业中的领导作用，党组织的战斗堡垒作用，党员的先锋模范作用。要利用这块阵地，批判党员中的资本主义思想和行为，反对夸大个人作用及降低党和集体领导的作用，反对破坏党的民主集中制和集体领导的原则。除此以外，还要发表文教卫生、公安司法战线的新闻，刊登读者来信、杂文、诗歌等。所以说，《鄄城报》是县委的机关报，是党联系群众的喉舌，是教育广大干部和群众的有力工具，是传播经验、指导工作、进行批评和表扬，提高思想的重要载体。

《鄄城报》在创刊词中说道：“《鄄城报》的诞生，是全县 50 多万人民政治生活中的一件大事。它将帮助我们进一步了解党在各个时期的方针、政策，特别是农村的方针、政策。它会告诉我们全县、全省、全国在社会主义建设中的伟大成就及国内外的重要新闻；它还会告诉我们以什么样的态度对待工作和学习；怎样对待党和国家；怎样实现增产计划，支援国家建设；同时它也会告诉我们应该怎样对待阶级敌人，实现我们的伟大理想。”

“全党办报，面向农村”是《鄄城报》的办报方针；进一步推动农业合作化高潮，提高农民的社会主义觉悟，帮助农民确保粮食和其他经济作物丰收丰产，是《鄄城报》当时的中心任务。县委要求党员干部和广大知识分子、农民朋友，积极投稿，反映好人好事，揭发坏人坏事。只要我们爱护它、支持它、培育它，《鄄城报》就一定能办出特色，一定能在实际工作中发挥更大的作用。

从 1956 年 5 月 1 日到 1960 年 6 月，《鄄城报》共发行 458 期，每期发行 1 万余份。在这几年当中，《鄄城报》反映了全县“大跃进”以来工农业生产的新成就，歌颂了各条战线上的新人新事，教育了广大群众，批判了各种右倾保守思想，报道和交流了各个战线上的先进经验，大力宣传报道了各个时期党的方针、政策和中心工作，充分发挥了报纸的舆论导向作用。

1960年6月12日，中共河南省委决定，撤销郾城县建制，其辖区并入漯河市。6月30日，漯河市委决定，《郾城报》停刊，改称《漯河报》。

选自2012年12月《漯河文史资料》第十九辑

我在中南海的三天三夜

万炳炎[①]

对我们这一代人来说，国庆节是一个最激动人心的日子，它是中华人民共和国诞生的大喜之日，它代表尊严、自豪和由衷的喜悦。我难忘的一个国庆节，是1966年的国庆节。那年，共和国17岁，我30岁。我光荣地参加了新中国成立17周年国庆观礼，并在中南海住了三天三夜。那是我终生难忘的三天三夜，至今在我脑海里对每一个细节都历历在目。

1966年9月26日上午，漯河市委通知我：许昌地委从全地区14个县、市中推选出3名农业劳动模范赴北京参加新中国成立17周年国庆观礼。这3名劳模分别是襄城县的胡福林、许昌县的宋廷枝和漯河市的我。

9月27日，在漯河市各界干部、群众几百人的夹道欢送中，我披红戴花，坐上了北去的火车。9月28日到达首都北京，住在北京西苑大旅社（现在的北京西苑饭店）。9月29日上午，各代表团召开紧急会议，传达中央通知：周总理邀请全国2000多名国庆观礼代表到中南海做客，在毛主席身边欢度国庆节。当我和代表们听到这个喜讯时，简直不相信自己的耳朵。中南海是什么地方？是我这个来自农村最基层干部去的地方吗？我这个大队党支书兼团支书，现在要在中南海做客，太幸福了……

9月29日下午2点，我们每人带一条旅社发的毛毯，乘坐大轿车，

① 万炳炎，召陵区人。先后任翟庄大队青年队长、大队团支部书记、大队党支部书记、漯河市郊区青年试验场场长、郊区党委副书记、郊区良种繁育场场长、后谢公社管委会主任、翟庄乡人大主席团常务主席等。

浩浩荡荡，从北门进入中南海，在一个露天广场集合。敬爱的周总理给我们讲话，他说："代表同志们，你们都是来自全国各地、各条战线上的英雄模范代表，我代表毛主席，代表党中央、国务院欢迎大家来中南海做客！"顿时响起了经久不息的掌声。周总理讲话后，代表们分别到了住处。我们睡的是地铺，吃的大锅饭。夜晚谁也睡不着，我感动得热泪一直在流。每到后半夜，周总理等党和国家领导人都亲自到各代表团住处给代表们盖毛毯。9月30日晚上，参加国庆观礼代表们在人民大会堂参加了新中国成立17周年国庆招待会，又一次聆听了敬爱的周总理讲话。

1966年10月1日上午10点，在天安门城楼上，我和国庆观礼代表们一起受到了敬爱的毛主席、周总理等党和国家领导人的亲切接见。在天安门城楼上，我还见到了大庆"铁人"王进喜、大寨村的宋立英、刘胡兰的妹妹刘芳兰和国际友人安娜路易斯·斯特朗等。然后，我们河南国庆观礼代表从天安门城楼上下来，上到西边第四观礼台后进行国庆观礼活动。庞大的游行队伍过了一批又一批，一直进行到下午5点多才结束。中午每人发一个面包。说句老实话，只顾激动哩，肚里一点也不饿。晚上，我们在天安门观礼台上又观看了焰火，当晚又在中南海住了一夜。10月2日上午，代表们高高兴兴地回到了北京西苑大旅社。

我是一个农民的儿子，在建设社会主义的征途中，我只做了我应该做的工作，可是党和人民却给了我这么大的荣誉！在今后的工作中，我决心永远跟党走，好好工作，以更优异的成绩报答党和人民对我的关怀。

选自2008年9月《漯河文史资料》第十六辑

烈士忠骨荣归故里

范子文

革命烈士郭雪萍，四川省人，1926 年在黄埔军校加入中国共产党。南昌起义时任指导员，后被国民党政府判刑 10 年。第二次国共合作初期，他被保释出狱后，进入国民党部队，因在台儿庄战役等抗日战场上英勇杀敌，晋升为少将，后被汤恩伯杀害。其后人在 62 年后，于郾城寻得郭雪萍烈士遗骨。

郭雪萍，原名郭琴舫，字铨基，四川省威远县龙会镇人，1905 年 12 月 14 日出生。郭琴舫早年饱读诗书，才华出众，在威远中学读书时被称为该县“三学士”之一。

郭雪萍

参加革命后，郭琴舫曾化名郭雪萍、吴治平、丁渔等。20 世纪 20 年代初，郭雪萍南下广州，投考黄埔军校，由吴玉章同志介绍，秘密加入中国共产党。在黄埔高级训练班学习期间，郭雪萍一直受周恩来直接领导，之后到国民革命军二十师任职。

1927 年 8 月 1 日，郭雪萍参加了南昌起义。汤坑之战中，他身先士卒、英勇杀敌、光荣负伤，后到香港疗养。

1927 年底，郭雪萍奉党的指示，辗转回到家乡四川省威远县开展地下工作，成为威远县中共地下党的创始人之一。1928 年 9 月，郭雪萍担任中共涪陵县委书记，负责地方工作和军运工作。

1930 年的一天，郭雪萍在苏北因叛徒出卖，被捕入狱。经周恩来等人的营救出狱后，他主动放弃了去香港躲避的安排转而担任中共江苏省委军委巡视员。

1931年9月14日，郭雪萍在扬州被逮捕，被国民党判刑10年。在狱中，狱友们称赞他是一个温雅而坚强、文人兼武士的硬汉子。

第二次国共合作初期，郭雪萍由吕正操等抗日将领保释出狱，从此进入国民党部队担任军职。抗日战争期间，郭雪萍率部参加台儿庄战役、豫鄂会战、枣宜会战等。在抗击日本侵略者的战场上，凭借着他的卓越军事指挥才能，屡获战功，很快晋升为少将。

1940年初，郭雪萍担任国民党第三十一集团军少将旅长、豫鄂边区游击队总指挥部政治部少将主任、游击第五纵队指挥官，同时兼任湖北枣阳县县长。在枣阳工作期间，郭雪萍利用有利的身份，与新四军第五师李先念取得联系，经常与边区往来，保护党的地下组织和共产党人，拨款支援共产党军队。他兼任湖北枣阳县县长，刚一上任，就打开监狱释放了中共枣南县委书记王万尚等大批中共党员，并安排多名共产党员担任区长，引起了军统的怀疑和秘密监视。

1940年底，国民党秘密破坏了河南省洛阳共产党组织，叛徒供出郭雪萍是共产党员。国民党假以贪污罪名，密令军统特务四处追捕，“务获归案”。

1941年2月底，在成都被捕的郭雪萍被押解到河南省郾城县漯河镇，由汤恩伯以“贪污罪”枪毙在石槽赵村外荒野中（今石槽赵村南北路西侧）。郭雪萍在临刑前大声喊道：“革命一定成功！”

从郭雪萍在成都被捕到报纸上以莫须有的罪名登出他被枪毙的消息，不到1周时间。

郭雪萍的爱人杨剑芬，曾用名杨俊卿，1914年农历五月出生，河南修武县（或武陟县）人，修武私立大明中学毕业，1939年成为南岳游击干部训练班第一期学员。后随郭雪萍在军中任职。1941年当听到郭雪萍被杀的消息后，杨剑芬满含热泪和满怀仇恨来到郾城漯河镇，将郭雪萍遗体埋葬于被杀地附近荒郊中，然后拍照留念，并树立“郭公雪萍之墓”石碑一通后，回到四川丈夫的原籍。2年后，离家出走，杳无音信。

郭雪萍被杀后，其子郭振华才14岁，立志要为父报仇，随即离开了成都，参加了共产党军队。新中国成立，郭振华参加了解放海南岛战役后，退役回到家乡，开始了长达几十年的医务生涯。1957 年，郭振华被错划为“右”派，1978 年平反。在极其艰难的情况下，郭振华从来没有放弃过请求组织弄清父亲的问题，因为他坚信父亲是一位共产党员。

1989 年，63 岁的郭振华在病危时写下遗书：“我父亲去世时，我才 14 岁，现在我距死已无多日。因此，我再一次申请，查清我父亲到底是叛徒或是革命者……”

2001 年，郭振华的子女郭李灵等，一个偶然的机会发现了这封遗书。从此，全家人决心去完成郭振华一辈子未了的心愿。

于是，郭李灵等人开始了长达 5 年多的查旧档、访旧部的漫漫之路，每年行程逾万里。四川、重庆、河南、湖北、江苏、北京等许多省、市的数十座城市和农村，都留下了她们艰辛、执着的脚印。

在随后 2 年多时间里，在一批历史档案和老将军、老部下提供的确凿证据下，郭雪萍一个中共早期党员和坚定革命者的英雄形象清晰地浮现出来，并被四川省党史部门载入史志。

郭李灵姐妹四处奔波，在证得其祖父郭雪萍确为早期的共产党员和坚定的革命者后，祖父遗骸究竟在河南省郾城县漯河镇哪个地方，成了郭李灵及全家人时时挂念的头等大事。她们最终想出了办法：依靠当地报社解决这个问题。

2003 年 6 月 18 日，一封题为《寻亲几十载，企盼能圆梦》的信寄到《漯河内陆特区报》（今《漯河日报》）社，信中称：其祖父郭雪萍，中共早期党员……1941 年被国民党杀害于河南郾城县漯河镇，希望能帮助寻找祖父葬身之处。《漯河日报》拨通四川威远县党史办的电话，证实了郭李灵的说法，接着派出记者郝河庆等先后寻访了市区内的沙南、沙北诸村。2003 年 7 月下旬，一条令人惊喜的消息传来，漯河市沙北郾城区石槽赵村一位姓刘的村民告诉记者，郭李灵爷爷郭雪萍的葬身处可能就在他家的房屋下（今石槽赵村南北路西侧）。

据这名村民介绍，他的爷爷去世前曾说过：“几十年前国民党军队的一个少将，曾经被枪毙在村西的一片荒地上，死者的妻子就地将其埋葬立碑。后来荒地变成了民房，埋葬处就在他家西屋的地基下。前些年整修房屋时，还见到过这块墓碑，后来不知去向。现漯河市因城市扩建正在拆迁，他家的房屋被扒倒，但新建项目尚未开工，此时挖掘寻找正是时候。”

《漯河日报》立即将这一情况电告郭李灵女士。7月31日，在记者的陪同下，由线索提供者带路，郭李灵姐妹俩来到了已经房倒屋塌的这片老宅处。经过一番详细询问和走访后，郭李灵确认这就是她苦苦寻觅多年的祖父郭雪萍的葬身地。

2003年8月1日大早，在记者的牵线搭桥下，漯河市拆迁部门的领导无偿派出挖掘队，并亲临现场指挥，在砖瓦断木堆积的废墟上推挖出一条道路和一片开阔地。几名工人冒着近40℃的高温，挥汗如雨地在指定地点挥锹抡镐干起来。经过1个多小时的挖掘，终于在10时16分许，埋于地下约2米深的简易棺椁显现出来。

又通过一番撬别，一具遗骨终于重见天日。一阵鞭炮声响后，郭李灵姐妹俩戴着白手套，小心翼翼地将遗骸一一捡起，用早已准备好的白布包好。翌日，郭李灵千恩万谢地离开了漯河，护送祖父的忠骨回四川老家。

2003年9月1日，郭李灵在电话中告诉记者：“现在我祖父郭雪萍已经入土为安，可以在家乡含笑九泉了。我父亲郭振华的遗愿也终于实现了。党和政府给予我祖父很高的评价。我们也收到了由党中央、国务院、中央军委颁发的‘纪念中国人民抗日战争胜利六十周年’纪念章。多年来寻找祖父遗骨和求证他历史身份的工作，可以圆满结束了。我们在祖父牺牲62年后找到了他的葬身之所和遗骨，感谢漯河市人民和有关单位给予我们的全力帮助！”

郭雪萍家属收到党中央、国务院、中央军委颁发的“纪念中国人民抗日战争胜利六十周年”纪念章

杨剑芬将丈夫郭雪萍遗体埋葬于漯河。原墓在郾城区石槽赵村中街路西（本文照片均由郭雪萍孙女郭李灵提供　《大河报》）

后记

郭雪萍烈士事迹及郭李灵寻找祖父葬身处经过，原以特别报道体裁载《大河报》（2006 年 9 月 4 日第 12 版），题为《烈属寻亲，河南祖母今安在；本报相助，将军忠骨见天日》。笔者不揣浅陋，压缩其文章篇幅，调整其内容排次，改写为斯文。

郭雪萍家属收到党中央、国务院、中央军委颁发的“纪念中国人民抗日战争胜利六十周年”纪念章，杨剑芬将丈夫郭雪萍遗体埋葬于漯河（原墓在郾城区石槽赵村中街路西）。

选自 2007 年 9 月《漯河文史资料》第十五辑

为杨钦典落实政策的经过

阎书华

看过小说《红岩》和影视剧《烈火中永生》《江姐》等的人们，对其中的一个反面人物外号“狗熊”的杀人凶手杨进兴都非常熟悉，而对于在著名的重庆“11·27”大屠杀的紧要关头，解救出了以罗广斌为首的19名革命志士的杨钦典却知之甚少，甚至还常把他同杨进兴混为一人。

杨钦典是河南郾城县大刘乡周庄村人。1940年，因躲避壮丁参加了胡宗南招募的教导团当学兵，后被选送至已迁都重庆的中央警卫团任班长，为蒋介石、宋子文、孔祥熙站岗4年。1944年，在一次阅兵中因其魁梧英俊的外貌被时任中美合作所主任的戴笠看中，选送到白公馆任少尉警卫排长，负责白公馆3个岗楼和狱室的哨岗，并掌管牢门钥匙。在6年的魔窟生涯中，杨钦典从国共联合抗日允许公开发行的《新华日报》中，初步了解了共产党以解救劳苦大众为己任的宗旨。亲闻亲见了陈然（《挺进报》特支书记）在敌人威逼下将一切责任揽于己身，不出卖同志，被砸上20公斤重的脚镣；罗广斌断然拒绝敌人的诱降和母兄的劝说誓死不肯自首。革命志上、大无畏的精神令其感佩，加上陈然、罗广斌和李荫枫（民革成员，重庆大学教授）等长期的争取教育，使他敢于在暗中利用外出机会替革命志士向家人传递口信，以致在大屠杀的当天晚上，他趁着看守所长、副所长均已逃跑，看守长杨进兴带人去渣滓洞屠杀革命志士之机，下令撤去岗哨，打开牢门，机智地放走了已集中于一个牢室，留待杨进兴回来枪杀的19名革命志士。由此，解放后，西南军政委员会的领导曾代表邓小平接见并褒奖了他。鼓励他解除顾虑，留下协助人民政府指认杨虎城父子、宋绮云夫妇及儿子宋振中（小萝卜头）、陈然、黄显声、周均时等烈士的遗骸埋葬地点。后根据他本人意愿，军政委员会给他开具证明，返回了10年未归的故土。

但是，在是非颠倒的“文革”中，又被铐到重庆，逼他承认罗广斌等人是“叛徒”。遭拒绝后，他竟被关押了十多年，直至1982年罗广斌等人的冤案平反才获释。1998年和1999年，重庆歌乐山革命纪念馆曾2次邀请他去重庆，参加录像访谈和纪念活动。其间，仍健在的脱险志士之一、曾任重庆人民广播电台播出部副主任的郭德贤为他出具证明，介绍了他解救革命志士的经过。

我作为郾城政协《文史资料》的撰写员，听说杨钦典已80多岁，仍健在，且神志清晰，抱着抢救史料的急切心情，多次登门拜访。根据杨钦典的追述，写出了《我在白公馆当警卫的前前后后》一文，于2001年4月寄政协《河南省文史资料》副主编高蓉生（农工党河南省委委员）。他对此文非常重视，为确保史料的翔实，他把文稿快递发至重庆歌乐山革命纪念馆馆长交由厉华审核。后又把厉的修改稿和厉亲著的《红岩魂纪实系列——来自歌乐山的报告》（重庆出版社）寄给我参考。我又多次与杨钦典核实修改经高副主编精心润色、选配珍贵的历史照片后，终于2001年第四辑《河南文史资料》载出。

按说，到此，编辑的责任已经完成。可是富有高度责任感的高蓉生同志却未就此罢休。他按照郭德贤代表在“文革”中被迫害的罗广斌等烈士的意愿和嘱托，为了帮助杨钦典改善颐养条件，以省政协委员的名义，于2002年初河南省政协八届五次会议上提交了“请为1949年重庆白公馆‘11·27’屠杀中解救出罗广斌、郭德贤等19位志士的杨钦典落实政策案。”后中共漯河市委做出了给予杨钦典一定生活补贴的决定。至此，半个世纪无人敢于和愿意过问的杨钦典一事，终于妥善解决了。

选自2005年7月《漯河文史资料》第十三辑

回忆我的父亲周子郁

周耀兰[1]

20世纪五六十年代，在漯河方圆左近，众所周知西寺的周阿訇。他高尚的人品、精湛的医技为人称颂。出于对他老人家的敬重与尊崇，除特殊场合（如选举、会议等）一般都不呼其尊名周子郁。周先生祖籍郾城县十五店乡周庄村。1892年出生，1972年斋月去世，享年80岁。从解放到“文化大革命”开始，历任漯河市政协委员、人大代表，并多次出席省政协、省人大会议，为政协工作付出过一定的努力。

周阿訇是我的良师慈父，是我最敬重、最爱戴的人。往事历历在目，每每回想起老人家的音容笑貌，总是那么亲切，那么感人。

父亲是一位品德高尚、平凡伟大的人。

他为人表率，身体力行，常以自己的言行感化、教育周围的人。他对家人和教民既关心体贴，又严格要求。他循循善诱，时时告诫我们要承继先辈们的优良传统。要自尊自爱、要正直诚恳，不要趋炎附势、不要欺弱惧强、不要嫌贫爱富，要努力掌握知识本领、要取财有道、尊老礼贤。父亲凭借自身素质在民众中颇有威望和感召力。解放前，国民党政府欲用其声望，委任为官。父亲看到当时官场的黑暗与腐败，断然拒绝。父亲爱怜体恤穷苦人，利用政协委员身份，通过与政府协商，为一些贫困教民安排了工作。在行医过程中，每遇到贫穷病人，非但不收其医药费，反而还供其饮食，赠其衣物。因此，父亲的美名得以远近传颂。解放后，政府经常对少数民族进行慰问。凡属政府发放的慰问品，都由父亲合理地分发给各户回民，哪怕是一条毛巾、一块肥皂，也不占为己有。有一次，我和嫂嫂在二〇七工厂附近捡回一块儿童兜肚，父亲

① 周耀兰，1947年出生，回族，昆明市第七中学教师。

坚持让我们返回原地，等待失主。

父亲是个敢于仗义执言，坚持真理，不屈服于邪恶势力的大丈夫。

日军侵华时节，一个日本兵为买柴，追打西寺两个阿訇。父亲听到叫喊声，步出门外，看到此景，愤然上前，厉喝日本兵，制止了一桩悲剧的发生。当时，一些不法分子，利用清真寺做庇护所，进行非法勾当。父亲发觉，将其逐出寺外。为此，曾遭到一些人的恶言谩骂与威胁，但这并没有动摇父亲坚持正义的决心。1959 年，有人错误地执行党的民族政策，搞什么所谓的民族改造，不尊重少数民族风俗习惯，召集诸位阿訇赴汉宴荤席。父亲桌前毅然怒目而视，众人都替他捏了一把汗，他却坦然地说："吃与不吃，是个人自由，不犯什么法！"

父亲是个爱憎分明、拥护共产党政策法令堂堂正正的人。

日寇侵华时，父亲在位时的西寺没有接纳、招待过一个日本官兵。而解放军进驻中原，父亲借宽敞的寺院，热情接待解放军在此休整。每逢节日，父亲总是庄重地把国旗和伊斯兰旗高高挂起，告诫人们国家和教门同重同举。父亲历来把国家政策法令作为行为准则。有一次，一对新人到清真寺请父亲为他们上头（回教的结婚仪式）。父亲得知他们尚未领取结婚证，就耐心说服他们。

父亲既当阿訇，又当医生。一生清贫，然而他的精神世界是极富有的。他从没有过懊悔和遗憾。

往事云云，笔墨难尽。历数父亲的处世为人，更让我思念这位德高望重的父亲。愿人世间多一些正义，多一些善良！

选自 2005 年 7 月《漯河文史资料》第十三辑

三支手枪的收缴经过

戴满经[1]

1952年，我18岁，跟着郾城八区委委员安鸿建同志到城南杨店村搞民主运动补课重点。

杨店村是个小集镇，有寨围。解放前曾是国民党联保处所在地，政治情况较复杂，除了匪霸之外，国民党员要比共产党员多得多。1948年，解放军南下路经此地，曾把修械所一度设在这里，离去时给当地民兵留下了30多支美式步枪和子弹数箱，所以民兵的武装实力是很强的。但是八区委认为杨店村党支部有不纯现象，这关系到我党的基层政权建设问题，也是为什么把该村作为民主运动补课重点的主要原因。对此，安鸿建同志曾给区委作过专题汇报，县、区领导都感到问题的严重。接着区长郭高升也来到杨店工作。

村上有个入赘女婿寇兰芳，有些文化，在农会当会计。他家离农会不远，有2间小北屋，我来往不断经过这里彼此比较熟悉，他给我提供过不少村上的情况，是个忠诚、老实人。一天，我正吃早饭，一个民兵很慎重地给我说："老寇家放有一支手枪。"我问他是听谁说的或是亲眼看见的，他说他亲眼看见过。我问是什么样子？他说："短枪，枪把坏了，换成白楂新木把，就在他家床头木箱里。"他发誓表明自己说的千真万确。

饭后，我直接来到老寇家。老寇没有思想准备，很热情地给我搬凳子，让我坐下。我说："老寇，把你箱子里那支白木把枪给我吧。"我一句话把他吓懵了，脸色立刻变了，接着蹲到地上抱头哭了起来。他完全清楚，政府三令五申收缴枪支，他私藏枪支的严重性。他说他剿匪反霸

① 戴满经，1933年出生，大学文化，高级讲师。曾历任郾城县初、高中校长。

很积极，立过功。又说他是个外姓人，单门独户，害怕有人报复，才放了这个东西。我认为他的话有道理。所以我又说："这事我都清楚，缴了算啦。"他打开箱子把枪摸了出来，我接过一看，就是个白木把。

老寇交了枪，自认理曲，立功心切，同时全乡运动的形势也使他觉察到了工作组对村干部的态度，所以，当即就给我讲，支书周德卿还放一支"十子连"，赵富云还放一支手枪。

我以胜利者的心态带着枪去找安鸿建，很巧在供销社的一间闲屋里我看到郭区长很严肃地正和周德卿谈话。周奄拉着脑袋，失去了往日昂首扬眉的威严。我一进门，他们两个同时扫了我一眼，但都没有和我说话。这时，他们谈话的内容我已把握七八成了。一时，我这个初生牛犊就沉不住气啦，趁机从周的背后悄悄走近他，伸手照他肩膀上不轻不重地拍了下，他猛一扭头，我就不冷不热地说："你把那支'十子连'拿出来吧。"周对我突如其来的问话来不及回旋，随说："中啊！"我问："在哪儿放？"周迟疑了一下，回头看看郭区长，又扭过头来看看我。我和郭区长都两眼盯着他，丝毫没有动容，也没说话。周不无勉强地说："就在床头桌抽斗夹底里。"我估计他不敢说谎了，扭头就带了两个民兵到周的家里。见他老婆自己在家，我说："老周叫回来拿个东西。"没等他老婆反应过来，我已经进屋拉开了抽斗。不到2分钟，一支小十连子枪、7发子弹，还有2颗手榴弹，我就拿到手里了。

晚上，安鸿建回来了，见了我特别是见了2支枪很高兴。我说："赵富云还放一支手枪哩。"鸿建说："我知道了。"我接着说："我现在就找他去。"说着就准备走。鸿建没有表态，只是抬起头看看我的脸，然后轻声而严肃地说："小心，不能冒失！"我知道这句话里有关爱、有忠告，还有点善意的批评。

党员赵富云，剿匪反霸时当过"临干"，当过乡长，是个很能干的人，因工作受挫下台，虽有些情绪，但对工作组还是很靠近的。那天晚上，下起了小雨，我一个人把他从家里叫出来，来到街上一个大门楼底下。他莫名其妙地问我有啥事。我说："我来给你捎个信，你们干部乘土改反霸混乱之机私藏枪支，天明就要来收你的枪。你放那支手枪快交给我，我可以说你是主动交出，可以不受处理。”他沉默了一下，紧接着说：“那周……”我晃了晃手中的枪说：“这个‘十子连’你可能认识。”他脸怔了一下说：“我交，我现在就交。”接着，他前我后到了他家。他让我进屋，我说：“不用了！”他进屋拿枪，我持枪紧靠他堂屋门外的一棵大榆树后，听着他快出来的时候，我把枪举起来对准他，大声说：“老赵，按规矩，你抓住枪梢给我！”他规规矩矩地照办了。我接过枪让他进屋后大步走出了他家。

由于形势的迫使，三支枪都收缴得很顺利。老乡长赵富云还感谢我帮助他解决了个“夜夜愁”。后来，我们成了好朋友。

选自 2006 年 7 月《漯河文史资料》第十四辑

后 记

整理建市以来前三十年《漯河文史资料》是七届漯河市政协确定的一项重点文化工程。任务确立之后，聘请熟悉我市历史文化并热心文史资料工作的学者组建了专项工作小组。专项工作小组首先认真学习了中国文史出版社出版的《文史资料学概论》（卞晋平、方兆麟等著），对主席会议确定的“去伪存真、去粗取精，补充完善、按系分类”的原则进行了认真的讨论和领会，在此基础上着手开展工作。

纳入本次整理范围的是1986年至2016年市政协征编的《漯河文史资料》共24辑、813篇、351万字，经剔除不符合文史资料体例和不宜出版的内容之后，确定选入史料共计630篇，280万字。

整理工作确立了“遵循国家有关法律、法规，遵循文史资料工作统战性特点，尊重历史见证人对历史事件的表述，以服务大局、服务社会为宗旨，深入挖掘史料价值，全面提高政治、史实和文字水平，更好发挥‘存史、资政、团结、育人’作用”的指导思想。专项工作小组逐篇审读这些史料，建立每周工作例会汇总审读中发现的问题，提出了“校、勘、注、附、表、补、删、插”八字整理工作法，并依据内容将纳入整理范围的文稿划分为八个部分，采取集中研讨、分工负责的方法开展整理工作。整理过程中，经过多次研讨并听取中国文史出版社梁洁同志的建议，又调整了分卷方案，确定为目前的12分册，其中曹代颖、张艳负责《古韵新辉》《百业春秋》《桑梓情思》3册；刘西森、陈思盈负责《抗战岁月》《解放战事》《河上风物》3册；马恒祥、蔡慧娟负责《沙澧英才》《杏坛双星》《生态今昔》3册；鲁锁印、夏跃进负责《民国往事》《校园漫忆》《沧桑巨变》3册。除了较为繁重的文字校勘之外，各组重新审读原文，进行充实梳理，在尊重撰稿人原稿的基础上，根据新发现对史料进行补充完善，对内容存疑或失实的进行更正。其间，收集并参阅大量的外来资料，不厌其烦地进行史料比对，可谓夙夜不息、历尽艰辛。

整理工作的全程中，吕岩同志两次主持主席会议进行专题研究，肯定了本次文史资料整理工作的意义，确立了文史资料整理工作的方案和原则，并多次听取汇报提出指导意见，使整理工作始终沿着正确的方向前行。分管副主席田冠亭、胡新峰同志在日常工作中高度关注，在关键节点协调帮助，为工作顺利推进提供了保障。安清跃、史凤民、刘颖峰为整理工作收集资料提供了有力支持。参加专项工作小组例会的牛青、李永杰、翟媛媛长期牺牲节假日休息时间，为专项工作小组精心服务，作出了应有的贡献。丛书送审稿校定后，秘书长袁国亮组织机关的黎联峰、杨为、李庆峰、蒋向军、刘勇、李聪燕、王玉、崔博、吕煜辉、王文君、赵彤、康家浩等参与审读并提出修改意见；出版社一校二校完成后，各专项小组进行了复审，最后由鲁锁印对复审发现的问题进行统筹，力求使各卷标准统一，格调一致。

丛书整理虽历时三年有余，仍觉时间紧促，加之庚子年疫情的影响，一些图文资料采集计划未能如期实施。参与整理的诸君虽倾心而为，亦力有未逮，实乃囿于学识。期待出版后读者斧正润色，为后继者立标杆，助漯河文史资料工作日益上台阶。

编　者

2021年12月30日

图书在版编目（CIP）数据

漯河印记：文史资料集萃：全十二卷 / 政协漯河市委员会编；吕岩主编 . -- 北京：中国文史出版社，2021.11
ISBN 978-7-5205-3438-3

Ⅰ . ①漯… Ⅱ . ①政… ②吕… Ⅲ . ①文史资料—漯河 Ⅳ . ① K296.13

中国版本图书馆 CIP 数据核字（2021）第 257363 号

责任编辑：梁　洁
装帧设计：杨飞羊　蒲　钧

出版发行：**中国文史出版社**
社　　址：北京市海淀区西八里庄路 69 号　邮编：100142
电　　话：010-81136606　81136602　81136603（发行部）
传　　真：010-81136655
印　　装：北京新华印刷有限公司
经　　销：全国新华书店
开　　本：787×1092　　1/16
印　　张：262.5
字　　数：2800 千字
版　　次：2022 年 12 月北京第 1 版
印　　次：2022 年 12 月第 1 次印刷
定　　价：1680.00 元（全十二卷）
